教育部人文社会科学重点研究基地重大项目
"中国地方政府治理绩效评估研究"（批准号：06JJD630021）
中山大学"985工程"三期建设项目
中山大学高校基本科研业务费文科项目资助

地方政府与绩效管理创新研究丛书

中国地方政府
绩效评估创新研究

ZHONGGUO DIFANG ZHENGFU
JIXIAO PINGGU
CHUANGXIN YANJIU

倪 星 著

人民出版社

目　录

理 论 篇

案 例 篇

理 论 篇

第一章 导 论

一、地方政府绩效评估的概念与特征

当前,中国正在经历着极为复杂的社会转型过程。在经济总量快速提升的同时,收入差距不断扩大,资源与环境风险也在不断积累,这一切都对我国的公共管理实践提出了前所未有的挑战。与此相适应,我国政府管理、社会治理的模式和方法必须相应地作出调整,由统治型、管理型向服务型政府的转变实属必然。在全球化和信息化产生深刻影响的当下社会,随着国际竞争的日益加剧,以及公民权利意识的增强,如何进一步发挥政府在我国经济与社会建设中的作用,提高公共服务的质量和效率,实现公共管理的现代化,这是摆在国人面前的现实而又紧迫的问题。从 20 世纪末期开始,针对原有政府管理模式面临新环境挑战所导致的诸多危机,西方发达国家率先掀起了以市场化、社会化为取向的行政改革浪潮,一场声势浩大的新公共管理改革运动迅速席卷了各大洲。在新公共管理改革运动中,政府绩效评估发挥着指向标的作用,是优化行政管理过程、提升公共服务质量的重要战略工具。

地方政府绩效,是指各级地方政府在管理社会公共事务、提供公共服务过程中所取得的成绩和效益。地方政府绩效评估,就是根据一定的目标、方法和尺度,对各级地方政府及其工作人员的绩效进行测量、考核,反映其工作的实际效果,从而奖优罚劣,促进政府改进工作,提升管理效率和服务质量。当前,适应社会公共需求变化,改革和创新地方政府治理,提高地方政府治理能力,改善地方政府治理绩效,是实现我国经济社会协调发展、建设和谐社会的关键。对地方政府绩效进行科学客观的评估,是提高地方政府治理能力的重要环节。因此,围绕此课题展开研究,具有十分重要的学术价值和实践意义。

从整体上看,地方政府绩效评估具有以下特征:

1. 评估标准的多元性

政府职能范围的庞杂和职能性质的复杂决定了不可能像企业一样仅仅将利润最大化作为追求的目标,另外,私人企业提供的产品和服务是可以用一定的价格来衡量的,可以以一定的利润指标来测量,有利于对生产过程和评估结果的控制和评估,而政府部门所提供的产品或服务是无法用一定的价格来标示的,不能像私营部门那样将利润作为唯一的目标。因此,由于政府部门工作的特殊性,单从某一方面对政府的工作进行评价是不可能的,同时也是不科学的。地方政府管理活动是一种管制性与服务性、程序性与实体性相结合的工作,在实践中必须综合考量效率、效益、公平、公正、公开、公众满意等因素,并力求在各种价值标准之间做到平衡。① 我们不能仅仅依据某一方面的成绩就肯定一级政府的所有工作,也不能单凭某方面的缺失就全盘否定其成绩。因此,在地方政府绩效评估指标的设置过程中,必须将经济、效率、效益、公平、稳定等各方面的指标都考虑进去,科学、客观、全面、均衡地对地方政府绩效进行评价。

2. 产出衡量的复杂性

政府部门中投入与产出之间的关系不同于企业,企业以追求利润的最大化为目标,利润是最终的绩效指标,其投资获益率、资金周转率、总资产获益率、市场占有率都有清晰的量化指标。而地方政府作为典型的非竞争、非营利性部门,其投入与产出之间、产出与结果之间缺乏直接的联系,市场机制的缺失使得价格信号在此失灵,难以从经济上核算其投入产出比率。同时,地方政府的产出一般属于服务性、劳务性的,而非有形的物质产品,缺乏可度量性和确定性。这样,在我们无法

---

① 蔡立辉:《西方国家政府绩效评估的理念及其启示》,《清华大学学报》2003 年第 1 期。

具体度量地方政府产出的情况下,就很难根据投入产出、成本收益等会计方法计算出政府的工作效率,衡量政府管理的绩效和效益,这增加了政府绩效评估的困难性和复杂性。在地方政府绩效评估实践中,评估内容涉及政府工作方方面面,要使评估结果客观公正,应该尽可能将无形的服务和管理工作转换为量化指标,同时增加公众满意度等主观评估指标和方法的运用。

3. 评价信息的稀缺性

在绩效评估过程中,评估者与被评估者之间信息并不对称,被评估者具有相对的信息优势,上级领导对下级政府进行评估,必须依靠下级政府提供相应的资料和数据,信息的选择甚至制造权都掌握在下级政府手中,因此,评估过程也就是一个信息搜集、筛选、加工、输出、反馈的过程,评估过程的有效性在很大程度上取决于信息本身及传输的数量和质量。信息的不对称又决定了,下级政府可以上报虚假信息来制造虚假政绩,上报到上级政府手中的往往都不是真实的一手资料,水分较大,导致信息的失真,影响评估工作的客观、准确性。另一方面,政府作为社会产品的提供者,与产品的消费者——公众之间不存在一物换一物的交换活动,因此,政府对其为社会及公众提供的服务缺乏来自市场的反馈信息,难以判断自己提供的产品在数量上和质量上是否满足了社会的要求和需要,公众作为政府服务的接收者,处在一个绝对的卖方市场上,面对唯一的服务提供者,无权也无法进行服务产品的选择,只能被动地接收,缺乏对政府提高服务质量的激励机制,影响了政府服务质量的提高。信息对于政府绩效评估来说是评估的主要依据,然而评估信息的稀缺性又是客观存在的状况,这就导致了政府绩效评估中数据和资料的稀缺。

4. 认知的偏差性

对地方政府进行绩效评估是一种主观上的价值判断活动,不可避免地会受到评估者主观价值判断——主观认知的影响。认知效应的偏差性,直接影响评价主体的思维方式和评估的价值取向,直接影响地方政府绩效评估的深刻度和精确度,使地方政府绩效评估陷入困境。认知效应的偏差主要包括首因效应、近因效应、晕轮效应和定式效应等方面。首因效应是指评估主体容易受到第一印象的影响,先入为主,从而忽视其他信息,造成评估结果的片面性;近因效应则是指评估者会根据最近发生的事来评价评估对象的绩效,根据其记忆消退的快慢,选择性地将最近发生的、映像较深的事件作为评估的依据;晕轮效应是指评估者将评估对象某一方面的优点或特征放大化,使这一优点掩盖了其他方面的缺点,形成总体上的良好评价,反之,又会因为评估对象某一方面的缺陷而否定其总体成绩,这种以偏概全的认知偏差容易导致评估结果的片面性;定式效应同样会导致评估结果的偏差,因为它受评价主体头脑中定式思维的影响,将固化于评估主体头脑中的想法作为评价评估对象绩效的依据,难以客观地反映地方政府实际的工作绩效。

二、地方政府绩效评估兴起的背景

政府绩效评估的实践最早可以追溯到第二次世界大战以前,但真正引起世界各国政府重视应是在 20 世纪 70 年代末 80 年代初。为了应对经济全球化的猛烈冲击、国内环境的巨大变化,进而走出政府财政危机、管理危机和信任危机的困境,英国、美国、加拿大、德国、法国、澳大利亚、新西兰和日本等国相继掀起以政府绩效评估为核心的政府改革。这场被人们称做"新公共管理运动"与"政府再造运动"的政府改革和治理,给人类社会注入了许多新的管理理念。在公共部门引入市场竞争机制,运用商业管理的理论、方法和技术来提高公共部门管理水平及公共服务质量和绩效,绩效评估受到了极大的重视和推广。以至于有人认为,当今世界各国在政府治理方面正出现一种"评估国"的趋势。

受全球性政府评估大趋势的影响,20 世纪 90 年代以来,中国从中央到地方均开始重视政府绩效评估这一新的公共管理工具,并开展了各种不同形式的政府绩效评估研究和实践活动。例如,烟台市建委于1994 年率先开展实行"社会承诺制",中共河北省委于 1995 年率先启动"干部实绩考核制度"等。2004 年,兰州大学成立了中国地方政府绩效评价中心,财政部财政科学研究所"绩效预算"课题组开展了关于

《美国政府绩效评价体系》的研究。2005 年,人事部"中国地方政府绩效评估"课题组发布了阶段性研究成果"中国政府绩效评估体系"。2006 年 9 月 23 日在兰州召开了"全国政府绩效管理研究会成立大会暨政府绩效评估与行政管理体制改革"研讨会。①

任何政治统治的存在都必须以人民的认可和接受为前提,即具有合法性。合法性是政府存在的前提,因此,合法性问题关系到国家政权的存继,是一国政治统治成败的关键。对于合法性的内涵,不同历史时期有不同的界定,哈贝马斯认为,在现代社会中"衡量一种政治秩序合法性的标准就是政治秩序与其所处时代价值规范的相容程度"②。由于不同历史时期社会价值规范的确立是不同的,因而用于构建合法性的资源也不同。我国现阶段仍然处于向社会主义现代化逐步迈进的转型时期,面临着从传统到现代的基本嬗变,要维护和巩固政府的权威和统治,就必须对其合法性进行新一轮的调整和重建,加强民主法治建设,取得民众的支持,最终获得坚实的合法性基础。然而,民主法治建设并非一朝一夕之功,必须经过长期的努力才能实现,这在一定程度上加剧了政府对"政绩的合法性"的依赖。③

中国特色社会主义市场经济体制决定了我国政府的主要职能是根据社会的发展和公众的需要提供社会服务,同时,目前西方国家行政改革方向由新公共管理向新公共服务转变的趋势也要求政府承担起更多的服务性职能。如何保证政府服务的质量和效率,成为一个需要面对的难题。绩效评估的产生正是回应了政府对政绩合法性的依赖以及社会对公共服务质量改善的要求,为评估政府绩效和改善政府工作提供了一个有效的战略工具。

我国是一个绩效评估的新兴国家,地方政府绩效评估制度正处于日趋发展和不断完善的探索性阶段,相对于西方较为规范和成熟的评估制度而言,在绩效评估制度的规范化以及评估主体、内容、方法、标准

---

① 倪星、付亚东:《中国政府绩效评估研究进展》,《行政论坛》2008 年第 3 期。

② [德]哈贝马斯著,张博树译:《交往与社会进化》,重庆出版社 1989 年版,第 184 页。

③ 倪星:《政府合法性基础的现代转型与政绩追求》,《中山大学学报》2006 年第 4 期。

的科学化方面还有待改进。目前,我国绩效评估最突出的问题一方面在于考核的随意性,缺乏统一的制度,各地区、各部门之间的考核标准千差万别,未形成一套完整统一的绩效评估体系,既无法准确衡量政府的实际绩效,也缺乏可比性;另一方面,考核指标缺乏科学性,考核内容存在片面性甚至误导性,没有真正起到引导政府工作向科学化、理性化方向发展的作用。而作为政府绩效评估核心的政府绩效指标体系的建构决定着绩效评估体系的科学程度,同时决定着政府工作的科学程度。因此,如何构建一套科学合理的指标体系是使我国的绩效评估工作进一步顺利进行,并逐步趋向科学化的关键所在,决定着整个绩效评估工作的成败。

在具体的实施过程中,政府的绩效评估是政府工作的"指挥棒",指引着政府工作的方向,各地方政府均是按照上级政府制订的绩效评估指标来安排本地的工作重点。上级政府的绩效导向决定着下一级政府的具体工作方向,是下级政府工作必须遵循的价值标准。随着社会政治经济的不断发展,以往单纯强调经济发展和 GDP 数额增长的评价标准显然已经不再适应当前社会发展的需要,新的衡量政府合法性的价值规范已经逐渐形成,民主法治建设已经成为政府的首要工作。为适应政治合法化的要求,政府工作的具体价值标准也应该由对经济、效率的单方面关注转向经济、效率、效益、民主、公平、正义、秩序、环境等方面的综合协调发展。[①]

三、地方政府绩效评估研究的意义

(一)本课题研究的学术价值

1.本课题在研究方法和学科取向上,坚持多学科融合与交叉研究的取向。课题从公共行政学、政治学、经济学、管理学、社会学、法学、统计学的跨学科视野对地方政府治理进行研究,剖析影响地方政府治理

---

① 倪星:《地方政府绩效评估指标的设计与筛选》,《武汉大学学报》2007 年第 2 期。

绩效的多种因素。引入企业管理的绩效评估技术,采用管理信息技术、定量研究等方法,通过周密设计的问卷调查来收集资料,经数量化整理和计算机信息处理,筛选出有统计学显著性差异的结果变量,用于分析中国地方政府治理绩效评估中的有关问题,从而提供有客观依据的对策建议。这有助于打破过去研究的单一学科取向,使地方政府治理绩效研究走向多学科化、综合化、科学化。

2. 进一步拓展对地方政府治理过程的研究,推动公共行政学的相关研究走向具体化和实证化。作为最接近公众的政府层级,地方政府直接提供着公众所需要的大部分公共服务,运用动态、系统的观点对其完整的治理过程展开研究,有助于推动中国公共行政学的研究重点逐渐从宏观转向微观、从抽象转向具体、从理论转向实务。

3. 本课题针对地方政府治理绩效展开深入研究,有助于解决这一当前公共行政实践和理论中的热点、重点、难点问题。新公共管理运动尤其强调结果导向、绩效为本,将关注的重心从规则、过程转向使命和结果,如何评估和改进政府绩效成为当前公共行政学研究中的重点。本课题从治理过程、评估体系、影响因素、对策建议等方面研究中国地方政府治理绩效,力图为解决这一问题作出自己的贡献。

4. 强调中国问题意识,运用现代社会科学方法开展经验研究,努力构建公共行政学的本土理论。本课题聚焦于中国地方政府治理绩效这一典型问题,通过大量的实证调研,接触真实世界的公共行政实践,运用社会科学中的质化和量化研究方法,发展出自己的分析和解释框架,力图构建出中国特色的地方政府理论,以推动解决中国现实问题,参与国际学术对话。

（二）本课题研究的实践意义

1. 随着市场经济体制的建立和公民民主意识的加强,我国各级政府提出了公共服务型政府的建设目标,广泛推行了各种目标责任制,政府管理绩效问题也开始引起了理论界和实践界的重视。由于起步较晚,我国在这方面尚缺乏系统成熟的理论体系和实际操作方法,所以有必要借鉴国外先进的理论和实践经验,结合国情,逐步探索、完善、发展中国地方政府治理绩效评估体系,为政府部门提供重要的决策咨询和政策建议。

2. 为公民和社会提供优质高效的服务是现代政府的根本宗旨,任何政府都必须通过自身治理绩效的提升,获得存在的合法性基础。本课题将地方政府治理过程与绩效评估联系起来,力图建立系统严谨的评估体系,科学客观地评估地方政府绩效,分析其中的主要制约因素,提出针对性强的改进措施,从而优化中国地方政府治理过程,改进中国地方政府治理绩效。

3. 当代各国的行政改革,大多以建立绩效导向的新公共管理模式为追求目标。因而,政府治理绩效评估作为一种有效的管理工具,在公共行政学中受到广泛的关注。本课题紧密跟踪国外最新的理论进展和实践动态,密切联系我国实际,综合运用各种理论和实证研究方法,探求中国特色的地方政府治理绩效评估体系,改进和优化地方政府治理过程。这对于促进我国各级政府的现代化转型,形成"行为规范、运转协调、公正透明、廉洁高效"的行政管理体制,提高党的执政能力和政府的服务能力,落实科学发展观,构建和谐社会,具有重大现实意义。

4. 在进一步深化行政体制改革的过程中,我们必须对政府的投入产出、政府行为的效率、效果进行评估,这是民主政治的基本要求,也是中国政府现代化转型的必然趋势。本课题所探索的地方政府治理绩效评估体系,将为之提供理论上的支持和技术上的帮助。同时,绩效评估是辨别成功失败的手段,有助于在政府机构内部形成浓厚的绩效意识,从而把提高绩效的努力贯穿于行政管理活动的各个环节。绩效评估也是政府向公众展示工作成果的机会,有利于克服公众对政府的偏见,建立和巩固对政府的信任,这将有效地提升中国地方政府的声誉和形象,提高政府的治理能力。

四、政府绩效评估领域亟待加强实证研究

(一)实证主义研究模式的兴起

目前国内学者从政治学、管理学、经济学、系统理论与计算机信息

科学等学科视角,对政府绩效评估的理论基础、结构体系、实践模式与实施方案等进行了研究,初步构建了中国政府绩效评估体系和政府绩效评估研究的宏观框架,中国政府绩效评估研究在短短的时间内取得了长足的发展。然而,我国本领域的相关研究还有很大的提升空间,尤其是方法有待进一步改进。一个突出的问题是,现有政府绩效评估的研究侧重于定性分析和规范研究,对定量分析和实证研究没有予以应有的重视。一篇文献评估认为,在国内政府绩效评估研究中运用定性分析和规范研究方法的成果占 93.75%,运用定量分析和实证研究方法的只占 6.21%。① 鉴于目前的情况,我们呼吁在政府绩效评估中应多一点实证主义,将定量研究与定性研究并重,尤其要重视定量研究。②

实证主义兴起于 19 世纪,是一种科学地获取知识的理论,是关于科学的哲学。实证主义者认为社会的发展和人们的行为都不是偶然的,自有其客观的规律,这与自然界的规律是一样的。即使在我们还不认识它们的情况下,这种规律也是客观存在的。从事社会科学研究的目的就是找出并总结这些客观规律,并给予科学的解释,从而使我们能够预见和控制社会的发展。因此,在进行社会调查的实践过程中,运用于自然科学的研究方法,也适用于社会科学,而定量的分析就是一种科学的研究方法,理论上假定的社会发展规律,应该用实证的方法来验证。社会科学者只要能找到所有的自变量,就可以解释或预测一个因变量的变化规律。实证主义者还认为,社会发展的基本规律是稳定的,而我们对社会的了解是递增的。我们今人对社会的了解,到了将来也有用。

在西方社会,尤其是在美国和英国这些有深厚实证主义传统的社会里,实证主义被用来指导社会科学的研究,已经有一百多年了。特别是第二次世界大战以后,实证主义的影响更为扩大。在 20 世纪 60——

① 彭国甫:《中国绩效评估研究的现状及展望》,《中国行政管理》2006 年第 11 期。

② 倪星、付亚东:《政府绩效评估亟待加强实证研究》,《学习与实践》2007 年第 12 期。

70 年代,实证主义主导了北欧国家、英国和北美地区社会科学的发展。到了 20 世纪 80—90 年代,虽然实证主义对欧洲的影响下降了,但是它仍然主导着北美地区社会科学的发展。今天在美国从事社会科学研究的人大都认为自己是实证主义者。①

回顾公共行政的历史,我们不难发现实证主义研究模式的影响。公共行政研究的总体方向是由威尔逊发表的一篇文章(Wilson,1887)确定的。他认为,"行政领域也应该是企业领域"。为了在政府运作中达到一些效率标准,威尔逊建议应该参照利用私人部门的行政管理模型。威尔逊的这一观点主要来自当时工商组织管理的经验,以及企业中进行的科学管理研究。②《科学管理原理》一书的出版,标志着管理思想从此进入理性分析、系统发展的年代。具体来说,泰勒(Taylor,1923)认为"最好的管理就是一种真正的科学,它建立在明确的法则、规章和原理之上"。这种科学的基础是仔细研究个体劳动者的行为效率,以极大地提高他们的效率。但是,除此之外,科学管理还意味着将这些科学管理原理扩展到所有的生产活动领域。因此,泰勒的科学不仅是一种技术(或生产的机制),而且也是一种社会生活哲学。③ 科学原理虽然起先是在生产层面被加以使用,但是接着就"向上"扩展到组的更高层次,"向外"扩展到社会领域。针对这种趋势,沃尔多(Waldo)指出:"迫切需要用实证主义的客观方法来研究越来越复杂的现象,实际上,这个进程已经开始,并且进一步的发展不仅理论上是合乎逻辑的,而且现实上是必要的"。④ 随后,以西蒙为代表的行为主义行政学主张将逻辑实证主义精神带入公共行政学的研究中,他们强调事例考证,主张建立"价值中立"的一般行政学,认为在学术研究上事实与价值是可以严格区分的,认为自然科学与社会科学的研究方法基本上是

---

① 汪天德:《提倡一点实证主义》,《云南民族大学学报》2006 年第 1 期。

② [美]罗伯特·B.登哈特著,扶松茂等译:《公共组织理论》(第三版),中国人民大学出版社 2003 年版,第 48 页。

③ [美]罗伯特·B.登哈特著,扶松茂等译:《公共组织理论》(第三版),中国人民大学出版社 2003 年版,第 54 页。

④ [美]罗伯特·B.登哈特著,扶松茂等译:《公共组织理论》(第三版),中国人民大学出版社 2003 年版,第 59 页。

一致的。

但是,由于行为主义对价值的极大排斥,公共行政学逐渐局限于那些可计量、可实证或可加以经验观察的现象和领域,使公共行政学变成了一门烦琐的学科,一门与政治分离的、以管理技术和工艺为主的科学,最终使公共行政学陷入所谓的"身份危机"。① 1968 年,明诺布鲁克会议的召开标志着"新公共行政学派"诞生。在方法论上,新公共行政学采取后行为主义(或后逻辑实证主义)的研究方法,超越了实证主义的研究模式。新公共行政学者极力主张学者应该设法使自己的主张为政策制定者所用,并基于对问题的深刻理解让自己成为变革的倡导者,由此可见,新公共行政运动在它的发展方向中很明显地带有规范性。那么,新公共行政是否会因为对规范性层面的广泛关注而对实证主义提出根本的挑战呢,或者是对实证主义进行改革呢?乔治·弗雷德里克森在明诺布鲁克会议的论文集中指出:新公共行政既不反对实证主义,也不反对科学;其兴趣只是在于运用科学的、分析的技术去了解各种政策的影响,以及探索满足客户需要的新方法。②

从以上的分析中可以看出,实证主义的研究模式是社会科学研究中的一种重要方法,在公共行政领域中尤其受到推崇,而对于公共行政领域中的政府绩效评估研究,其重要性自不待言。

(二)美国政府绩效评估领域的实证研究模式

政府绩效评估在美国最早发端于 1906 年纽约市政研究院的绩效评估实践,至今已有百年的历史。根据公共行政理论的历史演变和不同时期政府绩效评估的主要特点,我国学者朱立言、张强把美国政府绩效评估的历史划分为三个主要阶段:③其一,萌芽时期(1900—1940

---

① 牛美丽:《新公共行政(NPA)评论》,《中山大学研究生学刊(社会科学版)》2006 年第 1 期。

② [美]罗伯特·B.登哈特著,扶松茂等译:《公共组织理论》(第三版),中国人民大学出版社 2003 年版,第 120 页。

③ 朱立言、张强:《美国政府绩效评估的历史演变》,《湘潭大学学报》2005 年第 1 期。

年),效率是这一时期政府绩效评估的核心价值取向,出现了一些专门研究政府绩效的组织和学术团体,并把绩效评估引入政府的评估实践中;其二,绩效预算时期(1940—1980年),这一时期的绩效评估继续强化"效率"这一核心价值,并通过预算手段控制支出以实现经济意义上的高效率;其三,全面发展时期(1980—2000年),这一时期的政府绩效评估在关注效率的同时,也强调公平的重要性;绩效评估不仅仅是一项评估技术,而是与组织的战略规划、预算、管理过程和公民参与等因素相结合,并逐渐形成一种新的管理制度——绩效管理制度。根据这种划分方法,我们具体分析一下各个时期的具体情况,从中体会实证研究在美国政府绩效评估中的重要地位。

1. 政府绩效评估的萌芽时期(1900—1940年)

1906年,布鲁尔(Bruere)等人发起成立了纽约市政研究院,其宗旨是:(1)促进政府效率的提高;(2)促进政府部门接受并使用成本核算和市政绩效报告等科学方法;(3)促进市政业务的真正公开和透明;(4)收集、整理、分析并解释与市政管理有关的现实问题。这就把行政资源配置、组织规划和管理联系起来,运用效率工具对政府或政府部门的绩效进行评估。1907年,纽约市政研究院首次把以效率为核心的绩效评估技术应用到纽约市政府,运用社会调查、市政统计和成本核算等方法和技术,建立了三种类型的绩效评估:其一,评估政府活动的成本/投入;其二,评估政府活动的产出;其三,评估社会条件,有时对社会需求进行评估,有时对政府活动的结果进行评估。纽约市政绩效评估的实践首开公共部门绩效评估的先河,在政府绩效评估的历史上具有里程碑式的意义。

1927年,国际城市协会主席科来恩·瑞德利出版了《评估城市政府》一书,它是绩效评估发展史上的杰作。在这本书中,瑞德利关注的焦点是政府提供的公共服务,并通过大量应用质量指标对公共服务的结果进行评估来评定政府绩效。随后,瑞德利对消防、卫生、警察和公共工程等四个部门公共服务的有效性和结果进行了绩效评估。在整个30年代末期,西蒙和其导师瑞德利一起发表了大量关于市政绩效评估的论文和著作。西蒙认为,绩效评估的焦点应该是结果,是对目标实现状况的评估。①

可以看到,美国的政府绩效评估从一开始就重视实证的研究方法,运用定量分析的方法和技术来进行绩效评估,促进政府效率提高。

2. 绩效预算时期(1940—1980 年)

20 世纪 40 年代至 70 年代,正处于"古典公共行政"的鼎盛时期,"效率至上"的价值观念得到进一步强化,这深刻地影响着政府绩效评估的价值取向。如果说第一阶段是为了寻求更好的政府而关注部门效率,那么在这一时期,则由于对科学原则的强调而更加关注部门效率。因此,如何做到"投入更少,办事更多"继续成为政治家关心的核心目标。为此,美国联邦政府在此期间进行了几次大规模的行政改革,即第一届胡佛委员会(1947)、计划—执行—预算制度、目标管理和零基预算。这几次改革的共同特点是通过预算手段控制政府支出,希望以最小的财政支出实现预期的行政目标——这通常被称为政府绩效管理发展史上的"绩效预算"时期。②

值得注意的是,在绩效预算时期,仍然强调定量分析的研究方法。例如,计划—执行—预算制度的目的是通过科学的理论和方法提高行政效率,它要求政府部门仔细评估各自的使命和职能,收集投入、产出以及与部门目标有关的信息,提高高层管理者对计划、预算和绩效的兴趣,并要求决策者运用系统分析的方法更好地理解投入、产出和成本,因而具有很强的现实意义。

3. 政府绩效评估的全面发展时期(1980—2000 年)

在整个 20 世纪 80 年代,绩效评估和绩效管理的理论研究和实践运用进展缓慢。进入 20 世纪 90 年代,公共行政领域的焦点又重新集中到政府绩效评估的研究。1992 年,美国学者戴维·奥斯本和特德·盖布勒在《改革政府——企业精神如何改革公营部门》一书中提出了政府再造的十大原则,其核心精神是如何使政府工作得更好、更富有效率和效益。在这种理论和实践背景下,1993 年年初美国第 103 次国会

① 朱立言、张强:《美国政府绩效评估的历史演变》,《湘潭大学学报》2005 年第 1 期。
② 朱立言、张强:《美国政府绩效评估的历史演变》,《湘潭大学学报》2005 年第 1 期。

通过了《政府绩效与成果法案》。1993 年 3 月,克林顿宣布成立国家绩效审查委员会,并任命副总统戈尔主持该委员会的工作,负责统筹联邦政府绩效改革计划的实施。1993 年 9 月,戈尔领导的国家绩效评审委员会发布了第一份报告《从繁文缛节到结果导向:创造一个工作更好、花钱更少的政府》(简称《戈尔报告》),成为克林顿政府绩效改革运动的具体行动指南。

无论是《戈尔报告》还是以后的实践,我们都可以看到调查、统计分析等定量研究方法的运用。如《戈尔报告》中提到,"质量政府意味着减少总部权力,我们准备将各政府部门从大量的规章制度中解放出来,所以我们再也不需要 280000 个独立管理者和 420000 个下属,我们应该鼓励 2100 万政府雇员都变成自身工作的管理者。"[1]而在《2004财年联邦政府机构绩效与管理评价》中,则附录了 PART 调查表详细内容和若干项目的关键绩效衡量指标。

(三)中国政府绩效评估领域亟待加强实证研究

虽然国外的政府绩效评估研究都重视实证的研究方法,但这种研究取向在目前的中国还极其欠缺。自 1995 年以来,中国学术界对政府绩效评估的研究逐渐深入,并在 2000 年之后变得火热。但是,这几年的研究主要集中于对国外研究的实践成果的介绍、政府绩效评估体系构建、政府绩效评估体系的结构、政府绩效评估模型与方法等问题的研究;相对而言,对政府绩效评估的体制与主体、政府绩效评估程序与机制、政府绩效评估实证研究等的研究不足。中国行政管理学会副会长唐铁汉指出,我国政府绩效管理与评估还很不成熟,还没有建立全面科学的政府绩效评估指标体系,往往将经济指标等同于政府绩效的评估指标,尚未与公共支出评价、绩效预算管理结合起来,缺乏独立的绩效设计,科学化程度不高,评估的方法多为定性方法,较少采取定量方法。[2] 可以说,中国政

---

① 财政部财政科学研究所《绩效管理》课题组:《美国政府绩效评价体系》,经济管理出版社 2004 年版,第 173 页。

② 唐铁汉:《加强政府绩效管理 深化行政管理体制改革》,《中国行政管理》2006年第 3 期。

府绩效评估中现存的许多问题都急需定量分析的方法来研究解决,否则,无法推动绩效评估研究的进一步发展。

实证主义研究方法具有很多优点,也有自身的局限性,但比较而言,相对于其他方法,在政府绩效评估研究领域实证主义的方法还是比其他方法相对优越。对于很多习惯于以理论推导的方式进行社会研究的中国学者,现在确有必要提倡一点实证主义的研究方法。当然,在倡导实证主义的研究方法的同时,也不排斥采用人文主义的研究方法。在很多情况下,定量分析和定性分析的结合会使我们的研究更为有效。

实证主义研究主要通过随机抽样调查方法去搜集资料,包括问卷法、结构性观察法、问卷访问法等;倾向于运用诸如统计图表类的定量技术或利用统计软件和计算机去处理、分析资料,以及用公式、数量模型去表达经得起检验的假设;既使用了包括观察、实验、测量、演绎、假说等自然科学的或经验科学的研究方法,还使用了包括逻辑的、数学的、统计的分析方法,这对于学习文科专业的教师学生都是一个很大的挑战。我们应从以下方面着手,进一步推进实证主义研究方法在政府绩效评估领域的运用:①

第一,统一思想,充分认识实证主义研究方法对政府绩效评估的重要性。政府绩效评估不是为了评估而评估,也不单是为了撤换一些不合格的官员而评估,更不是为了让某些领导难堪而评估,而是希望通过评估来发现政府行政过程中的一些规律,发现一些更有效的行政方式和方法,通过评估来寻找最佳的部门,树立标杆,改进政府治理。因此,政府绩效评估不能躲在象牙塔里闭门造车,只有运用定量的研究方法才能让评估结果客观,才能使大家信服。例如,在运用具体实证数据对政府绩效进行评估时,可能要运用因子分析法或层次分析法;而在选择样本时,要根据实际情况进行抽样。否则,只高谈阔论一些时髦的理论对实际工作毫无益处,长此以往,政府绩效评估研究将失去生命力。

第二,采取实实在在的行动来提高定量研究水平。定量研究的技

---

① 倪星、付亚东:《政府绩效评估亟待加强实证研究》,《学习与实践》2007 年第 12 期。

术性很强,对于公共行政学界同仁而言,只要认真学习,是可以逐渐掌握的。首先,精读一些相关书籍,如《社会学研究方法》(风笑天,2001)、《社会研究方法》(艾尔·巴比,2000)、《社会统计分析方法》(郭志刚,1999)、《SPSS 统计分析高级教程》(张文彤,2004)等等;其次,应该在电脑上实际操作软件,按照书上的操作步骤学习,并且慢慢弄懂统计结果的含义;再次,收集定量研究方面的论文,学习别人如何将定量研究的方法应用于科学研究中;最后,通过具体的论文或项目来实际运用定量研究的方法,在实践中学习成长。

第三,组建跨专业的学术团队,分工合作。例如从心理学、社会学、统计学等学科引进人才,通过团队合作公关来解决问题。

第二章　地方政府绩效评估研究
文献的数量增长

一、文献评估的样本选择

（一）研究问题的提出

近年来,我国地方政府各种各样的绩效评估实践活动如火如荼地开展,相关的理论研究也硕果累累,政府绩效评估俨然已经成为"公共行政领域中最显眼的部分",甚至成为"行动中的公共行政学"①。在这种背景下,为了避免政府绩效评估研究陷入"一种缺乏反思的自说自话的境地"②,热潮中的冷思考就显得尤为必要。

目前,国内已经有不少学者反思了中国政府绩效评估实践活动的进展,但是对政府绩效评估理论研究进展情况的反思和研究并不多。理论是指导实践开展的思想武器,回顾总结我国政府绩效评估领域的理论研究的成果与不足以期更好地指导实践,有重大的意义。目前已有的相关反思研究主要有:蓝志勇和胡税根将中国政府绩效评估理论研究的发展划分为三个阶段,即初步探索阶段(1994—1999 年)、研究的拓展阶段(2000—2003 年)以及研究的细化和创新阶段(2004 年至今),并指出了每个阶段的研究特点。③ 彭国甫在 2006 年概括了中国

---

① 倪星:《反思中国政府绩效评估实践》,《中山大学学报》2008 年第 3 期。

② 马骏:《中国公共行政学研究的反思:面对问题的勇气》,《中山大学学报》2006年第 5 期。

③ 蓝志勇、胡税根:《中国政府绩效评估:理论与实践》,《政治学研究》2008 年第 3 期。

政府绩效评估研究的基本层面和主题分布,指出了研究取得的成就和存在的不足,提出了建议重点关注的五个研究课题。① 倪星通过对中国期刊全文数据库 2007 年 10 月之前的相关政府绩效评估文章的检索,做了一个较为系统的文献评估,概括了我国政府绩效评估研究的特点,对研究成果进行了分类,指出了当前存在的问题以及未来的研究方向。②

　　综观上述研究,多采用静态的文献评估方法,共同指出了我国政府绩效评估研究存在的问题,如实证研究不足、研究质量还有待改进等。但是遗憾的是,这些研究没有运用计量分析的方法,③大多出自对既有研究成果的感性概括与提炼。因此,我们尝试运用文献计量分析的方法评估我国政府绩效评估研究的进展,以期对既有研究做一个有益的补充。目前公共行政学领域运用这一研究方法的,比较典型的是何艳玲 2007 年发表的对 1995—2005 年间的中国行政学研究情况的评估。④ 该文以几本行政学领域的核心期刊为样本来源,设计了一系列指标,运用统计学方法对样本进行了多层次的分析,得出了关于中国行政学研究水平的一般结论,本书也在很大程度上得益于该文的启发。此外,2009 年兰州大学的沙勇忠等人以 SSCI 收录期刊的 620 篇政府绩效管理文献为分析样本,运用类似的方法得出了国际上政府绩效管理研究的一般状况,并在进行知识图谱分析的基础上,概括出了 10 个热点研究主题。⑤ 这一研究主要聚焦海外,而将相似的思路运用到国内,目前还是一个空白,因此本研究有一定的意义。

―――――――――――

①　彭国甫:《中国政府绩效评估研究的现状及展望》,《中国行政管理》2006 年第 11 期。

②　倪星、付亚东:《中国政府绩效评估研究进展》,《行政论坛》2008 年第 3 期。

③　彭国甫的研究对此有所涉及,但是止于 2006 年前的文献,且没有严格说明样本的数量等信息。

④　何艳玲:《问题与方法:近十年来中国行政学研究评估(1995—2005)》,《政治学研究》2007 年第 1 期。

⑤　沙勇忠等:《政府绩效管理研究的知识图谱与热点主题》,《公共管理学报》2009 年第 3 期。

（二）样本来源及指标设置

表2-1　样本来源统计

期刊名称	数量（篇）	占比	期刊名称	数量（篇）	占比
中国行政管理	92	33.21%	武汉大学学报	5	1.81%
辽宁行政学院学报	17	6.14%	福建行政学院学报	4	1.44%
云南行政学院学报	16	5.78%	中国人民大学学报	4	1.44%
湘潭大学学报	16	5.78%	湖北行政学院学报	3	1.08%
兰州大学学报	15	5.42%	江苏行政学院学报	3	1.08%
广东行政学院学报	12	4.33%	陕西行政学院学报	3	1.08%
国家行政学院学报	10	3.61%	上海行政学院学报	3	1.08%
湖南行政学院学报	9	3.25%	吉林大学学报	2	0.72%
天津行政学院学报	8	2.89%	浙江大学学报	1	0.36%
管理世界	8	2.89%	江西行政学院学报	2	0.72%
公共管理学报	8	2.89%	南开学报	1	0.36%
政治学研究	8	2.89%	厦门大学学报	1	0.36%
中山大学学报	7	2.53%	上海交通大学学报	1	0.36%
北京行政学院学报	6	2.17%	经济研究	1	0.36%
成都行政学院学报	5	1.81%	清华大学学报	1	0.36%
山东行政学院学报	5	1.81%	总数	277	100.00%

目前政府绩效评估研究的文献浩如烟海,且研究水平参差不齐,鉴于我们学力所限,同时也考虑到评估样本的代表性问题,选择一些行政学领域的顶级期刊以及国内行政学研究重要基地的几所大学的学报,也许是一个更具可行性的选择。因此本次研究选取的样本来源包括:《公共管理学报》、《政治学研究》、《经济研究》、《管理世界》、《中国管理科学》、《管理科学学报》、《中国行政管理》、《国家行政学院学报》、《中国人民大学学报》、《中山大学学报》、《清华大学学报》、《北京大学学报》、《武汉大学学报》、《复旦学报》、《南开学报》、《吉林大学学报》、《上海交通大学学报》、《厦门大学学报》、《浙江大学学报》、《兰州大学

学报》、《湘潭大学学报》以及省级以上的行政学院学报:《北京行政学院学报》、《成都行政学院学报》、《福建行政学院学报》、《广东行政学院学报》、《湖北行政学院学报》、《江苏行政学院学报》、《江西行政学院学报》、《辽宁行政学院学报》、《山东行政学院学报》、《陕西行政学院学报》、《上海行政学院学报》、《天津行政学院学报》、《云南行政学院学报》(其余省份没有行政学院学报)。① 通过设置检索项"关键词",输入检索词"绩效评估"和"政府",再对得到的文章进行筛选,剔除了相关的会议发言、书评、会议综述等,共得到文献277篇。其中,对总样本贡献最多的是《中国行政管理》,共92篇,占总样本的33.21%,其他的样本数目具体见表2-1。值得注意的是,《社会学研究》、《中国管理科学》、《管理科学学报》、《北京大学学报》、《复旦学报》几本有影响力的期刊没有相关文献。

基于研究需要,我们设置了以下指标,包括:②

1. 论文发表年份。设计这一指标的目的是为了理清我国政府绩效评估研究的发展脉络。通过统计每一年度发文的数量,观察研究的热度是否随时间变迁,是否可以分成不同的阶段,以及在不同的阶段政府绩效评估研究是否呈现出了不同的特征。

2. 作者单位③与学术地位。这两个指标主要用来分析"有哪些人在做政府绩效评估研究",以及研究者所处的系统与学术地位对其研究倾向有无影响。关于作者单位,我们将其分为5个类别,即高等院校、社科院系统、党校系统(行政学院)、民间研究机构(学会、协会等)及政府部门;而学术地位则划分为硕士研究生及以下、博士研究生、讲师、助教(助理研究员)、副教授(副研究员)、教授(研究员)、无标明或无学术身份等层次。此外,我们还将统计出发文量前5位的研究机构,以便检验是否形成了政府绩效评估研究团队。

---

① 本书所提及的大学学报均为哲学社会科学版。

② 何艳玲:《问题与方法:近十年来中国行政学研究评估(1995—2005)》,《政治学研究》2007年第1期。

③ 对于合作文章,第一作者被当做主要作者,作者单位与学术地位采用第一作者的资料。

3. 核心作者。本次评估将识别出发文量前 5 位和单篇被引频数前 10 位的作者,前者一定程度上反映研究者的研究效率,后者说明研究者的学术地位和研究质量。

4. 研究主题。对国外政府绩效评估研究成果和实践经验的介绍和借鉴、评估主体体系相关问题研究、绩效评估价值取向、绩效评估指标体系、绩效评估体系构建与方法(评估模型)、绩效评估配套制度、特定领域专项绩效评估研究、反思回顾中国政府绩效评估理论和实践以及其他类共九类。考虑到很多文章往往涉及不止一个主题,为了更好地反映研究的全貌,我们在统计时将采用记录篇次的方法,最后的主题总数将大于样本总数 277。

5. 研究类型。本次评估采用规范研究、实证研究和混合研究作为我国政府绩效评估研究的基本分类。规范研究一般先提出符合预设立场的标准,然后提出如何达到这些标准的对策,并以此作为解决问题和制定政策的依据。相反,实证研究往往会撇开预设的立场,致力于在经验事实中证明某一种解释或者建构某一种理论。① 而介于二者之间的研究,即那些既有实证研究的影子,但是从研究方法上又不能严格界定为"完全的实证研究"的研究,姑且称之为"混合研究"。②

6. (实证和混合)研究所处研究阶段。在前人的研究成果基础上,本次评估将特别关注实证研究和混合研究的质量,将其研究阶段分为概念界定、问题描述、变量分析(包括阐明相关变量、描述变量之间的可能关系、建立变量之间的因果关系、为政策制定而控制变量)等三个阶段。③

7. 研究规范程度。论文的规范性是考察研究质量的重要参照之一。本次评估将此指标界定为三种情况:1)无文献引用且无理论对

---

① 何艳玲:《问题与方法:近十年来中国行政学研究评估(1995—2005)》,《政治学研究》2007 年第 1 期。

② 这里要说明的是,还有相当一部分的论文与实证研究毫无关联,但又只能算是"不规范的"规范研究,它们可能是对一些问题基于想象的描述,也可能是对一些对策基于想象的思考,也可能是其他一些难以归类的作品,这些研究在本次评估中皆被处理为规范研究。

③ 何艳玲:《问题与方法:近十年来中国行政学研究评估(1995—2005)》,《政治学研究》2007 年第 1 期。

话;2)有文献引用、无理论对话;3)有理论对话。

8.资金来源。考虑到政府绩效评估在实践中的火热情形,我们试图检验是否有对政府绩效评估研究的制度性支持存在。本次评估设置了资金资助来源这一指标,具体包括如下层次:国家自然科学基金、国家级基金(包括国家社科基金与教育部人文社科基金)、省市级政府基金、校级基金、特定基金会等非营利组织、企事业单位横向项目、无资金支持或未标明。

二、研究文献的数量变化趋势

(一)文献数量变化

总体来看,政府绩效评估研究文献量呈快速增长的趋势,说明了相关研究的热度持续上升。统计论文发表年份得出(见图2-1),2000年之前的文献数为1篇,2000—2003年文献数量仍为个位数,分别是1篇、3篇、2篇、5篇;2004—2006年稳步上升,分别为19篇、31篇、36篇;2007—2009年稳定在40篇以上,分别为49篇、57篇、45篇;2010年截至10月21日我们做出检索时有28篇相关文献。这个数据某种程度上印证了上文提及的蓝志勇(2006)的"三阶段"观点,2000年之前绩效评估的研究还处于初步探索阶段,在这些核心期刊上,相关研究还是一片空白;2000—2003年是研究的拓展阶段,在这几本核心期刊上出现了一些介绍政府绩效评估理念和方法的文章,但是还只是星星之火,尚未形成燎原之势;而从2004年开始,研究政府绩效评估的文章开始如雨后春笋般大量涌现,文献数量显著增长,出现了一个研究的高潮。实际上,随着中国行政管理学会政府绩效管理研究分会于2006年10月成立,政府绩效评估研究在学界得到了更大的重视,2005年之后呈现出更加繁荣的景象,文献数量稳定在30篇以上。2010年截至10月21日已有28篇相关文献,可以看出研究热度依然不减。

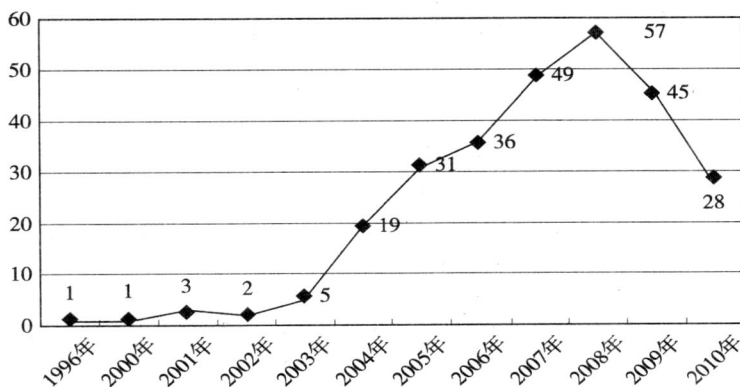

图 2-1 政府绩效评估论文数量随时间变化态势

（二）哪些人在做研究

1. 作者单位和学术地位

表 2-2 作者单位

作者单位	频次	占比（%）
高等院校	221	79.78
党校系统（行政学院）	34	12.27
政府部门	9	3.25
社科院系统	7	2.53
民间研究机构（学会、协会等）	6	2.17

通过统计可以看到（见表 2-2），政府绩效评估的主要研究力量无疑是高等院校[①]，其比例达到了 79.78%。此外，行政学院（党校系统）也贡献了 34 篇，主要发表在《辽宁行政学院学报》、《云南行政学院学报》、《广东行政学院学报》以及《国家行政学院学报》上；而政府部门官员发表

———————

① 由于本次评估选取的样本主要是几本高端核心期刊以及几所高校的学报，这个结果应在意料之中。发表渠道等问题在某种程度上排斥了一些学术地位较低的研究者的成果。但从总体上来看，高校的确是不可争议的主要研究力量。

的9篇文章全都集中于《中国行政管理》,其内容以介绍相关地区具体的绩效评估实践并分析相关问题为主,虽然学术水平较低,但是对于全面地反映我国政府绩效评估的全貌仍是有价值的。在此基础上,我们统计了各个具体研究机构的发文数量,以甄别出主要研究机构和团队。

表2-3 发文量前五位的研究机构

序号	机构名称	篇数	所占百分比(%)
1	中山大学	17	10.2
2	湘潭大学	16	9.6
3	兰州大学	11	6.6
4	西安交通大学	8	4.8
5	浙江大学	7	4.2

不出所料,发文量前5位的研究机构无一例外地都是高校(见表2-3)。这5所高校或者在公共管理学科建设上处于领先地位,或者在绩效评估研究领域投入巨大①,基本代表了我国政府绩效评估研究领域的最高水平。5所学校的研究队伍也都有一个领军人物,如湘潭大学的彭国甫、兰州大学的包国宪、西安交通大学的吴建南等,这些核心学者带动了研究机构和队伍的成长壮大。具体到各个研究机构,中山大学显示出了优势,研究成果基本发表在中国人民大学、武汉大学和中山大学等我国公共管理学科领先高校的学报和一级刊物《政治学研究》上,显示了优异的研究品质。湘潭大学虽然发文量很高(16篇),但是美中不足的是,其中有11篇是发表在本校学报上,多少让人对其研究质量和开放性有一定的担忧。而与之形成鲜明对比的是,浙江大学的7篇文章全部发表在《政治学研究》和《公共管理学报》两本高质量的研究刊物上,显示了较好的学术规范。

---

① 中山大学、浙江大学在历年的公共管理学科排名中都处在靠前位置,兰州大学于2004年成立了中国地方政府绩效评价中心。

表 2 - 4　作者学术地位

学术地位	频次	百分比(%)
教授(研究员)	115	41.52
未标明或无学术地位	47	16.97
讲师、助教(助理研究员)	41	14.80
副教授(副研究员)	36	13.00
博士研究生	19	6.86
硕士研究生及以下	19	6.86

可以看到,政府绩效评估研究者的学术层次还是相对很高的(见表 2 - 4)。277 篇论文中有将近一半(41.52%)的作者职称为教授,可见高层次的研究者是政府绩效评估研究成果的主要贡献者,同时也可以说明政府绩效评估研究是很多高层次行政学研究者的研究重心所在。这无疑对促进政府绩效评估研究事业发展、提高研究品质有巨大的积极作用。

2. 核心作者

本次评估统计出了发文量前 5 名和单篇论文被引频次前 10 位的作者,结果如表 2 - 5 和表 2 - 6 所示。从中可以识别出我国政府绩效评估研究领域的核心作者。彭国甫和包国宪同时出现在表 2 - 6 和表 2 - 7 中,说明了他们既是高产作者,同时又有一定的学术影响力,尤其是彭国甫有 3 篇论文在被引前 10 之列,累计被引超过 500 次,显示了他的突出学术影响力。蔡立辉的 3 篇文章全都进入了单篇论文被引频次前列,累计被引次数超过 950 次,说明了其在政府绩效评估领域的学术影响力和研究品质。倪星有 2 篇文章发表在《政治学研究》上,显示了不俗的研究质量,他和周志忍、吴建南、陈天祥、范柏乃都是有显著影响力的学者。其中,高产作者陈天祥和吴建南单篇论文被引频次不高,但这并不代表其研究质量有问题。之所以被引次数不高,可能主要是由于两位研究者近年的研究多偏向定量的实证研究,试图打开绩效评估研究新的视域,他们的努力方向正是其他研究者们需要深入思考和挖掘的,从这个角度来说,他们的研究也是很有意义的。

表 2-5　发文量前五名的作者

序号	作者	篇数
1	彭国甫	10
2	包国宪	8
3	陈天祥	8
4	吴建南	7
5	倪星	6

表 2-6　单篇论文被引频次前 10 位的作者①

序号	作者	文章名称	被引频次	发表年份
1	蔡立辉	西方国家政府绩效评估的理念及其启示	457	2003
2	蔡立辉	政府绩效评估的理念与方法分析	421	2002
3	彭国甫	对政府绩效评估几个基本问题的反思	263	2004
4	马宝成	试论政府绩效评估的价值取向	179	2001
5	彭国甫	价值取向是地方政府绩效评估的深层结构	164	2004
6	范柏乃	我国地方政府绩效评价体系的构建和实际测度	108	2005
7	张璋	政府绩效评估的元设计理论:两种模式及其批判	98	2000
8	朱立言	美国政府绩效评估的历史演变	90	2005
9	彭国甫	地方政府公共事业管理绩效评价指标体系研究	87	2005
10	包国宪	绩效评价:推动地方政府职能转变的科学工具——甘肃省政府绩效评价活动的实践与理论思考	79	2005

---

　　①　我们发现被引频次前 10 位的文章全部发表于 2005 年之前,为了更好地反映近几年绩效评估研究队伍是否发生了新老更替,故又整理出 2006 年后单篇论文被引频次前 5 位的作者,如表 2-7 所示。

表 2－7　2006 年后单篇论文被引频次前 6 位的作者

序号	作者	文章名称	被引频次	发表年份
1	蔡立辉	政府绩效评估:现状与发展前景	76	2007
2	唐铁汉	加强政府绩效管理,深化行政管理体制改革	72	2006
3	周志忍	公共组织绩效评估:中国实践的回顾与反思	69	2007
4	周志忍	政府绩效评估中的公民参与:我国的实践历程与前景	65	2008
5	彭国甫	中国政府绩效评估研究的现状及展望	63	2006
6	倪星	地方政府绩效评估指标的设计与筛选	54	2007

（三）获得的资金支持

表 2－8　资金来源

资金支持	篇数	百分比（％）
企事业单位横向项目	0	0
特定基金会	1	0.36
校级基金	6	2.17
国家自然科学基金	20	7.22
省市级政府基金	21	7.58
国家级基金	58	20.94
无资金支持或未标明	171	61.73
总数	277	100

　　表 2－8 中的数据表明,38.27％的政府绩效评估研究得到了资金支持,而何艳玲 2007 年的研究发现,1995—2005 年间的行政学研究中,"高达 91.7％的研究都没有资金支持。"更难能可贵的是,在获资助的 106 篇论文中,有 78 篇得到的是国家级基金或国家自然科学基金的

支持,比例达到了 73.58% ,说明这些研究不仅得到了资金支持,而且还是高层次的支持。

出现上面的现象,可能有两方面的原因。一方面,也许是因为现实中的评估热潮,国家教育部门高度重视政府绩效评估研究进展,大力鼓励相关研究,批准了大量课题,而地方政府则从本地评估需要出发,大力资助高校进行相关研究。这使得政府绩效评估研究相较于行政学中的其他研究课题更容易获得资金支持。另一方面,因为本次评估的样本来源集中于高级核心期刊,能够在上面发文的研究者本身就有一定的学术地位和资源。大量发文的高级研究者更是各自院校的学科骨干,往往更容易争取到资金支持,这在无形中抬高了资金支持率。统计显示,获得资助的作者主要集中在中山大学、西安交通大学、湘潭大学等几个绩效评估研究核心单位,几位核心作者倪星、陈天祥、吴建南等几乎所有的文章都有资金支持,而且多为国家级的基金。78 篇得到国家级基金支持的论文中,有超过一半(60%)来自这几位核心作者(见图 2－2)。这两个因素共同促成了政府绩效评估研究的高资金支持率,政府绩效评估也无愧于“行动中的公共行政学”的称号。

三、研究主题和领域

(一)研究主题

表 2－9　国内政府绩效评估研究主题的分布情况

主题	数量(篇次)	百分比(%)
对国外政府绩效评估研究成果和实践经验的介绍和借鉴	26	8.44
评估主体体系相关问题研究	26	8.44
政府绩效评估的价值取向	19	6.17
政府绩效评估体系构建与方法	52	16.88
政府绩效评估指标体系	19	6.17

续表

主题	数量（篇次）	百分比（%）
政府绩效评估配套制度	15	4.87
特定领域专项绩效评估研究	57	18.51
反思回顾中国政府绩效评估理论和实践	56	18.18
其他	38	12.34
总计	308	100

获得国家级资金支持单位分布

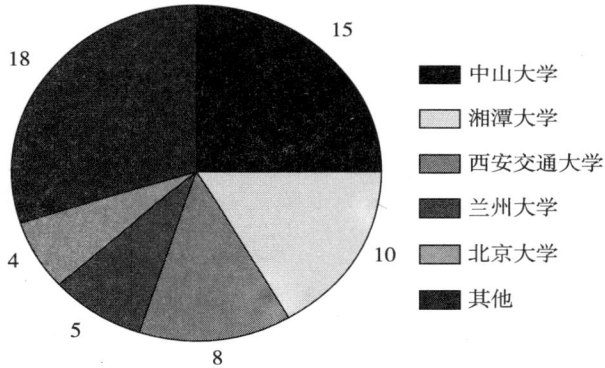

中山大学
湘潭大学
西安交通大学
兰州大学
北京大学
其他

获得国家级资金支持作者分布

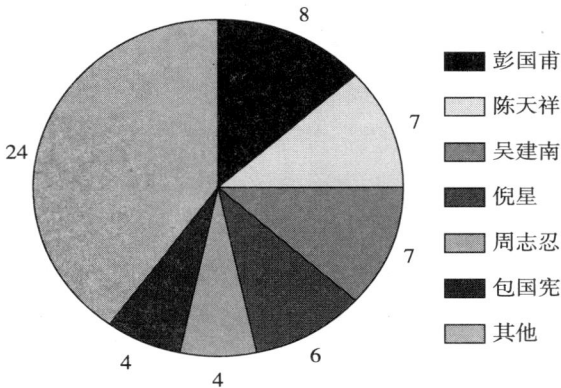

彭国甫
陈天祥
吴建南
倪星
周志忍
包国宪
其他

图2-2　国家级资金支持单位与作者分布

31

通过分析发现,国内政府绩效评估研究主题分布比较均衡(见表2-9),其中涉及特定领域专项绩效评估研究、反思回顾中国政府绩效评估理论和政府绩效评估体系构建与方法、对国外政府绩效评估研究成果和实践经验的介绍和评估主体体系相关问题研究的论文相对丰富,分别有57篇、56篇、52篇、26篇和26篇;而涉及评估指标体系、评估的价值取向和评估配套制度的论文相对较少,分别有19篇、19篇和15篇(见图2-3)。

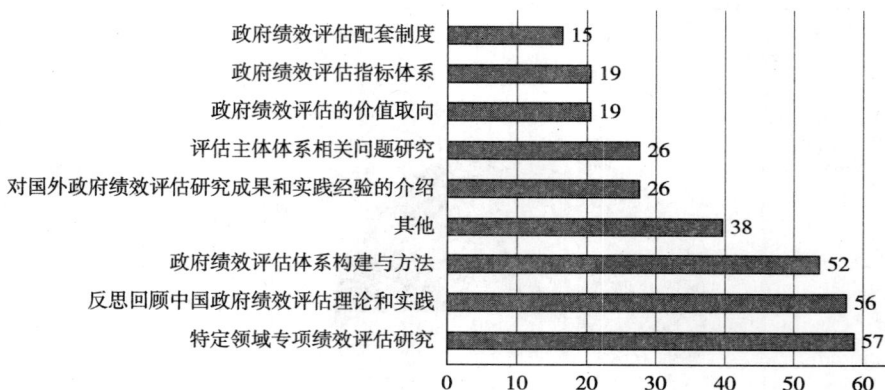

政府绩效评估配套制度　15
政府绩效评估指标体系　19
政府绩效评估的价值取向　19
评估主体体系相关问题研究　26
对国外政府绩效评估研究成果和实践经验的介绍　26
其他　38
政府绩效评估体系构建与方法　52
反思回顾中国政府绩效评估理论和实践　56
特定领域专项绩效评估研究　57

0　10　20　30　40　50　60

图2-3　研究主题分类统计

(二)研究领域

与特定领域专项绩效评估研究有关的有57篇论文。再进一步划分的话,有16篇介绍政府绩效审计和绩效预算,7篇介绍电子政务绩效评估,12篇介绍特定地区的绩效评估实践①,有3篇着眼于在建设服务型政府背景下对政府提供的公共服务及其质量进行绩效评价,有4篇力图构建地方政府公共事业管理绩效评价体系和新农村建设中基层政府绩效评估体系;剩下的11篇论文主题分布零散,探讨了有关社会建设、社会保障、招商引资、行政审批、科技计划、政府投资项目、政府资产管理、煤炭安全生产监管、公共支出、海外政府的绩效评估体系(见

---

① 这些文章可分成两类,5篇是政府官员介绍当地绩效评估实践的,4篇是学者总结概括典型地区绩效评估模式和相关经验的。

图2－4)。值得注意的是,这一类的论文不再局限于"总结和归纳绩效评估的一般经验与规律",而是试图"诊断特定对象管理问题和绩效治理的具体对策"①。这些论文往往尝试填补某一特定领域绩效评估研究的空白,有较强的开创性和应用性。研究者一般以相关的调研数据为基础,利用自己的经验构建一套评估框架体系或评估模型,同时开发出可供参考的指标体系,并就实施评估的相关措施进行探讨。

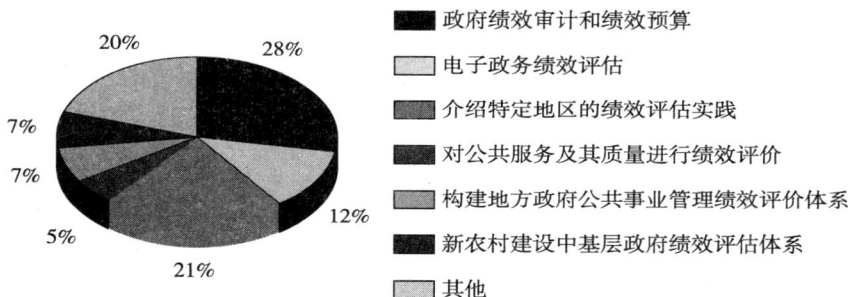

图2－4 特定领域专项绩效评估研究分类

政府绩效评估体系构建与方法是学者们的研究重点之一,并且年份分布较均匀(见图2－5),显示了这一研究主题一直是研究者关注的焦点。行政学本来就是实践导向的学科,政府绩效评估更是被大量实践者不断地加以创新、演变,政府绩效评估研究很自然地需要设计符合实际的、具有一定应用性的评估框架,以更好地指导行政实践。体系构建研究一般分为两种,一种是尝试构建具有普适性的评估模型,另一种则是就上文提到的某一专门领域或项目的绩效进行评估框架和指标体系的构建,前者有31篇,后者有21篇。

其他类的论文有多达38篇,这一方面显示了政府绩效评估研究主题的繁杂,另一方面也可以理解成研究者们另辟蹊径,寻找新的研究主题的不断尝试。这些论文主要介绍政府绩效评估的重要性和作用、对政府绩效评估在中国的运用进行可行性分析、分析影响政府绩效的因

---

① 彭国甫:《中国政府绩效评估研究的现状及展望》,《中国行政管理》2006年第11期。

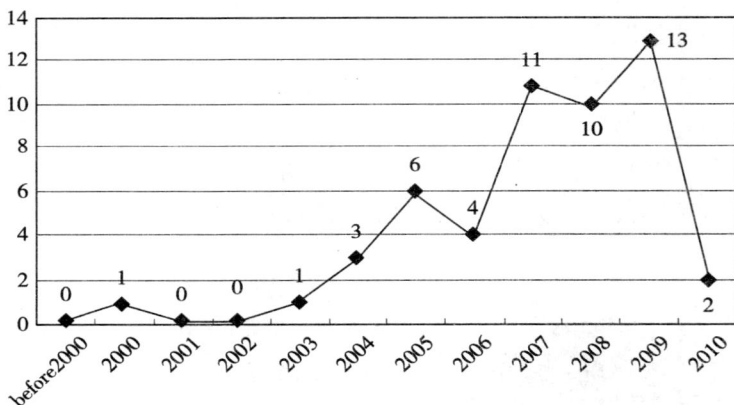

图 2－5　绩效评估体系构建与方法类论文数量随时间变化趋势

素、剖析绩效评估实践中存在的深层次问题（如目标转换、动力机制扭曲等）、考察进行绩效评估的一些相关决策（如绩效评价周期选择、评估对象选择）等。其中从宏观上论述政府绩效评估的重要性的论文有6篇，基本发表于2004—2005年之间，主要从深化行政管理体制改革、加强政府创新的角度论述政府绩效评估的作用和功能，号召大力开展政府绩效评估，为绩效评估的实践摇旗呐喊。分析影响政府绩效的因素的论文基本来自于吴建南，他的4篇论文通过运用实证研究剖析了政府管理能力、创新行为、内部流程及问责机制等因素对政府绩效的影响。此外，有2篇文章指出应用绩效管理代替绩效评估，关注绩效评估的动态性、系统性，有助于我们从更全面的视角理解政府绩效评估。

　　绩效评估发源于西方国家新公共管理实践，在国外特别是西方发达国家已经开展了较长时间，积累了很多值得我们引进和吸收的理念和具体做法。因此学习借鉴国外政府绩效评估的实践经验及理论成果自然是理所当然的。实际上，我国的政府绩效评估研究就是在引进西方经验、消化吸收、进而通过本土化实现理论创新和知识增长的。① 在

---

　　①　1994年周志忍发表的《公共组织绩效评估——英国的实践及其对我们的启示》一文，被认为开启了国内政府绩效评估研究的大门。

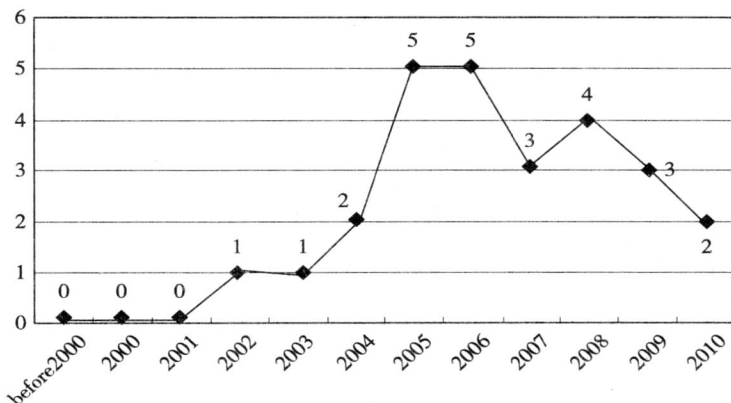

图 2-6　介绍国外实践和理论类论文数量随时间变化趋势

本次评估的样本中,从 2002 年蔡立辉的《政府绩效评估的理念与方法分析》开始,每一年都有介绍国外经验的论文出现,且数量稳定在一定水平上(见图 2-6)。我国的政府绩效评估还处在初级阶段,因此很长一段时间内这类文章还将是国内研究者必须关注的一个研究主题。

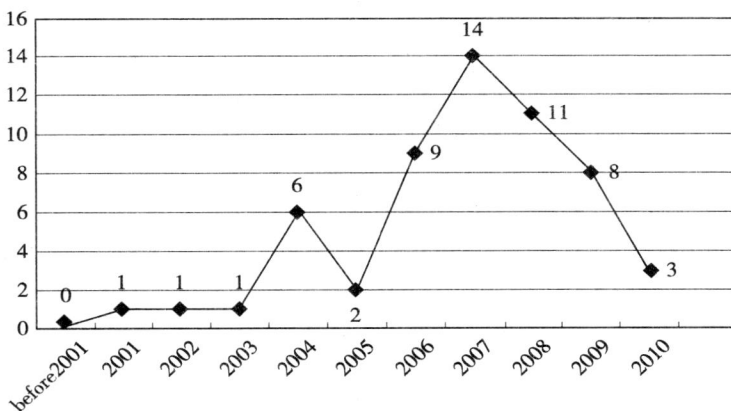

图 2-7　反思回顾类论文数量随时间变化态势

令人感到欣慰的是,涉及"反思与回顾"的论文有多达 56 篇,这在某种程度上体现了政府绩效评估学者的学术自觉。通过分析这些论文的发表年份(见图 2-7),我们发现,完整系统地回顾中国政府绩效评估理论和实践进展的论文从 2006 年开始出现①,并且数量稳步上升,可以说这几年反思的势头不减。值得注意的是,表 2 – 7 所列 2006 年后的单篇论文被引频次前 5 位的文章,竟然全都与反思回顾有关。这或许可以看做是有学术影响力的核心作者在给已经过热的"绩效评估热"降温,并引导研究者们做好对既有研究成果的系统总结、回顾,并反思其中的得与失。随着 2006 年中国行政管理学会政府绩效管理研究分会的成立,研究者早已告别了需要为政府绩效评估研究奔走呼号、推波助澜的时代,在经历"大跃进"式的急速增长后,他们需要考虑的是如何在高需求的引导下,做出有本土关怀和原创性的高质量的研究。从近两年的数据来看,政府绩效评估研究的势头仍然火热甚至有更进一步之势,在这种背景下,这些通过反思过去以更好地审视未来的文章仍然是有意义的。

四、研究类型和规范性

(一)研究类型

通过统计发现,样本中有多达 228 篇属于规范研究,占样本总数的82.31%;而实证研究和混合研究分别只有 24 篇和 25 篇,总和仅占样本总数的 17.69%。这个结果与之前学者的研究发现基本吻合②,对比彭国甫 2006 年的研究结果"运用定性分析和规范研究方法的成果占93.75%,运用定量分析和实证研究方法的只占 6.21%"③,我们发现实证研究的比例提高了一倍④,这是否能从一个侧面说明 2006 年之后实

---

① 以彭国甫的《中国政府绩效评估研究的现状及展望》和唐铁汉的《加强政府绩效管理,深化行政管理体制改革》为代表,彭文是对理论研究进展的回顾,唐文全面介绍了我国政府绩效管理与评估的实践、问题与对策。

② 参见彭国甫、倪星的相关文章。

③ 彭国甫:《中国绩效评估研究的现状及展望》,《中国行政管理》2006 年第 11 期。

④ 当然这个结论可能是不准确的,因为彭国甫的样本来自于中国学术期刊网,其样本来源更加多元、样本容量也更大。我们的样本来自于相对正规和高端的学术期刊,研究者的质量更高,这可能在某种程度上提高了实证研究的比例。

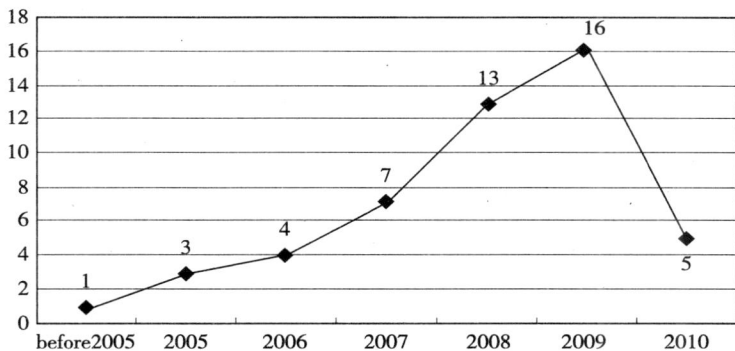

图 2 − 8　实证研究和混合研究数量随时间变化趋势

证研究的数量在增长？这些论文的发表年份的统计结果似乎证实了这个猜想(见图 2 − 8)。让人略感惊讶的是,在我们所选样本中,有 22 篇(占比 92％)实证论文都发表于 2006 年之后,即使是混合研究,也是从 2005 年开始才出现了 2 篇。这多少有点出乎意料,也可窥见 2006 年之前实证研究的匮乏。纵向来看,2006 年之后实证研究数量在稳步增加,但是横向来看,实证研究总量仍然偏少。

在处理规范研究和实证研究的关系上,吴建南的经验似乎有一定代表性。作为其国家自然科学基金项目的初步成果,他在 2006 年发表《探索政府管理的"黑箱":管理能力对政府绩效的影响分析》一文,"力图用规范研究方法分析管理能力对政府绩效的影响"。在建构理论模型的基础上,他发现研究存在的问题,"如管理者的领导能力对政府绩效的影响作用还需要进一步说明,模型在不同层级不同特点的政府部门的适用性分析,以及用实证研究的方法对模型做进一步验证等问题。"[1]这为下一阶段的研究奠定了良好的基础,同时也增强了问题意识,有利于在下一步研究中有针对性地进行探讨。随后,他开展了一系列相关的实证研究,接连发表了《创新行为如何影响政府绩效——以领导干部任前公示为例的研究探索》、《信息技术、内部流程与组织绩

---

① 吴建南:《探索政府管理的"黑箱":管理能力对政府绩效的影响分析》,《湘潭大学学报》2006 年第 2 期。

效——面向中国某市级政府部门的实证研究》、《问责制度、领导行为与组织绩效：面向我国西部乡镇政府的探索性研究》三篇高质量的实证研究论文，其研究思路保持着连贯性，分别从不同维度探索各种因素对政府绩效的影响。这样的研究无疑是有意义的，也是很值得同行借鉴的。

通过观察 11 篇实证研究论文作者的单位，可以发现一个有趣的现象，即他们多数来自有自然科学传统或财经背景的院校，如西安交通大学、华南理工大学、南京航空航天大学、中南财经政法大学、上海财经大学等。而政治学渊源深厚的相关公共管理高校的研究者则少有实证研究作品。这在一定程度上也反映了作者所受学术训练和学术旨趣对研究方向的影响，理工科背景的学者或者出于利用自身的学科背景的考虑，或者出于传承所在院校一贯的研究风格和特色的考虑，倾向于将自然科学的实证精神投射到社会现象研究之中，通过经验观察的数据和实验研究的手段来揭示一般结论。加强这些学者与政治学、法学背景的研究者的交流，无疑将大大促进政府绩效评估研究视野的开拓和研究质量的提高，这是我们所乐见的。

当然，其他非理工科背景的学者们也在往实证研究和定量分析的方向努力，本次评估中的混合研究就可以看做是这些学者的一种尝试和努力。这些研究已经有了实证研究的影子，但是从方法上看，又不能算做严格意义上的实证研究，因此我们将之称为"混合研究"。属于这类研究的 25 篇文章大致分为两类，一类专注于某一特定领域（如社会建设、煤炭安全生产监管、新农村建设等）的绩效评估，研究者在通过问卷调查、实地访谈等定量方法获取信息后，构建一套适用于该领域的绩效评估体系；另一类文章则是作者通过对相关文献的总结、概括、扬弃，结合自身对绩效评估理论的理解，先在理论上构建一套评估模型、开发一套完整的指标体系，然后再运用隶属度分析、相关分析和鉴别力分析等定量方法对评价指标进行实证筛选、赋值和权重确定。这两类论文尽管在研究方法上离标准的严格的实证研究还有一些差距，但是这种努力本身应该是值得肯定的。当前更多的研究者或许首先应该从资料收集方法上做出改变，更多地通过实地调研、田野观察获取一手的数据,而不是就文献谈文献,为了规范研究而规范研究。另外,这25篇文章中有6篇作者单位是中山大学,这也可以看做是这个学术团队主动有意识地摆脱既往偏向规范研究的传统,强化实证研究的重要性以实现研究方法的多样性而做出的努力。

(二)实证和混合研究所处阶段

25篇混合研究的论文都处在第二阶段,即问题描述阶段。在24篇实证研究论文中,有9篇止于问题描述;15篇进行了变量分析,占到了实证及混合研究数量的30%,但是只占总样本的5.4%。一般说来,前两阶段(即概念界定和问题描述)是研究的初始阶段,是为研究的进一步深化打好基础,识别问题和变量。而第三阶段即变量分析阶段才是研究真正的精髓所在。概念界定和问题描述是必要的前奏,但是我们期待有更多的测量变量之间关系的研究成果出现,以更好地为政策制定提供参考。

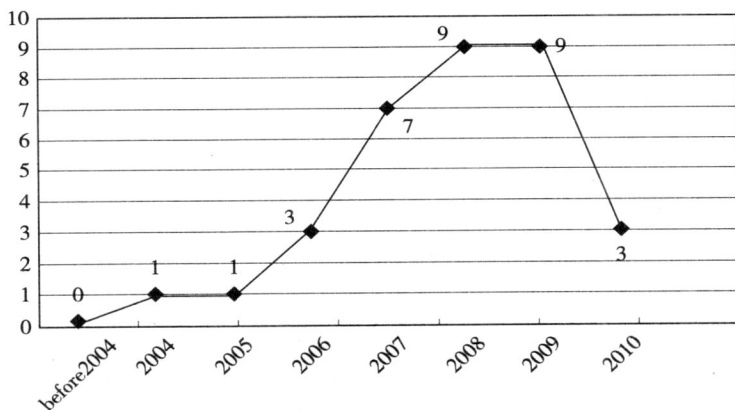

图2-9　有理论对话论文数量随时间变化趋势

(三)研究的规范程度

统计结果显示,大部分的文章都有文献引用但无理论对话,这样的文章有133篇,占样本总数的48%;既无文献引用又无理论对话的论文有 111 篇,占 40.1%;有理论对话的有 33 篇,占 11.9%。由于样本来源都属于较为规范的核心期刊,因此"双无"的论文比例较低①应是意料之中的。这 33 篇论文集中在较为规范的核心期刊上,17 篇出自《中国行政管理》,4 篇出自《国家行政学院学报》,4 篇出自《管理世界》,其余的来自某些重点大学学报。《中国行政管理》上有较多一线政府工作者的文章(9 篇),他们的论文主要是介绍当地的绩效评估实践进展或结合自己的经验对评估推进中存在的一些问题的思考,这些文章缺乏学术规范似乎可以理解。

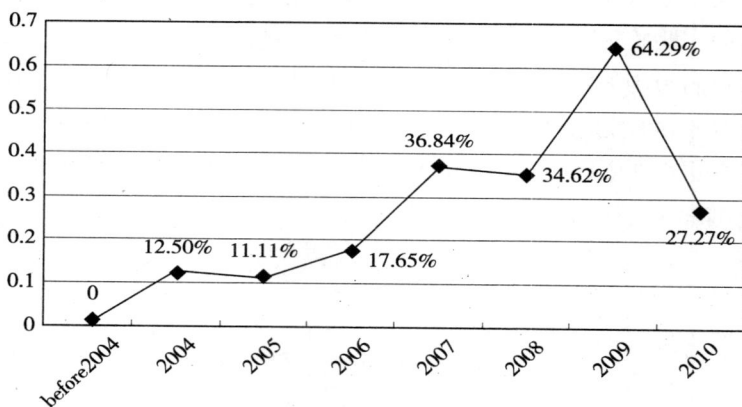

图 2-10 有理论对话论文占当年总样本比例分布

　　理论对话可以理解为在前人研究的基础上,提出某种质疑或挑战,寻找某种新的研究路径,它是"研究的问题意识得以厘清与新的理论得以构建的重要前提"②。统计 33 篇有理论对话的论文的发表时间,发现开展理论对话的论文数量在逐渐增加(见图 2-9),且占当年发文总量的比例也稳定上升(见图 2-10)。这一方面可以理解为学者们对学术规范性越来越重视,另一方面,也许是因为 2004 年之前政府绩效

---

　　① 上文提到的何艳玲 2007 年的研究表明,有 43.6%的论文既无文献引用又无理论对话。

　　② 何艳玲:《问题与方法:近十年来中国行政学研究评估(1995—2005)》,《政治学研究》2007 年第 1 期。

评估研究的成果还不多,学者们那时尚缺少理论对话的基础。2006 年之后,随着政府绩效评估研究愈加深入和全面,理论对话增多也就不足为奇。

五、总结与评论

1.研究在整体上取得较大进展,但是研究品质仍有待提高

毫无疑问,近几年中国政府绩效评估研究取得了巨大的进步,无论是从研究成果的数量上还是质量上,都呈现了令人欣喜的态势,这点我们应当给予充分的肯定。但是本次评估呈现的也许只是冰山一角,更多的研究成果的品质如何,我们尚不得而知。但不可否认的是,本领域内研究状况、水平参差不齐的情形确实存在,我们尚未形成被研究者普遍认可的研究范式与体系。而且仅就本次评估样本而言,发表在顶级刊物如《政治学研究》上的有关政府绩效评估的论文数量仍然偏少(仅有 8 篇),我们期待着有更多高质量的研究成果出现。

2.核心作者作用显著,核心研究团队基本形成

综观近十年来的政府绩效评估研究成果,我们可以发现一些名字一直与之紧密联系在一起,比如彭国甫、周志忍、吴建南、倪星、包国宪等。这些核心作者在推动中国政府绩效评估研究前进方面有巨大的作用,他们不仅自身著述颇丰,而且还作为导师,培养出了一批政府绩效评估研究的新生力量,加强了研究的人才储备。一个有趣的现象是,这几位核心作者不仅在学术上卓有成就,而且往往同时兼有一定的行政职务①,这保证了他们能利用更多的资源去推动他们所从事的事业,就政府绩效评估研究本身来说,这无疑是大有裨益的。

经过研究者们的共同努力,国内目前已经形成了一些有代表性的

---

① 如彭国甫时任湘潭大学党委书记,吴建南为西安交通大学公共政策与管理学院副院长,倪星为中山大学政治与公共事务管理学院副院长,包国宪为兰州大学管理学院院长。

核心研究基地和学术团队,包括中山大学、北京大学、兰州大学、浙江大学、湘潭大学、中国人民大学等,这对政府绩效评估研究的规模化、集约化、组织化有莫大的帮助。但是仅有这些团队还是不够的,我们期待着有更多的组织加入政府绩效评估中,有更多不同的声音带来更多不同的视角,引发更多的思辨和创新。同时,各学术团队之间也应当打破地域的隔阂,开展适当的交流和合作,共同推动政府绩效评估研究的持续进步。

3. 实证研究数量有所增长,但仍呈现结构性匮乏

本次评估结果显示,中国政府绩效评估研究成果中存在一定的"结构性失衡"现象,即规范研究过多,而实证研究(以及努力迈向实证研究的混合研究)数量太少。[①] 规范研究当然是必不可少的,它有助于理论的融合与创新,有利于加强对特定问题的思考。但是遗憾的是,我们已经有太多浮于表面却深入不了实质、解决不了问题的规范研究,相比它们那些空洞、乏味的宏观论述,也许我们更加需要一些能够反映当下政府绩效评估实践的第一手的鲜活资料。近几年,实证研究的数量有所增长,但是这种增长放在政府绩效评估爆炸式增长的背景下,仍是微不足道的。我们需要更多的研究者走入田野,对绩效评估实践做出精确描述和解释。当然,实证研究不仅要在数量上有所增长,质量上也要加强。我们期待着有更多的变量分析的实证研究出现,而不仅仅停留在概念界定和问题描述上。

4. 研究主题繁杂,尚缺乏明确的核心主题

本次评估将研究主题分成了 9 大类,但是还是很难完全覆盖现有研究成果的范围。其他类的论文竟然有多达 38 篇,而且其中很多话题都是只有一篇文章提及,基本得不到呼应和对话。其他的 8 类主题的分布比较平均(尤其是把特定领域专项评估研究分解成几个小类后),各个研究主题像点点繁星一样分布在政府绩效评估研究的全景图中,但是我们却很难找到其中的焦点。从数量上来看,评估体系构建与方

---

① 当然这一问题不仅存在于政府绩效评估研究领域,实际上何艳玲 2007 年的研究表明整个中国公共行政学研究中都存在这个问题。

法也许勉强能算是一个核心的主题(52篇),这个主题本身有一定的开放性(能包含指标体系)和较强的实践应用性(构建出来的模型往往可以付诸实践),而且随着学界和实务界越来越强调用绩效管理代替绩效评估,将评估只作为其中一个环节,未来也许会淡化指标体系的分量而更加强调整个评估运作系统的构建,因此我们预计它会成为下一个研究的关注点所在。

5.研究的规范性亟待加强,重复性研究需减少

本次评估选取的样本来源相对高端,即使这样,这些论文在学术规范性上的表现也仅仅是差强人意,有将近一半的论文有文献引用(占比48%),但有40.1%的文章没有文献引用,有理论对话的论文更是寥寥无几(11.9%),不难想象,本次评估样本之外的更多的政府绩效评估研究的规范性也许更加糟糕。没有理论对话,也就很难有问题意识,这些都导致大量的重复性研究泛滥、堆积,对学科知识的增长毫无益处。此外,这次评估中我们还遇到了与前人一样的烦恼,即"由于某些论文的规范性严重不足,本次评估在对这些论文进行分类的时候甚至难以清晰地界定其研究类型与研究方法"①。正如何艳玲所言,很多论文并不算严格意义上的"规范研究",它们多半空对空地议论一些问题,充其量算是对一些问题基于想象的描述、对一些对策基于想象的思考,但是我们也实在找不出一种能够概括它们的研究类型,只得将其算做规范研究。可见,我们不仅要加强实证研究,同时也需要更多"规范的"研究。

6.理论研究与实践进展相呼应,并被实践推动和塑造

政府绩效评估本身是一门实践性、应用性很强的学问,对它的研究需要紧密关照现实中的实践活动。中国的政府绩效评估研究者们的一个历史使命,就是全景式地展现当下中国各级政府开展绩效评估实践的盛况,并通过自己的理论构建引导实践更加规范有序地开展。而我国各级政府的绩效评估实践本身就是融合于我国行政改革的时代背景

---

① 何艳玲:《问题与方法:近十年来中国行政学研究评估(1995—2005)》,《政治学研究》2007年第1期。

中的,是推进政府创新的重要工具和落实行政改革的具体措施,这也就决定了中国政府绩效评估研究鲜明的"时代导向"——特别注重把握评估实践的脉搏,解决当前存在的问题,否则研究就失去了意义。一个例证是,随着从"管制型"政府向"服务型"政府转型的推进,研究者再将视野局限在以机构为主要内容的绩效评估已经不能满足实践中的变化,因此越来越多的绩效评估指标体系设计注意价值取向符合服务型政府的职能要求,指标设计突出政府的公共服务职能。

此外,绩效评估的研究在很大程度上是被实践所推动的。国务院总理温家宝 2005 年在《政府工作报告》中明确提出要抓紧研究建立科学的政府绩效评估体系和经济社会发展综合评估体系之后,政府绩效评估迅速成为全社会共同关注的一个热点话题,各地政府和部门相继开展了各具特色的绩效评估。政府绩效评估研究在 2006 年进入一个高潮,不是毫无征兆的,多少与之有一定的因果关系,从国家到地方的各级资金支持政府绩效评估研究也可窥见其中的端倪。未来政府绩效评估研究仍然将紧密关照中国现实,并被实践所推动和塑造。

第三章　地方政府绩效评估
研究中的知识生产

一、国外地方政府绩效评估研究的理论进展

政府绩效评估是西方国家经常采用的政府管理方式,作为一项有效的管理工具,它贯穿于公共行政实践和理论发展的整个历史进程之中。西方政府绩效评估的实践最早可追溯到 20 世纪 40 年代,其发展大致经历了三个阶段:(1)萌芽与初步发展阶段,20 世纪 40—70 年代。(2)大规模发展阶段,20 世纪 70—90 年代。(3)规范深化阶段,20 世纪 90 年代至今。

(一)萌芽与初步发展阶段的政府绩效评估理论与实践

19 世纪末,"行政学之父"威尔逊在开辟这一新的研究领域时即指出:行政学的目标和任务之一,就是要弄清政府怎样才能够以尽可能高的效率和尽可能少的金钱或人力上的消耗来完成其职能。① 此后一段时期内,追求行政效率成为公共行政的最高目标,相继产生了一系列的理论。以泰勒为代表的科学管理学派提出,行政管理的关键要素是方法和技术,它能节省人力,减少浪费,增加产品的数量和提高产品的质量,不断地提高行政效率。② 以韦伯为代表的官僚制理论认为,行政效

---

① W. Wilson,"The Study of Administration", *Political Science Quarterly*, 2(1887).

② Taylor, F. W. , *Scientific Management*: *Comprising Shop Management*, *The Principles of Scientific Management*, *Testimony Before the Special House Committee*. New York: Harper & Brothers,1947.

率的关键在于明确各机构之间的权责关系,加强各行政工作部门之间的合作。① 以法约尔、古利克为代表的行政功能学派指出,行政管理是由一系列相互衔接和联系的活动环节组成的,行政效率的获得必须以各个环节功能的高效发挥及它们的合理搭配为前提和基础。② 至于学术界对政府绩效评估的系统研究,最初始于二战期间,其标志是克莱伦斯·雷德和赫伯特·西蒙的《市政工作衡量:行政管理评估标准的调查》一书。绩效评估真正运用到政府管理实践中来,则是始自 1947—1955 年胡佛委员会推动的美国绩效预算制度改革。

19 世纪末至 20 世纪 60 年代,公共行政学具有明显的组织内部取向特征,聚焦于行政组织的结构设计、运行程序、管理原则和科层体制,科学管理理论盛行,以效率为导向的技术理性占据了主导地位,效率追求成为这一时期公共行政的最高目标。由于行政效率强调的是行政投入与产出之比,单纯以效率为目标使政府管理者忽视了广泛的社会责任,其结果是在经济获得高速发展的同时,社会普遍存在着失业、贫困、动荡和公众对政府的失望情绪等,构成了对既有社会秩序和政治制度的根本威胁。③

20 世纪 60 年代后期,以弗雷德里克森为代表的"新公共行政学派"应运而生。该学派指出,公共行政的核心价值应该是社会公平,主张将"效率至上"转变为"公平至上",强调公共行政的公众导向,将社会公众的需求作为政府存在、发展的前提和目标。④ 新公共行政学扩大了公共行政学研究的视野,特别是公众导向和社会公平的观点,奠定了当代公共管理理念的雏形和绩效评估的理论基础。

---

① Max Weber, *Essays in Sociology*, Oxford University Press, 1946.

② Fayol, H., *Administration industrielle et générale*. Dunod. Paris,1918. Gulick, L., "Notes of the Theory of Organization". In L. Gulick & L. Urwick (Eds.), *Papers on the Science of Administration* (pp. 3 – 13). New York: Institute of Public Administration,1937.

③ 蔡立辉:《西方国家政府绩效评估的理念及其启示》,《清华大学学报》2003 年第 1 期。

④ H. George Frederickson, *New Public Administration*, University of Alabama Press, 1980.

（二）大规模发展阶段的政府绩效评估理论与实践

为了适应政府部门对政策管理和政策执行的要求,20世纪70年代兴起了政策科学和政策分析运动,并成为公共行政的主流学派。普雷斯曼和韦尔达沃斯基等人谋求将政策科学、政策分析与传统公共行政相结合,重点研究政策执行和公共项目,而非组织机构。这种转移对公共管理的发展具有重要意义。正如凯特尔所言,政策执行研究将问题的焦点由组织、结构与过程转移到公共项目及其所产生的结果上来,这就使绩效管理成为公共行政所关注的焦点问题。

从70年代初开始,政府绩效评估实践也大规模兴起。1973年,美国尼克松政府颁布了《联邦政府生产率测定方案》,力图使政府绩效评估走向系统化、规范化、经常化。1976年,美国科罗拉多州通过了"日落法",规定各项政策到期都必须重新得到批准,否则就此失效,这迫使政府部门定期对其政策的后果进行评估。

政府绩效评估在80年代受到极大的重视,最为典型的当属英国。1979年,撒切尔夫人政府开展了著名的"雷纳评审",以拟订提高效率的具体方法和措施。1980年,英国环境事务部率先建立了"部长管理信息系统",集目标管理和绩效评估为一体,旨在向部长提供全面、规范化的信息。1982年,英国政府公布了"财务管理新方案",要求政府各部门树立浓厚的绩效意识。1983年,英国卫生与社会保障部第一次提出了较为系统的绩效评估方案。1987年,英国的"下一步"（Next Steps）报告,提倡采用更多的商业管理手段来改善执行机构的工作,提高公共服务质量。与此同时,丹麦在80年代初提出"回应性国家"的概念,要求政府把公民当做顾客而不仅是选民。德国、荷兰、澳大利亚、法国等国也纷纷仿效,在一些直接与公民接触的公共生产部门确立市场导向,引入竞争机制,从而降低行政成本,提高政府效能,体现了政府注重绩效的理念。

这一时期政府绩效评估的侧重点是经济和效率,追求投入产出比率的最大化。其主要目的是在提高公务员自主性的基础上,保证政府及其工作人员对社会和公众负责,对管理结果负责。通过改革,一方面提高政府行政效率,另一方面切实保证政府管理质量,充分体现政府的公共责任理念。

（三）规范深化阶段的政府绩效评估理论与实践

进入 20 世纪 90 年代，伴随着经济全球化和信息技术的发展，人民的民主意识空前高涨，政府与市场、政府与公众之间的关系发生了深刻变化。政府与社会公众之间由治理者与被治理者的关系演变为公共服务的提供者与消费者之间的关系。① 人们关注的焦点逐渐转向了效益和"顾客满意"，质量被提到了重要地位，"效率优先"的口号被"质量优先"所取代。对于政府绩效也提出了以经济、效率、效益为主要内容的评估标准，呈现出由定性向定性与定量方法相结合转化的趋势，跨学科的多元综合研究方式日益重要。奥斯本和盖布勒提出了企业家政府理论，主张将企业和私营部门中成功的管理方法移植到政府和公共部门之中，认为各类政府机构应该向企业学习，树立顾客意识、重视消费者满意度，引入竞争机制、以竞争求效益。胡德提出了新公共管理理论，主张从经济学和工商管理理论与方法中吸取经验，指出政府机构应以市场和顾客需求为导向，引入绩效管理理念，合理界定政府绩效目标，科学测评各部门绩效，进而提高服务质量和有效性。注重导入顾客服务意识，强调公共服务的网络结构，重视政府管理的结果，追求高绩效的管理体系，使绩效管理成为新公共管理各流派的共同主张。②

在实践层面上，1991 年，英国梅杰政府推行"公民宪章"运动，促使提供公共物品和服务的公共部门接受市场检验，在各公共部门之间、公共部门与私人部门之间引入竞争，反映了"为质量而竞争"的政策。2001 年，布莱尔政府建立了地方政府"最佳价值绩效指标"，并在此基础上构建了"全面绩效评估模式（CPA）"。在美国，克林顿上台执政后，开始了大规模的"重塑政府"运动，声势浩大，成就显著。1993 年，美国国会通过了《政府绩效与结果法》，要求各个公共机构都必须制定

---

① D. Osborne & T. Gaebler, *Reinventing Government：How the Entrepreneurial Spirit Is Transforming The Public Sector*, Addison Wesley Publishing Company, Inc. 1992.

② ［英］胡德著，彭勃、邵春霞译：《国家的艺术：文化、修辞与公共管理》，上海人民出版社 2009 年版。

战略规划、绩效计划和绩效报告,确定绩效指标,以此衡量或评价每一个计划活动的相关产出、服务水平和结果。由副总统戈尔挂帅的"全国绩效评审委员会"发布的《戈尔报告》指出,各行政机构应建立顾客服务标准,总统应与各部门首长签署绩效协议书,从而使各机构目标明确,提高绩效。该报告还提出了384项改革建议,这些建议可以归结为指导政府再造的四大原则:简化规制、顾客优先、授权与结果导向、节俭效益。① 2001年小布什就任总统后,美国联邦政府管理改革的标牌不断翻新,但绩效为本的管理原则没有改变。小布什明确指出:"政府应该是结果导向的,它不由过程而由绩效引导",他所确定的政府改革三原则为:"以公民为中心,以结果为本,以市场为基础"。针对克林顿改革的经验和局限性,小布什政府提出2003年预算新格式,强调绩效与预算紧密挂钩,力图从资源配置方面推动公共部门绩效的提高。

目前,政府绩效评估在西方各国被普遍接受,其过程也更加规范化、系统化。在新公共管理的旗号下,澳大利亚、新西兰、加拿大、德国、荷兰、法国等纷纷开展了大规模的政府绩效评估活动。欧盟于1998年推出了公共部门绩效"通用评估框架"作为组织自我评估工具,并连年修订。日本于2002年4月施行了《政府政策评估法》,依据该法案,日本东京市政策导报室提出了229个政策评价指标,经过实证筛选,最后建立了包括福祉、安全、环境、能源、劳动、消费、生活等11个领域99个指标的东京市政府政策评价体系。

(四)当代西方政府绩效评估实践的特点

20世纪90年代以来,西方政府绩效评估实践坚持以顾客为导向的结果控制,强调政府是公共服务的供给者,增强政府对公众需求的回应力,更加重视政府管理活动的产出、效率与服务质量,凸显了服务至上和顾客中心的理念。综合而言,其发展呈现出以下特点:

1.注重政府绩效评估指标体系的完善,绩效评估逐步走向制度化、

---

① A. Gore. *From red tape to results：creating a government that works better and costs less：The report of the National Performance Review*, Three Rivers Press,1993.

法制化。1993 年 7 月,美国政府颁布了《政府绩效与结果法》,规定每个机构应提交年度绩效规划和报告,财政预算与政府部门绩效挂钩。英国于 1997 年颁布《地方政府法》,2001 年建立地方政府"最佳价值绩效指标",并在此基础上构建了"全面绩效评估模式"。日本也于 2002年出台了《政府政策评估法》,总务省专设行政评价局,在道、府、县也广泛开展了"行政评价"、"政策评价"和"事业评价"。

2. 绩效评估的主体多元化。在评估过程中有公民和服务对象的广泛参与,由单纯的政府机关内部的评估发展到由社会机构进行评估。美国锡拉丘兹大学坎贝尔研究所自 1998 年以来就与美国《政府管理》杂志合作,每年对各州或市的政府绩效进行评估,并发布评估报告,引起了政府和民众的广泛关注。一些州政府在对其部门年终业绩进行评估时,也往往邀请专门的社会评估机构参与。

3. 强调评估价值取向的公民导向。20 世纪 90 年代以来,有关质量和顾客满意度的指标在评估指标体系中大幅度增长,加拿大等国家还进行大范围的政府顾客满意度调查,将提升顾客的满意度作为政府绩效的主要目标。

4. 评估技术不断成熟,科学化程度逐渐提高。包括信息技术、量化技术的广泛使用,针对不同部门发展出不同的评估方式、方法和技术。

5. 将绩效评估纳入整个政府管理流程之中,通过绩效评估优化政府治理体系。西方国家形成了政府绩效管理的完整系统,将战略规划与政府绩效管理相结合,将绩效管理与预算制度改革结合起来,实行绩效预算,并将全面质量管理的理念融入地方政府绩效管理,质量被提到了重要地位,"效率优先"的口号被"质量优先"所取代,建立以绩效质量为核心、以顾客为导向的绩效管理模式。

6. 重视公共支出评价和绩效审计。以公共支出评价为手段,检验政府绩效管理的成效;注重绩效审计,发挥独立的审计机构在政府绩效管理中的作用。

7. 注重地方政府绩效评估指标体系的完善。经过大量实践探索,欧盟、英国、日本、美国等都提出了完善的地方政府绩效评估指标。一些国际组织也作出了大量贡献。瑞士国际管理发展学院(IMD)发布的

《世界竞争力年鉴》确立了包括政府绩效、企业效率、经济表现和基础设施四个方面的国家竞争力评价体系,其中对政府绩效的评价又是通过组织机构、企业法规、公共财政、财政政策、教育等五个方面84项具体指标来综合考察。联合国开发计划署(UNDP)提出的《人类发展报告》将消除极端饥饿与贫困、普及初等教育、促进性别平等、赋权于妇女、降低儿童死亡率、确保环境的可持续能力、建立促进全球发展的伙伴关系等八项指标作为人类社会的"千年发展目标(MDG)"。世界银行则制定了《世界发展指标》,通过对人口、环境、经济、政府与市场、全球联系等五个方面共80项指标的考察来评价各国政府的工作成果。世界经济论坛发布了《全球竞争力报告》及"世界城市竞争力排位",通过对国家及城市竞争力的考评来体现政府绩效。

二、中国地方政府绩效评估研究的理论进展

我国对政府机关工作人员的个人绩效考核由来已久,然而,大规模的地方政府绩效评估实践和理论研究却发端于20世纪90年代中后期。时任国务院总理朱镕基在1999年3月召开的九届人大二次会议上对各级政府提出了"进一步转变职能,转变工作方式,转变工作作风,提高工作效率"的要求。随后,地方政府治理绩效问题引起了理论界和实践界的高度重视。在理论层面,公共行政学和其他学科围绕政府绩效评估进行了广泛研究,主要集中于绩效评估体系的建立和完善、绩效管理的理论探讨等方面。在实践层面,各级政府部门也通过目标责任制、社会承诺制、效能监察制、效能建设制等方式开始实行绩效评估。其中影响较大的有1994年山东烟台实施的"社会服务承诺制度",1995年河北的"干部实绩考核制度",以及很多地方开展的"万人评议政府活动",等等。

(一)理论层面的研究进展
随着市场经济体制的初步建立和公民民主意识的加强,国外公共

管理改革和绩效评估的成功经验也不断传到中国,我国各级政府广泛推行了目标责任制,地方政府绩效评估逐渐成为国内学术界研究的热门课题。目前,国内公共行政学界对这一课题的研究成果主要可以划分为以下类型:

1. 对国外成功经验和做法的介绍。例如,张梦中等人翻译、中山大学出版社 2003 年出版的《公共部门业绩管理丛书》,其中包括阿里·哈拉契米等主编的《政府业绩与质量测评:问题与经验》、凯瑟琳·纽科默等主编的《迎接业绩导向型政府的挑战》,从国际视角介绍了美国、荷兰、英国、加拿大、西班牙、德国和澳大利亚等国不同政府层级、不同政府职能部门绩效和质量评估的理论思考、实践经验和解决问题的途径。国家财政部编译的《美国政府绩效评价体系》(经济管理出版社 2004 年版),专门介绍了美国联邦、州和地方政府的绩效评估制度、技术和方法。中国行政管理学会联合课题组提交的《关于政府机关工作效率标准的研究报告》(《中国行政管理》2003 年第 3 期),对美、英等国绩效管理的经验进行了总结。孟华的专著《政府绩效评估:美国的经验与中国的实践》(上海人民出版社 2006 年版),对美国政府绩效评估的历史演进、理论、价值观和制度基础、操作环节、动静态特征进行了系统评介,并在此基础上提出了我国借鉴美国经验的基本思路。

2. 对政府绩效评估的一般理论、方法、原则的介绍和探索。目前,国内的研究成果有刘旭涛的专著《政府绩效管理:制度、战略与方法》(机械工业出版社 2003 年版),该书主要通过对当代西方国家行政改革过程中管理模式变迁的描述和分析,总结其中所蕴涵的逻辑规律,寻找和归纳出实施政府绩效管理的制度基础,构建出绩效管理的战略框架。胡税根的《公共部门绩效管理——迎接效能革命的挑战》(浙江大学出版社 2005 年版),主要阐述了绩效管理的实施运作过程。卓越的三本著作《公共部门绩效评估》(中国人民大学出版社 2004 年版)、《公共部门绩效管理》(福建人民出版社 2004 年版)、《政府绩效管理导论》(清华大学出版社 2006 年版),全面系统地探讨了政府绩效评估的模式建构、信息化建设、组织实施、方法运用、心理调控、系统功能、国内外实践等方面的内容。周凯主编的《政府绩效评估导论》(中国人民大学出版社 2006 年版)、张旭霞主编的《公共部门绩效评估》(中国商务出版社 2006 年版),周志忍的《公共组织绩效评估——英国的实践及其对我们的启示》①、《行政效率研究的三个发展趋势》②等论文,也涉及这些内容。

3.结合中国国情进行的专门性研究,主要集中在政府绩效评估的价值取向、指标设计、实践中存在的问题及改进途径、具体行业和部门的运用等。例如,彭国甫的专著《地方政府公共事业管理绩效评价研究》(湖南人民出版社 2004 年版)、《地方政府绩效评估研究》(湖南人民出版社 2005 年版)、郭济主编的《绩效政府——理论与实践创新》(清华大学出版社 2005 年版),范柏乃的《政府绩效评估理论与实务》(人民出版社 2005 年版)、马国贤的《政府绩效管理》(复旦大学出版社 2005 年版),等等。

(二)实践层面的进展

改革开放以来,尤其是加入 WTO 以后,我国政府在变革观念、转变职能、调整组织机构、改革行为方式的同时,非常注重借鉴西方国家成功经验来提高政府运行效率,政府绩效管理由此走上了实践的舞台。许多部门和地方政府开展了绩效评估的探索和尝试,成效显著,积累了较为丰富的经验。其实践类型主要包括三种:③

1.普适性的政府机关绩效评估。其特征是,绩效评估作为特定管理机制中的一个环节,随着这种管理机制的普及而普遍应用于多种公共组织。例如,党政机关普遍实施的目标责任制、社会服务承诺制、效能监察、效能建设、行风评议,等等。

2.具体行业的组织绩效评估。组织绩效评估应用于某个行业,一般具有自上而下的单向性特征,即由政府主管部门设立评估指标体系,

---

① 周志忍:《公共组织绩效评估——英国的实践及其对我们的启示》,《新视野》1995 年第 5 期。

② 周志忍:《行政效率研究的三个发展趋势》,《中国行政管理》2000 年第 1 期。

③ 中国行政管理学会联合课题组:《关于政府机关工作效率标准的研究报告》,《中国行政管理》2003 年第 3 期。

开展对所属企事业单位绩效的定期评估。例如,卫生部为医院设立的绩效评估体系,教育部为各级各类学校设立的绩效评估体系(如普通中小学教育质量综合评估、成人中等专业学校评估体系、大学本科教育合格评估体系等),财政部、国资委、国家发改委联合推出的企业绩效评估系统等。

3. 专项绩效评估。即针对某一专项活动或政府工作的某一方面进行绩效评估。如教育部门的普通中小学全面实施素质教育评估,科技部制定的"高新区评价指标体系",北京市的国家机关网站政务公开检查评议,江苏省纪委的"应用指标分析方法对反腐败五年目标实现程度的测评",珠海市的"万人评政府",深圳市的"企业评政府",山西省运城市的"办公室机关工作效率标准",等等。

(三)特征分析

综观近年来国内在地方政府绩效评估方面的理论研究和实践进展,可以发现以下突出特点:

1. 在主导思想上摒弃以往只重经济发展硬性指标的观念,以科学发展观和正确政绩观为指导,绩效评估开始注重经济社会的协调和可持续发展,以3E、质量、公平、责任、回应等的综合为原则选择评估要素,注重经济增长与社会发展、管理过程与管理实绩等协调并重。2005年,中山大学与湛江市赤坎区合作,拟在目标管理的基础上按政府部门的不同性质与类别,分类设计政府绩效评估体系。上海市徐汇区推广应用一套包括顾客满意度和投资效益在内的评估体系,从项目任务的完成情况、资源投入、取得的实际成果、服务型政府建设等四个方面,评估政府部门的工作情况。青岛市以全面实施目标绩效战略为契机,构建起了以提高党政机关绩效为核心的"目标化决策、责任化执行、制度化考核监督、导向化激励"体系。

2. 注重地方政府绩效评估指标体系的构建。现阶段,各研究机构和地方党政机构设计或正在施行的地方政府绩效评估指标体系不下30种,其中比较有代表性的包括人事部课题组提出的我国地方政府绩效评估指标体系,厦门市思明区政府开发的"公共部门绩效评估系统"，2003 年北京市的区县经济社会协调发展绩效综合评估指标体系，湘潭大学提出的地方政府公共事业管理绩效测量指标体系①，北京师范大学提出的中国省级地方政府效率测度指标②，以及国家统计局农调总队的《农村全面小康标准》及《全国县域社会经济综合发展指数》，中央文明办、国家统计局城市调查司制定的《全国文明城市测评体系（试行）》，中国科学院可持续发展战略研究组制定的《中国可持续发展指标体系》。我国还相继出台了许多有关衡量政府各方面竞争力的报告，主要有中国人民大学竞争力与评价研究中心制定的《中国国际竞争力发展报告》，中国社会科学院财政与贸易经济研究所的《城市竞争力蓝皮书》和《中国城市竞争力报告》，以及中国城市竞争力研究会（香港）发布的《中国城市竞争力排行榜》。

3. 在评估主体上，多元化主体和社会中介组织介入政府绩效评估渐成趋势。2004 年，甘肃省将全省 14 个市、州政府及省直职能部门的绩效评估工作委托兰州大学中国地方政府绩效评价中心具体负责组织与实施，由非公有制企业、专家委员会和省政府评议组组成三位一体的评价主体。③ 上海市徐汇区政府绩效评估的主体从原来的上级部门扩展为由上级部门、相邻部门、服务对象、专家、人大、政协和本部门组成的多元化评估主体。南京、杭州等地政府近年来持续开展声势浩大的"万人评议政府"活动，吸收公众参与政府绩效评估，并以此作为评价和督促政府作风建设和进行绩效管理的重要手段。

4. 在评估技术手段上，注重定性与定量相结合，广泛应用现代统计技术和计算机技术。上述评估指标体系的形成过程中，都注意将理论研究与实证调查相结合，不同程度地采用了定量分析方法，层次分析法、数据包络分析等现代统计方法也为越来越多的研究者所采用。厦

---

① 彭国甫：《地方政府公共事业管理绩效评价指标体系研究》，《湘潭大学学报》2005 年第 5 期。

② 唐任伍、唐天伟：《2002 年中国省级地方政府效率测度》，《中国行政管理》2004 年第 6 期。

③ 包国宪：《绩效评价：推动地方政府职能转变的科学工具——甘肃省政府绩效评价活动的实践与理论思考》，《中国行政管理》2005 年第 7 期。

门市思明区、上海市徐汇区均开发和应用了与绩效评估体系相配套的办公软件平台,采集政府部门的工作信息,并作为评估依据。

5.在评估理论和方法上,注重借鉴和吸收西方发达国家成果,开展国际合作,并结合中国实际进行了一定程度的改造。有学者运用"平衡计分卡"的原理,提出从地方财政建设、公民服务、内部管理、学习和创新等四个维度构建地方政府绩效评估的指标体系。还有学者提出"公众=f(财务、内部流程、学习与成长)"的政府绩效影响因素关系式,建立以公众服务为导向的政府绩效改进模式。2005年3月,厦门市思明区被确立为中国与欧盟合作的公共管理项目改革试点单位,开始试用欧盟通用评估框架。

三、中国地方政府绩效评估研究的发展方向

（一）国内现有研究中存在的问题

我国政府绩效评估虽然起步晚,但发展很快;有自己的创新,但还未形成规模;立足于解决现实问题,针对性强,但具有被动应对的倾向。尽管各地、各部门在绩效评估实践方面不断创新,相关理论研究发展态势迅猛,然而从总体上看,我国政府绩效评估的理论和实践都还不成熟,尚处于起步阶段,缺乏科学、系统、严谨的做法和标准,实践中的力度和效果很不平衡,理论上存在的问题也还很多。具体如下:

1.根据中国地方政府的特点,分类、分层研究不够。中国地域广阔、人口众多,各地的经济社会发展极不平衡,东部、中部与西部,城市与乡村,沿海与内陆,汉族与少数民族之间差距巨大。同时,我国地方政府层级众多、类型复杂,每个层级的地方政府职责权限不同、运行方式各异。在这种情况下,各级各类地方政府都存在其特殊性,因而治理过程各有侧重和特点,绩效评估的指标体系也应有所不同。国内现有的研究虽然在指标设计上各有偏重,但大多倾向于开发出一套统一的指标体系来衡量所有的地方政府治理绩效,这显然不够科学。

2.地方政府治理过程与绩效评估脱节,存在为评估而评估的倾向。

地方政府治理的完整流程包括:政府与社会关系调整——政府职能配置——机构设置——权责分配——人员配备——运行方式选择——公共政策与服务提供——绩效评估——信息反馈——政府结构调整与改革。[①] 很显然,绩效评估只是政府治理流程中的一个环节,虽然这一环节至关重要,但不能以偏概全。绩效评估要发挥作用,必须融入整个地方政府治理流程之中,通过绩效评估诊断和发现问题,通过信息反馈修正绩效计划,通过组织结构改革和政策调整落实新的绩效计划,最终改善政府治理、提高政府绩效。当前,国内理论界和实践界大都将精力放在绩效评估上,将手段视为目的,忽视了更为重要的政府治理流程优化问题。

3. 注重指标体系的构建,对绩效评估的整体设计和系统过程考察不够。现有研究成果中,不同学者及地方政府提出了数十种指标体系,所发表的论著多集中于这些指标体系的论证。指标体系构建虽是绩效评估体系和管理机制的核心,但并非全部。绩效评估体系应是以指标体系为核心,整合政府绩效价值取向、评估方法手段、评估主客体系统、管理体制和机制的巨大系统,涵盖从系统设计到指标遴选与指标体系构建、评估实施、评估结果解释、使用、反馈,以及对评估体系自身的评估等多环节、多工序的有序流程。任何环节的缺失和偏差都有可能导致评估误差,甚至出现失真与失败。忽视评估系统整体的科学构建、规范管理及运作,不但有可能使开发出的评估指标体系限于纸上谈兵,忽略政府绩效的产生规律及各类要素间的逻辑关系,无法发挥实际效用,更有可能将绩效评估引向走过场、图形式,丧失其学术创新和服务实践的价值。

4. 注重多种方法的应用,但尚欠整合。定性与定量相结合是目前研究中普遍采用的研究方法,评估指标筛选、赋值和权重确定的统计学方法也被视为重点攻关课题。但是,学术界对于在中国地方政府治理绩效评估过程中,哪些方法较为适用却缺乏共识,要么偏重于一类方法,要么多种方法混杂使用、不分主次。且有些统计学方法较为艰深和

---

① 倪星:《地方政府绩效评估指标的设计与筛选》,《武汉大学学报》2007 年第 2 期。

烦琐,难以被基层政府和社会公众广泛接受和运用。

5.注重借鉴、吸收国外的成功经验,但缺乏结合我国实践的原创性研究。现有的研究成果,多数是对西方经验和做法的介绍,对一般性理论、方法、原则的介绍,结合中国国情进行的专门性研究不多。结合我国实践的原创性研究主要有两种:一是专家学者基于自身对国内外绩效评估理论、方法的理解,针对现实问题,以理论思辨和逻辑演绎的形式提出自己的观点主张;二是从实际运作经验出发,总结和提升现有做法。前者容易限于空泛,在现实中缺乏可操作性。后者则缺乏普适性,难以推广,而且由于保密等原因,核心技术和实际效果难以为外界所了解。

(二)未来的研究方向

为公民和社会提供优质高效的服务是现代政府的根本宗旨,随着市场经济体制的建立和公民民主意识的加强,我国各级政府提出了公共服务型政府的建设目标,政府治理绩效问题也开始引起了理论界和实践界的重视。在进一步深化行政体制改革的过程中,我们必须对政府的投入产出、政府行为的效率、效果进行评估,这是民主政治的基本要求,也是中国政府现代化转型的必然趋势。同时,绩效评估是辨别成功失败的手段,有助于在政府机构内部形成浓厚的绩效意识,从而把提高绩效的努力贯穿于行政管理活动的各个环节。绩效评估也是政府向公众展示工作成果的机会,有利于克服公众对政府的偏见,建立和巩固对政府的信任,这将有效地提升中国地方政府的声誉和形象,提高政府的治理能力。

目前,地方政府绩效评估是学术界和实践界共同关注的热点、重点和难点问题,其研究进展直接影响着我国行政改革进程。结合具体国情和现有的研究状况,我们认为未来若干年内中国地方政府治理绩效评估研究的重点方向包括:①

1.以实证研究为基础,客观系统地描述我国地方政府治理现状。

---

① 倪星:《中国地方政府治理绩效评估研究的发展方向》,《政治学研究》2007 年第 4 期。

地方政府是最接近社会公众的政府层级,承担着大部分公共事务管理和公共产品供应职能。在我国,改革和创新地方政府治理过程,提高地方政府治理能力,改善地方政府治理绩效,是落实科学发展观、建设和谐社会的关键。必须运用定量研究等方法,通过实地调研和问卷调查来收集资料,剖析影响地方政府治理的多种因素,筛选出有统计学显著性差异的变量,力图客观、准确地描述中国地方政府治理现状,寻找规律和特征,发现问题,探求根源,为对策建议提供客观依据。

2. 建立科学合理、可操作性强的地方政府绩效评估指标体系及管理机制。我国各地域的经济和社会发展存在巨大的不平衡性和差异性,地方政府层级多、类型复杂,因此必须根据各级各类地方政府的特点,开展针对性研究,分类、分层建立各种不同的地方政府绩效评估体系,构建与之相配套的管理机制,使其具有较广泛的适用性,直观、简明,可操作性强。

3. 通过绩效评估对不同的地方政府治理模式进行比较,提炼出可行的地方政府治理绩效改进举措。绩效评估要发挥作用,必须融入整个地方政府治理过程之中,通过绩效评估诊断和发现问题,修正绩效计划,推动组织结构改革和政策调整,最终改善政府治理,提高政府绩效。必须将地方政府治理过程与绩效评估联系起来,创新评估体系和管理手段,科学客观地评估地方政府治理绩效,分析其中的主要制约因素,提出针对性强的改进措施,从而优化中国地方政府治理过程,改善中国地方政府治理绩效。

4. 丰富地方治理研究个案,推动中国地方政府治理理论的构建。必须强调中国问题意识,聚焦于中国地方政府治理绩效这一典型问题,运用现代社会科学方法,通过大量的实证调研和经验研究,反映真实世界的公共行政实践,丰富中国地方治理研究个案。同时,力图发展出自己的分析和解释框架,努力构建地方政府治理的本土理论,初步形成中国地方政府绩效研究的基本范式。

（三）研究框架与关键问题

本类研究的核心问题是:如何准确评估和有效改善中国地方政府

治理绩效？围绕这一主题,我们应该在以下框架内开展研究:以地方政府治理流程优化及其绩效评估和管理机制的系统构建为主线,以贯彻落实科学发展观和构建和谐社会为指导思想和价值取向,从广泛深入的文献研究和实地调研入手,以厘清和界定中国地方政府绩效评估及管理的基本概念和范畴为基础,吸收和借鉴国内外已有成果,以绩效评估指标体系为重点突破方向,分地区、分类别、分层级设计科学严谨、可操作性强的地方政府绩效评估体系,并搭建与之相配套的管理机制,通过多轮实证验证和反复修订,最终形成适合我国实际的各类型、各层级地方政府绩效评估体系和管理机制模型。①

考虑到我国的具体情况,必须特别强调根据地方政府的不同特征,开展分类、分层研究。在选取样本时,主要考虑四个因素:(1)地方政府层级,(2)经济发展水平,(3)地理位置,(4)治理能力。在选取调查对象时,要涵盖经济比较发达的省份和经济条件一般的省份,既包括东部沿海省份,又包括中部省份,也包括西部内陆省份。除了研究省政府本级之外,每个省中应该再选取治理能力较好和较差的地级市(地区)、县和乡镇做实地调研,这就使得研究对象覆盖了省—地级市—县—乡镇四个地方政府层级。

在今后开展中国地方政府治理绩效评估研究的过程中,学术界与实务界还需要共同解决以下几个关键问题,从而切实有效地推动理论与实践的进展。

1. 建立地方政府绩效评估体系,尤其是对目前尚未量化的地方政府治理行为,能够发展出新的量表,并提供不同层面的测量指标,指标要能同时反映地方政府资源使用效率、地方政府产出质量以及地方政府公共服务使用者的经验。

2. 基于政府行为的特殊性,对地方政府治理行为中无法量化的部分要提供适当的质化标准并给予解释,并在一定程度上解决统一的绩效评估体系与不同地方政府特质之间的矛盾。

---

① 倪星:《中国地方政府治理绩效评估研究的发展方向》,《政治学研究》2007年第4期。

3.对不同地方政府治理绩效进行比较,在微观层面分析影响其绩效的原因,在宏观层面推动组织结构改革和政策调整,提炼出可行的地方政府治理绩效改进举措,促进地方政府治理模式的优化和发展。

4.开展扎实的实地研究(田野调查),呈现更详尽的地方治理事件与动态的地方治理过程,在此基础上构建自己的分析和解释框架,发展出地方政府治理的本土理论,初步形成中国地方政府治理与绩效评估研究的基本范式。

5.将现代信息技术和统计方法运用于地方政府治理与绩效评估实践中,建立科学合理、可操作性强的地方政府绩效评估体系及管理机制,推动中国地方政府绩效评估与管理理论、技术的实务化。

第四章　地方政府绩效评估实践反思

在短短几年时间,我国骤然掀起了政府绩效评估的热潮,数以千计的论文、各级各类研究课题、相关课程与研究方向的开设、研究机构的设立和研究报告的公开发布,使得政府绩效评估成为"公共行政领域中最显眼的部分",甚至成为"行动中的公共行政学"。公共行政学发端于美国,美国的公共行政学之所以能够长期保持优势和吸引力,与其拥有学科反思的勇气密不可分,由于研究方法的规范和反思的建设性,美国公共行政学界对学科的反思总是能够推动学科的进步。[①] 为了推动政府绩效评估领域的学科知识增长,提高学科知识对政府绩效评估实践的解释力和指导力,我们有必要在政府绩效评估如火如荼地进行的时刻运用理性的方法进行建设性反思,以期推动我国政府绩效评估的理论与实践又好又快地发展,切实服务于政府管理水平的提高。[②]

一、地方政府绩效评估功能反思

对我国政府绩效评估实践的反思可以从对政府绩效评估功能的反思开始,我们需要反思的是,为什么政府绩效评估近年来在我国如此受重视,政府绩效评估在我国能够发挥我们赋予它的作用吗?

---

① 马骏:《中国公共行政学研究的反思:面对问题的勇气》,《中山大学学报》2006年第 3 期。

② 倪星:《反思中国政府绩效评估实践》,《中山大学学报》2008 年第 3 期。

（一）为什么政府绩效评估如此受重视？

西方国家的政府绩效评估由两条途径组成：一条是选民通过参加选举对政府绩效进行评估，政务官及其所在政党对评估结果负政治责任；另一条是政府系统内部根据绩效合同进行的评估，由政府间、政府及其部门间、政府部门与官员之间的绩效合同构成。本书重点研究的是后一种政府绩效评估。西方国家的政府绩效评估具有源远流长的历史，只不过在形式上有所不同，如预算控制、权力机关对政务官的质询与听证，等等。政府绩效评估体现的是民有、民享、民治的政治制度，其根本目的是使公民通过民主制度来控制政府并利用政府来实现公共利益最大化。也可以说是通过这样一种制度安排实现对政治与行政的整合，即实现对民主行政与效率行政的整合，促成消极自由与积极民主之间的妥协与合作，在追求提高政府运作效率的同时促进社会公平，达成精英自由与大众民主的妥协。①

西方国家政府绩效评估的理论背景是二战后沉寂了三十余年的自由主义的东山再起，它基本上属于消极自由主义的范畴，被称为新自由主义，哈耶克和弗里德曼是代表性人物。在自由民主制中，哈耶克首要推崇的是自由。关于限制选举权、主张特定多数和其他类似的建议，使他成为当代自由民主政体的无情批评者。在哈耶克看来，毫无节制的民主等同于极权主义，后者是一种能够导致资本主义和民主自我毁灭的形态。对哈耶克而言，社会公正只是神话，是在追求不可能的事物。② 新自由主义者在推崇市场机制的同时，虽然也承认市场有不完善之处，但认为政府同样会面临失败，因而市场失败并非政府干预的必要条件。由于对集体行动的结果不信任，他们普遍对政府干预社会经济事务和维护社会公平表示不满，主张紧缩政府承担的职能，重新调整政府与市场、社会的关系，将市场机制、工商管理方法与技术、私有化等基于个人主义理论的管理手段引入政府管理领域，以提高政府的管理

---

① 王绍光：《安邦之道：国家转型的目标与途径》，三联书店 2007 年版，第 53 页。

② ［英］帕特里克·敦利威、布伦登·奥利里著，欧阳景根等译：《国家理论：自由民主的政治学》，浙江人民出版社 2007 年版，第 66 页。

效率。其直接目的是打破"既妨碍民主又不能提高效率"的官僚制,所采用的配套制度是倡导政府间、政府与部门间、部门与官员间的管理灵活性和分权、实施结果承诺和结果导向的管理制度,追求对公共产出的明晰的评估框架,对公共产出实施结果与总量控制。很显然,政府绩效评估正是基于自由主义价值观的新公共管理运动的重要配套制度,它的目的和手段无不折射出自由主义价值观。

有学者认为,西方国家政府绩效评估反映了政府管理寻求社会公平与民主价值的发展取向,贯穿了公共责任与顾客至上的管理理念,其目的是为了维护现有的基本社会秩序、提高服务质量、改善公共责任机制和增强政府部门的号召力与公众的凝聚力。[①] 效率逻辑和公共责任逻辑是政府绩效评估内涵中所具有的不可或缺的两个方面。政府部门在社会竞争中提供公共服务,既有助于提高效率、打破垄断和降低成本;又以严明的绩效目标和绩效管理保证其在竞争中对公众负责、提高服务质量。在这两个方面中,公共责任和顾客至上是第一位的,效率则是第二位的,效率只有用来满足公众的需要和实现公共利益时才有意义。政府绩效评估是公共行政中管理主义价值观的支持者革新旧的官僚制以应对民主制公共行政的挑战而进行的创新,它利用政府管理的困境和西方社会回归市场机制的思潮所提供的机遇,推出了基于市场机制的、反映自由主义价值观的绩效管理新方案。令人感到奇怪的是,在政治哲学领域,自由主义者必须通过用自由替代民主才能取得实质上的效率优先于民主和社会公平的成功,而在西方尤其是美国公共行政领域,由于政府陷入管理困境,自由主义者通过管理制度的更新轻松地使效率取得了优先地位,貌似无价值偏向的管理主义替代了实质上的自由主义。

政府绩效评估活动通过分权、结果导向、个人责任制等途径贯彻了效率优先的原则,这些途径由于不再具有明显的等级制和命令—控制色彩,表现为对责任和质量的重视,因而容易被我们移情为是对公共责

---

① 蔡立辉:《西方国家政府绩效评估的理念及其启示》,《清华大学学报》2003 年第 1 期。

任和社会公平的追求。正是因为政府绩效评估貌似能够为各个利益群体带来效率、公平和民主，以及我国基本上完成了公共资源产权改革、确立了产权制度并初步建立起了市场经济机制，因而政府绩效评估在我国得到了迅速的普及和推广，几乎成为提高政府管理水平的法宝和护身符。当然，本世纪初以来以新公共管理为主导的西方公共行政学的推广和公共管理学科的发展也为政府绩效评估提供了知识、人才和舆论支持。

（二）政府绩效评估能够发挥我们赋予它的作用吗？

　　将中国称为"考试型"或"评估型"国家也许并不过分。在政府绩效评估兴起之前，中国已经建立了覆盖各级各类政府部门和各行各业的考试、考核制度。目前，我国学者和政府官员对政府绩效评估的认识和实践总体上还处于初级阶段，容易将政府绩效评估视为全能的、客观的和超然的管理制度。工商管理学界曾将企业经营管理过程误认为是"黑箱"，许多学者和官员则容易将政府绩效评估视为一个"工作站"，以为可以将民主、效率、公平和回应性等价值标准设定为其工作参数，然后将相关数据输入即可得到客观的结果，这实质上是机械式理论建构思维。政府绩效评估的基本对象是政府部门和官员，他们都拥有价值偏好和私利，博弈论和经验研究表明，政府部门和官员总是倾向于一定的价值偏好以最大化个人利益。阿罗不可能定理证明，在倡导个人主义的情况下我们无法作出集体选择以追求公共利益，现实中的次优做法是通过少数服从多数的民主制度作出公共选择，文明程度高和包容性强的民主制度会作出照顾少数利益的制度安排，如希克斯补偿。[①]自由主义者则为了防止大众民主引发的"多数暴政"损害少数精英的利益，主张严格限制集体选择的活动范围，使集体行动仅限于供给纯粹公共产品，而尽量依靠基于私人财产权的市场机制提供公共服务，在公共产品供给领域模仿私人产品市场的"使用者付费"机制。所以，西方

---

　　① 荣敬本等：《关于县乡两级政治体制改革的比较研究》，《经济社会体制比较》2000年第4期。

学者并没有对政府绩效评估报以非常全面的期望,并不认为政府绩效评估可以消除民主、效率、公平和回应性等价值之间的冲突。①

在我国政府绩效评估实践中,无论是学者、官员还是大众,普遍对政府绩效评估作为一种政府管理制度的作用的局限性认识不足,希冀将对政府的期望转化为绩效评估指标体系并进行测量。通过研究国内一些政府绩效评估指标体系之后,我们发现普遍存在着四点不足:第一,部分研究者没有详细阐述设计指标体系的基本技术(如关键绩效指标法、平衡记分卡)、理念(如科学发展观、和谐社会理论)和评估目的。由于设计者没有清晰的设计思路,导致指标体系的逻辑关系混乱,既无法科学地指导实践又无法进行学术对话,从而陷入自说自话的尴尬境地。第二,次级指标往往不能与上级指标形成一致的逻辑关系,或者与公认的指标层次间逻辑关系相违背,如将政府管理的投入指标当做产出指标,或者构建效度和可操作性极低的二级指标。第三,研究者之间对政府绩效评估指标的认同度非常低。一项研究表明,在由四位学者构建的四套指标体系中,总计涉及 121 个评估指标,但四位学者一致选用的指标只有 4 例,三位共同选用的有 9 例,两位共同选用的有 33 例,只有一位选用的达 75 例。② 第四,指标体系较少围绕系统、严谨的逻辑思路构建,很多学者与实践者对"投入—运作—产出—效果"的政府管理逻辑认识不清楚,没有辨别投入、产出和效果之间的区别,而这些正是评估政府绩效的关键指标。

上述不足的存在,直接导致了绩效评估结果的效度不能得到保证。有学者提出了一些比较清晰的指标体系设计思路和方法,如基于绩效维度、层级特征和样本属性的三维立体逻辑框架的评估指标体系,以及通过层次分析法和因子分析法等方法确定评估指标的权重,等等。③

---

① [美]凯瑟琳·纽科默著,张梦中译:《迎接业绩导向政府的挑战》,中山大学出版社 2003 年版,第 19 页。

② 林蓉蓉:《中国地方政府绩效评估指标体系研究初探》,中山大学 2007 年学士学位论文,第 7 页。

③ 彭国甫等:《应用层次分析法确定政府绩效评估指标权重研究》,《中国软科学》2004 年第 6 期。

这些方法有助于提高政府绩效评估指标体系设计的规范性,能够对指标体系的效度进行检验。但是,从科学的角度分析,现有的指标体系设计方法仍然没有达到逻辑与实证相统一的标准,因为我们难以同时证明指标体系的效度和信度。由于构建指标体系的逻辑混乱和方法落后,我国目前的政府绩效评估实践显然无法发挥应有作用,难以客观、全面地评估政府绩效,更难以诊断政府管理中的问题、提出改善政府治理的对策建议。

二、地方政府绩效评估中的行为主体

(一)不同行为主体的目标差异

政府是公民的代理机构,这与经济活动中企业的所有者与经营者之间的委托—代理关系类似,由于激励不相容、信息不对称和权责不对等,代理人可能采取追求自身利益的机会主义行为,从而产生权力变异、腐败滋生、效率低下和内部人控制等问题,损害委托人的利益。改革代议民主制的思路包括:进行良好的宪政安排,建立完善的激励、监控和沟通机制,将代议民主制与直接民主制适当地结合起来,等等。①政府绩效评估建立在分权、结果导向、对公共产出的明晰测量与控制的基础之上,因此,它可以构建一种较为完善的激励、监控和沟通机制以改善委托—代理关系。但是,相关评估主体的目标仍然不可避免地具有差异性,这种差异性导致的冲突以不同的形式体现在绩效合同的签署、绩效指标体系的设计和对绩效评估结果的评价与运用等方面,贯穿于政府绩效评估的全过程。政府及其部门和官员是政府绩效评估的内部主体,作为一种管理制度,政府绩效评估同样无法改变内部评估主体的根本特性,只不过会影响他们实现自身利益最大化的行为方式选择。政府绩效评估的外部主体主要是学者和公众,学者的目标是将所学用于指导实践,公众的目标是争取参与评估过程、获取评估信息,使政府

---

① 倪星:《论民主政治中的委托—代理关系》,《武汉大学学报》2002 年第 11 期。

行为产生有利于自己的改善。

分析内部主体的目标需要根据我国的行政体制进行。行政体制深受政治体制的制约,由于我国的民主制度还处于完善阶段,政府官员的任命、晋升主要取决于上级政府和领导,公民无法通过横向的选举和弹劾等方式制约政府和官员。我国政府目前主要是通过制度运行的绩效获取合法性,暂时回避了通过强化法制本身来提升合法性的途径;与此相适应,我国各级政府承担了非常繁重的经济发展任务,制度运行的绩效在某种程度上被转化为经济发展方面的政绩。这是因为,对政绩进行评估较之于对制度运行的绩效进行评估具有更高的可操作性、更低的交易成本,更适于作为对官员个人的考核工具,更适于作为官员晋升竞争中的选拔工具。这种现象的出现与现行的行政体制高度相关。在我国,对一级政府绩效的评估往往由上一级政府来负责,因为实施评估的主体是上级政府,决定下级政府主要领导升迁的主体也是上级政府及其领导。现实中,一级政府的政绩大小往往取决于其主要领导动员、分配所掌握资源的能力和方法。因此,地方政府的目标很大程度上转化为主要领导的个人目标。对于当前各级地方政府领导而言,推进工作的主要方式之一即是根据自身的政绩期望设定和分解政绩目标,为所属部门制定政绩目标和考核办法,为下属部门领导提供激励和约束,通过绩效评估调动各部门的积极性,确保本级政府政绩目标的实现。同理,下级政府部门及其领导又会根据自身的政绩期望、上级领导的政绩压力、得到的授权和掌握的资源制订自身的政绩目标,将绩效目标分解给下级官员,调动他们的积极性以完成之。一般官员则根据自身的政绩期望、上级的政绩压力和拥有的工作条件确定政绩目标并努力完成。[1]

(二)不同行为主体的动机差异

由于我国的政府绩效评估在设定绩效目标和签订绩效合同的过程

---

[1]　倪星:《政府合法性基础的现代转型与政绩追求》,《中山大学学报》2006 年第 4 期。

中缺乏谈判、协商机制,上级与下级之间没有真正实施分权和结果导向,而是仍然依靠命令—服从机制。因此,下级政府和官员面对上级政府和领导制订的绩效目标时没有自主权,所掌握的资源与绩效目标不一致。他们往往通过两条基本途径实现绩效目标:一条是通过制度外途径获取资源,如获取预算外资金等,研究表明政府部门获取预算外资金的复杂性和隐蔽性在不断强化;[①]另一条是扭曲绩效评估指标和绩效信息,以较低的绩效投入换取较高的绩效评价得分。由于地方政府及其部门和官员在科层制中所处位置的不同,政绩目标的计划式层层分解破坏了基于市场机制的绩效合同,因此,绩效目标的刚性一致由于缺乏现实条件必然导致不同主体目标的差异,这种差异体现在内外两个层面。内部层面体现为各个级别的政府、部门和官员之间对绩效目标的侧重点和重要性以及整体性认识上的差异。上级政府的侧重点是提高下级政府对绩效目标的接受度,通过下级政府间的竞争加快绩效目标的实现,提倡下级政府灵活自主地完成绩效目标,重视对绩效目标的总量控制。政府部门的侧重点是出于部门本位争取对完成绩效目标有利的外部条件,影响评估指标体系的设计、加工绩效信息。官员的侧重点是根据自身的利益最大化考虑调控绩效投入、加工绩效信息。外部层面体现为学者和公众对政府绩效评估的期望,学者期望政府部门采纳他们制定的政府绩效评估方案尤其是指标体系,参与绩效评估过程,指导政府改进工作流程和管理制度,从而提高学术声誉、检验和增进学科知识。学者为了使自己制定的绩效评估方案能够被采纳,往往走向两个极端:一个是试图建立统一的评估模式,忽视不同评估对象之间的可比性,热衷于对评估对象进行排序;一个是借口适应特定评估主体的需求而忽视构建评估指标体系的一般模式,刻意迎合特定评估主体的需求。公众由于自身无法直接通过选举评估政府绩效,转而借助各种间接环节参与政府绩效评估,期望能够以此了解政府工作的不足,尤其是了解同级别政府、政府部门之间的业绩排序,从而形成对政府管

---

① 周雪光:《"逆向软预算约束":一个政府行为的组织分析》,《中国社会科学》2005 年第 2 期。

理的舆论压力。

三、地方政府绩效评估的效果分析

政府绩效评估是一个完整的实践系统,是运用一定的目标、方法和尺度,对各级政府及其工作人员的绩效进行测量、考核,反映其工作的实际效果,从而奖优罚劣,促进政府改进工作,提高管理效率和服务质量。那么,在我国现实中,地方政府绩效评估是否达到了预设的目的,是否改变了政府及其工作人员的行为模式?

(一)政府绩效评估内部主体之间的关系

西方国家政府绩效评估的目的是提高政府效能,改进原有的官僚制,通过调整政府内部管理体制和提高公共产出的水准,优化激励约束机制,实现对公共产出的结果与总量的控制,最终通过民主制度对公民负责。在政府外部,由于西方发达国家的政府间关系具有较为明确的法律界定,代议民主制度比较完善,公民主要通过横向途径直接对各级政府进行监督,因此,各级政府主要受所在区域的公民或代议机构的监督,其绩效目标也是根据相应的代议机构和政务官员所在政党赢取选举竞争的要求设定。在政府内部,西方发达国家已经拥有了比较完善的官僚制,实现了公共财产与官员个人财产的分离,建立了刚性预算约束,各部门与政府首长之间可以围绕资源、权力、绩效目标等关键要素通过谈判签署绩效合同。在成熟的功绩制基础上,官员主要需要适应的是由原来的命令—服从机制向个人责任、结果导向的转变。在代议民主制的环境中,西方发达国家政府绩效评估的后果非常明显,通过绩效评估提高了政府、各部门和官员的管理效能,评估主体之间确立了基于市场机制和结果导向的契约关系,竞争性政党制度则强化了这一后果。

在我国,执政党合法性的取得是历史性的,基于政党的间接代议民主制度极大地制约着政府绩效评估功效的发挥。执政党选择以经济发展为核心,以经济发展的成就增加公民的认同,进而增进制度的合法性基础。由于整个政府体系获取公民认同的责任主要由中央政府承担,因此,整个政府体系被塑造成一个严密的科层系统,各级政府主要领导的升迁、任用主要取决于上级政府,并通过各级政府主要领导之间的人事服从关系维系整个体系的运转。在这种体制之下,对中央政府各种计划的实现程度,成为判断各级政府政绩的基准;各级政府的政绩被转化成主要领导的政绩,主要领导则对政绩目标进行计划式分解,通过所管辖部门来确保个人政绩的完成;一般官员则根据所在部门的要求完成各自承担的绩效目标。因此,我国政府绩效评估的制度基础是,中央政府依据历史的合法性拥有了根据社会需求自主判断和设定绩效计划的自主权,据此构建了完善的科层系统,由上向下层层分解指标,由下向上层层负责汇报。在这种内生性的政治架构中,决定我国政府绩效评估目的的根本主体是内部主体,而内部主体的核心是中央政府和各级政府的主要领导。中央政府的目的是调动地方政府及主要官员的积极性完成既定政绩目标,获取公民的认同,将评估结果作为奖惩地方主要官员的依据;地方政府及主要领导的目的是调动所属部门和下级官员的积极性完成政绩目标,向上级政府传递政绩信息并据此奖惩下属官员;政府各个部门的目的则是完成所在政府或上级部门的政绩,传递绩效信息并据此奖惩下属官员;一般官员的目的则是通过完成绩效目标向上级传递绩效信息,得到相应奖励。所以,我国政府绩效评估内部主体之间的关系仍然是基于科层制的命令—服从关系。

(二)政府绩效评估的后果

政府绩效评估作为一种管理制度,其实施应该对政府管理模式产生深刻影响,这种影响应该体现在内部行为主体的关系改变,政府管理制度与程序的改变,以及外部行为主体参与政府管理的方式与程度的改变等方面。但在我国的实践中,这些方面并没有出现引人注目的变化。首先,在政府内部行为主体之间的关系方面,由于绩效目标是通过由上至下的科层制确定的,而非通过基于内部市场机制的谈判达成,因此,政府绩效评估并没有改变内部行为主体的上下级关系。不过,绩效评估却通过更为公开、科学的形式强化了上级对下级的绩效压力,并借助由公民和学者参与的较为科学、民主的形式,进一步合理化和权威化了上级对下级的绩效命令。其次,在外部行为主体参与政府管理的方式和程度方面,由于绩效目标和目的由上级政府和领导制定,绩效评估方案则由学者或政府内部人员设计,指标体系则根据内部评估主体的要求和评估对象的实际情况设计,数据的收集主要由政府自身完成,基本上不需要公民参与。公民的参与机会取决于指标体系中是否包含公民的主观感受类指标,如果包含这类指标,则配合数据采集的公民有一定参与机会。对于政府绩效评估结果,公民的参与则取决于其公开度和利益相关度。

从现实情况看,我国政府管理依然是封闭式管理,公民参与度极低,因此,无法测量公民参与在政府绩效评估乃至政府管理中是否发挥了作用或发挥了何种作用。一项针对区县政府绩效评估的研究表明:公民作为区县以下级政府的公共服务接受者,和当地政府的利益相关性强,信息渠道不畅、评价成本高昂,存在评价偏好;政府组织存在自我认同倾向,尽管信息便利但人为增加的评价成本难以控制;人大组织较之于公民更为理性,但由于评价独立性较差而难以准确评价;学术研究组织相对前几种评价主体而言,准确性占优,效用性强于公众,成本低于公众和政府,可以算是相对而言的"最佳"评价主体。① 各种情况表明,在公民参与政府绩效评估缺失的情况下,加强学者的参与程度具有客观必要性。学者在政府绩效评估中所发挥的作用主要是协助设计绩效评估方案和指标体系,对评估数据进行技术处理,而无法左右绩效目标和评估目的。真正确定绩效目标和评估目的,左右绩效评估走向的仍然是建立在科层体制基础上的各级政府。所以,从总体上看,我国的政府绩效评估是计划式绩效评估,是上级政府的一种新的政治控制手段,主要利益相关者是内部行为主体,绩效评估并没有改变原有的管理制度和程序,反而强化了科层制的优势,没有改变公民对政府管理的影

---

① 吴建南等:《谁是"最佳"的价值判断者:区县政府绩效评价机制的利益相关主体分析》,《管理评论》2006 年第 4 期。

响作用和程度。

四、地方政府绩效评估的主要影响因素

只有深入分析影响政府绩效评估的因素,才能完整准确地理解政府绩效评估的作用和后果,并对其进行改进。我们认为,影响我国地方政府绩效评估实践的主要因素体现在以下六个方面。

(一)政府合法化基础转型与政绩追求

卢梭指出,由于国家是社会契约的产物,国家权力只能来源于人民的授予和认同,这是政府及其权力存在的唯一合法依据。韦伯对统治的合法性进行了结构和定序分析,将合法性分为三种类型,即魅力型统治、传统型统治和法理型统治,现代国家一般都通过代议民主制度寻求法理型合法性。哈贝马斯进一步提出了政府合法性选择的适应性问题,认为衡量一种政治秩序合法性的标志就是政治秩序与其所处时代价值规范的相容程度。① 从卢梭、韦伯到哈贝马斯,体现了人们对政府合法性认识的进步,人们对政府合法性的认识不仅得到了扩展,更具有了辩证性。由于不同历史时期的社会价值规范的确立是不同的,因而用于构建合法性的资源也是不同的。当前学术界普遍认为,政治权力的合法性基础一般包括三个方面:一是意识形态基础,即从人们的认知、信仰、价值观等理念方面获得支持;二是制度基础,即政治权力获得与运作所遵循的制度规则;三是有效性基础,即政治权力必须取得的实际成就。显然,在现代社会的政治经济条件下,除了意识形态之外,构建合法性统治的途径主要有两条:第一条是通过良好的政绩来论证自身的合法性,即通过绩效来证明政府的合法性;第二条是通过加强民主

---

① ［德］哈贝马斯著,刘北成等译:《合法化危机》,上海人民出版社 2001 年版,第 184 页。

与法治建设来建立统治者的民主法治合法性基础。① 对于作为发展中国家的中国而言,由于还不具备构建发达民主制度的条件,在意识形态合法性无法持续递增的情况下,必然寻求合法性基础的转型,即通过政绩合法性的强化从整体上提升政府统治的合法性。由于我国的政府体系是科层制,因此,中央政府的政绩追求必然转化为各级政府和部门及其领导的政绩压力,而政府绩效评估为上级政府调控下级政府和部门的政绩行为提供了一个合适的工具,以确保中央和上级政府政绩目标的实现。

(二)政府的赶超压力与政绩饥渴

马列主义、毛泽东思想、邓小平理论、"三个代表"重要思想和科学发展观的一个共同理论核心,就是论证社会主义制度的优越性集中体现为能够推动社会生产力又好又快的发展。因此,我国政府的政绩追求直接表现为经济方面的发展与赶超压力。在意识形态的约束与推动之外,更为现实的国内外因素催生和强化了政府的赶超压力与政绩饥渴。近代以来,我国长期处于贫穷落后、被动挨打的境地,代表人民当家作主的新中国政府,寻求尽快摆脱贫穷落后的状况是非常自然的行为。因此,为了克服人民群众日益增长的物质文化需求与落后的社会生产之间的矛盾,各级政府势必努力赶超发达国家的先进生产力。随着我国加入 WTO,国内外经济主体在同一条起跑线上展开激烈的竞争,这对处于不利地位的民族经济而言更是严峻的挑战,这一因素也必然激起各级政府赶超国外竞争优势的努力。在生产要素自由流动的情况下,区域市场逐渐转变为国内统一市场和国际统一市场,这更加剧了地方政府的政绩紧迫感。

(三)政绩竞争与政绩冲动

由于各级政府和部门主要领导的核心利益与职务晋升的联系极为密切,而无论地方政府还是政府部门主要领导的晋升均取决于上级政

① 马宝成:《有效性:现代政治合法性的政绩基础》,《天津社会科学》2002 年第 5 期。

府和部门领导的认同,因此,地方政府和部门的主要领导必然尽一切努力寻求获取上级领导的认同。在政治忠诚度很难具有区分作用的情况下,上级领导所倚重的是下级官员的政绩表现。地方政府和部门领导之间围绕着稀缺的职务晋升资源,进行着激烈的政绩竞争。由于地方政府和部门主要领导的职务是稀缺性资源,在位官员除了晋升压力之外还面临着来自潜在竞争者的挑战。由于官员担任特定职务受任期、年龄、学历、上级领导变动等因素的制约,这意味着官员必须在特定时限内取得能够得到上级领导认同的政绩。在有限的任期之内,地方政府和部门主要领导很自然地具有不可抑制的政绩冲动。

(四)科层体制与政绩目标的层层加码

在谋求政绩合法性的大环境下,上级政府和部门为了取得较好的政绩,稳定自身执政的合法性基础,不断提高对下级政府和部门的政绩要求,下级政府和部门再将任务下达给其下级,层层下放、层层分解、层层加码,最终分解到基层政府时,指标完成额的要求往往已经是当初的几倍甚至十几倍。很多地方政府对于上级下达的指标根本无法完成,然而在对上负责的体制下,下级政府又必须完成上级下达的任务,否则下级政府在同级机关中的地位、待遇以及领导自身的职位与前途将会受到非常不利的影响。① 在无法正常实现政绩目标的情况下,下级政府和部门主要领导采取扭曲绩效评估指标或传递被加工了的绩效信息的做法,就是自然而然的应对之策了。

(五)政府官员的企业家精神与政绩工程

各级政府主要领导面临着来自上级的政绩压力、同级的政绩竞争,在必须努力满足上级政绩要求的情况下又具有自主支配下级政府和部门的较大权力,这样的制度环境使得政府官员在某种程度上具有了企业家精神。为了获取上级领导的注意和认同,在大批竞争者中脱颖而

---

① 倪星:《政府合法性基础的现代转型与政绩追求》,《中山大学学报》2006 年第 4期。

出,现任政府官员往往需要通过政绩创新实现政绩目标。因为政绩工程能够区别出现任官员与前任官员的努力,显示现任官员较之于同级官员更突出的施政思路和能力,可以向上级领导传递具有区别性的、能够展示该官员自主努力和创造能力的政绩信息,因而得到了各级政府官员的青睐。应该说,政府官员具有"创造性破坏"的企业家精神和热衷于政绩工程,是上述四个因素综合作用的必然结果。企业家精神反映的是平等竞争关系,但在我国现行行政体制下,政府官员围绕着取得上级认同而非同级权力机关和公民认同的绩效展开着竞争,这种竞争随着职务等级的提高而愈加剧烈。

(六)政府工作的复杂性与考评体系的简单化

政府工作的复杂性根源于利益群体的多元化,各个相关利益群体基于利益得失的考虑往往进行着激烈的斗争。这种复杂性首先体现在政府工作目标的确定上,在现代社会经济条件下,政府工作目标的确定往往涉及复杂的利益得失问题,即"谁得到什么,何时和如何得到"①。改革开放的初期,政府强调"效率优先、兼顾公平",随着我国经济的快速增长,如何促进社会公平成了迫切需要解决的问题。如何在效率与公平的和谐共处中推动发展,这一难题在深层次上决定着政府工作的复杂性。政府工作的复杂性还体现在政策执行过程中,即如何妥善处理公众参与和组织效率的矛盾。政府工作的复杂性最终体现为产出的难以测量。一方面,政府处理的公共事务和提供的公共产品由于缺乏市场价格而难以测量其价值;另一方面,出于利益得失的考虑,不同利益群体对同样的公共产出的评价并不一致。但是,在现实的政府管理中,又必须对政府的投入—产出进行考核,必须设计一种相对简单易行的量化处理机制,对公共产出和结果进行量化处理,以客观测量和反映政府的业绩。由此,一些难以量化或难以具体化的政府活动就被人为地忽略掉了,没有纳入指标体系。这导致经济、效率等容易量化的指标

① [美]哈罗德·D.拉斯韦尔著,杨昌裕译:《政治学》,商务印书馆1992年版,第15页。

在政府绩效评估指标体系中占据了较大比例,而公平、公开、民主等较难量化的指标所占比例相对较少,形成了目前考评指标简化、考评标准不全面的状况。

近年来,我国政府绩效评估在理论和实践两个层面都受到了异乎寻常的重视,但是通过上述分析可以发现,当前政府绩效评估实质上是政府寻求合法性转型的配套制度,它与科层制政府体系相结合,成为一种上级政府调控下级政府的政治工具。在政府绩效评估的各个行为主体中,以科层制为核心的内部主体发挥了主导作用,学者发挥了技术支持作用,公民则拥有配合绩效评估的或然机会。具有企业家精神的政府官员为了赢取政绩竞争而抱有的政绩冲动,以及政府工作的复杂性与考评体系的简单化等因素共同作用,使得我国政府绩效评估实践背离了它的初衷,没有发挥诊断政府管理问题、改善治理流程的功效。由于目前并不具备类似西方政府绩效管理的制度基础和技术条件,我国现有的政府绩效评估实践主要是一种新型的计划式管理手段。[1]

---

[1] 倪星:《反思中国政府绩效评估实践》,《中山大学学报》2008 年第 3 期。

第五章 地方政府绩效评估
价值标准重塑

一、经济社会变迁与政府合法性基础的变化

(一)合法性理论的演变

任何政治统治的存在都必须以人民的认可和接受为前提,即具有合法性(又称为"正当性")。合法性问题关系到国家政权的存继,是一国政治统治成败的关键。合法性基础的动摇或者丧失意味着一国的政治统治在一定程度上存在着危机,其统治必将难以长久,这是任何一个统治者所不希望看到的。因此,合法性的谋求成为了各国政治活动的核心问题和首要目的。而对于各个时期合法性的来源问题,不同的学者有着不同的认识和界定。

合法性在英文中称为 legitimacy,原意是指合乎法律的(lawful)或法治的(legal)。近代以来,卢梭是首位从理论上提出合法性概念、又从公意的角度来论证合法性基础问题的学者。卢梭在《社会契约论》中指出,国家是人们之间相互缔结契约的产物,国家是为了实现公意、公共幸福、公共利益而存在的。"既然任何人对于自己的同类都没有任何天然的权威,既然强力并不能产生任何权力,于是便只剩下约定才可以成为人间一切合法权威的基础。"[①]由于国家是契约的产物,那么国家的权力只能来源于人民的授予和认同,这才是政府及其权力存在

---

① [法]卢梭著,何兆武译:《社会契约论》,商务印书馆1996年版,第14页。

的唯一合法依据。政府行为一旦违背人民的授权和公意,就将面临失去合法统治的危险。此后,马克斯·韦伯也提出了自己的观点,他认为合法统治有三种纯粹的类型:一是法理型统治,建立在相信统治者所规定的章程、制度和指令的合法性之上,他们是合法授命进行统治的;二是传统型统治,建立在相信传统的神圣性和由传统授命实施权威的统治者的合法性之上;三是魅力型统治,建立在个人的非凡牺牲以及由他所默示和创立的制度的神圣性,或者英雄气概、楷模样板之上。① 这一分类基本上解释了社会发展不同阶段的各种合法性来源问题,奠定了现代合法性理论的基础。

哈贝马斯进一步发展了合法性的理论,他认为,衡量一种政治秩序合法性的标准就是政治秩序与其所处时代价值规范的相容程度。② 合法性意味着,对于某种要求作为正确的和公正的存在物而被认可的政治秩序来说,有着一些好的根据。一个合法的秩序应该得到承认。合法性意味着某种政治秩序被认可的价值——这个定义强调了合法性乃是某种可争论的有效性要求,统治秩序的稳定性也依赖于自身(至少)在事实上的被承认。③ 在哈贝马斯看来,合法化危机是政治系统的投入危机,也是一种认同危机,即"合法性系统无法在贯彻来自经济系统的控制命令时把大众忠诚维持在必要的水平上"④。

在不同的历史时期,由于社会价值规范的确立是不同的,用于构建合法性的资源也各不相同。当代学术界普遍认为,政治权力的合法性基础一般包括三个方面:一是意识形态,即从人们的认知、信仰、价值观等理念方面获得支持;二是制度规范,即政治权力获得与运作所遵循的制度规则;三是有效性,即政治权力必须取得的实际成就。就合法性的

---

① [德]马克斯·韦伯著,林荣远译:《经济与社会》,商务印书馆1997年版,第241页。

② [德]哈贝马斯著,刘北成、曹卫东译:《合法化危机》,上海人民出版社2001年版,第184页。

③ [德]哈贝马斯著,张博树译:《交往与社会进化》,重庆出版社1989年版,第184页。

④ [德]哈贝马斯著,刘北成、曹卫东译:《合法化危机》,上海人民出版社2001年版,第96页。

三个层次而言,意识形态是其本质,体现和反映着政治统治主体的性质;制度、规范、政绩和有效性是显性的因素,是政治统治主体合法性的表征。意识形态在政府合法性的获取与维持过程中起着决定性的作用,这一点在我国近现代历史实践中已得到充分的证明。但是,政府能否长期保持其合法性,不仅要看它的政治纲领、阶级基础和意识形态,而且要看其执政程序的制度化与规范化程度。因为执政程序的制度化、规范化有助于实体内容的实现,立法、行政、选举等过程中的程序是否制度化与规范化都对结果的正当性、合法性有着直接的影响。另外,政府还必须作出一定的实际成绩,取得相应的政绩,表明其统治过程的有效性。如果仅仅依靠意识形态这一精神方面的支柱,在传统意识形态的感召力、解释力随着社会转型趋于下降,而新的意识形态系统尚处于建构过程中的今天,则难以承担独立支撑政府合法化基础的重任。①

由上所述,在现代社会中除了意识形态之外,构建合法性统治的途径主要有两条:第一条是通过良好的政绩来论证自身的合法性,即通过绩效来证明政府的合法性;第二条是通过加强民主与法制建设来建立统治者的民主法制合法性基础。② 无论是对政绩的谋求还是民主法制建设,其所要达到的共同目的都是最终获得公众的认同,得到民意的支持。然而,两条途径之间又有着本质的差别,合法性主要强调的是政治权力在对社会进行政治统治或管理时是否得到社会和公众认可的问题,而有效性是指政治权力的实际作为,是指政治权力对社会进行政治管理或政治统治的实际业绩。在英文中,有效性用 effectiveness 或 performance 来表达,也就是我们经常所讲的政绩。虽然经验证明,在欠发达国家中权威主义政权普遍提高了经济发展速度,但单纯通过政绩获取合法性也面临着不可逾越的障碍。因为经济发展是处于周期性波动之中的,它的速度不可能永远令人民满意。因此,一个政权要获得稳定、持久的合法性支撑,单靠某一方面的条件是不够的。仅仅依赖政绩

---

① 倪星:《政府合法性基础的现代转型与政绩追求》,《中山大学学报》2006 年第 4期。

② 马宝成:《有效性:现代政治合法性的政绩基础》,《天津社会科学》2002 年第 5期。

有效性,无法实现合法性基础的长期稳固。①

（二）经济社会发展与中国政府合法性基础转型

政府的合法性来源受到其执政党的执政方式、指导思想等方面因素的影响,执政方式的不同以及指导思想的区别导致执政合法性基础的差别。中国共产党领导人民从夺取政权到社会主义现代化建设的几十年间,其合法性基础也随着社会政治经济的发展,发生了相应的转变。

中国共产党从广大人民群众的根本利益出发,领导人民通过革命取得了政权,凭借革命的合法性掌握了国家政权。所谓革命的合法性就是指革命的出发点是站在人民利益的立场之上,革命的目的是为了使广大人民群众的利益得到合理的实现与保护,由此得到广大人民群众的支持和认同。实际上,共产党赢取政权时的合法性基础主要依靠的是意识形态方面民众的认同,以及革命领袖的个人魅力对公众产生的吸引力。

通过革命的合法性取得政权之后,共产党在执政的初期仍然延续了革命时期意识形态与个人魅力占主导地位的执政方式,马克思主义的意识形态以及中央领导的个人魅力成为了这一时期合法性的主要来源。但由于政权稳固的逻辑区别于革命的逻辑,这一时期共产党领导全国人民进行了基本的政治经济建设,经济绩效、政治绩效与意识形态、领袖个人魅力一同构成了这一时期的合法性基础。然而,党对当时所面临的阶级矛盾作出了过激估计,错误奉行了阶级斗争扩大化路线,对意识形态合法性的严重依赖、对精神作用的片面夸大以及对领袖个人魅力的严重依赖最终导致了个人崇拜现象,出现了大跃进、人民公社化以及"文化大革命"等一系列重大失误和挫折。这使社会主义政权和意识形态面临前所未有的危机,也使得主要依靠意识形态及个人魅力的这种"革命合法性"受到了严重的质疑。伴随着"文化大革命"的

---

① 虞维华、张洪根:《社会转型时期的合法性研究》,中国科学技术大学出版社2004年版,第31页。

落幕,革命合法性的时代到此结束,取而代之的是中国全面跨入改革开放的时代。

为了应对阶级斗争扩大化造成的危机和"文化大革命"留下的残局,邓小平等中央领导同志提出了一系列的改革措施,将我国的政治经济发展扭转到正轨上来。毋庸讳言,在当前的转型时期中国政治和政府合法性也面临着从传统到现代的基本嬗变,存在着一定程度上的合法性危机。在转型社会中,市场经济的驱动力否定了传统社会完全由政治力量实现社会整合的状态,思想文化领域也开始逐渐摆脱从属于政治领域的状况。在由传统的个人魅力型威权统治向现代法理型统治、由传统的计划经济向现代市场经济、由以阶级斗争为纲向以经济建设为中心、共产党由革命型政党向建设型政党的转型过程中,如何解决各方面接踵而来的矛盾和问题,构建适应现代社会的稳固的合法性基础,就成为了我们必须解决的重要问题。合法性基础的现代化重建与维护绝非一朝一夕之功。在改革开放时期,虽然我国政府仍然在一定程度上依赖意识形态的合法性,同时也不断地增强制度规范在合法性基础中所起的作用,但在相当长的时期内,政府在很大程度上主要是依赖于"政绩合法性",期望通过对政绩的追求来获得稳固的合法性基础。

二、政绩合法性问题的凸显

(一)政治层面民主制度的不尽完善

我国目前民主政治还不够完善,导致了提供合法性的政治机制缺陷,其结果是转而由行政层面承担起了谋求政府合法性的责任,政府通过寻求"政绩合法性"来维护其统治的稳定性,希冀通过良好的政绩实现来论证自身的合法性。这一职责的外生性嵌入,使得行政体制发生了功能错位,本应以效率与管理为导向的行政部门转而以谋求合法性、提高政绩为其功能定位,行政机关的主要职能在追求政绩的过程中发生了一些扭曲。

1.人民代表大会制度的运行还不完善。人民代表大会制度是我国的根本政治制度,它规定了人民是国家一切权力的最终来源。但是毋庸讳言,这一制度目前尚存在着一些不尽如人意的地方,其所内具的政治功能并没有得到很好的发挥。人民代表大会作为国家的最高权力机关,对政府的监督作用有所软化,人大代表与民意之间的沟通欠缺,代表的综合素质得不到很好的保证,立法听证制度不完善,等等,这一系列问题直接影响了人大作用的发挥。

2.选举过程存在缺陷。我国宪法规定,各级人大代表都由选举产生,但是当前实际选举过程中还存在许多不规范或暗箱操作的现象,主要表现在四个方面:一是民主选举不够直接,委托——代理关系不明显,模糊了公众的主体意识,也淡化了代表的责任意识。二是民主选举的竞争性不足。有的选举有名无实,搞等额选举或者差额较小,选举人没有选择余地,使选举流于形式。三是选举行为存在诸多不规范现象,带有随意性。四是选举结果缺乏法律威严,存在着随意变动选举结果的情况。

3.权力监督机制存在缺漏。现代政治学早已证明了权力的腐败倾向,到目前为止人类还没有发现一个组织能够完全避免腐败病菌的感染。我国目前处于腐败的高发期,遍览各种腐败案例,毫无例外都与权力监督机制的缺漏有关。首先,政府权力运行不够公开,使得各类监督主体无法有效展开监督。其次,纪委作为一个专门负责纪律检查的权力机构却要受到同样由党的代表大会选举产生的全委会的领导,在事实上造成其自主性严重不足。另外,公众及舆论作为最有发言权的监督主体,却由于监督途径的不畅,意见和建议不能有效传达,造成其监督功能的弱化。

(二)政绩追求的正面效用

1978年以来,政绩尤其是经济增长方面的政绩确实给执政党带来了强有力的、几乎不需要任何更多解释和说明的政治支持,特别是在意识形态的感召力下降、法理资源也相对匮乏的情况下,政绩的获得对于执政党具有特殊的作用。在以经济建设为中心的思想主导下,通过实施改革开放政策,我国的经济发展取得了长足的进步,获得了举世公认的成就,政府工作也有了较大程度的改善。

一是综合国力显著增强。1978 年,我国国内生产总值 87 亿元,其中第一产业 36.18 亿元,第二产业 33.08 亿元,第三产业 17.74 亿元。到 2010 年,全年国内生产总值达到 397983 亿元,其中第一产业增加值 40497 亿元,第二产业增加值 186481 亿元,第三产业增加值 171005 亿元,实现了经济发展的巨大飞跃。① 二是人民生活水平显著提高。随着经济的快速发展,人民生活发生了巨大的变化,城乡居民收入水平大幅度增长,储蓄率不断上升,居民消费结构不断改善。三是工农业经济发展取得巨大成就。家庭联产承包责任制充分调动了农民的积极性,使农业和农村经济发生了巨大的变化,农民收入大幅度提高;工业生产速度也高速增长,综合实力明显增强,工业总体技术装备水平与世界发达国家的差距不断缩小,接近了世界中等发达国家水平。四是对外贸易不断发展,在世界贸易体系中的地位不断提高。2010 年,我国全年进出口总额 29728 亿美元,其中出口 15779 亿美元,进口 13948 亿美元,实现贸易顺差 1831 亿美元。② 同时,进出口商品的结构不断改善,初级产品出口大幅度下降,工业制成品比重大幅度上升,外商投资企业成为我国对外贸易发展的重要增长点。五是社会主义市场经济体制初步形成。在以经济建设为中心的思想指导下,我国市场经济迅速发展,取得了突破性的进展,打破了高度集中的计划经济体制,经济的市场化程度日益提高,市场体系初步发育,市场经济在资源配置中的作用越来越强。

同时,政府的工作效率和质量也由于绩效评估的实施而有所提高,指标的规定性和强制性促使政府必须改变以往推诿拖拉的办事习惯,为政府部门确立了具体明确的工作任务和计划,在一定程度上提高了政府部门的服务水平。

---

① 数据来源:《中华人民共和国 2010 年国民经济和社会发展统计公报》。

② 数据来源:《中华人民共和国 2010 年国民经济和社会发展统计公报》。

（三）片面政绩追求带来的问题

1. 片面追求经济发展，过度依赖 GDP 增长。片面追求经济的发展导致了社会与经济发展的不协调，政府将着眼点放在经济总量的增长和发展的速度上，仅仅重视产出而忽略了投入和成本等为取得经济发展成果所付出的代价。GDP 作为国民经济核算体系中最重要的总量指标，被当今世界各国普遍采用，成为衡量经济发展的首要标准。然而，GDP 只是一个经济指标，它只能反映社会经济发展的总体水平，并不能反映贫富差距、社会全面发展状况和国民生活的真实质量。长期以来，我国各级政府将 GDP 指标放在压倒一切的地位，几乎将之视为政绩追求的全部内容，这样的片面发展观一方面导致了自然资源的大量消耗、环境的污染和生态的破坏，严重影响了后代的生存环境，另一方面还忽略了民主法治建设、社会公平及社会秩序的维护。

2. 政绩工程泛滥。在过度追求政绩的大环境下，上级领导普遍根据政绩来评价和选拔下级干部，导致了地方政府的一些干部为了追求政绩，获得良好的声誉和晋升的机会，大搞"形象工程"。急功近利，为了追求近期效果，不顾地方的实际情况和财政能力，一味地追求"显"和"快"，贪大求快的思想催生了大量既不实用又耗资巨大的工程；追求数字、数量和规模，忽略质量和效益，最终给国家和人民造成了巨大的损失；形成了巨额的政绩成本，给继任领导班子工作的开展带来了巨大财政困难，造成"一届腐败干部的政绩，几届领导班子的饥荒"这种长期的不良影响。一些地方官员在谋求政绩无门的情况下，弄虚作假，搞"数字政绩"，形成"官出数字，数字出官"的恶性循环。

3. 政绩困局的出现。对于合法化来说，绩效是工具性的，是合法性的物质基础。亨廷顿指出，把合法性建立在政绩基础上的努力可能会产生政绩困局现象。[①] 在这种情况下，统治者的合法性依赖于满足公众对其政绩的期望，但实际上政绩并未使合法性变得更加牢靠，反而使其处于更加危险的境地。因为经济绩效的长期维系并不是一个可控的

---

① ［美］亨廷顿著，刘军宁译：《第三波：20 世纪后期民主化浪潮》，上海三联书店1998 年版，第 228 页。

过程,以政绩为支撑的合法性因而具有一定的局限性和时效性。同时,经济发展的周期规律决定了经济不可能永远保持令人满意的发展速度。统治者为得到合法性,只能不断地追逐更多或更高的绩效,一旦经济发生波动,绩效不能令人满意,那么合法性立刻就可能受到怀疑,这就使得政府陷入了不断追求更高政绩的"政绩困局"之中。①

4. 社会全面发展的忽视。近年来,我国政府主要强调以经济建设为中心,忽略了其他各方面的协调发展。上级政府将经济增长量和发展速度作为考核下级政府的主要指标,甚至是唯一指标,经济指标占了地方政府绩效评估指标体系的大部分比重。在政府工作中,经济成了重中之重。在上级绩效评估指标的指挥下,各地方尤其是经济较为发达一些的地方政府,一般都将招商引资、民营经济的发展作为首要工作来抓,重量而不重质,求名而不求实,政绩工程、虚假政绩泛滥,成为了我国目前地方政府工作中的突出问题。这种盲目片面的经济发展观给地方社会经济的协调、全面发展带来了严重的隐患,环境的严重破坏、民主法治建设的落后、道德的沦丧等给社会的综合、持续发展造成了困难。②

目前,我国理论界和实践界已经意识到了单纯追求政绩的弊端。政绩最核心的内容——经济增长,是当前我国政府合法性来源的必然选择,在一定时期内其作用显而易见。但是,"政绩合法性"的谋求只能在短期内发挥作用,建立在以经济增长为核心的有效性基础上的合法性是难以长久的。伊斯顿指出:"政治体系的合法性更主要的是来自散布性支持而非特定支持,如果不得不或主要依靠输出,指望人们用特定的和可见的利益的回报来生成支持的话,那么,没有任何一组当局人物可以把握权力。"③从长远来看,我国政府合法性基础应该由单纯对"政绩合法性"的依赖,转向谋求意识形态、制度和有效性三者结合

---

① 龙太江、王邦佐:《经济增长与合法性的"政绩困局"——兼论中国的政治合法性基础》,《复旦学报》2005 年第 3 期。

② 倪星:《反思中国政府绩效评估实践》,《中山大学学报》2008 年第 3 期。

③ [美]D.伊斯顿著,王浦劬译:《政治生活的系统分析》,华夏出版社 1989 年版,第 298 页。

的散布性支持。政府的工作重心应该向建立健全民主法治逐渐过渡，通过民主法治建设，获得广大民众的认同，构建稳固可靠的合法性基础。在构建地方政府绩效评估指标体系的过程中，必须抛弃以往仅仅考察经济总量与发展速度，过度强调 GDP，以搁置民主、延滞法治和破坏环境为代价来换取短期经济发展的做法，将民主、公平、法治、社会稳定、环境保护等因素加入绩效评估的指标当中，引导地方社会经济的合理、协调、综合发展。[①]

三、合法性基础重建与政府价值标准重塑

（一）合法性基础重建

1. 从压力型体制向民主合作型体制过渡，提高公众认可度

我国目前的政府管理体制属于一种典型的压力型体制，依靠各级行政组织从上到下规定指标任务，通过层层考核、检查、验收、评估，与奖惩、职务升降等制度相配套，据此推动上级意志的实现。这种做法，实际上带有行政命令推动型计划体制的浓厚色彩。而在市场经济体制中，公共治理制度要遵循竞争性民主选举、保护少数和民主合作等原则。要实现从压力型体制向民主合作型体制的转变，必须进行体制改革，加快民主法制化的进程，提高人民群众的认同与支持度。[②] 正如利普塞特所言："合法性是指政治系统使人们产生和坚持现存政治制度是社会的最适宜制度之信仰的能力。"[③]

（1）扩大选举差额和直选范围。代议民主制中最实质性的问题就是公民选举权。在我国现实中，代表全民利益的人民代表大会制度在

---

① 倪星：《地方政府绩效评估指标的设计与筛选》，《武汉大学学报》2007 年第 2 期。

② 倪星：《政府合法性基础的现代转型与政绩追求》，《中山大学学报》2006 年第 4 期。

③ ［美］利普塞特著，刘刚敏等译：《政治人：政治的社会基础》，商务印书馆 1993 年版，第 53 页。

走向全民性的道路上,并非是一帆风顺。所谓的选举常常实行等额选举或者差额很小,未体现民主选举的竞争性要求,选举人的选择范围很窄甚至没有选择。作为政治体制改革的必然选择,我们应该不断扩大选举的差额,提高选举的竞争性,同时不断扩大直选的范围,避免由于间接选举造成的对真实民意的扭曲。

(2)公众评议的实行。公众评议是指公众作为评估主体,运用科学的方法、标准和程序,对政府绩效进行评定和划分等级的活动。[①] 作为政府绩效的一种监督机制,公众评议对政府部门和公务员提供的公共服务、公共产品及其满足公民需要的程度进行调查和审视。这一制度的实行有利于公众更多地参与到政府活动之中,增强政府与公众之间的交流与沟通,打破传统的政府与公众之间信息严重不对称的局面,从而达到社会公民与政府系统之间的良性沟通与互动。同时,公众评议政府绩效是一种有效的激励机制,公众评议的结果将作为对政府部门及其成员奖惩的依据,与公务员的直接利益相挂钩,构成一种内部的激励机制,为提高政府公务员的活力与工作效率提供制度方面的保障,有利于政务公开制度的完善和政府为人民服务宗旨的实现。

(3)听证制度的健全和完善。听证制度是保证法律、法规、政策、决定符合民意以及保障公众参与权的重要途径,是政府工作民主化科学化的重要保证。在目前,听证制度已经在我国逐步推行,我们应当适当扩大听证范围,增强公众的参与度。尤其是对于一些关系到公众切身利益的重大问题,更应该听取公众的意见和建议,在最大限度上减少不当政策法规对公众利益的损害。

2. 坚持科学发展观,努力构建和谐社会

科学发展观是坚持以人为本,全面、协调、可持续的发展观。以人为本,就是要把人民的利益作为一切工作的出发点和落脚点,不断满足人们的多方面需求和促进人的全面发展;全面,就是要在不断完善社会主义市场经济体制,保持经济持续快速协调健康发展的同时,加快政治

---

① 冯银庚:《论政府绩效的公民评议》,《湖南农业大学学报(社会科学版)》2004年第6期。

文明、精神文明、社会文明的建设,形成物质文明、政治文明、精神文明、社会文明相互促进、共同发展的格局;协调,就是要统筹城乡协调发展、区域协调发展、经济社会协调发展、人与自然和谐发展、国内发展和对外开放;可持续,就是要处理好经济建设、人口增长与资源利用、生态环境保护的关系,推动整个社会走上生产发展、生活富裕、生态良好的文明发展道路。

科学发展观是解决我国社会目前存在的问题的重要保证,是构建和谐社会的主导思想。我们必须采取相应措施,推动社会的稳定与和谐进步,实现人与自然、人与人之间的和谐;加强党的执政能力建设,实现党群关系的和谐,党的执政目标与执政能力的和谐,主观与客观的和谐,党政关系的和谐;并通过文化建设构建和谐的社会环境,最终实现社会各方因素的协调发展,创建一个稳定有序的客观环境。

3. 新公共管理理念的引入

新公共管理运动以经济学和私营部门管理为理论基础,摒弃公共服务供给中传统的官僚制独占模式,引入各种市场竞争机制,强调顾客及结果导向,通过改革,使政府以较少的成本转变成一个高效的回应性政府。[①] 新公共管理以管理主义为取向,试图将企业中的管理理念与方法运用到政府管理当中来,将公众看成政府的顾客,更加注重管理的结果,用"质量优位"代替传统的"效率优位",确立明确的目标,设定绩效测量标准并且进行严格的绩效测量,打破公共部门的本位主义,在公共部门中引入竞争机制,降低管理成本,提高服务质量。[②] 新公共管理理念的引入,颠覆了传统的科层制官僚模式,将公众作为政府部门及政府官员最终的服务对象,对公众负责而非对上级负责成为了政府官员工作的指导理念。公众的满意度、服务的质量成了考评政府工作绩效的关键因素,在一定程度上削减了官员编造虚假政绩的动机。

---

① 刘旭涛:《政府绩效管理:制度、战略与方法》,机械工业出版社 2003 年版,第92—98 页。

② [美]珍妮特·V. 登哈特、罗伯特·B. 登哈特著,丁煌译:《新公共服务:服务,而不是掌舵》,中国人民大学出版社 2004 年版,第 54 页。

4. 对政府官员进行制度约束

从"经济人"的角度出发,官员在作出公共决策和执行公共意志的过程中是不可能完全必须依靠制度的设定,通过硬性制度利他的。官员首先是他自己,其次才是政府官员。作为经济人,官员应该受到理性的约束。斯蒂格利茨在分析政府官员的自利性时认为:"一个理性的人必然受到对其行动有影响的刺激机制的支配。无论他自己的个人欲望是什么,如果某种活动将带来惩罚,他必然会取消这种活动;如果能带来较大利益,将会吸引他趋于这种活动。"[①]由此可见,官员自利性既来源于自身的欲望,同时又受理性的约束。对官员行为的约束不能仅仅依靠道德规范这一软约束来规范其行为。

目前,我国存在着严重的制度供给不足状况,腐败现象的屡禁不止就是由于制度方面的缺陷未得到弥补,当官员的私人利益与公共利益发生矛盾时,没有有效的制度来约束官员的行为,导致对腐败的打击往往处于治标不治本的状况。改革开放与全球化的发展要求制度不断创新,以便适应新形势的需要,确保社会生活的规范化,有效减少行政权力运行中的任意性,仅仅依靠官员自身的道德建设是不够的,单一的软约束很难实现官员对于政府工作目标与理念的顺应。要增强公众的责任感和为公众服务的意识,实现官员的廉洁勤政,提高政府的工作绩效,主要还得寄希望于改革过程中的制度安排和制度创新。

(二)政府价值标准重塑

1. 新公共管理运动的兴起及其对绩效评估价值标准的界定

20世纪70年代以来,西方国家面临的国际环境和国内环境的巨变以及政府自身所面临的各种困难和危机,导致了传统公共行政合法性模式的危机,政府财政十分拮据,而民众期待又日益强烈。为协调政府与民众之间的矛盾,从英国开始,开展了一场大规模的新公共管理运动,试图通过深化政府绩效评估等相关改革,提高政府绩效,使政府以

---

① [美]斯蒂格利茨著,郑秉文译:《政府为什么干预经济:政府在市场经济中的角色》,中国物资出版社1998年版,第94页。

较少的成本取得较高的效率和回应性,缓和长期存在于政府与民众之间的矛盾。

新公共管理以管理主义为取向,力图将工商企业管理的理念与方法运用到政府管理实践之中,将公众视为政府的顾客,更加注重管理的结果,用质量标准取代传统的效率标准。其总体思路是:以经济学和工商管理理论为基础,摒弃公共服务供给中传统的官僚制独占模式,引入各种市场竞争机制;①借鉴私营部门的管理技术与激励手段;强调顾客中心和结果导向,强调公共服务中的顾客导向;注重结果甚于规则等。在某种意义上,新公共管理主要体现为"五化":行政职能市场化、行政权力分散化、公共服务社会化、政府理念企业化、政府治理电子化。②

在新公共管理顾客导向、结果导向的背景之下,政府开始从企业中借鉴各种新兴的、有效的管理方法及制度,其中较为突出的就是从企业中引进了对组织工作结果进行评估的绩效评估制度,政府绩效评估制度得以兴起和不断发展。这就使得政府绩效评估理念中同时具有了新公共管理的理念及特征,主要包括:以结果为本进行控制,以顾客为导向,评估主体多元化,评估的逐渐规范化和科学化等。这些特征成为新公共管理时期政府绩效评估的主要内容。

2. 新公共服务理念与政府绩效评估标准的转变

所谓新公共服务指的是关于公共行政在以公民为中心的治理系统中扮演的角色的一套理念。在新公共服务理论家看来,公共行政官员在其管理公共组织和执行公共政策时应该集中于承担为公民服务的和向公民放权的职责,他们的工作重点既不应该是掌舵,也不应该是划桨,而应该是建立一些明显具有完善整合力和回应力的公共机构。③新公共服务对新公共管理的批判主要包括以下七个方面:(1)为公民

---

① 刘旭涛:《政府绩效管理:制度、战略与方法》,机械工业出版社 2003 年版,第92—98 页。

② 郭济:《绩效政府——理论与实践创新》,清华大学出版社 2005 年版,第 310 页。

③ 郭济:《绩效政府——理论与实践创新》,清华大学出版社 2005 年版,第 310 页。

服务,而不是为顾客服务;(2)公共利益是目标而非副产品;(3)公民权和公共服务比企业家精神更重要;(4)在思想上要具有战略性,在行动上要具有民主性;(5)责任并不简单;(6)政府的职能是服务,而不是"掌舵";(7)重视人而不只是重视生产率。

"新公共服务"在一定程度上实现了对新公共管理的超越。它承认新公共管理倡导的"顾客导向、绩效衡量、私有化以及市场模型"等理念,但是新公共服务认为,新公共管理"把商业的价值转移到公共部门的做法给公共行政及其人员带来了一些棘手的问题"①。新公共服务理论明确指出,建立在个人利益最大化基础上的新公共管理所隐藏的是对公共精神的损害和对公民权利的否定。这就使得西方国家改革的趋向再次由管理主义向宪政主义的回归,将公共利益、公民权利、政治民主及人的重要性重新提到了价值标准的高度。在这一转变过程中,政府绩效评估的价值导向也受到了相应的影响,其价值标准相应地发生了变化,将民主、公众利益等问题纳入对政府工作进行衡量的价值标准中来,成为政府绩效评估的指导思想和价值标准。

四、当代中国地方政府绩效评估的价值标准

为了有效地控制政府的财政支出,节约成本,20 世纪 60 年代,美国会计总署率先建立了以经济性(Economy)、效率性(Efficiency)和效果性(Effectiveness)为主体的"3E"评价标准。② 将这一标准作为衡量政府部门工作绩效的价值标准。其不足之处在于过分强调经济、效率等硬性指标,在评估内容上侧重于管理结果的审计,忽视了公共行政所应负的广泛的社会职责,包括民主、公平、正义、秩序、环境在内的许多关系社会发展进步和人民生活质量提高的其他方面,其结果是在经济

---

① 罗伯特·B. 登哈特著,扶松茂等译:《公共组织理论》(第三版),中国人民大学出版社 2003 年版,第 162—200 页。

② 财政部财政科学研究所《绩效预算》课题组:《美国政府绩效评价体系》,经济管理出版社 2004 年版,第 25 页。

获得发展的同时不可避免地存在失业、贫穷、疾病、无知和绝望等各种社会弊病，最终导致社会危机的出现。因此，这一标准受到了来自各方面的质疑。从而使政府的绩效评估标准在之后的研究过程中发展为4E、5E等价值标准，加入了公平（Equity）和环境（Environment）两项标准，各国的评价标准也逐渐从单纯重视经济发展转为经济发展与其他方面发展并重。1985年，英国学者大卫·米斯顿提出了确立指标的九项原则：（1）有助于阐明组织目标；（2）对政府活动的最终结果作出评估；（3）作为管理激励方案的一种投入；（4）使消费者作出合理选择；（5）为承包或私人服务提供绩效标准；（6）显示不同服务活动在致力于方针及进一步调查研究的激发物；（7）协助决定服务水准的最大消耗率；（8）获取预定目标；（9）现实可能节省的领域。① 这一综合性的表述与设计表明了关于政府绩效评估指标设置所应遵循价值标准的多元化追求。

评估价值取向是评估指标体系的灵魂，评估指标体系是评估价值标准的载体和保证，价值标准影响和决定着地方政府绩效评估实践，构成政府绩效评估体系和绩效评估行为的深层结构。绩效评估的价值标准与指标体系二者之间是辩证统一的关系，价值标准是指标体系的灵魂，指标体系是价值标准的载体和保证。当前，我国正处于深刻复杂的社会转型时期，地方政府绩效评估价值标准与评估指标之间已经出现了不适应的状况，各级政府必须及时调整指标体系，以满足价值标准的新要求，达成新的调适状态。②

在国内外政治经济社会文化等环境发生巨变的大背景下，政府的发展战略、职能定位、组织结构、运行方式、管理方法等正在发生重大变化，地方政府绩效评估的价值取向也正在发生变化。我国各级地方政府在谋求合法性基础的同时，必须进行绩效评估价值标准的重塑。其基本方向是：从单纯注重经济增长转向经济社会全面、协调和可持续发

①　卓越：《政府绩效评估的模式建构》，《政治学研究》2005年第2期。

②　倪星、李晓庆：《试论政府绩效评估的价值标准与指标体系》，《科技进步与对策》2004年第9期。

展,从政府本位转向民众本位,从无限政府转向有限政府,从效率标准转向效益标准,从单一评估转向系统评估等。尤其是处于转型时期的中国,政府的合法性存在一定程度上的危机,要维护和重建政府的合法性就必须使政府适应现代化发展的要求,加强民主法治建设,这一趋势要求政府的工作不仅仅是发展经济、提高效率,还必须考虑社会生活的其他方面,促进社会的综合协调发展。因此,在对地方政府进行绩效评估的过程中,除了考虑经济发展、GDP 增长、效率提高之外,还必须重视以下几方面。

(一)政治民主

科恩认为:"民主是一种社会管理体制,在该体制中社会成员大体上能直接或间接地参与或可以参与影响全体选民的决策。"①—个国家的民主的实现程度取决于该国民主的深度和广度,民主代表着大多数人的利益,同时也要保护少数人的利益,这一价值标准已经成为现代国家普遍追求的目标。政治民主化在全球范围内先后形成了三波浪潮,第三波民主化浪潮始于 20 世纪 70 年代,至今尚未结束。近现代以来,政治民主化的主要特点就是其发展与社会的现代化过程紧紧相连。

政治民主化对一个国家及社会的发展有十分重要的作用:首先,政治民主化是建设高度政治文明的必经之途,能促进市场经济的发展,市场经济健康发展的前提是建立政治国家和市民社会间的良性互动,而政治民主化正好提供了建立这种关系的有效机制。同时,政治民主化有助于在更大范围内保障公民的政治、经济与社会权利,提高公共决策的合理性,保证社会资源的最优配置和个人效用的最大发挥,以和平手段消除社会争端,降低制度变迁成本,实现人的全面发展,随着民主程度的不断提高,人类的主体地位日渐凸显,不断为实现人的全面发展奠定基础。②

---

① [美]科恩著,聂崇信、朱秀贤译:《论民主》,商务印书馆 1988 年版,第 10 页。

② 陈振明、陈炳辉:《政治学——概念、理论和方法》,中国社会科学出版社 2004年版,第 425—426 页。

我国目前市场经济发育程度不高,民主制度不够完善,导致政治民主化进程缺乏足够的领导和规划,然而,民主化是不可逆转的趋势,作为一个社会主义国家,人民民主专政的国家性质决定了民主对于我国经济和社会发展的重要性,民主是社会主义及其现代化的基础,在我国社会主义现代化的建设过程中,不能因为强调经济的发展和效率的提高而忽略了民主的重要性,人民的政权缺少了人民的有效参与就会变质。完善社会及公众对政府的监督、人民参与制度的建立健全、行政授权的程度以及选举的差额程度都是衡量一个国家政治民主程度的有效标准。

(二)社会正义

正义一词由来已久,在近现代西方思想家那里,"正义"的概念越来越多地被专门用做评价社会制度的一种道德标准,被看做社会制度的首要价值。罗尔斯更明确地规定,在他的正义论中,正义的对象是社会的基本结构——即用来分配公民的基本权利和义务,划分由社会合作产生的利益和负担的主要制度。在罗尔斯看来,正义问题实际上就是分配的公正问题,他坚持权利优先于善的义务论伦理观,认为公正(正义)是社会的首要价值。他认为正义有两个原则,一是平等自由的原则,二是机会的公平平等原则和差别原则。这两个原则包含了自由的优先性和正义对效率和福利的优先性两方面的优先性。①

(三)社会公平

公平的社会资源分配体系使公民可以得到生存的保障和其他方面的平等机会。面对我国日益扩大的贫富差距、城乡差距、区域间的差距,公平问题日益凸显其重要性。目前和谐社会构建的要求,其中很重要的一个方面就是要促进公平问题的解决,协调城乡间、国内外、区域间、经济与社会、人与自然之间的关系,最终实现社会的和谐进步。

---

① 徐大同:《现代西方政治思想》,人民出版社 2003 年版,第 157—161 页。

（四）社会稳定

稳定即社会的秩序,包括政治稳定和社会稳定,社会的稳定是关系到整个社会是否能够存继下去的重要因素,一个动荡的社会根本无从谈发展问题,稳定是发展的前提与基础,只有保持社会的长期稳定,才能谋求社会的发展进步。

（五）环境保护

环境问题之所以受到重视是因为,环境作为一个准公共物品,当消费者数目达到一定程度时就会产生排他性和竞争性。经济发展的成本应当综合考虑,以对环境的破坏为代价的经济增长并没有考虑增长的潜在成本,对环境的破坏在短期内其严重性并不会表现出来,而从长远来看,环境作为一种不可再生的资源,并非取之不尽用之不竭的,会造成长期资源的短缺。而对环境的破坏,其后果的显现具有滞后性,短期沉痛与长期利益的矛盾往往不能产生使人们重视环保的足够动力,人们往往为了追求短期的利益而忽略对环境的保护。近年来,环境的重要性逐渐受到人们的重视,各国政府也普遍认识到,不能采取"先污染,后治理"的老路,不注重环境保护的重要性最终的结果是得不偿失。

五、地方政府绩效评估实践中
必须处理好的几对关系

建构一套合理可行的政绩评估制度牵涉到很多方面,需要多学科的协作。我们认为,中国政府目前的政绩评估实践中的主要缺陷就在于价值标准的扭曲、指标体系的缺失和评估方法的落后。甚至可以说,由于这些致命的缺陷,中国政府尚未形成系统的、行之有效的政绩评估制度。为此,结合中国现实,重点探讨政绩评估价值标准的重建、指标体系的优化、评估方法的完善等问题,也即中国地方政府政绩评估制度的创新,这是一个重大的公共管理理论课题,也是一个极具现实意义的实践问题。

价值标准限制乃至决定着评价标准。所以,在确定政绩评估指标体系之前,我们有必要澄清人们对政绩评估价值标准的认识。在绩效评估发展较为成熟的西方国家,人们常用"3E"——"经济"(Economy)、"效率"(Efficiency)、"效益"(Effectiveness),或者"4E"——"公正"(Equity)、"卓越"(Excellence)、"企业家精神"(Entrepreneurship)、"专业技能"(Expertise)等来概括政府绩效评估的价值标准。这种归纳和表述无疑是正确的,但其带有过多的理性设计色彩,偏向于学理上的分析,忽视了具体的政治、文化因素,实际操作性比较有限。因此,如果简单地全盘引用国外的价值标准,很可能不符合我国的现实国情。我们主张,立足中国现实的地方政府绩效评估的价值标准应包括效率和公平并重、效率与民主兼顾、经济增长和社会发展同步。这三大方面的价值标准是互相融合的,贯彻效率价值可以促进经济增长,加快社会发展的进程;提倡公平和民主价值可以全方位调动公众参加经济建设的积极性,也可以有效地促进社会发展。上述三者共同作为政府绩效评估的价值标准,有利于充分体现政府存在的意义、更好地履行政府职能、提高公众对政府的认同感和满意度。①

(一)效率与公平并重

"效率优先,兼顾公平"是人们耳熟能详的口号和分配原则,但是,它仅仅是个人收入分配方面的原则,并不是指导政府一切行为的唯一准则,也不应该成为我们评估政绩的排他性价值标准。在实际生活中,它往往造成了人们对效率的过度重视,而忽略了公平原则。

历史上平均主义的惨痛教训使国人认识到效率的重要性,社会主义市场经济体制目标的确立更让效率原则变得目空一切。在市场经济条件下,追求经济效益的最大化是经济理性的核心,按效率分配成为市场经济条件下"经济人"参与市场竞争的原动力。在有效益的经济增

---

① 倪星、余凯:《试论中国政府绩效评估制度的创新》,《政治学研究》2004 年第 3 期。

长的基础上,必须依法按投入和贡献的多少决定分配份额,而趋于平均主义的计划经济式的集中分配是不可接受的。然而,注重效率并不意味着效率优先原则在任何情况下都是不受限制的。单纯的效率原则是不完整的正义观,它必将导致等级分明、贫富悬殊、两极分化。市场体制的一个基本要求即是设定每一个竞争者处于同一起跑线上,使每个人获得平等和自由的权利,即所谓"机会均等"。在此基础上,人们根据自己在市场中的努力来获取相应的利益。然而,在实际活动中,人们之间总是存在这样或那样的差别,如家庭状况、身体、智力、受教育程度等方面的差别。市场优胜劣汰所带来的结果必然是两极分化,并由此而造成下一轮竞争中起点的更大不平等,进而导致"马太效应":富人越富,穷人越穷。这种结局,当然是不符合社会正义要求的。

因此,效率原则必须受到公平原则的约束与限定。经济学意义上的公平原则有以下两层含义:(1)通过劳动而获得的收入被认为是合理的和正当的。自原始社会以来,人类就形成了一种简单而又朴素的公平观念——劳动光荣。人们总是把劳动与报酬联系起来,因为劳动是创造社会财富的唯一途径。现代经济理论把劳动作为衡量价值的基本尺度,本身就暗含了劳动作为分配之正义要求。(2)在自然平等的意义上,每一个社会成员之间都应当是无差别的。但由于人们在客观的社会结构以及经济活动过程中事实上不平等的存在,人们之间的利益关系始终存在着不平等现象。对此,社会应当做出某种补偿或纠正,以保障获利最少者取得必要的生存和发展资料,此即所谓的"低度人权"。

公平原则是对效率原则的规约、限定和矫正。没有公平的效率是不可能的,至少是不能有持续而稳定的经济增长。"分配不公意味着社会交易成本的增大,社会风险大,边际效益必受损害。"[①]坚持公平原则,除了经济效率方面的考虑外,政治功利与生命原则所要求的稳定,道德良知上对弱势人群的仁爱之心,以及互惠的社会观念都支持公平原则的实现。在经济生活中,特别是在个人收入分配方面,我们提倡

①　贾中海:《法与社会分配正义》,《当代法学》2002 年第 3 期。

"效率优先,兼顾公平",把效率放在第一位,公平放在第二位,目的是为了刺激社会公众参与经济活动的积极性,争取"把蛋糕做大"。但是,政府是价值的权威分配者,"把蛋糕分好"是政府的主要职责。"效率优先,兼顾公平"容易导致政府官员对效率的过度重视,而对公平原则不屑一顾。这样的结果是显而易见的,那就是中国社会贫富差距的急剧扩大和社会不稳定因素的增长。这种结果在改革之初就已经显现出来,并有不断恶化的趋势。所以,在政绩评估方面,我们应该明确倡导"效率与公平并重",目的是为了引起政府官员对效率原则与公平原则的同等重视,而不是"一手硬,一手软"。只有这样,单纯注重效率所带来的弊端才可能得到一些矫治。

(二)效率与民主兼顾

追求效率是政府绩效管理的核心,高效是社会各界对政府的共同期望。高效的政府意味着运作更好,耗费更少。知识经济的时代,社会瞬息万变,用层层设卡、不紧不慢、低速运转、不计成本、不管结果好坏的行政习惯去开展工作,失去的不仅是时间、金钱,更是机遇、发展。由英美掀起的新公共管理运动提倡建立企业家政府,就是希望政府能够像企业那样采用新的方式促进生产力和效益的提高,创建一个花钱少、办事好的政府。在我国,政府效率普遍较低,往往重投入轻产出,重过程轻结果,最为突出的表现是宏观经济领域内的高投入、高消费、低效益,同时政府提供的公共服务还远达不到令人满意的程度,政府的形象也因此大打折扣。因此政府绩效评估要充分体现效率原则及其价值。政府要根据经济、效率、效益的标准有效地获取资源和使用资源、清除不必要的重复、降低消耗、增加效益、提高公共服务的质量,以实现政府的目标。

但是,追求效率并不意味着要在政府绩效评估中采取唯效率主义,忽视政府的公共性。西方传统的公共行政学把政治与行政相分离,强调效率至上,追求科学化的工具理性,忽视了价值理性,结果反而导致了效率低下和政府的失灵。公共行政本质上是以民主宪政为基础的,如果只强调效率,就会使政府远离社会民主价值。因此,政府绩效评估要将效率与民主相结合。在评估过程中要让民众参与,建立信息反馈机制,推行政府上网工程,重大决策采取听证制度。及时听取民众的意见,接受民众的监督,加强政府的透明度,缩短政府与公众之间的距离,使公众意志和利益能够及时体现在政府的公共行政中。在政府绩效评估中,还要考虑到公众对政府的效率是否满意,评价政府绩效优劣,主要不是看它投入了多少资源,做了多少工作,而是要考察它所做的工作在多大程度上满足了社会和民众的需要。做到这一点,也是执政为民、以民为本、以民为重、以民为先的"民本思想"的根本要求。

将效率与民主相结合可以改进政府绩效,公民参与意味着公民可以以社会的主人和服务对象的角色对政府绩效提出要求,协助和监督政府机构对他们的开支负责、对他们的行动负责、对他们的承诺负责;帮助政府机构界定重要问题议程,提出解决方案,判断目的是否达成。这样可以帮助政府降低成本、提高公共服务的满意程度。总之,评估政府绩效必须以最广大人民的根本利益为根本出发点和落脚点。

(三)经济增长与社会发展同步

自瓦特改良蒸汽机以来,资本主义的生产方式席卷全球,全世界都成了资本主义的原料产地和商品市场。资本主义世界创造的高度发达的物质文明征服了贫穷落后的亚非拉各国。在内力和外力的共同作用下,它们纷纷采取了"先增长,后分配"的发展战略。这种发展战略实质上只是一种经济增长战略,其价值取向和政策目标就是效率优先,表现在经济生活中就是对 GDP 的努力追求,对高速度的强烈攀比,而不顾它将导致的严重后果。反映到政绩评估上来,就是以经济增长率、工农业总产值等经济指标评估政府主要领导的政绩,而将教育发展、环境保护、社会保障、政治清廉度等其他方面放在相对次要的地位,甚至不予考虑,忽略不计。这样做的结果便是东西差距明显,城乡二元对立,环境破坏严重,自然灾害日益频繁,假冒伪劣产品泛滥成灾,政治严重腐败,信仰缺失,道德水准普遍下降……

幸运的是,单纯的经济增长模式所造成的恶果已经引起了世界各国政府的普遍重视,并且在经济增长与社会的和谐发展上达成了共识。

1995 年 3 月份在哥本哈根召开的各国首脑会议通过了《宣言》和《行动纲领》,这两个文件阐发了不少重要观点,如:社会发展与其所发生的文化、生态、经济、政治和精神环境不可分割;社会发展是世界各国人民的中心需要和愿望,是各国政府和民间社会各部门的中心责任;社会发展应该列入当前和跨入 21 世纪的最优先事项。作为世界人口第一大国的政府,中国政府更加迫切地意识到了经济增长与社会同步发展的重要性,并提出了可持续发展战略。中共十六届三中全会更是明确提出了科学发展观,要求坚持以人为本,树立全面、协调、可持续的发展观,促进经济社会和人的全面发展。要按照统筹城乡发展、统筹区域发展、统筹经济社会发展、统筹人与自然和谐发展、统筹国内发展和对外开放的要求,来推进我国的改革和发展。

为了社会的全面发展,我们必须启动经济增长,并保持经济稳定增长的势头。但是,如果政府决策失误,或者机制上存在缺陷,则完全有可能不能实现持续、稳定、健康发展的理想目标。各级政府决不能认为,只要有经济增长,只要有大规模投资,产业结构就会自然而然地趋于合理,广大人民的福利就会自然而然地逐步提高,分配状况就会自然而然地走向公平,文化教育和卫生状况就会自然而然地日益改进,自然环境就会自然而然地得到保护。政府必须制定一系列的公共政策,采取一系列的有效措施加以调控,保证"可持续发展"目标的实现。所以,我们再也不能仅仅以经济增长指标来评价政府和它的官员,而应该把经济增长和社会发展摆在同等的地位,用全面发展的综合指标来评价政府官员的政绩。"只有各种社会评价标准结成一定的体系、系统,才能互相补充、克服单一社会评价标准的局限。"①

---

① 张理海:《社会评价论》,武汉大学出版社 1999 年版,第 178 页。

第六章　地方政府绩效评估指标体系批判与重构

一、现有地方政府绩效评估指标体系分析

自 20 世纪 70 年代以引入市场竞争机制、提高公共管理水平和公共服务质量为特征的"新公共管理运动"兴起以来，政府绩效评估就成为了公共管理关注的焦点。随着中国政府治理变革的发展，绩效评估理论与应用的研究渐入正轨。目前，在国内政府绩效评估的研究领域中，存在着多种研究维度，包括评估体系本身、价值取向、评估模型、指标体系、评估主体、评估对象等方面。而在诸多维度中，价值取向与指标体系由于其天然的重要性而受到了更多的关注。

（一）国外研究现状

20 世纪 60 年代，美国会计总署率先建立了以经济（Economy）、效率（Efficiency）和效益（Effectiveness）为主的 3E 评价法。[①] 这也是学者芬维克于 1995 年概括指出绩效测量指标所应该包括的三个层面。到了 60 年代末 70 年代初，新公共行政学派提出社会公平价值观，偏向经济性等硬指标而忽视了公平、民主等软指标的 3E 评价法因此受到了质疑。在随后的政府绩效评估体系中便纳入了公平（Equality）指标，逐

---

① 财政部财政科学研究所《绩效预算》课题组：《美国政府绩效评价体系》，经济管理出版社 2004 年版，第 25 页。

渐发展为福林于 1997 年所概括的 4E 评价法。① 在英国,70 年代末的"雷纳评审"强调以经济与效率为取向,到了 1988 年的"下一步行动"和 1991 年的"公民宪章运动"则转向以效益、顾客满意和质量为本。② 随着 1991 年的《重塑政府——企业精神如何改革着公营部门》催生了 1993 年美国联邦政府的全国绩效评估委员会(NPR),该书提倡的"顾客意识"也被引入政府绩效评估的价值中。③ 自新公共管理运动以来,西方政府绩效评估的价值一般主要体现为公共责任、顾客至上与投入产出的价值,这相比之前的唯"效率至上"的价值取向显得更加完整和均衡。

随着价值取向的变化,国外政府评估指标体系的建构也更加多样化,各种在企业取得成功的经典模型逐渐被移植到政府中。美国得州政府以运输部为样板,将卡普兰和诺顿于 1992 年创立的平衡计分卡运用于政府绩效评估④;美国国际开发署于 1970 年为私营部门绩效评估开发的逻辑模型,近年来也被运用于公营部门中⑤。其他经典模型如关键绩效指标法和一些新兴的模型如绩效棱柱模型等,均被不同程度运用于政府绩效指标设计中。

总体而言,国外政府绩效评估的价值取向体现了由只注重经济与效率、追求投入产出比最大化的单一价值向兼顾效率与公平、注重顾客满意度以及服务质量等多元价值的发展轨迹;而指标体系则随着价值取向的发展,由 3E 指标体系发展到了 4E 指标体系,再到基于各种先进模型建构的多元、均衡的指标体系。两者的发展轨迹体现了一种"价值取向决定指标体系,指标体系反映价值取向"的规律。

---

① 杨丹:《我国政府公共支出绩效评估》,《时代经贸》2006 年第 3 期。

② 倪星、王敏:《绩效评估:西方国家政府改革的重要措施》,《学习月刊》2005 年第 2 期。

③ A. Gore. *From red tape to results*:*creating a government that works better and costs less*:*The report of the National Performance Review*, Three Rivers Press,1993.

④ 范柏乃、朱华:《我国地方政府绩效评价体系的构建和实际测度》,《政治学研究》2005 年第 1 期。

⑤ Theodore H. Poister. *Measuring performance in public and nonprofit organizations*, San Francisco:Jossey-Bass,2003.

(二)国内研究现状

随着绩效评估的重要性日益凸显,国内相关研究逐渐增多。在国内文献中,对政府绩效评估价值取向的探讨包括有:马宝成将其定义为增长与公平、民主与秩序这两对变量①。倪星、余凯则认为价值取向应由重效率轻公平与民主,重经济增长轻社会增长,重建为效率与公平、效率与民主、经济发展与社会发展并重。② 彭国甫指出政府绩效评估应由单纯注重经济增长、政府本位转变为经济社会协调发展、民众本位等价值取向③。综上所述,目前我国政府绩效评估体系实然的价值取向仍处于偏重效率、经济增长与政府本位的阶段。而众学者从应然的角度指出了其中包含的内容应为公平、民主、民众本位、社会协调发展,而这些内容与当前政府所倡导的科学发展观的内涵是相当契合的。

除了价值取向,指标体系的设计在国内也逐渐受到重视。其中官方比较有代表性的研究成果包括:国家人事部《中国政府绩效评估研究》课题组于 2004 年提出的一套中国地方政府绩效评估指标体系;中央文明办、国家统计局城市调查司制定的《全国文明城市测评体系(试行)》。除此之外,国内不少学者也对地方政府的绩效指标进行了构建,据不完全统计,近十年在国内学术期刊上公开发表的论文中与指标体系设计相关的就有 42 篇之多④。比较有代表性的包括范柏乃以"科学发展观"和"执政为民"为指导原则经实证筛选得出的地方政府绩效评估指标体系⑤;彭国甫基于平衡计分卡模型提出的衡量地方政府公共事业管理的绩效指标体系⑥;唐任伍通过统计分析国内各类统计年

---

① 马宝成:《试论政府绩效评估的价值取向》,《中国行政管理》2001 年第 5 期。

② 倪星、余凯:《试论中国政府绩效评估制度的创新》,《政治学研究》2004 年第 3 期。

③ 彭国甫:《中国绩效评估研究的现状及展望》,《中国行政管理》2006 年第 11 期。

④ 曾明、张光:《政府绩效评估指标体系中文文献评述——基于"3Es"的逻辑框架》,《统计与决策》2007 年第 9 期。

⑤ 范柏乃、朱华:《我国地方政府绩效评价体系的构建和实际测度》,《政治学研究》2005 年第 1 期。

⑥ 彭国甫:《地方政府公共事业管理绩效评价指标体系研究》,《湘潭大学学报》2005 年第 5 期。

鉴中的硬指标得出中国省级地方政府效率测度指标①；吴建南应用逻辑模型框架分析并设计的地方政府绩效指标②。

从构建政府绩效指标体系的文献中可以归纳出目前研究成果中的几种基本类型：一是根据基本的价值原则或指导思想分解得到指标，这一类型能较好地与政府价值取向相关联，但指标细化不够；二是通过对相关人员的调查得出指标，这一类型可较好地反映利益相关者的诉求，但主观随意性高，易导致指标的内容效度低；三是基于对现有文件或年鉴中的硬指标进一步的筛选与重构，这种方法较有操作性，但可能会产生路径依赖，指标体系也可能与发展中的价值取向相脱节；四是将在企业中取得成功的绩效指标设计模型运用于政府部门，这一类型由于科学性与逻辑性较强而在近几年受到欢迎。不少学者还提倡利用多种模型相结合的综合模型进行指标设计：由于每一种模型都有其缺陷，若各自单独使用总有其软肋，因此可根据它们之间的相似性与互补性而互通有无地设计出一套综合模型。③

综上所述，我国现有文献中针对"价值取向"与"指标体系"这两个关键要素已作了很多讨论，其中不乏一些较好的研究成果，但相比于国外仍存在着以下问题：一是研究存在着相似性，缺乏创新思维。二是指标体系的设计缺乏科学的模型基础，或是误用、滥用模型。指标体系不是若干指标的随意堆砌或简单罗列，而是必须具备使各具体指标赖以附着的逻辑框架，该逻辑框架就是对应于特定对象而建立的理论解释系统④。三是存在价值取向与指标体系脱节的现象，没有意识到二者之间的紧密关联性。而且问题二又影响着问题三的严重程度：因为缺少作为建构基础的科学模型，设计过程往往会偏向于感性和随意；没有

---

① 唐任伍、唐天伟：《2002 年中国省级地方政府效率测度》，《中国行政管理》2004年第 6 期。

② 吴建南、常伟：《基于逻辑模型的地方政府绩效评价指标设计》，《绩效政府理论与实践创新》，清华大学出版社 2005 年版。

③ 倪星、余琴：《地方政府绩效指标体系构建研究》，《武汉大学学报》2009 年第 5 期。

④ 彭国甫、盛明科：《政府绩效评估指标体系三维立体逻辑框架的结构与运用研究》，《兰州大学学报（社会科学版）》2007 年第 1 期。

一定的建构规范，就很难恰到好处地将价值取向完整地体现于体系建构的始终。即使应用了模型，若不适用于具体机构或项目的话，建构出的指标体系同样是失败的。

（三）现有地方政府绩效评估指标体系的缺陷分析

1. 指标体系不统一，各地差异较大

绩效评估在我国实行时间较短，尚处于探索阶段，并未形成一套统一的、制度化、规范化的评估制度。在评估过程中随意性较大，主观性较强，尤其是地方政府的绩效评估，各地往往根据本地的情况甚至是本地领导的主观意志制定自己的评价指标，导致各地的评估内容、评估方法、评估标准及评估重点千差万别，地方政府各自为政，评估结果缺乏可比性。中央无法根据各地的评估结果综合分析各地的发展状况及存在的差异，各地之间也难以进行经验交流。

各地政府及其各部门的评估活动多处于一种自发的状态，缺乏相应的法律、制度保障，且许多地方政府的绩效评估活动仅仅是为了发展地方的经济，将下级部门完成经济增长任务和招商引资任务的状况作为衡量其工作绩效的主要标准，歪曲了绩效评估的本意。

2. 绩效评估指标设计主体不合理

在一般情况下，我国地方政府绩效评估的指标体系均由政府本身来设计，上一级政府为下一级政府制定绩效指标。这一制度规定导致了，一方面，下级缺乏有效的参与途径，只能被动地按照上级决定的评估重点和制定的评估标准来安排自身的工作，不能有效地调动地方政府的积极性和主动性；另一方面，上下级政府之间存在信息的不对称，单纯由上级制定指标容易忽略地方的实际情况，制定出不合时宜的指标，对下级政府的评估也就缺乏合理性。另外，单一的设计主体容易出现主观臆断的情况，有时领导者的个人意志就决定了指标的设置，缺少对被评估者、专家学者意见的综合以及其他评估主体评估方式和内容的借鉴，使评估标准缺乏科学性。

3. 评估内容的泛经济化

片面强调经济指标，将经济发展业绩等同于政绩，是目前我国地方政府绩效评估指标中存在的另一个问题,虽然各地的评估指标差异较大,但却极为一致地将经济的发展和 GDP 的增长作为主要的衡量标准。GDP 作为一个地区在一定时期内生产的最终产品和提供劳务总量的货币价值,体现着一个地区经济发展的一个方面,社会财富和社会福利的增加必然意味着 GDP 的增加,然而,GDP 的增加并不完全意味着社会财富和社会福利的增加,而且,还必须考虑为实现 GDP 的增加而付出的代价,如果以环境的破坏或者民主法制的践踏为代价而实现GDP 数字的增加,这样的发展具有短期性和片面性,容易产生短视效应,给地方长远的发展造成不利的影响。

4. 指标数据缺乏真实性,水分较大

评估结果与地方政府的发展以及地方政府领导之间的紧密联系导致了地方政府绩效评估中出现"数字政绩"的状况。一方面,地方政府受到上级政府下达任务的压力,在无法完成指标任务的状况下,不得已而虚报政绩,或者是地方官员为了追求个人利益的最大化,实现个人权力的扩张、职位的升迁,或者仅仅是良好的名誉,夸大地方政绩,在数字上做手脚。另一方面,评估的制度上存在缺陷,地方政府绩效评估的数据是由下级层层上报的,而中央对地方政府评估的数据又是由地方政府上报的,事实上造成了自己汇报自己的成绩状况,这就不可避免地会出现夸大其词的现象,导致了地方政府绩效评估上报数据缺乏真实性,所含水分过大。①

二、地方政府绩效评估指标体系的构建流程

(一)地方政府绩效的影响因素分析

地方政府绩效评估指标体系的构建是一个系统流程,包括地方政府绩效的各种影响因素分析、绩效评估特征分析、地方政府绩效评估目标的分解、地方政府绩效评估指标的筛选与测评、绩效指标权重的确定

---

① 　倪星:《地方政府绩效评估指标的设计与筛选》,《武汉大学学报》2007 年第 2 期。

等五个基本环节,如图6-1所示。

对地方政府的绩效造成影响的因素主要包括:地方政府的职能因素,地方政府的发展目标因素,地方政府的主、客观条件因素,绩效评估所需信息的数量和质量因素,绩效评估的目的因素等五方面,地方政府的职能、发展目标、主客观条件等因素是构成地方政府工作绩效的主要方面,职能规定了地方政府所要做的工作,目标决定了绩效评估的取向问题,主客观条件决定了政府绩效实现的可能性及实现程度,评估应该涉及的内容,评估的目的是评估指标设置的直接导向,决定了地方政府绩效评估指标的设置。[①]

1. 地方政府的职能因素

地方政府的职能规定了地方政府所要完成的工作任务,是对地方政府工作内容和责任的设定,这是绩效指标设置的基本依据。因此,职能因子是地方政府绩效评估最主要的影响因子。从本质上说,绩效就是政府职能履行的程度和质量,不同的职能决定了不同的指标内容,职能的设置决定了指标的结构设置。地方政府的职能主要包括政治、经济、社会等方面的内容,因此,在地方政府绩效产出与结果指标的构建过程中就要涉及这三方面所包含的内容,地方政府的职能不仅仅是经济职能,如果单从经济方面考察地方政府的工作而忽略了其他方面的内容,就会与其职能设置相背离,而地方政府的工作又是以绩效指标为"指挥棒"的,指标设置的偏离会导致政府工作的偏离,不能有效地履行政府应该履行的职能。

2. 地方政府的发展目标因素

绩效评估指标是标志和指向未来的,有导向性。[②] 在构建地方政府绩效指标过程中,不能只考虑地方现有的状况,还必须考虑将来的发展趋势、发展目标等因素,立足于现在,着眼于未来,充分发挥绩效指标的导向性作用。

---

① 倪星:《地方政府绩效评估指标的设计与筛选》,《武汉大学学报》2007年第2期。
② 彭国甫:《地方政府公共事业管理绩效评价研究》,湖南人民出版社2004年版,第168页。

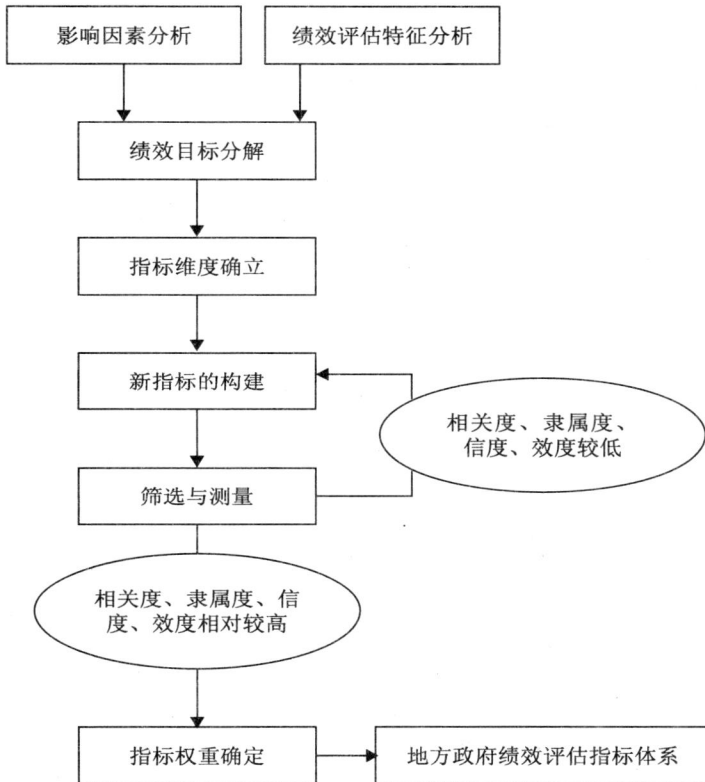

图 6－1　地方政府绩效评估指标体系构建流程

3. 地方政府的主、客观条件因素

地方的具体环境不可避免地会影响到地方政府的工作绩效,一般分为主观环境和客观环境,地方政府的主客观环境主要包括三个方面的内容:一是上级要求,即上级指定的总目标,下达的任务、指令、计划及有关政策、法规、条例等。二是本身的实际情况,包括经济、社会发展的水平和质量及上期目标的实现程度、人员素质、管理水平等情况。三是外部环境,即相关区域、部门单位的发展速度、发展质量等因素。①

———————

① 彭国甫:《地方政府公共事业管理绩效评价研究》,湖南人民出版社 2004 年版,第 167 页。

一方面,环境的好坏直接影响地方政府工作绩效的高低;另一方面,政府的工作应该根据地方的具体环境来开展,要准确、全面、适度地把握和运用好上级要求、自身的实际情况及外部环境这些主、客观条件,确保绩效评估指标的科学性和可行性。

4.绩效评估所需信息的来源、数量和质量因素

从信息的角度来看,地方政府绩效评估的过程实际上就是一个信息搜集和处理的过程,信息的真实、充足、准确程度直接影响着绩效评估结果的可信度和准确度,决定了绩效评估工作的成败。在地方政府的绩效评估过程中,首先要考虑的问题就是信息的来源问题,地方政府绩效评估的信息一般来自于评估对象的直接提供和上级领导的主动搜集,数量和质量都受到了限制,而信息的来源又直接决定了信息的真实程度,因此,应该将公众、专家、同级政府、社会各界的评估意见逐步纳入地方政府的绩效评估过程中。其次,信息搜集的方法应该逐步科学化,不能单纯依靠下级的上报,上级政府应该主动采取观察、访谈、问卷、测试等相对科学的方法对评估对象、公众、专家等开展信息的搜集工作,保证信息在数量和质量上都能满足绩效评估工作的需要,全面、客观地衡量地方政府的工作业绩。

5.绩效评估的目的因素

地方政府的评价目的是对地方政府的工作绩效进行测量,据此了解地方政府的工作状况,作为对地方政府及其领导进行奖惩的依据,同时通过对一段时期内政府工作的总结为下一阶段的工作提供经验,并为下一阶段的工作目标的修改提供前提,促进绩效改进的实现。绩效评估指标的设置应该依照评估的目的设置,以保证绩效评估的有效性,满足绩效评估的目的要求。

(二)地方政府绩效评估的特征分析

社会公共需要的多样性,以及与之相适应的政府部门和机构的复杂性,说明了政府工作管理目标的复杂性、产品形态的特殊性、产品标准的多维性,以及生产要素的独特性,同时,政府部门提供的公共产品由于缺乏价格机制的作用而难以衡量。政府部门产出的以上特征决定

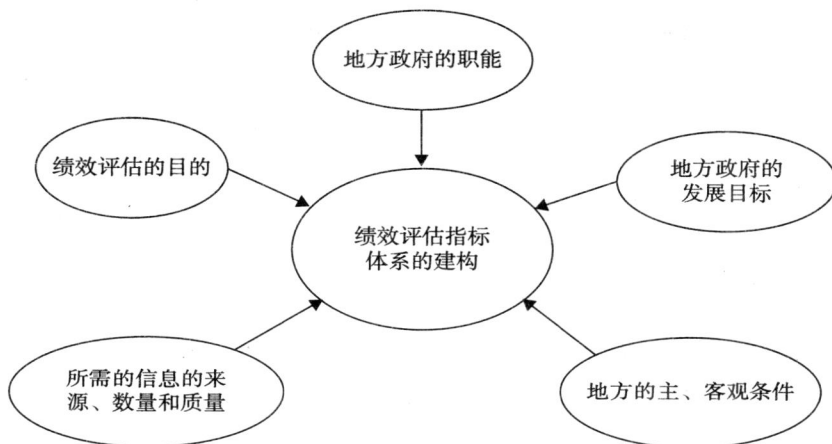

图6-2　地方政府绩效评估的影响因素

了,地方政府绩效评估是一件十分困难的事情,由于政府工作的多元性、产出的无形性,要制定具体、定量的政府绩效衡量指标是一件十分困难的事情,需要根据政府部门工作的特征,制定适应政府部门特殊环境的评估指标。

（三）地方政府绩效目标的分解

评估指标设计的基本途径是分解目标,即通过分解指标来形成指标体系。在分解目标时,要保持指标与评估目标的一致性,通常情况下,由于政府工作的复杂性,不可能一步到位,将政府绩效目标直接分解为可以测量的绩效指标,必须借助中间环节的过渡功能,将目标逐层分解,一般情况下,可以细分为三到四个层次,满足指标的可测性。另外,指标的设置还需要有一定的弹性,满足不同地方政府不同具体情况的需要,不能过分细化,使地方政府具体测量过程中的公平问题难以解决。

（四）地方政府绩效指标的筛选与测评

地方政府绩效测评的指标要符合实际情况的需要,既体现全面性又保持关键性,过多的指标会降低测评的效率,减弱测评结果的效用,因此,必须对初次设计的众多的指标体系进行筛选,通过问卷调查,相关度、隶属度的分析,及指标信度、效度的分析,将指标中较为重要的、具有代表性的挑选出来,作为衡量地方政府绩效的依据。

(五)指标权重的确定

政府的工作涉及社会的方方面面,而地方政府的精力和能力是有限的,不可能平均用力、覆盖到所有的方面。在政府管理过程中,必须突出工作重点和关键所在,集中主要精力和资源做好对本地经济社会发展至关重要的事务。在满足战略重点需求的基础之上,兼顾其他方面的事务。在指标确定过程中应该尽量遵循全面的原则,而在指标制定及筛选程序完成之后,就要进一步区分各项指标重要程度的不同。根据重要性及代表性的不同,对各项指标赋予不同的权重,使指标体系更加合理。

三、地方政府绩效评估指标体系的基本内容

(一)地方政府绩效评估指标的设置原则

英美等西方国家在绩效指标的设计过程中普遍遵循的原则是"SMART"原则,"S"即Specific,即绩效指标应该是明确的,具体的,而不是含糊的,抽象的,模棱两可的;"M"即Measurable,即绩效指标是可衡量的,可评估的,能够形成数量指标或行为强度指标,而非主观的、笼统的描述;"A"即Achievable,即绩效指标应该是可达到的,能够实现的,而不能高高在上,不切实际,或者指标过低,缺乏挑战性;"R"即Realistic,即绩效指标应该具有现实性,符合本国或本地方的实际情况,不能根据主观假设或想象制定;"T"即Time bound,绩效指标有一定的时限性,要考虑完成的时限,不能无限期拖延,否则就和长期的战略目标一样,缺乏短期内的指导性。考虑到我国的具体国情和各种影响因素,在制定绩效评估指标体系时应该遵循两方面的原则:一是各种指标

体系的建构都应该遵循的一般原则,二是地方政府绩效评估指标的构建所应该遵循的特殊原则。

1. 一般原则

(1)科学性原则。指标的设定应遵循科学性的原则,科学性是确保评估结果准确合理的基础,它包含特征性和一致性两个方面的要求。首先,评估指标应该能反映评估对象的特征,根据评估对象区别于其他事物的特殊性来设置指标。其次,指标本身的概念要一致,也就是说对指标要有一个确定的解释,对于某项指标考核的具体问题,考核的具体方法要有明确的界定,不能使同一指标出现多种解释,产生误解或歧义,导致评估结果的差异。

(2)完备性原则。一个好的指标体系应该是完备的指标体系,指标的内容应该能够全面、系统地反映地方政府工作的目标和要求,不能遗漏任何重要的方面。要评估某一地方政府的工作绩效,就必须系统全面地考察该政府在政治、经济、社会、文化、生态环境等各个方面的绩效状况,而不能以偏概全、顾此失彼。另外,在坚持全面性原则的同时,还必须明确绩效评估的重点。因为地方政府的资源和能力都是相对有限的,不可能平均用力,在所有方面尽善尽美。且如果地方政府将时间平均分配在每一项工作上,会导致工作缺乏重点,不能发挥本地方的优势,没有突出成绩。因此,绩效评估指标既要全面又要突出重点,使地方政府的工作既有重心又不失偏颇。

(3)可操作性原则。首先,指标体系应该结合本地实际制定,具有一定的现实性,根据地方政府的实际工作能力和水平制定,不能过高或者过低,指标过高无法实现,挫伤了地方政府的工作积极性和信心,过低的指标又会使地方政府缺乏进取心,安于现状。其次,指标设置应该既全面完整,又简明精练,不能过多也不能过少,指标过多会导致评估成本过大,造成人力物力的浪费,同时会减弱评估指标的时效性,而指标过少又会导致评估结果的准确性受到质疑,不能客观准确地反映地方政府的实际工作状况。再次,指标应该尽量定量化,在无法采用定量指标时再采用定性指标,这样能够增强测量结果的准确性和客观性,便于操作。

（4）互异性原则。各项测量指标之间应该是相互独立的,尽量避免出现指标之间相互交叉或重叠,各项指标衡量的是地方政府工作的各个方面,相同的指标会增大某一方面在评估中所占的比重,同时也相应地削弱了其他方面的地位,因此,指标之间不应出现过多的包容、涵盖或重叠。

（5）主成分性原则。一个指标体系的容量是有限的,不可能包含地方政府工作的所有细微方面,应该遵循主成分的原则,从地方政府工作绩效的各个方面中选取比较有代表性的一些指标作为衡量的标准,因为我们永远不可能穷尽所有的评价指标,同时,过多的指标也会使指标体系的整体效果受到影响,所以,坚持主成分的原则是保持指标体系既精简有效,又突出重点的一个有效原则。

（6）硬指标与软指标相结合的原则。绩效具有多维性,不可能将所有的指标都进行量化处理,"硬"指标是可量化的指标,主要通过具体的数据体现出来,而"软"指标主要是对公众满意度,政府工作的公正、公开程度等内容的测评,以社会评价为主要内容,一般用好、中、差等评价等级来表现。

2. 特殊原则

（1）职能依据原则。地方政府的职能是影响绩效评估指标体系构建的主要因子,职能决定了地方政府所应该承担的责任及义务,所谓地方政府绩效评估的核心目的即是考察地方政府职能的行使状况和工作任务的完成情况。因此,在构建指标体系时,要将地方政府的职能作为主要依据。同时,还要根据地方政府职能的转变及时调整指标,适应外部形势的变化,充分发挥绩效指标的导向、引导与促进作用。因此,应在深入全面地分析地方政府职能现状、面临挑战及未来发展趋势的基础之上,深刻把握政府职能转变的规律,根据新的职能体系和新的职能要求,科学设定和及时调整地方政府绩效评估指标体系。

（2）服务导向原则。随着公共管理从政府本位向公民本位的转变,地方政府的行为取向必然发生相应变化。在此基础之上,地方政府的工作就应该以为公众服务为目的,从公众的需要出发,以满足公众的利益为最终目标,因此,在地方政府绩效评估指标的构建过程中,不能仅仅以经济指标为中心,要将公众的生活水平、社会保障的发展程度、政治民主化程度、公平法制的发展程度等方面的内容纳入到对地方政府业绩的考核中来,体现政府为公众服务的目的和导向。

（3）灵活性与动态性原则。指标的设置是为了考察地方政府在一定时期内的工作结果,是与地方政府某一时期内的工作目标、工作任务相结合的,同时也考虑到了本地方这一时期内的具体问题和实际情况,是一个具有时效性的体系。在地方的社会经济环境发生变化时,衡量指标也应该相应作出变化,一成不变的指标体系显然缺乏适应性,必须坚持灵活性原则,不断根据实际情况对现有的指标体系进行修正,使其动态地适应地方政府各方面状况的变化。

（4）目标一致性原则。政府绩效评估指标体系的设定,要与被评估对象的战略目标和评估目的相一致。绩效评估体系要和地方政府本身的战略目标相一致,绩效评估本身就是为了使地方政府更好地完成其工作目标而实施的,对政府工作达到目标的程度做出评价。因此,指标的设定应该以地方政府的战略目标为依据,通过绩效评估来诊断地方政府管理中出现的问题,提出针对性强的改进对策,进而引导和帮助地方政府提高管理水平,更加顺利地实现其战略目标。

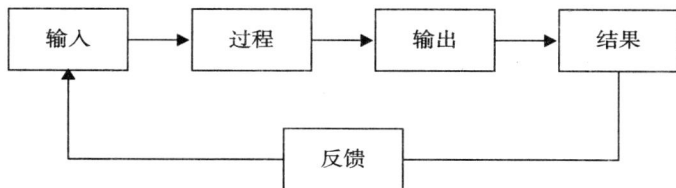

图6-3　地方政府工作流程图

（二）地方政府绩效评估指标体系的构建思路

政府部门与企业相同之处在于其运行过程都可以看成一个包含以下几个方面的模式:一是输入,包括政府提供服务所需的人力、财力与物力;二是过程,包括传输服务的路径;三是输出,即政府组织活动或提供的服务;四是结果,即政府产出或服务产生的影响。也就是说,政府的运行过程是由"投入——管理——产出——结果"四个步骤组成的，然而政府部门与企业之间最大的不同之处就在于：首先，二者所追求的目标上的差异，企业的目标是追求利润的最大化，而政府部门目标则是要满足公众的需要；其次，企业的投入与产出之间关系十分密切，而政府的产出具有无形性和间接性。因此，对政府绩效的考察不能像对企业的考察一样，单纯从经济利益出发，要全面、有效地考察政府管理与运行绩效，就必须按照政府活动的逻辑顺序和运行过程，细致观察政府及其部门在各个环节中的工作状况，综合评价政府绩效。[①]

从投入方面来看，政府部门的投入主要是指政府内部经费预算和对社会进行管理与提供服务的投入，包括人力、财力、物资设备等方面；管理过程则体现了政府部门的执政能力、服务能力、廉洁程度以及有关政策方面问题的状况，主要是对政府运行过程的测量；产出是指政府运行和管理活动所产生的所有输出；结果则是指这些输出对公众和社会所产生的最终影响。虽然产出与结果之间存在着一定的差异，但由于二者的高度相关性，难以将其完全、有效地加以区分。另外，有些产出对于公众产生的影响很难在公众的生活中直接体现出来，且由此产生的结果很可能与其他方面的因素也高度相关，很难一一区分。例如，对于政府提供的医疗卫生服务，其产出可能包括医疗服务机构的增加、医疗设施的增加、医护人员的增加等方面，而其结果应该是治愈率的提高、寿命的延长、身体状况的改善等方面，这其中，除了治愈率能够准确地衡量之外，其他两方面都不能说与医疗卫生服务的提高直接相关，因为人们寿命的延长除了医疗水平提高所带来的影响之外，还有可能是由于人们生活水平的提高、环境的改善或者是由于人们更加注意自身的健康，加强锻炼的结果，其相关性无法明确判断。因此，本章在设计地方政府绩效评估指标时，将产出与结果合并在一起，从总体上划分为投入指标、管理指标和结果指标。

在此基础之上，通过对政府的合法性基础的研究，明确现代政府要

---

① 倪星：《地方政府绩效评估指标的设计与筛选》，《武汉大学学报》2007 年第 2 期。

获得稳固的合法性基础所必须遵循的价值规范,从而将这一价值规范作为衡量政府工作绩效的价值标准。按照这一价值标准来构建政府绩效评估的指标体系。

对于现代政府来说,要获得一个稳固的合法性基础就必须加强政府的民主法治建设,将政府的工作目标由单纯地追求经济发展,转变为经济、效率、效益、公平、民主、稳定、环境等方面的共同发展,从而在更大程度上获得公众的认同与支持。

最后,将准则层进一步细化,将可以量化的指标作相应的量化处理,得出可以具体衡量政府绩效的操作层指标,指标的操作层直接与政府的工作相关,使指标具有可行性,最终构建出一套完整的地方政府绩效评估指标体系。

(三)地方政府绩效评估指标体系的主要内容

价值标准明确之后,才可以考虑构建具体评估指标体系的问题。中国政府的政绩评估制度,应该根据效率与公平并重、效率与民主兼顾、经济增长与社会发展同步的价值标准为指导,构建一套科学、合理、符合中国国情的政绩评估指标体系。[①] 这是一项极为复杂的工程,但它至少应该包括以下几个方面:

1. 国民经济

(1)GDP 总量、人均值及其增长率。我们反对单纯的经济增长模式,并不意味着完全排斥 GDP 指标。因为经济是基础,教育、交通、文化、环保、治安等各方面事业都需要雄厚的财力支持,经济不发展,这些事业就无法顺利开展,也不利于社会发展总目标的实现。所以,GDP指标的采纳还是必需的,这亦可以激发政府官员投身经济工作的积极性。各地方政府都应该根据本地区实际情况确定 GDP 增长率(或经济增长率)目标,但决不能进行攀比,上级政府也不可采取"层层分解,层层加码"的方式将之变成指令性计划。现在,各国一般倾向于把 4% 的

---

① 倪星、余凯:《试论中国政府绩效评估制度的创新》,《政治学研究》2004 年第 3 期。

年经济增长率作为理想的目标,并认为物价上涨应控制在年 5% 以内,这是值得我国政府借鉴的。特别需要强调的是,促进 GDP 的增长不是要政府直接干预经济,政府的经济职能只能是营造良好的经济环境,搞好宏观调控。在我国目前各级政府政绩评估实践中,GDP 所占权重过大,导致了前文所述的片面的经济增长模式和大量虚假的政绩工程、形象工程,其危害十分严重,这一点是我们必须加以注意和矫正的。

(2)产业结构。产业结构是指"一个国家或一个地区经济赖以构成的各种产业及其比重和相互关系,也是指产业之间内在的有机联系,它是生产力系统中的一个重要方面"①。产业结构不是固定不变的,而是随着国民经济的发展不断优化升级。产业结构不合理是我国经济生活中存在的一个深层次问题。要提高国民经济的整体素质和国际竞争力,实现可持续发展的目标,我们就必须积极主动地、全方位地对产业结构进行调整和优化。所以,调整和优化产业结构也是各级政府的职责所在。第三产业的兴旺发达,是经济现代化的重要特征。目前,发达国家的第三产业增加值占国内生产总值和第三产业就业人数占社会劳动者的比重大都达到了 60%—70%,中等发达国家这两者的比重也达到了 50% 左右,而我国这两者的比重都为 40% 左右。② 所以,如何提高第三产业在国民经济中的比重,意义重大,应该引起各级政府的重视。

(3)就业率与失业率。就业率是指在愿意就业的劳动力总数中那些已经找到至少一份相对稳定的工作的劳动力的比例,与就业率相对的是失业率。提高就业率、降低失业率不仅关系到经济的繁荣,而且关系到社会的稳定和政治的稳定,解决得不好很可能导致政局的动荡、政府的更迭和政权的垮台。所以,各国政府都将保持较高的就业率作为任期内的主要目标之一。根据国际经验,大多数国家都把 94%—96% 的就业率(即把失业率控制在 4%—6%)视做充分就业的水平。中国

---

① 孙居涛、俞思念主编:《邓小平理论概论》,武汉大学出版社 1998 年版,第 112 页。

② 资料来源:《中华人民共和国 2011 年国民经济和社会发展统计公报》。

是个有着 13 亿多人口的大国,人口问题带来的就业压力是显而易见的。如何有效地缓解中国目前存在的就业压力,政府任重而道远。

2. 人民生活

(1)人均收入及其增长率、恩格尔系数。改善人民生活水平是一国政府不可推卸的责任,使人民过上富裕的生活是社会主义的应有之义。所以,将人均收入和恩格尔系数纳入政绩评估指标体系是有充足的理由的。人均收入是直接反映一个地区居民生活水平的指标,它的增长率则直接反映了该地区居民生活水平改变的幅度。在实际经济生活中,由于物价是不断变化的,因此人均收入还要考虑到同时期物价的变化因素。恩格尔系数是指食品消费占整个家庭消费支出总额的比重,并以此测度居民生活水准。联合国根据恩格尔系数制定了一个划分贫富的标准,30% 以下为最富裕,30%—40% 为富裕,40%—50% 为小康,50%—60% 为温饱,60% 以上为绝对贫困。2011 年,我国农村居民的恩格尔系数为 40.4%,城镇居民的恩格尔系数为 36.3%,已经在总体上迈入富裕阶段,但离最富裕的标准尚有不小距离。[①]

(2)基尼系数。经济学一般采用基尼系数来判断社会中收入分配的平等程度,基尼系数越大表明收入分配越不平等,其中 0.4 被视为贫富差距过大的警戒线。据世界银行测算,1978 年我国城镇居民个人收入的基尼系数为 0.15,这个指标在当时几乎是世界上最低的,说明当时我国平均主义盛行。而进入 90 年代以后,学术界和国际上都认为中国的基尼系数大于 0.4,已经超过了公认的警戒线。这说明我国贫富差距在不断地扩大,它所造成的后果是不可低估的,也与社会主义的本质不相符合。由于中国官员长期受"效率优先"口号的影响,加之组织人事部门在考核政绩时对这个问题也很少考虑,所以用基尼系数来评价政绩,有利于促使政府官员们对贫富差距和社会公平问题给予足够的关注,培养他们的社会公平观念和意识,并通过政府的努力使所有的人都能过上比较富裕的生活。

(3)社会保障(包括社会福利)实施情况。现代社会里,劳动者仅

---

①　资料来源:《中华人民共和国 2011 年国民经济和社会发展统计公报》。

仅依靠自身的收入,无法承担在劳动过程中和日常生活中可能遇到的种种人身不测而带来的巨大开支,在丧失劳动力以后也无法维持基本生活开支。而在一个社会中,如果有大量的人同时遇到这种情况,那么其后果必定是社会的混乱,甚至动荡不安。为了社会的发展和政治的稳定,社会保障应运而生。除了保证社会安定以外,社会保障对于提高劳动生产率也具有重要作用。特别是对于中国这样的大国,社会保障对于破除"养儿防老"的观念和控制我国人口过快增长具有不可替代的作用。"社会保障的责任首先是国家和政府"[①]。但是,如何评估政府的社会保障工作却不是一件容易的事情,其涉及面极广,需要一大堆数据来衡量,其中包括养老保险金、失业保险金和医疗保险金的筹集率,最低生活保障金的发放率,等等。

3. 科教文卫

(1)科技进步。1995 年,我国首次正式提出了科教兴国战略。1997 年中共十五大后,科教兴国成为了我国的基本国策,所以,推动科学技术的不断进步也是各级政府的职责所在。用科研成果的数量和质量来评估科技工作的成就最恰当不过了,另外,必要的科研经费(即科技投入)必须得到保证。科研经费占 GDP 的比重可以从总体上说明一个国家(或地区)科技创新活动投入在整个经济中所占的份额,其大小直接关系到知识创造和应用的成效,而且具有国际可比性。发达国家的这一比例大约为 2%—3%,且呈上升趋势。[②]

(2)教育发展。教育是提高国民素质的必要手段,对于促进人的全面发展、增强综合国力具有关键作用。所以,绝大多数国家都在宪法或法律中明确规定接受一定年限的教育是公民的权利和义务,保证公民接受一定年限的教育是国家(政府)的责任。教育发展的状况可以用以下指标来衡量:教育经费占 GDP 或财政收入的比重,大学教育普及率,适龄儿童入学率,扫盲率或成人识字率,等等。

(3)文化事业。生活水平的提高并不必然代表生活质量的提高,

---

① 李大珉:《中国社会行政管理》,中国国际广播出版社 1998 年版,第 109 页。
② 李冰霜:《科技投入与使用分析》,《自然辩证法通讯》1994 年第 2 期。

高质量的生活是要依靠精神文明来塑造的。健康积极的文化生活不仅可以提高生活质量,陶冶情操,还可以改善一个地区的社会风气,提升一个地区的品位。所以,积极发展文化事业实属必要。在这一方面,下列指标是可以采纳的:居民的文化消费占总支出的比例,广播电视的覆盖率,地区性主要报纸的日发行量,公共图书馆和博物馆的数量,公共图书馆的藏书量和日接待读者量,等等。

（4）卫生和防疫。卫生和防疫工作关系到人民的身体健康和生命安全,不可小视。特别是到了现代社会,由于生态环境日益恶化,各种产业的不规范发展,加上物质丰裕的负面作用和人们价值观的多元化,疾病的种类越来越多,危害越来越大,卫生与防疫工作应该更加引起各级政府的高度重视。以下的指标可以用来评估此方面的政绩:死亡率,平均预期寿命,医院数量,医院条件(等级),乡村卫生院和医疗点的覆盖率,传染病、职业病、地方病和重要疾病(如艾滋病)的发病率,等等。

（5）计划生育。把计划生育单独列出来,是由于它的独特性和重要性。中国是世界人口第一大国,人口过多的矛盾几乎影响到社会生活的方方面面。某种意义上,中国问题的根源之一即在于人口问题。由于中国政府对控制人口的极端重视,计划生育工作早已纳入了政绩考核的重点,部分地区甚至因为没有完成控制人口目标而对主要负责人实行"一票否决"。评估计划生育工作成就的指标无非就是出生率和超生率。出生率高了不好,但也不是越低越好;超生率则越低越好,最好为零。

4. 生态环境

营造良好的生态环境是政府的一项神圣天职。"环境保护"与"计划生育"是我国的两大基本国策,"可持续发展战略"与"科教兴国战略"是我国两大根本性发展战略,足见中国政府对这个问题的严重关切。但是,在部分地区,地方政府并未意识到这个问题的严重性和紧迫性,为了地方利益和短期利益,不惜以牺牲生态环境为代价,造成了不可挽回的后果。所以,现在的关键在于深化全体国民特别是政府官员对这个问题的认识,养成自觉的环保意识,并将这种意识转化为实际行动,为营造良好的生态环境尽心尽力。衡量一个地区的生态环境质量和环保工作的指标有很多,主要的是以下几个:森林覆盖率和植被覆盖率、水土流失面积、耕地面积、温室气体排放量、垃圾回收利用率、水资源利用率和污水处理率、植树造林面积和成活率、城市环境指数,等等。

5. 社会治安

"为官一任,确保一方平安"。这已成为官员们的共识,但并不等于行动和事实上的落实。其实,我国现在的社会治安形势相当严峻,如暴力犯罪和团伙犯罪突出,社会丑恶现象迅速蔓延等等。各级政府必须有充分的思想准备,要通过综合治理的办法,预防和控制违法犯罪,确保公共安全。把刑事案件发案率或犯罪率作为测量社会治安状况的主要指标,这几乎成为世界上的通例,中国也不例外。刑事案件发案率,一般是指一个国家或地区在一定时期内(通常为一年)每万人中所发生的刑事案件数;犯罪率即一定时期内刑事犯罪的人数。[①] 破案率也是衡量警察工作的传统尺度,它是指"一个国家或地区一定时期(通常为一年)内查清和处理案件数占同期立案侦查的全部刑事案件数的百分比"[②]。此外,要正确了解社会治安的状况,不仅要有客观指标,还要有主观指标,如公众安全感就是一个很重要的主观指标。

6. 其他指标

除了以上五个大方面的指标之外,从理论上说,凡是政府职责范围内的事情,都应该有相应的指标进行评估。但是如果把所有的指标都纳入进来,这样的指标体系未免显得烦琐,实际上也不可能做到。因此,下面我们再强调几个比较重要的方面,它们都是在政绩评估时应当引起特别重视的问题。[③]

(1)重大案件和事故。这个指标是一个否定性的定性指标,它是指在政府官员的责任范围内,如果发生重大案件或事故,必须追究相关政府官员的责任。这也是政绩评估的方式之一。权力就是责任,一切

---

① 高佃正:《发案率指标与社会治安》,《山东公安专科学校学报》2001 年第 1 期。

② 张瑞端:《从治安决策和警察管理角度看发案率和破案率》,《山东公安专科学校学报》2001 年第 1 期。

③ 倪星、李晓庆:《试论政府绩效评估的价值标准与指标体系》,《科技进步与对策》2004 年第 9 期。

国家机关的权力均来自人民的授予,政治权力的授予必然伴随着政治责任的规定。我国政府实行首长负责制,责任明确是首长负责制最为突出的特点,对于组织的一切行政行为,行政首长都负有连带的政治责任。特别是当有重大案件或事故发生,给人民生命财产和国家造成重大损失,就必须追究相关人员和领导人的责任,必要时应当由司法机关立案审理。只有这样,才能迫使政府官员全身心地投入工作,不至于因粗心大意或玩忽职守而酿成无法挽回的后果。

（2）施政成本。现在,"为官一任,造福一方"的口号响彻全国,到处掀起了"政绩工程"的高潮。建设固然是好事,但是这些建设到底花了多少钱,花得值不值,是从什么渠道以什么名目来的,老百姓能否承受得起,却极少有人问津。考察政绩不计成本的后果很严重,"这本来是政治领域内的一个方法性失误,却实实在在地导致了经济上的损失。它使我们的判断脱离了现实,脱离了群众。它使一部分地方领导干部的'政绩',变成了国家的'政治债务',因为他们实际上是靠预支了政权的威信,来博取个人'政绩'的。这样的赫赫功劳越多,由他们造成的'国债'就越多,最后终将酿成不可挽回的信用危机。"①所以,在对官员的政绩进行评估时,必须考虑施政成本,特别是当涉及"政绩工程"的时候,更应该通过审计等方式对成本进行核算,这样可以使政绩评估的结果更真实、更可靠。

（3）公众满意度。政府的权力是人民授予的,政府的职责是为人民服务。所以政府工作的好坏,人民具有最终的决定性的发言权,即要把"人民群众满意不满意"作为政府工作的出发点和落脚点。普通公众对政府的具体运作也许并不熟悉,对政府官员追求政绩也许并不热心,但是他们的主观感受可以告诉他们政府的哪些工作做得好,哪些工作做得不好;哪些政府部门办事效率高、态度好,哪些政府部门办事效率低、态度差;哪些政府官员称职,哪些政府官员不称职。这种评估十分重要,它可以弥补其他指标特别是数字化指标的缺陷,可以使政绩评估更加科学、更加全面,也更具权威性。在我国的政治生活中,可以找

---

① 廖逊:《政绩评价中的成本意识》,《天涯》2001 年第 3 期。

到一些测评公众满意度的办法,如信访制度、投诉制度、热线电话等。当然,最好的办法还是进行民意测验或搞大型的群众评议,设计一套科学的、合理的调查问卷或者评分表,由普通公众直接给政府的工作打分,并根据结果对有关部门和政府官员进行奖惩。

(四)地方政府绩效评估指标体系运行的配套措施

价值标准和指标体系构筑起了政府绩效评估制度的基础。为了使政绩评估的具体工作可以协调有序地开展,我们还需要在评估机构、具体方法等方面加以注意。[①]

1. 组建独立于政府的专业性评估机构

当前不科学的政绩评估机制是导致政府官员只对上负责不对下负责和形式主义泛滥的主要原因。这主要是因为对政府官员政绩进行评估的机构——党委组织部门和政府人事部门的工作经常受到上级领导长官意志的影响。所以,我们设想通过组建一个独立于政府的、专业性的政绩评估机构来解决这个问题。独立于政府,可以使政绩评估工作免受长官意志的干扰;专事评估之职,可以使政绩评估职能与人事任免职能相分离,免受其他方面的干扰。这个评估机构必须通过立法来设置,人员组成可以由各级人民代表大会或其常务委员会通过选举或任命等方式来指定,用法律规定它的权力和责任,并保障其经费来源独立和运作独立。该机构的组成人员必须具有胜任政绩评估这项工作的能力,应该从专家学者或技术官僚中产生。在中国的市民社会发育比较成熟之后,政绩评估的工作也可以交由民间机构办理,但其活动细节必须由法律作详尽的规定。在更彻底的意义上,我国需要制定"政府绩效评估法",通过法律的形式规范政绩评估活动,避免主观性和随意性,使政绩评估结果具有权威性和实用性。

2. 减少统计水分,杜绝数字腐败

"官出数字,数字出官","统计统计,三分统计,七分估计",从当

---

① 倪星、余凯:《试论中国政府绩效评估制度的创新》,《政治学研究》2004 年第 3 期。

下民众对官方统计的评价来看,可以说是充满了不信任感。研究者也很难根据这些统计资料对社会进行全面深入的分析,即使进行了分析,其结论也难以让人信服。对于这一点,国外学者经常提出质疑,我们的党政官员也经常在私底下甚至在公开的场合予以承认。如何避免或减少统计数字中的水分,对政绩评估来说至关重要。否则,即使指标设计得再科学,如果用于评估的统计数据是假的,这样的政绩评估便失去了任何意义。因此,必须严厉惩处统计违法行为,杜绝各种虚假政绩。

3.将定量评估与定性评估相结合

定量指标作为评估政绩的基本尺度,必不可少,但它并不是唯一的标准。因为有些政绩可以有明确的量化结果,而有些政绩,如前面提到的"公众安全感"、"公众满意度"等就难以用数字加以反映。况且,由于在短期内很难保证统计数据的真实性,定性评估更显示出它的重要性。所以,在确定政绩评估指标体系的同时,还必须重视对定量指标之外内容的了解和考察,注意定量与定性评估的结合,避免在政绩评估中出现唯指标、简单化的倾向,保证评估结果更客观、更全面。

4.区分客观条件和主观努力的关系

客观条件对政府官员的政绩取得具有很大的制约性,在政绩评估中,必须区分客观条件和主观努力的关系,不要把"上天"的功劳当做官员的政绩。例如,有的地方风调雨顺,土壤条件好,不用政府官员操心农业就可以连年丰收;而有的地方自然灾害频繁,无论政府官员怎么努力,也干不出多大业绩。所以,在具体的政绩评估中,要善于进行纵横比较。纵向比较,考察在过去的基础上进步与发展的幅度;横向比较,考察在同等条件下与其他地区、部门相比,本地区和部门位次的变化。

总而言之,中国政府绩效评估制度的建立与完善是一项浩大的系统工程,它不仅涉及价值观念的调整,也涉及指标体系的优化,而且需要对评估主体和评估方法等进行改革。这些内容又与中国政治体制改革的其他方面,如领导制度改革、党政分开、权力下放、机构改革、政府职能转变、加强对权力的制约和监督等关系密切。其中任何一项改革不到位、不成功，都可能导致政绩评估制度的失败。所以，我们不可能把政绩评估制度单独剥离出来，随心所欲地进行制度设计，妄谈所谓的制度创新，而只能将其融入中国政治体制改革的全局，与其他改革工作密切配合，通力协作，形成合力，共同推动中国政治的民主化和现代化进程。

四、运用系统论构建地方政府
绩效评估指标体系

作为调查和测量地方政府管理水平的绩效评估活动，必须建构一种专门的概念框架，也有的学者将其称为模型，即地方政府绩效评估体系。地方政府绩效评估体系是由评估主体、评估指标、评估标准、评估方法模型、评估信息系统等要素构成的有机系统。[①] 地方政府绩效评估的主体单一的问题是我国地方政府绩效评估中存在的主要问题，因此，评估主体应该朝着多元化的方向发展；评估标准即绩效评估的价值标准，正如上文所论述到的，绩效评估的价值标准即政府合法性的价值规范在现代社会已经发生了变化，民主法治成为合法性的基础，因此，地方政府绩效评估的价值标准也要做出相应的变化，由单一的经济指标，转变为政治、经济、社会多方面综合衡量的多元价值标准。本章着重考察的是地方政府绩效评估指标的建构问题，新的评估指标必须体现新的价值规范的要求，从各方面综合考察地方政府的工作情况，构建一个多元综合的评估指标体系。

地方政府绩效评估指标是一个从属于地方政府绩效评估体系的子要素，由于其涉及内容的多元性，通常是一个以复杂、多维的结构构成的体系。作为一个系统，它是由两个以上的要素构成的集合体，各要素之间相互联系、相互作用，形成特定的结构。地方政府绩效评

---

① 彭国甫：《地方政府绩效评估研究》，湖南人民出版社 2005 年版，第 110 页。

估指标体系的结构是指地方政府绩效评估指标体系内各组成指标之间的相互联系、相互作用的方式。相互联系是指指标间相互联系和关系的总和,相互作用的方式则是指地方政府绩效评估指标体系中各个指标在空间内一定的排列组合的具体形式,是指各指标之间的具体联系和作用形式。研究地方政府绩效评估指标体系的结构,也就是研究地方政府绩效评估指标体系内部各指标之间的排列顺序和组合方式。①

由于评估对象在数量和质量上的复杂程度不同,我们可以将指标分为直线结构和树状结构两种,直线结构由一个一级指标和若干子指标构成,较为简单,可以用来衡量微观领域,不太复杂的问题。树状结构由若干的一级指标构成,每一个一级指标可以细分为若干二级指标,每一个二级指标又可以细化为若干三级指标,描述这样的一个有目标、准则、具体操作指标、指标的权重、评估的标准等要素组成的指标体系,在数学上可用有向树来表示。

表6-1列出了根据合法性的价值规范得出的评估标准以及现实中的评估指标及学术成果,在投入——管理——产出(结果)的框架之下,对指标的维度进行划分。对投入指标的划分主要包括人、财、物三个方面的内容;对管理指标的设置,主要从政府的执政能力、廉洁程度、服务能力及政策的制定与执行情况着手,考核政府运行过程中的各方面工作业绩;而产出与结果本是密不可分的两方面内容,很难实现单独考核,在此,将政府工作的产出与结果作为一个部分进行考核,主要包括:经济发展水平、人民生活质量、政治民主程度、社会稳定/秩序、生态环境、教科文卫六个方面。在此基础上,对各维度进行进一步的细化成为具体可测的指标体系,建构成一套较为完整、合理的地方政府绩效评估指标体系。②

---

① 彭国甫:《地方政府绩效评估研究》,湖南人民出版社2005年版,第110页。

② 倪星:《地方政府绩效评估指标的设计与筛选》,《武汉大学学报》2007年第2期。

表 6-1　中国地方政府绩效评估指标体系的理论设计

性质	领域	评估指标
投入指标	人力资源	行政就业人员占总就业人口的比重
		行政人员中大专以上学历者的比例
		行政人员中本科以上学历者的比例
		行政人员中硕士以上学历者的比例
		行政人员中博士以上学历者的比例
		每年接受在职培训人员所占比例
		每年用于在职培训的经费总额
		国家机关在岗职工年工资总额占地方财政支出的比重
		领导班子团队建设
		人力资源开发战略规划
	财政资金	政府开支占 GDP 的比重
		行政管理类财政支出/例行公共性支出
		特定公共项目支出
		社会保障(福利)政策性补贴与地方财政收入之比
		环保资金投入占 GDP 的比重
		教育经费占 GDP 的比重
		人均教育经费支出
		科研经费占 GDP 的比重
		人均科技三项费用
		文化投入占 GDP 的比重
		人均公共卫生财政经费支出
管理指标	政府行政能力	突发事件应急处理能力
		政府机关办事效率
		政府信息化管理水平
		地方政府财政收入
		罚没收入或行政性收费占地方财政收入的比重
		地方政府债务状况
	政府廉洁度	腐败涉案人数占行政人员比例
		机关工作作风
		公民评议状况
		贪污腐败案件发案率
		渎职案件发案率

续表

性质	领域	评估指标
产出及结果指标	政府服务能力	政务公开性/透明度
		政府规章制度的完备性
		政府的公信力
		政府工作人员的业务素质
		公民对政府管理的满意度
	政策制定、执行状况	政策的稳定性
		政策的连续性
		政策的科学性
		决策方法的科学化程度
		决策的民主性
	经济发展水平	GDP 总量
		人均 GDP
		人均 GDP 增长率
		工业总产值占 GDP 的比重
		工业企业资金利税率
		劳动生产率
		第三产业在三个产业中所占比重
		固定资产投资总额
		固定资产投资增长率
		外来投资占本地 GDP 的比重
		利用外资增长率
		出口总额占 GDP 的比重
		外资、外贸依存度
	人民生活质量	恩格尔系数
		城镇居民人均可支配收入
		农村居民人均纯收入
		居民人均消费性支出
		居民人均储蓄额
		人均预期寿命
		人均居住面积

续表

性质	领域	评估指标		
		人均铺装道路面积		
		居民人均生活用电量		
		居民人均生活用水量		
		每万人拥有公共汽车数量		
		每万人中的国际互联网用户数量		
		每万人移动电话拥有数量		
		消费品价格上涨率		
	政治民主程度	公众参与度		
		社会团体参与度		
		公众结社、集会及舆论的自由度		
		村民自治制度的完善程度		
		城市社区自治制度的完善程度		
		地方民族自治制度的完善程度		
		公众及各种媒体的监督力度		
		地方选举中的差额率		
	社会稳定/秩序	社会安全	城镇失业率	
			通货膨胀率	
			贫困发生率	
			治安刑事案件发案率	
			治安刑事案件破案率	
			生产和交通事故死亡率	
		社会公平	基尼系数	
			市场进入、退出自由程度	
			人民基本权利保障率	
		社会保障及福利	基本养老保险覆盖率	
			基本医疗保险覆盖率	
			失业保险覆盖率	
			居民最低生活保障覆盖率	
			社会救济总人数	
			城镇社区服务设施（个/万人）	
			农村社会保障网络（个/万人）	
			收养、收容性社会福利事业单位个数	

续表

性质	领域	评估指标	
产出及结果指标	生态环境	工业废气排放及处理情况	
		工业废水排放及处理情况	
		工业固体废弃物排放及处理情况	
		森林覆盖率	
		土地资源利用率	
		城市空气质量达标率	
		城镇建成区绿地率	
		城镇绿化覆盖增长率	
		人均公共绿地面积	
		城市噪音达标率	
		居民饮用水达标率	
		城市垃圾无害处理率	
		人均耕地面积	
		人均绿地面积	
		水土流失率	
		环境立法和执法情况	
		群众环境投诉事件增长率	
	教科文卫	教育	平均受教育年限
			教师—学生比例
			学龄儿童入学率
			九年义务教育实现率
			文盲半文盲率
			小学毕业升学率
			初中毕业升学率
			大学毛入学率
			特殊教育情况
		科学技术	科技人员数量
			高新技术产值占 GDP 的比重
			科技进步贡献率
			每万人拥有有效专利数

续表

性质	领域	评估指标
	文化体育	人均文化消费支出
		文化艺术、文物事业机构数
		文化艺术、文物事业人员数
		广播电视事业发展情况
		报纸、图书、杂志出版情况
		人均公共图书馆藏量
		人均公共体育设施拥有量
	医疗卫生	每万人拥有病床数
		每万人拥有医生数
		卫生机构数
		农村医疗合作普及率
		食品卫生达标率
		突发公共卫生事件应急能力
		人口计划生育率
		人口自然增长率
		婴儿死亡率

五、运用综合模型构建地方政府
绩效评估指标体系

（一）BSC、KPI 与绩效棱柱模型的比较和综合

在绩效评估实践中,比较常用的有 BSC、KPI 和绩效棱柱模型。本章通过综合分析这三种模型的优缺点,重新设计出综合模型,并在此基础上引入科学发展观和地方政府管理特点以修正模型,最后在参考众多已有指标体系和"十二五"规划的同时,利用修正后的综合模型设计出科学发展观框架下的我国地方政府绩效评估指标体系。[1]

---

[1]　倪星、余琴:《地方政府绩效指标体系构建研究》,《武汉大学学报》2009 年第 5 期。

表 6－2　BSC、KPI 与绩效棱柱模型的比较

	BSC	KPI	绩效棱柱模型
BSC	—	1. 逻辑关系:BSC 将实现组织总目标的绩效划分为具有明确的因果支撑关系的不同维度,形成一个循环体,不同维度下的分解指标间具有明显的逻辑关系。KPI 要求分析和寻找影响组织目标实现的主控绩效因素,各主控绩效因素之间不存在明显的逻辑关系。 2. 指标与战略的一致性:BSC 通过分析划分出组织的总体战略中四个维度来分解指标,指标与战略的一致性高。KPI 的设定和选择有时并不全面,使考核指标及标准无法与战略目标一致,一些战略性评估指标无法量化。	1. 指标的系统性与简练性:由 BSC 衍生的指标体系具有系统性和简练性。绩效棱柱法涉及大量绩效指标的取得和分析,过于繁多复杂。 2. 操作可行性:BSC 的制定思路与评价体系目前已发展得比较完善。绩效棱柱法是新近的研究成果,目前在实际应用中并不多,还需要继续探讨。
KPI	个人层面的绩效评估:KPI 通过层层分解,容易得到个人层面的关键绩效指标,形成自下而上的战略保障。BSC 主要针对组织整体价值,较难适用于个人层面。	—	指标的"关键"性:KPI 的核心要素就是"关键",从繁多的绩效指标中提炼出少数与组织总战略休戚相关的指标。绩效棱柱模型的指标体系过于繁多复杂,没有重点。
绩效棱柱模型	对利益相关者的考虑:绩效棱柱全面考虑了利益相关者的满意和贡献。BSC 仅考虑到顾客层面,存在片面性。	评估指标的涉及面:绩效棱柱的三维框架的涉及面广,对过程与结果、流程与战略均有考虑到。KPI 的指标设计的横向性和动态性则相对差,仅注重纵向的个体层面指标与组织层面指标的战略一致性。	—

从以上分析可知,BSC、KPI 以及绩效棱柱模型的优势存在互补性。20 世纪 90 年代出现的 BSC,以及更晚一些出现的绩效棱柱模型

都没有替代 KPI,而是各有侧重地完善了 KPI 的不足之处①。本章通过结合三者各自的优点,进而构建出一个绩效指标设计的综合框架(见图 6 - 4)。如表 6 - 2 所示,相对于 KPI 和绩效棱柱模型,BSC 的优点更加突出,其指标设计的框架体系更加成熟和全面。因此,综合模型将结合绩效棱柱中利益相关者的理念与绩效评估的价值取向来确定组织的整体战略与总目标,同时按照 KPI 的思路找出实现总目标的关键因素(CSF),利用平衡计分卡的框架体系将关键因素分为四个方面,再分别找出各自的关键指标,最后根据指标的类型确定其衡量标准。

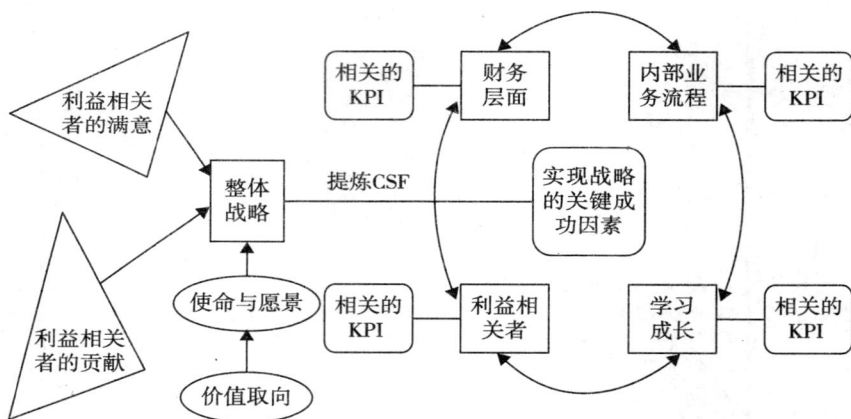

图 6 - 4　基于 BSC、KPI 与绩效棱柱模型的综合模型

按照科学发展观的要求,挑选各级政府实现战略的关键因素,必须由原来单一的经济增长模式向社会综合发展模式转变。同时,在政府绩效评估指标体系构建的整个过程中必须始终贯穿以人为本的价值取向,切实关注人民群众的利益,这也是模型中利益相关者理论所要求的。

在将科学发展观引入综合模型的同时,还需要对模型中部分细节进行调整。尽管政府绩效评估对企业绩效评估的方法可以加以借鉴与

①　李海、张德、魏东:《基于 BSC 改进的 KPI 设定方法及案例》,《管理现代化》2007 年第 1 期。

利用,但政府与企业有着本质上的区别,平衡计分卡包含的四个维度并不完全适用于政府公共管理,因此还应按照政府本身的战略重点与价值取向来适当修正模型。在已有的研究文献中,有学者提出将四个维度分别改为政府成本、政府业绩、政府管理内部流程、政府学习与发展①。这种划分方法有其合理性,但仅限于政府自身,仍过于狭隘。基于绩效棱柱中的利益相关者理论,还应将与政府相关的各方利益相关者都纳入考虑。此外,原平衡计分卡中的财务指标按照科学发展观的思想则应该扩充为经济发展、社会发展等方面的综合体——地方发展。有学者借鉴彼得·圣吉的学习型组织理论中,将平衡计分卡的四个维度修改为地方建设、公民服务、内部管理、学习与创新②。综上所述,我们认为当前政府绩效评估中四个维度应包括地方发展、各方利益相关主体、政府内部管理、学习与成长。此外,平衡计分卡中四个维度的逻辑关系不够清晰明了,要素之间都是两两互动,比较零乱。在卡普兰和

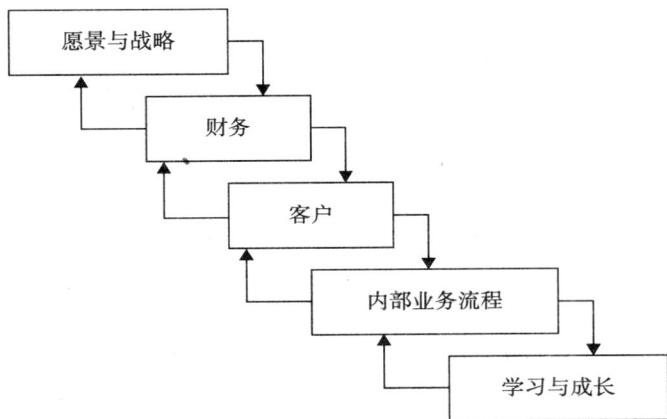

图6-5 平衡计分卡的战略因果链

① 彭国甫、盛明科、刘期达:《基于平衡计分卡的地方政府绩效评估》,《湖南社会科学》2004 年第 5 期。

② 王鲁捷、陈龙、崔蕾:《市级政府绩效评价研究》,《中国行政管理》2005 年第 8 期。

诺顿后来重新表述的逻辑驱动关系的基础上①,本章结合政府管理的现实进一步明晰其逻辑关系:政府自身的学习成长有助于改善内部管理,内部管理的改善有利于地方发展,地方各方面的均衡发展促进各方利益相关主体的利益的实现,从而最终促成政府战略的实现。

根据上述思维,修正后的地方政府绩效评估综合模型如图6-6所示:

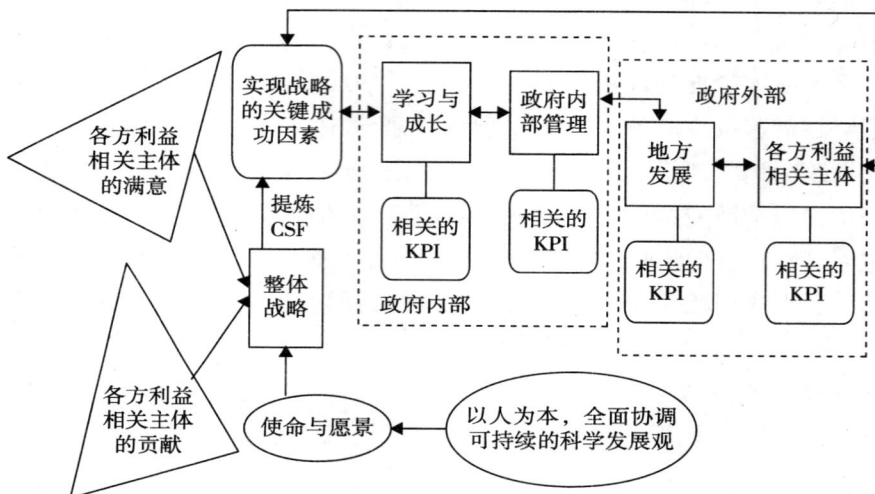

图6-6 修正后的地方政府绩效评估模型

(二)中国地方政府绩效评估指标体系模版的构建

我国"十二五"规划要求实现国民经济持续快速、协调健康发展和社会全面进步,取得全面建设小康社会的重要阶段性进展,这一目标明确了各级地方政府的使命和愿景。按照科学发展观的要求,地方政府的发展战略必须具有可持续发展性、全面性、人本性、平衡性、公正性、公开性。另外一个影响地方政府战略的要素是利益相关者,包括公众、社区、公务员、企业、媒体、投资商等。通过整合价值取向和界定利益相关者,可以由地方政府的使命与愿景推导出其整体战略,并由此进一步

---

① Kaplan,R. S. &Norton,D. P. ,"Transforming the Balanced Scorecard from Performance Measurement to Strategic Management",*Accounting Horizon*. 15(2001).

修正得出地方政府平衡计分卡的四个维度,提炼出存在紧密因果链条的关键成功因素(CSF)。具体如图6－7所示。

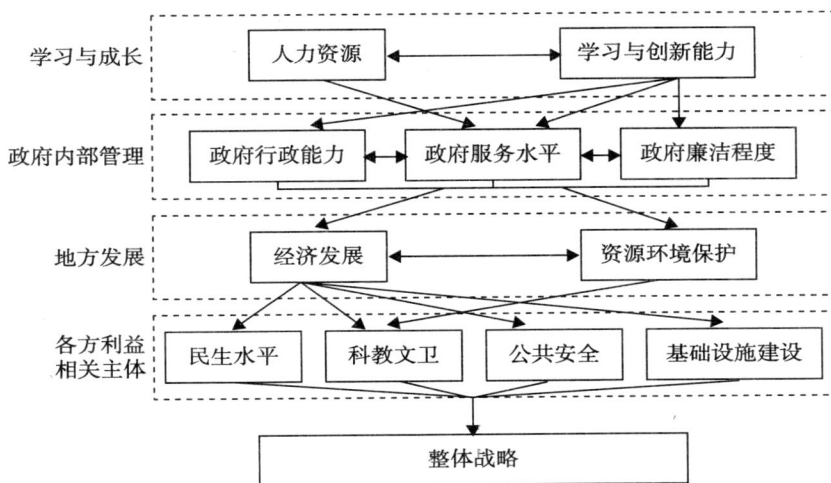

图6－7　地方政府整体战略与各关键成功因素的逻辑链条

　　根据上述各个维度中的关键成功因素,在参考国内一些已有的指标体系和学者们研究成果的基础上,遵循SMART原则可以设计出53项地方政府关键绩效指标(KPI),如表6－3所示:

表6－3　基于综合模型的地方政府绩效指标体系模板

整体战略	在提高政府自身素质与管理能力的基础上,协调地方经济与环境之间的平衡发展,坚持以人为本,突出解决各方利益主体最关心、最直接、最现实的利益问题,促进社会和谐稳定。		
BSC维度	关键成功因素	地方政府关键绩效指标	KPI数据获得的基本途径
学习与成长	人力资源	公务员中各个层次学历的人员比重	公务员个人档案
		35岁以下的年轻公务员所占比例	公务员个人档案
		人力资源开发规划	相关资料分析
	学习与创新能力	公务员人均受培训时间	培训部门数据
		公务员对自身培训与提升的满意度	问卷调查
		公众对政府改革创新的满意度	问卷调查

政府内部管理	政府行政能力		政府机关办事效率	抽样测评与问卷调查
			突发事件应急处理能力	问卷调查
			行政成本占财政支出的比重	相关数据分析
	政府服务水平		办事章程的完备性	资料分析与问卷调查
			政务公开透明程度	问卷调查
			政府政策的连贯性、稳定性与有效性	资料分析与问卷调查
			公众对政府人员服务水平的满意度	问卷调查
	政府廉洁程度		政府腐败涉案人员占全体公务员比重	相关数据分析
			机关工作作风评议	问卷调查
地方发展	经济发展	数量	GNP+SCC②	相关数据分析
			（GNP+SCC）的增长率	相关数据分析
			政府一般财政预算收入	相关数据分析
			就业率	相关数据分析
		质量	辖区内产业结构布局	相关数据分析
			辖区税收中第二、三产业所占比重	相关数据分析
			规模以上工业万元产值能耗	相关数据分析
			规模以上工业万元产值水耗	相关数据分析
	资源环境保护		环保投资占（GNP+SCC）的比重	相关数据分析
			水土流失面积	相关数据分析
			人均耕地面积	相关数据分析
			森林覆盖率	相关数据分析
			人均绿地面积	相关数据分析
			工业废水、废气和固体废弃物排放与处理情况	专业测评
			环境空气指数	专业测评
			垃圾回收利用率	专业测评

各方利益相关主体	民生水平	城镇居民家庭恩格尔系数	相关数据分析
		居民消费价格指数	相关数据分析
		基尼系数	相关数据分析
		人均居住面积	相关数据分析
		城镇登记失业率	相关数据分析
		社会保险覆盖率	相关数据分析
	科教文卫	R&D 占（GNP+SCC）的比重	相关数据分析
		人均受教育年限	相关数据分析
		九年义务教育普及率	相关数据分析
		广播电视覆盖率	相关数据分析
		公共卫生事业支出占（GNP＋SCC）的比重	相关数据分析
		医院诊所覆盖率	相关数据分析
		万人拥有医生数	相关数据分析
	公共安全	万人刑事案件发案率与破案率	相关数据分析
		交通与生产事故死亡人数	相关数据分析
		贫困人口比例	相关数据分析
		公众安全感	问卷调查
	基础设施建设	人均道路面积	相关数据分析
		万人拥有公共汽车数	相关数据分析
		公众对出行便利程度的评议	问卷调查
		人均地下排水管道长度	相关数据分析

（三）讨论与说明

在上述研究完成之后,对于这套指标体系模板,还要进行几点讨论与说明：

第一,指标体系模板中的各指标之间存在着紧密关联,或互为因果或互相促进。如"学习与创新能力"对"政府内部管理"维度中三个方面的指标均有促进作用,公务员的素质提高对政府的行政能力和服务水平有着直接的关联作用。"地方发展"维度中的"经济发展"与"资源环境保护"之间则相互影响、相互促进。这些指标之间的关系,体现了平衡计分卡的逻辑关联性和平衡原则,也体现了科学发展观所强调的协调、可持续精神。

第二,上述指标体系模板只是设计了政府级的 KPI,若要细化到部门级别的 KPI,则应该在这一基础上融合该部门职责来进一步推导;同样,公务员级别的 KPI 则应该在部门级 KPI 的基础上融合个人岗位的职责,通过细化上一级的 KPI 来设计推导。政府、部门与公务员三级KPI 的设计均是以地方政府整体战略为基准,从而形成自上而下对战略的逐层分解和自下而上对战略实施的有效保障。

第三,本章所设计的只是一个抽象的模板,不同的地方政府有着不同的社会经济环境和不同的历史背景,应该视其特点来因地制宜地去设定具体指标。同时,由于不同层级地方政府的职权与使命不同,其具体指标体系也会有很大的不同。省级政府指标相对要更加宏观一点,而由市级到县级再到乡镇级政府的指标就要逐渐细化,相对微观而具体。因此,在将这一指标体系模板应用于实际时,应该根据政府所处的环境条件和具体的政府层级来相应地进行修正。

第四,本章从地方政府绩效评估中价值取向与指标体系的关系出发,通过分析 BSC、KPI 与绩效棱柱模型等指标设计模型的特点而得到一个综合模型,将科学发展观融入指标设计过程中,从而得到一套价值取向与指标体系紧密结合的地方政府绩效评估指标体系模板。但本研究尚有待进一步深入,在未来的研究中我们将开展实地调研,获取相关数据,进行相应的隶属度分析、相关分析以及信度和效度检验,以此来确定指标权重,检验该指标体系的可行性。①

---

① 倪星、余琴:《地方政府绩效指标体系构建研究》,《武汉大学学报》2009 年第 5期。

第七章 地方政府绩效评估指标体系筛选

一、地方政府绩效评估指标筛选的方法与程序

（一）筛选的原因及目的

地方政府的绩效评估是对地方政府工作的监测及衡量,既是对政府平时工作的监督,也是对政府一段时期内工作成绩的评价。评估的结果作为对政府上一阶段工作信息的反馈,起着分析和总结的作用,同时,还对地方政府下一阶段的工作起着规划和指导的作用,因此,评估所用的时间不宜过长,否则既影响正常的工作,同时,等到评估结果出来的时候又已经失去了借鉴的意义,不利于经验的总结。为此,指标的数量应当控制在一定的范围之内,不宜过多,既要能够全面地衡量地方政府的绩效状况,又要突出评估的重点,选择具有代表性的指标,使绩效评估工作能够在一段较为合理的时间内完成。在对前一阶段工作进行总结的基础之上,为以后的工作提供参考和借鉴。

而建立政府绩效评估指标体系的基本出发点就是要把政府绩效结构系统中所涉及的所有领域的复杂关系简单化,用简化的评估指标获取尽可能多的评价信息,为把握和了解政府绩效建设现状提供科学的判断依据。目前在指标的设置过程中所使用的关键绩效指标法,就体现了这一基本出发点。政府的绩效评估其目的不仅仅是对政府工作的评价,绩效指标的设计还必须便于评估结果的运用,将主要的、具有代表性的指标放到评估指标体系当中,既有利于防止指标之间的重叠、提

高指标的可操作性与可信度,同时有利于及时地得出评估的结果,保证绩效评估的时效性。

(二)地方政府绩效评估指标筛选的基本程序

政府绩效评估指标的遴选应该考虑到指标之间的相关性、指标的隶属度、指标的信度与效度等方面的问题,在指标的遴选过程当中这些也是必须考虑到的因素。指标的选择必须坚持有效性、可操作性、系统性、可比性等原则,因此,指标的遴选一般都遵循以下的基本流程。

首先,可以根据已有的指标设计调查问卷,向相关对象征询意见,同时将问卷调查得出的结果进行指标的隶属度分析,根据被调查对象的经验和个人判断,得出指标重要程度的区分,将隶属度低的指标删除,保证关键、有效指标能够得到保留。

其次,对剩余的指标进行相关性的分析,指标在细分过程中,由于政府工作涉及内容的广泛性和联系性,指标之间会在一定程度上有所类似,可能出现两项指标之间所测量的目标和得出的结果十分相近的情况,因此,没有必要用两项指标来测量,这样既使测量变得麻烦,又增加了重复指标占测量内容的比重,不利于科学客观地衡量地方政府的工作绩效,因此,应该根据已有的政府统计数据,对于相关度较高的两项指标,删除其中的一项。

在此之后,必须对绩效评估指标的信度和效度进行测量,以保持指标的可靠性与有效性。另外,还要对指标的鉴别力进行分析,保证最后筛选出的指标能够有效地反映政府部门的工作状况。最后,在挑选出的指标中,根据其重要性的差别,确定各项指标的权重,具体流程如图7-1所示。

二、地方政府绩效评估指标的
隶属度及相关性分析

(一)通过问卷调查分析指标的隶属度

隶属度这一概念来源于模糊数学。模糊数学认为,人类社会和自

专家、学者

填写调查问卷

指标隶属度分析

隶属度高于一定比例

隶属度低于一定比例

删除

指标相关性分析

相关度低于一定比例

相关度高于一定比例

两项指标均保留

删除其中一项指标

指标的信度、效度测量

信度、效度高于一定比例

信度、效度低于一定比例

指标的鉴别力测量指标

删除

鉴别力较强

鉴别力较差

最终的绩效测量指标

删除

确定指标权重

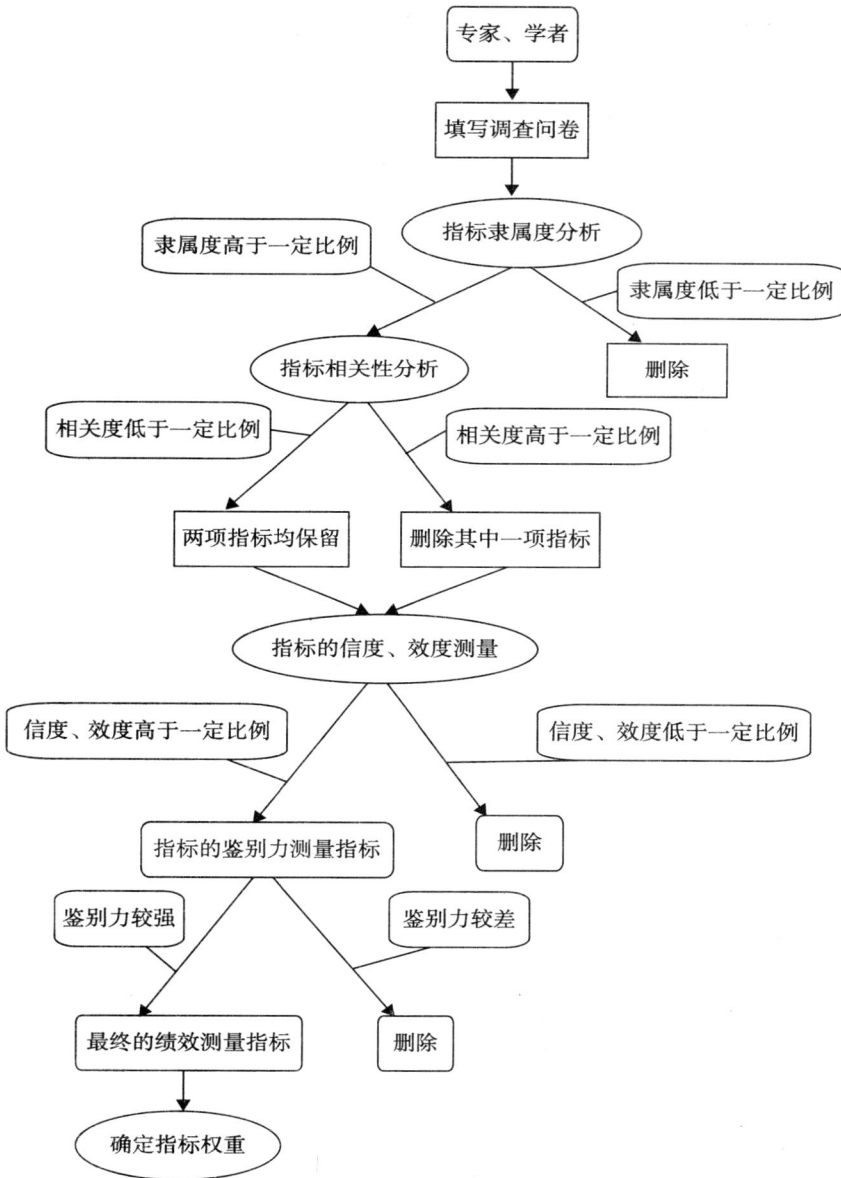

图 7 - 1　绩效评估指标筛选流程

然界中存在着大量的模糊现象,其概念的外延不是很清楚,无法用经典集合论来描述。某个元素对于某个集合(概念)来说,不能说是否属于,只能说在多大程度上属于。这样,某个元素属于某个集合的程度称之为隶属度。

指标隶属度的测量通常可以采取问卷调查的方式,通过对政府机关、高校等部门,从事不同工作者的调查,学者、官员依据其所掌握的知识以及工作经验,对绩效评估各项指标是否应该考核做出判断,集合多数专家学者的意见,得出某项指标对于整个绩效评估指标体系的隶属程度。

如果把政府绩效评估指标体系 $\{X\}$ 视为一个模糊的集合,把每个评估指标视为集合中的一个元素,分别对每一项指标的隶属度进行测量。假设对于评估指标体系的第 K 项评估指标 X_k,问卷统计显示被调查的专家学者选择该项指标的总次数为 M_k,即总共有 M_k 位专家学者认为 X_k 是评价政府绩效的有效指标,应该纳入到评估指标体系中来,由此得出该项评估指标的隶属度为 $R_k = M_k/180$,若 R_k 的值较大,表明多数专家学者认为该项指标较为重要,该指标在很大程度上隶属于 $\{X\}$,指标的隶属度较高,证明该项指标应该保留在绩效评估指标体系当中,继续进行相关性、信度、效度等项分析。反之,则表明大部分专家学者认为该项指标不够重要,隶属度较低的指标应该予以删除,排除在考核指标体系之外。一般情况下,可以根据需要保留的指标数量,制订一个临界值,当隶属度高于这一临界值时,予以保留;当指标隶属度低于这一临界值时,将指标删除。①

(二)指标的相关性分析

绩效评估指标之间存在着一定程度上的相互交叉与重复的状况,相关性过高的两项指标同时存在于一个绩效评估指标体系中,会导致被评价对象信息的过度重复使用,大大影响和降低评价结果的科学性

---

① 范柏乃、朱华:《我国地方政府绩效评估指标的建构和实际测度》,《政治学研究》2005 年第 1 期。

和合理性。相关性分析可以通过现有的统计测量数据,以及问卷调查获取的数据,利用统计软件包对各项评估指标进行分析,得出两两之间的相关系数。通过对评价指标之间相关系数的分析,删除一些隶属度偏低而与其他评价指标高度相关的指标,以消除或降低评估指标重复反映评价对象信息而带来的影响。

相关性分析一般分为三个步骤:

1. 指标的标准化处理——无量纲处理

指标的无量纲处理是由于指标之间单位的差异,指标测量的内容不同,各指标的量纲各异。为了将各项指标进行综合分析,必须对各项指标进行标准化处理,以减少评估指标的不同计量单位对分析结果的影响。设 X_i 为评估对象的原始数据,S_i 为评估指标的标准差,Z_i 为指标的标准化值,$\bar{X}$ 为 $\bar{X} = \dfrac{1}{n}\sum_{i=1}^{n} X_i$ 这一平均值,则指标无量纲处理的计算公式为:

$$Z_i = \frac{X_i - \bar{X}}{S_i}$$

2. 计算各个评价指标间的简单相关系数

即计算指标两两之间的相关度,从而为指标的筛选提供基础,其计算公式为:

$$R_{ij} = \frac{\sum_{k=1}^{n}(Z_{ki} - \overline{Z_i})(Z_{kj} - \overline{Z_j})}{\sqrt{\sum_{k=1}^{n}(Z_{ki} - \overline{Z_i})^2 (Z_{kj} - \overline{Z_j})^2}}$$

3. 根据需要确定临界值,并筛选指标

确定临界值为 M($0<M<1$),如果 $R_{ij}>$M,则可以删除相比较两个指标的其中一个指标;如果 $R_{ij}<$M,则同时保留两个评估指标。[①]

[①] 于涛、粟方忠:《社会经济统计学原理》,武汉大学出版社 1996 年版,第 384—391 页。

三、地方政府绩效评估指标的信度和效度分析

（一）绩效指标的信度测量

信度（reliability）即可靠性，它是指对同一或相近的测量对象进行反复测量时，所得测量结果的一致性和稳定性，也就是测量工具能够稳定地测量所测的变量的程度。[①]

我们通常以信度系数（r）来评估信度的大小，所谓的信度系数是指同一样本所得到的两组资料的相关系数，其经常被用做测量一致性的指标，信度系数高说明测量的一致性程度高，测量误差小。若 r = 0.5，则说明测量中有 50% 的差异来自测量对象本身的差异，同样有 50% 的差异为测量误差，当 r = 1.0 时，表示无测量误差，r = 0 时，表示测量游离于测量对象之外，一般来说，当 r≥0.8 时，就可以说该测量达到了足够的信度。

指标信度的测量可以采用多种方法，常见信度的类型包括再测信度、平行信度、折半信度和内部一致性信度等，再测信度是指用同样的方法对同一测量对象先后进行两次测量，并根据两次测量的结果计算其相关系数，即信度系数，这一方法的确定在于容易受到时间的影响。本章主要介绍内部一致性信度和折半信度的测量方法。

内部一致性信度（internal consistent reliability）是根据评价体系内部结构的一致性程度，对测量信度作出评定。[②] 内部一致性信度主要有两种，肯德尔和谐系数法（Kuder-Richard-son）和克朗巴赫（Cronbach）系数。

肯德尔和谐系数法是一种主观的评价方法，通过专家学者的主观评价得出结果，其计算公式为：

---

① 袁方、王汉生：《社会研究方法教程》，北京大学出版社 2005 年版，第 187 页。
② 范柏乃：《政府绩效评估理论与实务》，人民出版社 2005 年版，第 230 页。

$$W = \frac{\sum R_i^2 - \dfrac{(\sum R_i)^2}{N}}{\dfrac{1}{12}K^2(N^3 - N)}$$

其中,K 为评价主体的人数,N 为指标数,R_i 为 K 个评估者对同一评估对象所给予的等级顺序数之和。

克朗巴赫系数是一种客观的评价指标信度的方法,通过对部分地区对应各项指标的已有数据进行分析,其计算公式为:

$$R_\alpha = \frac{K}{K - 1}(1 - \frac{\sum S_i^2}{S^2})$$

其中 K 为评价体系所包含的评估指标数量,S_i 为第 i 个评估指标的标准差,S_i^2 即为第 i 个评估指标的方差,S 是整个评价总得分的标准差,S^2 是评价总得分的方差。

折半信度则是指研究者根据一次测量结果,将项目分成两组,并对两组项目的值计算出相关系数,通常的做法是将测量项目依据单双数分成两组,并计算两组值的相关系数,即得到折半信度。运用折半信度来检验绩效评估指标体系 X,其具体方法是先把评价指标体系按照奇、偶项分成两半,分别计算得分,再根据两半的分数求出两半之间的相关系数(r_{xx}),再根据斯皮尔曼—布朗公式(Spearman-Brown formula)确定整个评价体系的信度系数(R_{XX}),计算公式为:$R_{XX} = 2r_{xx}/(1 + r_{xx})$,运用此公式进行计算,从而得出整个评价体系的折半信度系数,根据这一系数分析绩效评估指标体系的信度。

(二)绩效指标的效度分析

效度(validity)又称测量的有效度、准确度,是指测量工具能够准确地测出测量内容的程度。换言之,效度指的是测量的有效性,即测量工具能够准确、真实、客观地度量事物属性的程度。当测量能够准确地度量我们所测量的内容时,我们说这个测量有效度,反之,则无效度。[①]

——————

[①]　袁方、王汉生:《社会研究方法教程》,北京大学出版社 2005 年版,第 192 页。

　　评估效度是判断评估质量的重要技术指标,是评估的结果对评估目标的实现程度,一个评估指标体系的评估结果能够体现评估的目的,证明这一指标体系是有效的、准确的,而如果一个评估指标体系虽然得出了评估结果,但是评估结果偏离了评估的原始目的,那么这一指标体系显然缺乏有效性。

　　指标效度的类型主要包括表面效度、准则效度、构造效度等几种,表面效度又称为内容效度,是指测量内容的适合性和符合性,也就是说测量所选题目是否符合测量目的和要求。但是这类效度是最难有效测量的,塞尔蒂兹(Selltiz)指出,表面效度必须考虑两个主要因素:测量工具所测量的是否正是研究人员所要测量的那种行为;该工具是否对这种行为提供了适当的样本。[①] 因此,要知道一种测量工具是否有内容效度,我们首先需要了解所要测量的概念或定义,其次需要知道所搜集的信息是否和该概念密切相关。在实践当中,内容效度主要是通过经验判断的方法进行评审,通过有经验的专家学者的判断来评判,确定评估项目与所需测评的内容之间的关系密切度,内容效度常用的一个评价指标是"内容效度比"(CVR, content validity ratio),其计算公式为:

$$CVR = \frac{n_e - \frac{n}{2}}{\frac{n}{2}}$$

　　准则效度又称为实用效度、共变效度或预测效度,是指使用不同于以往的测量方式对同一事物或变量进行测量时,将原有的一种测量方式或指标作为准则,用新测量方式或指标所得的测量结果与原有准则的测量结果相比较,如果新的测量方式与作为准则的测量方式所得结果相同或具有相同的效果,那么,我们就说这种新的测量方式或指标具有准则效度。

　　构造效度是指通过对特定命题或理论假设的测量结果进行考察,

---

　　① K. D. Bailey, *Methods of social research*, New York: The Free Press, 1987, pp. 67 - 68.

以考察该测量对该理论假设的测量程度。这三类效度可视为一个累进或积累的过程,每一种都比前一种包含更多的信息。如图 7 - 2 所示:[①]

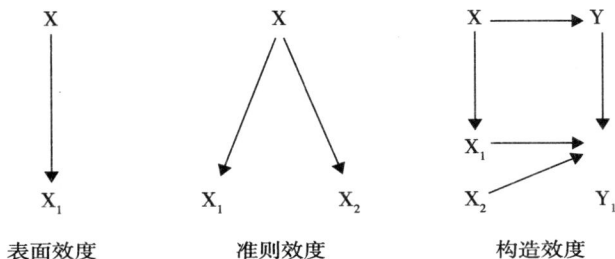

$$
\begin{array}{ccc}
X & X & X \rightarrow Y \\
\downarrow & \swarrow \searrow & \\
X_1 & X_1 \quad X_2 & X_1 \\
& & X_2 \quad Y_1 \\
\text{表面效度} & \text{准则效度} & \text{构造效度}
\end{array}
$$

图 7 - 2 三类效度之间的关系

1. 评估指标体系效度的测量方法

对于整个指标体系的效度问题,需要从两个方面加以分析,一方面是指标体系是否能够覆盖所要评估的内容,能够准确反映评估对象的本质特征;另一方面是评估结果符合制定指标体系的理论构想,前者是上述分类中提到过的内容效度,后者则是结构效度,即构造效度,通过这两种方法即可测量评估指标体系的整体效度。

2. 评估结果的效度测量方法

对于评估结果效度的测量可以采用定量的测量方法,也可以采取定性的测量方法。定量的分析通常采用的方法是自身一致法,其测量步骤是首先分别求出每一部分评估指标与整个评估指标体系的等级相关系数,然后根据各部分指标与整体评估指标体系的等级相关系数来综合判断评估结果的效度。本研究的绩效评估指标体系划分为投入指标、过程指标和产出及结果指标三大类,评估总分是这三类指标得分的总和,若评估者共有 n 个人,第 i 个评估者按照三大类评估指标中评估对象的得分数分别为 X_i, Y_i, Z_i,总分为 S_i。

---

① 林聚任、刘玉安:《社会科学研究方法》,山东人民出版社 2008 年版。

表7-1　各评估者的分析情况表

评估者序号	投入指标		过程指标		产出与结果指标		总分		等级之差		
	X_i	R_X	Y_i	R_Y	Z_i	R_Z	S_i	R_S	D_{xs}	D_{ys}	D_{zs}
1											
2											
…											
n											

表7-1中 R_X、R_Y、R_Z、R_S 分别是各评估者的四个给分,在所有的评估者当中,按照从高到低排列的等级(用1,2,…,n表示),赋予给分相同者以平均等级。表中,D_{xs}、D_{ys}、D_{zs} 分别是各评估者按三大类指标给分的等级顺序 R_X、R_Y、R_Z 与总分相应的等级 R_S 之差,即

$$D_{xs} = R_X - R_S$$
$$D_{ys} = R_Y - R_S$$
$$D_{zs} = R_Z - R_S$$

然后,根据表中的数据,运用斯皮尔曼等级相关系数公式:

$$r = 1 - \frac{6 \sum D^2}{n(n^2 - 1)}$$

公式中,r为等级系数,D为各位评估者按照指标对象打的分数等级之差,n为评估者数。从公式中,我们可以求出投入指标、过程指标、产出与结果指标与总分的等级相关系数,即 r_{xs},r_{ys},r_{zs}。这三部分指标得分与总分的等级相关系数,分别反映了三部分评估指标与评估指标体系整体的一致性程度。若这三类指标的权重分别为 a_x,a_y,a_z,则效度系数为:

$$r = a_x \cdot r_{xs} + a_y \cdot r_{ys} + a_z \cdot r_{zs}$$

通过这一公式可以鉴定指标体系所得结果的效度,一般效度在0.4以上为有效,而在0.4以下则证明这一评估指标体系缺乏必要的效度。[1]

---

[1]　卓越:《公共部门绩效评估》,中国人民大学出版社2004年版,第122—124页。

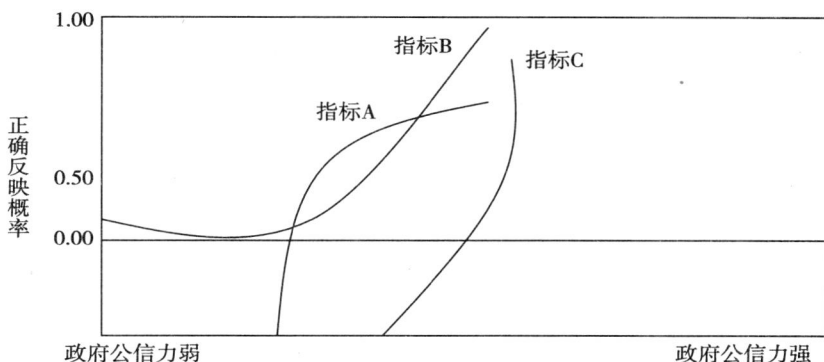

图 7 - 3　评价指标的鉴别力

（三）绩效指标的鉴别力分析

指标的鉴别力，是指评估指标区分评价对象特征差异的能力。地方政府绩效评估指标的鉴别力，是指评估指标体系区分和鉴别不同地方政府之间绩效强弱、优劣的能力。如果所有被评价的地方政府在某个指标上几乎一致地呈现很高或者很低的得分，说明这一指标几乎没有鉴别力，不能诊断和识别不同地方政府之间绩效的差异。相反，如果被评价的地方政府在某个指标上的得分出现明显的不同，则表明该评估指标具有较高的鉴别力，能够被用来有效地诊断和识别地方政府绩效。

根据评价指标反应理论（index response theory），通常用指标的特征曲线的斜率作为评价指标的鉴别力参数，斜率越大表明其鉴别力越高。图 7 - 3 给出了三个评价指标的特征曲线，指标 A 曲线的斜率最大，其次是指标 C，而指标 B 曲线的斜率最小，则可以判断：在这三个评价指标当中，评价指标 A 的鉴别力最强，评价指标 C 的鉴别力次之，评价指标 B 的鉴别力最差。[①]

构造此类特征曲线需要获取较多的实际数据，通过数据的集合分析得出曲线，因此，在现实中构建这一鉴别力分析曲线比较难做到，人

---

①　王重鸣：《心理学研究方法》，人民教育出版社 2001 年版，第 130—131 页。

们通常用变差系数来描述指标的鉴别力,其计算公式如下:

$$V_i = \frac{S_i}{\bar{X}}$$

其中 V_i 为变差系数,S_i 为标准差,由公式 $S_i = \sqrt{\frac{1}{n-1}\sum(X_i - \bar{X})^2}$ 计算得出,$\bar{X}$ 为 $\bar{X} = \frac{1}{n}\sum_{i=1}^{n}X_i$ 这一平均值。变差系数越大,证明指标的鉴别力越强,反之,变差系数越小,表明指标的鉴别能力越弱。根据实际需要,删除鉴别力较差的指标,保留鉴别力较强的指标。

另外,由于地方政府履行职能需要一个过程,其绩效的显现需要一个相对长期的累积阶段,因而不能够简单地通过计算某一时段各项指标的加权平均值,而应该采用某一时期各项指标的"增量值"的加权平均来反映政府绩效。因为,学术界提出了"指数增量值"的概念,即用指数值来表征政府在某一时期内各项指标的绩效"增量值"。

设 V_i^0 为第 i 项指标的期初值,V_i^1 为第 i 项指标的期终值,则政府在第 i 项指标的绩效增量值 I_i 则为:

$$I_i = \frac{V_i^0}{V_i^1} \times 100（当 V_i 为正向指标时）$$

$$I_i = \frac{V_i^1}{V_i^0} \times 100（当 V_i 为逆向指标时）$$

通过对各项指标的指数值的计算,不仅获得了各项指标的"增量值",而且将不同性质、不同量纲的指标换算为可以进行相同度量的指标。[1]

四、地方政府绩效评估指标的主观赋权法

对指标权重的确定可以根据具体的需要和客观条件,采用各种不

---

[1] 范柏乃、朱华:《我国地方政府绩效评估指标的建构和实际测度》,《政治学研究》2005 年第 1 期。

同的方法,主要可以分为主观赋权法和客观赋权法,主观赋权法主要包括指数法、德尔菲法、层次分析法、模糊综合评价法等,是一种定性的分析方法。本书主要介绍层次分析法与模糊综合评判法。

(一)层次分析法

层次分析法(Analytic Hierarchy Process,简称 AHP)是由美国匹兹堡大学教授萨蒂(T. L. Saaty)在 20 世纪 70 年代中期提出的,主要适用于决策结构较为复杂,决策准则较多,而且不易量化的决策问题。[1] 该方法是一种定性与定量相结合的决策分析方法,它紧密联系决策者的主观判断和推理分析,对决策者的推理过程进行量化的描述,可以避免决策者在结构复杂和方案较多时逻辑推理上的失误。层次分析法将复杂的问题分解为多个组成因素,并对这些因素根据彼此之间的支配关系进一步分解,从而按照目标层、准则层、指标层排列起来,形成一个多目标、多层次的模型,形成有序的递阶层次结构。通过两两比较的方式,确定层次中诸因素的相对重要性,然后综合评估主体的判断来确定诸因素相对重要性的总顺序。层次分析法的基本思想是,将组成复杂问题的多个元素权重的整体判断转变为对这些元素进行"两两比较",然后再转为对这些元素的整体权重进行排序判断,最后确立各元素的权重。层次分析法的具体流程如图 7-4 所示:

政府绩效评估的指标体系通常都是一个多层次的、内容复杂的指标体系,在这一复合体系中,各项指标所测量的内容与目的不同,因此,其在指标体系中所占的比重也应该有所区别,一般采用赋予其不同的权重的方法来区分各项指标的重要性。而采用德尔菲法等根据专家的主观经验来确定权重的方法,存在着一些不可避免的缺陷,有一定的局限性。层次分析法的优势在于既可以降低工作的难度,又可以提高权重的精确度和科学性,为指标权重的确定提供了一个方便、实用且有效的方法。

---

① [美]萨蒂著,许树柏等译:《层次分析法:在资源分配、管理和冲突分析中的应用》,煤炭工业出版社 1988 年版,第 2 页。

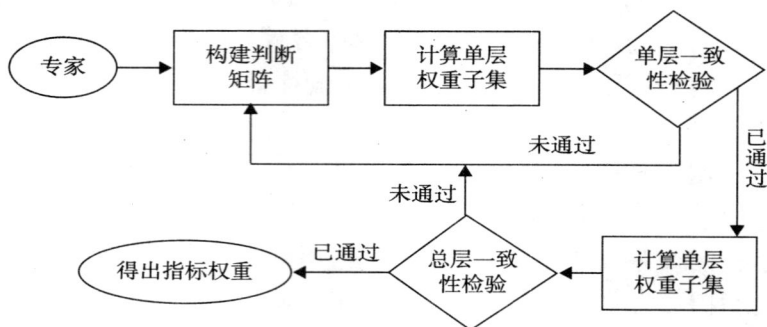

图7-4 层次分析法流程图①

1. 专家填写调查问卷,形成判断矩阵

应用层次分析法确定指标的权重,首先必须将指标按照层次进行梳理,一般的指标体系可以分为目标层、准则层与操作层三个层次,通过分析,将指标体系构建成一个有层次的结构模型,将复杂的问题逐步分解,分层次、分步骤地进行分析。

指标体系的三个层次是一种隶属与包含的关系,目标层规定了测量的一个总体方向,这一层次对后两个层次起着规定性和支配性的作用。准则层是联系目标层和操作层的中间桥梁,是对目标层的具体化,同时也规定了操作层的范围与内容,是制定操作层指标的准则,因此称为准则层。最后的一个层次即为操作层,其特点就是具有很强的操作性,利用其可以直接对政府工作的绩效进行测量,直接与被测对象接触。三个层次中,准则层可以有多个层次,目标层与操作层均为单层,通过对层次的划分,最终构建一个清晰的指标层次。其层次模型图如图7-5所示。

模型构建出了层次分析法的基础,根据层次的分类,设计调查问卷,构建各层次内部的两两比较判断矩阵,分别比较各个下层指标对其上层指标的影响程度(即重要程度),如果需要比较 N 个因子 B_1、B_2

---

① 彭国甫:《地方政府公共事业管理绩效评估研究》,湖南人民出版社 2004 年版,第 190 页。

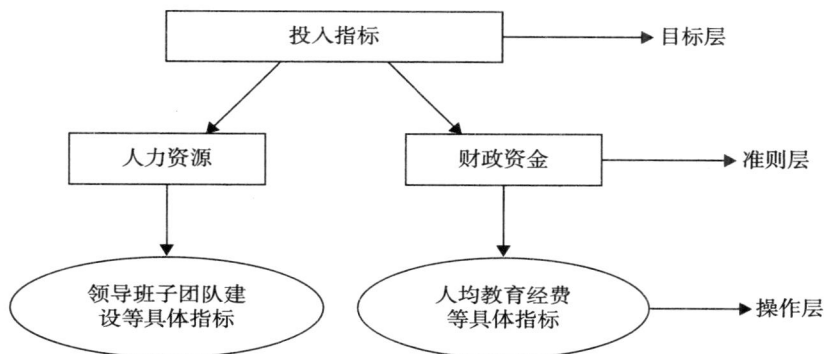

图7-5　指标建构层次模型图

……B_n 对某因素 A 的影响大小，通常采取对因子进行两两比较的办法，建立成对比较矩阵。设 a_{ij} 表示因子 B_i 和 B_j 对因素 A 的影响大小之比，再设矩阵 $A = (a_{ij})_{n \times n}$，称 A 为判断矩阵或成对比较矩阵，显然，矩阵 A 具有性质：

（1）$a_{ij} > 0$；（2）$a_{ij} = \dfrac{1}{a_{ij}}$（$i, j = 1, 2, \cdots n$）

满足这两个条件的矩阵称为正互反矩阵。

表7-2　萨蒂标度说明表

标度 a_{ij}	含义
1	因子 B_i 和 B_j 同等重要
3	因子 B_i 比 B_j 略重要
5	因子 B_i 比 B_j 较重要
7	因子 B_i 比 B_j 非常重要

表7-3　两两比较判别矩阵

A_K	B_1	B_2	$\cdots$	B_{n-1}	B_n
B_1	b_{11}	b_{12}	$\cdots$	$b_{1(n-1)}$	b_{1n}

续表

A_K	B_1	B_2	...	B_{n-1}	B_n
B_2	b_{21}	b_{22}	...	$b_{2(n-1)}$	b_{2n}
...	...	...	...	...	...
B_{n-1}	$b_{(n-1)1}$	$b_{(n-1)2}$	......	$b_{(n-1)(n-1)}$	$b_{(n-1)n}$

根据心理学的研究结果,若分级太多,则会超越人们的判断能力,因此通常用数字 1—9 及其倒数作为矩阵 A 的标度,如表 7-2 所示。

依据上述分析,对政府绩效评估结构模型中每一层次各因素的相对重要性可以用数值形式给出相应的判断,并写成如表 C 的矩阵形式。判断矩阵中的指标数值可以根据调研数据、统计数据、政府报告以及专家意见综合权衡后得出表 7-3 中的结果。

2. 计算单层权重子集

单层权重的计算是在构建出两两比较矩阵的基础之上,得出操作层中的元素对其相应的准则层元素的影响程度,根据以上萨蒂标度说明表的规定,用数字表示指标两两之间的重要度关系,将比较的结果填入矩阵当中,然后根据数据,求出矩阵特征向量以及最大特征根。特征向量给出指标之间排序的依据,而最大特征根是关于判断的一致性程度的测量。因此,单层权重确定的问题可以归结为计算判断矩阵的特征根和特征向量的问题。即对判断矩阵 B 计算满足 $BW = \lambda_{max}W$ 的特征根和特征向量,并将特征权向量正规化,将正规化后所得到的特征向量 $W = [w_1, w_2, \cdots, w_n]^T$ 作为本层次元素 $b_1, b_2, \cdots, b_n$ 对于其隶属元素 A 的排序权值。

3. 单层一致性检验

由于各种因素的影响,矩阵中指标之间的排序很难出现严格一致性的情况,因此,为了保证指标权重排序结果的有效性和准确度,在得到最大特征值 λ_{max} 之后,应该对指标两两之间的比较结果进行一致性的检验。

设 λ_{max} 为判断矩阵的最大特征值,当 A 是一致矩阵时,$\lambda_{max} = n$,

否则，$\lambda_{\max} > n$，$\lambda_{\max}$ 比 n 大得越多，判断矩阵 A 的非一致性程度越严重，对判断矩阵的一致性检验步骤如下：

（1）计算一致性指标 CI

$$CI = \frac{\lambda_{\max} - n}{n - 1}$$

（2）查找相应的平均随机一致性 RI，对 n = 1…9，萨蒂给出了 RI 的值，如表 7 - 4 所示：

表 7 - 4　N 与 RI 的关系

N	1	2	3	4	5	6	7	8	9
R_I	0	0	0.58	0.90	1.12	1.26	1.36	1.41	1.46

RI 的值使用随机的方法构造 500 个样本矩阵，随机地从 1—9 及其倒数中抽取数字构造正互反矩阵，求得最大特征根的平均值 $\lambda'_{\max}$，并定义：

$$RI = \frac{\lambda'_{\max} - n}{n - 1}$$

（3）计算一致性比例 CR

$$CR = \frac{CI}{RI}$$

（4）判断矩阵是否具有一致性

当 CR<0.10 时，认为判断矩阵的一致性是可以接受的，否则应对判断矩阵进行适当的修正。

依据问卷调查，可以得到两两比较的基础数据，通过构建两两比较矩阵，在运用数学软件可以计算得出各指标的权重向量，并对其一致性进行检验。

4. 计算总层权重集

设上一层分别为 A_1、A_2、$\cdots$、A_n 共 n 个因素，其层次总排序权重分别为 a_1，a_2，$\cdots$，a_n。另外设其下一层即准则层包含 m 个因素 B_1，B_2，$\cdots$，B_m，它们关于 A_j 的层次单排序为 b_1，b_2，$\cdots$，b_{ij}（当 B_i 和 A_j 无关

联时, $b_{ij}=0$)。现在要求出 B 层中各因素关于总目标的权重,即求 B 层各因素的层次总排序权重 b_1, b_2, $\cdots$, b_n, 即 $b_i=\sum_{j=1}^{n}b_{ij}a_j$, $i=1\cdots n$。计算方法见表 7−5:

表 7−5　总层权重集

B 层 ＼ A 层	B_1	B_2	$\cdots$	B_m
A_1　a_1	b_{11}	b_{12}	$\cdots$	b_{1m}
A_2　a_2	b_{21}	b_{22}	$\cdots$	b_{2m}
$\cdots$	$\cdots$	$\cdots$	$\cdots$	$\cdots$
A_n　a_n	b_{n1}	b_{n2}	$\cdots$	b_{nm}

5. 总层一致性检验

在运用层次分析法确定指标权重时,除了分别确定每一层次指标的权重,并进行一致性检验之外,还要求出指标组合后的总权重加以确定,并对整个指标体系进行组合后的总体一致性检验。

组合一致性检验是逐层进行的。设第 k−1 层有 t 个因素,共 s 层,第 k 层的各判断矩阵一致性指标分别为 $CI_1^{(k)}\cdots CI_t^{(k)}$,随机一致性指标分别为 $RI_1^{(k)}\cdots RI_t^{(k)}$,第 k−1 层对目标 O 的权向量为 $w^{(k-1)}=(a_1\cdots a_t)^T w^{(k-1)}$。则第 k 层组合一致性比率定义为:

$$CR^{(k)}=\dfrac{\sum_{j=1}^{t}a_j CI_j^{(k)}}{\sum_{j=1}^{t}a_j RI_j^{(k)}},k=3,4\cdots,s$$

$CR^{(1)}=0$, $CR^{(2)}$ 为准则层判断矩阵的一致性比率。第 K 层通过组合一致性检验的条件一般为 $CR^{(k)}<0.1$。

总体一致性比率定义为:

$$CR^*=\sum_{k=2}^{s}CR^{(k)}$$

对于重大的决策问题,CR^* 适当地小,才能认为总体上通过一致性检验。

6.政府绩效的综合评价

通过准则层对操作层的权重,计算准则层中各因素的综合评价值,然后通过准则层中各因素的评价值和对目标层的权重,最终计算出目标层的评价值。具体计算公式如下:

$$F = \sum_{i=1}^{n} (W_i \times V_i)$$

其中 F 为政府绩效的综合评价值,W_i 为第 i 个评价指标的权重,V_i 为第 i 个评价指标的增量值,N 为政府绩效评价指标的个数。

通过这一计算方式,得出对政府绩效的最终评价结果。[①]

(二)模糊综合评价法

所谓模糊综合评价法(Fuzzy 综合评价),是指对于较为复杂的,受到多种因素影响的对象(如指标体系),利用模糊数学的方法对其进行一个总体的评价。模糊综合评价法,不管是多层评价还是单层评价模型,其中关键的两步是:确定单因素评价矩阵 R 和计算模糊评价子集 B＝A·R。其特点是:考虑到了对客观事物进行评价的复杂性与模糊性,有利于在评价过程中快速、有效地得出评价结果,但是,模糊综合评价法中,模糊隶属的确定及指标参数的模糊化,容易掺杂人为的因素,从而丢失部分有用的信息,因此,其计算方法的选取是一个十分重要的环节。

模糊综合评价法的具体步骤如下。

现将等级标准划分为 n 个水平,设 n＝5,将指标的评价等级划分为最重要、非常重要、重要、一般、不重要五个等级。则这五个评定等级组成了评估集:

$$V = \{V_1, V_2, V_3, V_4, V_5\}$$

若评估对象的评估指标体系中有 M 个指标,则这些指标就组成了因素集：

$$U = \{U_1, U_2, \cdots, U_M\}$$

对评估对象的每一个评估指标 I 评定的结果为评估集 V 上的一个模糊子集：

$$B = \{b_{i1}, b_{i2}, \cdots b_{i5}\}$$

分别对评估对象的 m 个评估指标进行评定后，可以得到评估集 V 上的 M 个模糊子集，它们构成了模糊矩阵：

$$B \begin{bmatrix} b_{11} - b_{12} \cdots b_{15} \\ b_{21} - b_{22} \cdots b_{25} \\ b_{31} - b_{32} \cdots b_{35} \\ \cdots - \cdots - \cdots \\ b_{m1} - b_{m2} \cdots b_{m5} \end{bmatrix}$$

假设与评估对象的评估指标体系相对应的权集为：

$$A = \{a_1, a_2, \cdots, a_m\}$$

于是，可得出综合评估结果：

$$C = A \cdot B = \cup (a_{im} \cap b_{mj}) = (c_1, c_2, c_3, c_4, c_5)$$

随后对 C 做归一化处理，得：

$$D = (\frac{c_1}{p}, \frac{c_2}{p}, \cdots, \frac{c_5}{p}) = (d_1, d_2, \cdots, d_4)$$

其中，$P = c_1 + c_2 + c_3 + c_4 + c_5$

若评估集 $V = \{V_1, V_2, V_3, V_4, V_5\}$ 相对应的权集为：

$$A = \{a_1, a_2, \cdots, a_m\}$$

则综合评估值为：

$$S = a_1 d_1 + a_2 d_2 + a_3 d_3 + a_4 d_4 + a_5 d_5$$

由于综合评价采用（∩，∪）运算，即"先取小，后取大"，因此，可能会失掉一些信息，在解释综合评价结果时，应该抱着谨慎的态度。[1]

---

① 卓越：《公共部门绩效评估》，中国人民大学出版社 2004 年版，第 111—112 页。

五、地方政府绩效评估指标的客观赋权法

客观赋权法不同于主观赋权法,是一种定量分析的方法,主要包括主成分分析法、因子分析法、变异系数法、熵值法、复项关系数法等方法,本章着重介绍主成分分析法。

主成分分析法(principal component analysis)是多元统计的重要组成部分,由英国统计学家斯皮尔曼(Chales Spearman)于1904年发明。一般情况下,对政府进行绩效评估需要搜集很多的数据和信息,而在搜集的过程当中很难同时辨别各种信息和数据的重要性程度,从而加以筛选,因此,在信息收集工作完成之后,需要对信息的重要性程度加以辨识,选出较为重要的信息,便于政府绩效评估工作的开展。主成分分析法也称为主分量分析法,是将多个变量通过线性变换选出少数重要变量的一种多元分析方法。

(一)主成分分析法的原理与几何解释

在政府绩效的评估过程当中,为了全面衡量政府的工作状况,往往从多方面进行分析,获取多个变量来考核政府工作,从各个方面整体考核政府绩效。然而,过多的影响因素虽然有利于评估的全面与完整,但是,过多的评价指标可能增加研究的复杂性,理想的状态是能够用较少的指标传达较多的信息。另外,有的指标之间存在着两两相关的关系,指标之间存在着一定程度上的重叠。主成分分析法将各个测量相同本质的变量归入一个因子,建立尽可能少的新变量,并使这些新变量两两之间的相关度较低,且这些新的指标在反映政府绩效时尽可能地保留了原来的信息。通过主成分分析法,可以使分散而复杂的测量向整体和简单化转变,同时便于把握各个测量要素背后隐含的内在因素,找出各复杂因子的主要成分,实现评估指标的简化和降维。主成分分析法通过聚焦有代表性的少数指标进行评价,达到对评估指标的科学筛选,一方面解决了多指标综合评价中的指标赋权和相关性问题,另一方面

161

实现了简化指标的目的。

设有 N 个观测点 (x_{i1}, x_{i2}), $I = 1, 2, 3, \cdots, n$。这 N 个观测点的分布如图 7-6 所示：

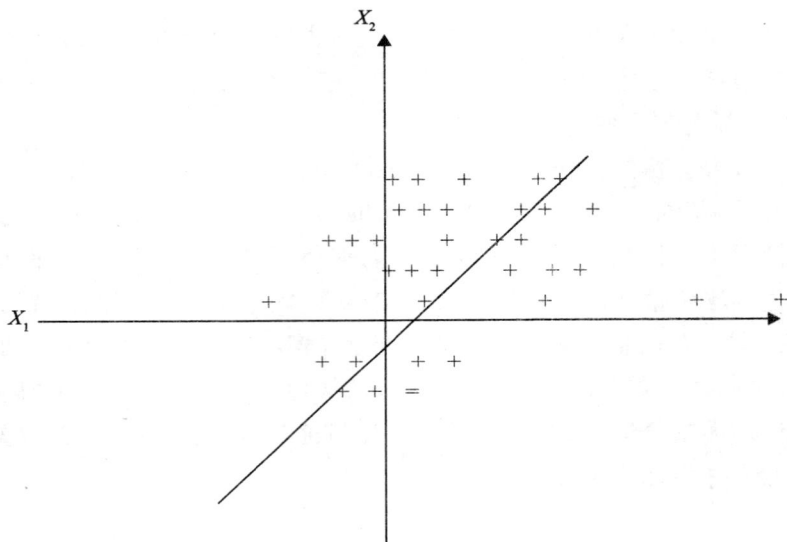

图7-6 观测点分布图

由回归分析可以知道,线性回归的问题就是要找到一条对 N 个观测值 (x_{i1}, x_{i2}) 的拟和直线：$x_{i2} = a + bx_{i1}$,使得离差平方和 $Q = \sum_{i=1}^{n} (x_{i1} - x_{i2})^2 = \sum_{i=1}^{n} (x_{i2} - a - bx_{i2})^2$ 最小。

主成分分析的方法是,首先对 N 个观测点 (x_{i1}, x_{i2}) 求出第一条"最佳"拟和直线,使得这 N 个观测点到该直线的垂直距离的平方和最小,该直线即为第一主成分;然后再求与第一主成分相互独立(在图中表现为相互垂直)、且与 N 个观测点 (x_{i1}, x_{i2}) 的垂直距离平方和最小的第二个主成分。如图 7-7 所示。

根据上述方法,可以将其推广到有 P 个变量的情况中。

假如有 P 个变量,共得到 N 个点 $(x_{i1}, x_{i2}, \cdots, x_{ip})$,此时若要求第 K 个成分,就必须使它前面 K-1 个主成分不相关,且使它与 N 个观测

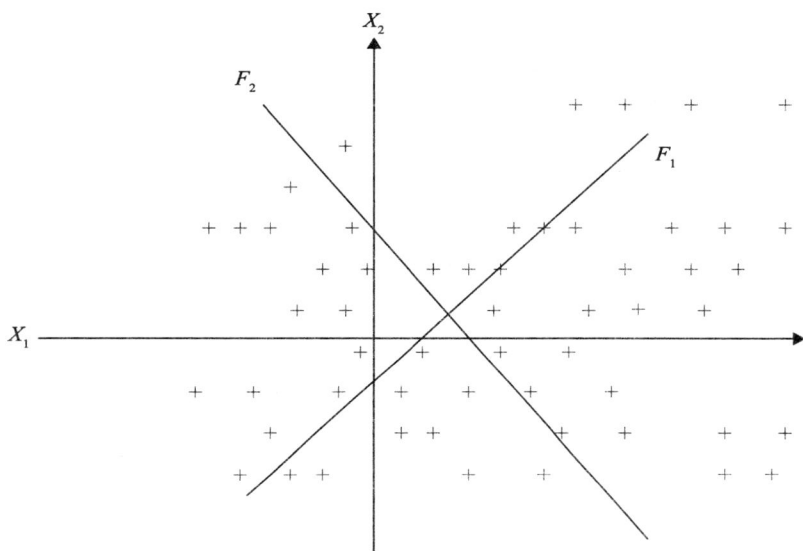

图7-7　主成分分析原理

点的垂直距离平方和为最小。如此继续下去,直到求出 P 个主成分为止。

(二)主成分的求解步骤

求解主成分的主要数学工具是特征方程。通过求解观测变量相关矩阵的特征方程,得到 k 个特征之和对应的 k 个单位特征向量,把 k 个特征值按照从大到小的顺序排列,分别代表 k 个主成分所解释的观测变量的方差。主成分是观测变量的线性组合,线性组合的权数即为相应的单位特征向量中的元素。

设有 P 个相关的观测变量 $(x_1, x_2, x_3, \cdots, x_p)$,现要求由它们线性组合成 P 个正交的主成分 $(Y_1, Y_2, Y_3, \cdots, Y_p)$,即:

$$Y_1 = u_{11}x_1 + u_{12}x_2 + \cdots + u_{1p}x_p$$

$$Y_2 = u_{21}x_1 + u_{22}x_2 + \cdots + u_{2p}x_p$$

$$\cdots\cdots\cdots\cdots\cdots\cdots\cdots\cdots\cdots\cdots\cdots\cdots\cdots\cdots$$

$$Y_p = u_{p1}x_1 + u_{p2}x_2 + \cdots + u_{pp}x_p$$

这里 u_{ij} 要满足以下条件：

（1）Y_i 与 Y_j（i,j = 1、2…p、i ≠ j）是相互独立的，

$$u_{i1}^2 + u_{i2}^2 + \cdots + u_{ip}^2 = 1 (i = 1,2...p)$$

（2）Y_1 是 x_1、x_2、$x_3 \cdots x_p$ 的一切线组合中方差最大的，Y_2 是与 Y_1 不相关的 x_1、x_2、$x_3 \cdots x_p$ 的所有线性组合中方差最大的。Y_3 是与 Y_1、Y_2 不相关的 x_1、x_2、$x_3 \cdots x_p$ 所有线性组合中方差最大的，如此以此类推。

这样得到的各个主成分分别称为第一，第二，……第 P 个主成分。

我们假设 X =（x_1、x_2、$x_3 \cdots x_p$）是一个 P 维向量时，则可以得到 X 的样本协方差矩阵 $R = (r_{ij})_{pxp}$。(r_{ij}) 是把 x_i（i = 1,2,…p）经过标准化转换后两两成对计算求得的相关矩阵。因此，这时则可以求得特征根

$$|R - \lambda I_p| = 0$$

从上式中可求得特征根向量 $\lambda_1 \geqslant \lambda_2 \geqslant \cdots \geqslant \lambda_p \geqslant 0$

并可求得相应的定位特征向量 $\partial_1, \partial_2 \cdots \partial_p$ 为了使各主成分 Y_j 对变量的总方差的贡献为 λ_j，

$$Y_j = \partial_j' \sqrt{\lambda_j} X$$

设 $X = (x_1, x_2 \cdots x_p)$ 是一个 P 维随机向量，并假设 X 的数学期望 E（X）= 0，记 X 的协方差矩阵 $E(XX') = \sum$，令 A =（$\partial_1, \partial_2 \cdots \partial_p$）是一个 P 维向量，且满足 $W = A'A = I$，则 X 的第一个主成分定义为：

$$Y_i = \partial_j' X (i = 1、2、\cdots p)$$

这样的主成分具有以下一些性质：

（1）主成分 Y_1、$Y_2 \cdots Y_k$ 之间是不相关的，且 Y_p 的方差等于 λ_p。

$\sum_P \lambda_p = k$，即特征根的和等于变量的个数。因为假设变量经过标准化处理，方差等于 1，所以 k 个变量的方差之和等于 k，λ_p / k 表示第 P 个主成分所解释的方差的比例。

（2）变量 x_i 与主成分 Y_p 之间的相关系数，即因子负载为：

$$b_{ip} = \partial_{ip} \sqrt{\lambda_p}$$

（3）每个主成分所解释的方差等与所有变量在该主成分上负载的平方和，即：

$$\lambda_p = \sum_i b_{ip}^2$$

（三）主成分分析法在政府绩效评估中的应用

第一，对评价指标的原始数据进行标准化处理：

设 $X = (x_1 、 x_2 、 x_3 \cdots x_p)$ 为政府绩效评估的指标集，$Z = \{Z_1, Z_2, Z_3 \cdots Z_P\}$ 为经过标准化处理后的评价指标集，x_{ij} 为第 i 个政府的第 j 项评价指标的原始数据，Z_{ij} 为相应的经过标准化处理的评价指标数据值，其中：

$$z_{ij} = \frac{x_{ij} - \overline{x_j}}{S_j}, \quad \overline{x_j} = \frac{1}{n} \sum_{i=1}^n x_{ij}, \quad S_j^2 = \frac{1}{n-1} \sum_{i=1}^n (x_{ij} - \overline{x_j})^2$$

（i=1、2、2…n，j=1、2、2…p）

第二，根据标准化的数据值，建立评价指标数据集的相关系数矩阵 R：

$$R = \begin{bmatrix} r_{11} & r_{12} \cdots r_{1p} \\ r_{21} & r_{22} \cdots r_{2p} \\ \cdots & \cdots \cdots \\ r_{p1} & r_{p2} \cdots r_{pp} \end{bmatrix}$$

第三，求相关系数的特征值和贡献率：

由 R 的特征方程 $|R - \lambda I| = 0$，求得 P 个特征值 $\lambda_1 \geqslant \lambda_2 \geqslant \cdots \geqslant \lambda_P$，对应的特征向量 $u_1 、 u_2 、 u_3 \cdots u_p$ 其中 $u_i = (u_{i1}, u_{i2}, u_{i3} \cdots u_{ip})$（i=1、2、3、…p）。

得到 p 个主成分：$Y_i = (u_{i1}x_1 + u_{i2}x_2 + u_{i3}x_3 + \ldots + u_{ip}x_p)$（i=1、2、3、…p）。①

第 i 个主成分 Y_i 的特征值 λ_i 即为该主成分的方差，方差越大，对总变差的贡献也越大，其贡献率为 $\alpha_i = \sum_{j=i}^p \lambda_j$，它反映第 i 个主成分综合原始变量信息的百分比。与特征值 λ_i 对应的特征向量 u_i 的 P 个分量就是第 i 个主成分 Y_i 中 P 个标准化变量的系数，它们绝对值大小和正负号反映了该主成分与相应变量的相关程度和方向。

第四,以每个主成分的贡献率为权数,构造综合评价函数:

$$F = \alpha_1 Y_1 + \alpha_2 Y_2 + \alpha_3 Y_3 + \cdots + \alpha_P Y_P \ ②$$

综合评价函数即为政府绩效的综合评价指标。

将某一地方政府或者政府部门的 p 项指标得分标准化后代入①式,求出其主成分值,即主成分得分,再由②式即可得到该地方政府或者政府部门绩效的综合评价函数值。综合得分越高,表明该地方政府或者政府部门的绩效越高,反之则越低。①

---

① 范柏乃:《政府绩效评估理论与实务》,人民出版社 2005 年版,第 234—244 页。

第八章　地方政府绩效评估中的
政治理性与技术理性

一、研究问题

（一）研究问题的提出

政府绩效评估是一种重要的公共管理工具,它体现了人们改进政府管理过程和效果的期望和努力,蕴涵着技术理性。依此而论,政府绩效评估的宗旨和伍罗德·威尔逊所倡导的提高行政效率以使政治表达得以有效实现的理念是一致的。政府绩效评估的技术理性突出地表现为它具有科学管理的基因和管理主义的抱负。随着西方国家新公共管理运动的勃兴和普及,政府绩效评估于 20 世纪末期被引入了中国。

在中国学术界,有的学者将政府绩效评估作为管理工具加以运用和理解,着重于围绕具体评估目的和用途运用计量技术选取评估指标、构建评估指标体系,这种模式被称为技术理性导向的政府绩效评估。有的学者着眼于推动中国民主政治发展的预期,对包含公民参与的成分和形式的政府绩效评估给予了政治期望,发生在中国珠海和南京等地的万人评议政府活动就被赋予了推动中国民主政治发展的色彩,这种模式被称为政治理性导向的政府绩效评估。如果我们结合公共行政学科的发展以历史的眼光看待政府绩效评估的现象和本质,可以很容易地在政府绩效评估领域体会到这个年轻学科的内在张力——政治理性与技术理性。我们认为,转型期中国的政府绩效评估实践在特定情境下整合了政治理性与技术理性,折射出了内在的政治理性导向和技术理性导向。

坚持顾客导向和结果导向、由公共部门的服务对象对公共部门的业绩或表现进行直接评价的政府绩效评估模式以"万人评议政府"为代表,它具有公民参与的表征。从 1999 年开始并持续至今的珠海市万人评议政府活动是其中的代表,珠海市在推行万人评议政府的同时还进行了机关作风建设,并不断变更着评议方法和评议主体,而且导致了政府机构与公共服务供给机构的转型。需要特别指出的是,企业成为显著的评议主体,而且万人评议政府具有明确的战略指向。在"顾客导向"和"结果导向"这些新公共管理理念在中国得到广泛应用的今天,珠海市万人评议政府作为一个典型案例,引起了我们对其政治理性与技术理性进行描述和解释的兴趣。①

（二）研究方法

本章采用的基本研究方法是历史性个案研究方法。个案研究方法的优势和适用范围是证伪式和探索式研究。考虑到珠海市万人评议政府起步早、持续性强而且珠海市又是中国的经济特区,具有政府管理创新的制度优势,因此,我们选择以珠海为个案进行研究。我们将首先证伪万人评议政府的民主政治价值及其意图,然后描述和解释万人评议政府的政治理性与技术理性。获取资料的主要途径有:珠海市万人评议政府的组织机构提供的原始资料,对参与万人评议政府的机构和个体进行访谈转换的记录,查阅权威性统计数据和已经出版的文献。我们将对文本资料进行结构式分析,对定量数据进行统计分析,对定性数据进行编码技术分析。为了提高研究的效度,我们采用的是历史性个案研究方法,时间跨度为 1999—2007 年,并尽量按照珠海市万人评议政府的时间线索和发生的过程收集和分析资料。为了保证研究的信度,我们尽量通过权威的渠道和容易模仿的方式资料,并进行竞争性假设的验证,为此,我们将与珠海同级别的城市——中山和东莞作为比较

① 付景涛、倪星:《地方政府绩效评估的政治理性和技术理性——以珠海市万人评议政府为例》,《甘肃行政学院学报》2008 年第 6 期。

对象加以分析。

二、文献评估

（一）对政府绩效评估的基础性研究

波伊斯特认为,绩效考评致力于提供关于项目和组织绩效的各种客观的信息,这些信息可以用来强化管理和为决策提供依据,达成工作目标和改进整体绩效,以及增加责任感。[①] 考评工作负荷和员工效率很明显是科学管理方法的一部分,这种方法影响了20世纪早期的政府改革家们。绩效考评是支持以结果为导向的管理战略的管理工具,绩效考评一般来说支持以下管理功能:战略规划,工作项目管理,工作项目评价,公众交流与沟通。波伊斯特关于政府绩效评估的研究体现了明显的技术理性,他认为绩效评估应服务于公共部门的工作逻辑,着眼于产出和远期成果的实现,之所以注重顾客满意度这一绩效指标,是因为它体现了公共部门的使命和存在目的。珠海市万人评议政府集中地应用了顾客满意度导向,非常重视公共服务供给中的需求导向,而且配套提供了客户投诉服务机制,这与政府绩效评估的战略工具理性是一致的。我们需要深入探究的是,珠海市万人评议政府所服务的战略目标和战略计划是什么,是否具有政治理性?

（二）顾客导向型政府绩效评估的研究

王小虎以20世纪90年代和21世纪早期的美国人口多于5万的城市的5万位行政官员为样本对美国城市公共管理中的公共参与进行了评估。他的研究假设是,公众参与和行政官僚之间是有紧张关系的,公众参与需要在开放和负责任的行政管理系统中才能发生,需要得到希望为他们的工作承担责任的公共官员的鼓励,也即公众参与公共管

---

① Theodore H. Poister & Streib, G., "Performance Measurement in Municipal Government: Assessing the State of the Practice", *Public Administration Review*, 59(1999).

理需要行政官员的帮助。他认为公众参与的影响表现为：它可以满足公众的需求，帮助建立有关组织目的、服务优先性以及什么是好的绩效和财务责任的共识，可以改善公众对政府决策的信任。他的研究结论是：

较大的城市（雇员）倾向于有更多的服务、管理和决策参与。政治竞争的压力和利益相关者的批评导致更多的决策参与。行政官员承担责任的意愿也能增加参与。公众参与行政决策制定的程度是有限的，公众并不参与作出关键的官僚和服务供给决策。公众参与在核心管理职能领域（预算、人事和采购）和决策制定领域是有限的。①

随着绩效测量的焦点从传统的产出和结果转移到了服务质量和顾客/客户满意度，越来越多的政府运用诸如公民调查这类主观性绩效测量方法来评估服务质量。这种新的努力主要是对来自民选官员、公民和政府所服务的顾客的压力的反映，而非来自内部的旨在有效率地或有效果地取得资源使用效率的内部管理策略。

一项基于美国的经验研究的结论是，官员倾向于使用诸如公民对部门绩效的评估之类的主观绩效测量方法，因为这些测量直接与部门的公共目标相关而非简单地报告了该部门的活动或产出这些运作过程。但是，官员倾向于使用主观绩效测量是有条件的，即只有出于管理目的时才使用主观绩效测量，在测量分配财政资源时他们非常谨慎。②

孟华基于对美国绩效评估的三项调查的结果研究了美国政府绩效评估中的公众意志表达问题。该文的二手资料来自王小虎1996年进行的有关地方官员对绩效指标的认识倾向性的调查、美国会计标准委员会2000—2001年进行的有关公民对州与地方政府绩效报告的看法的调查和2002年进行的有关州和地方政府绩效评估时间的调查。她认为，在实践中公众意志表达不过是赋予政府行为合法性的一种点缀，或者说是行政机构采取的一种政治策略。她的理由是：民意在绩效评

---

① X. Wang, "Assessing Public Participation in U. S. Cities", *Public Performance Management Review*, 24(2001).

② X. Wang. & Gianakis, G. A. , "Public Officials' Attitudes toward Subjective Performance Measures", *Public Productivity & Management Review*, 22(1999).

估的发起阶段通常是通过民选官员来表达的;公众、民选官员和行政机构认识绩效评估的逻辑维度是不同的,公众坚持的是监督逻辑,民选官员坚持的是控制逻辑,而行政机构坚持的则是管理逻辑;公众意志的流量与民选官员意志的流量相比非常微弱;行政机构的绩效信息会通过一定的渠道向民选官员汇报,并与公众沟通。①

这一研究结果支持了我们探究珠海市万人评议政府的政治理性的研究兴趣,为此,我们需要深入考察珠海市万人评议政府的操作方法、评议主体的构成及其结果的运用、服务的战略目的。值得注意的是,孟华更多地是从政府战略的实施机制来理解政府绩效评估的内涵,认为它以政府的战略和目标为引导,围绕政府项目、服务和操作活动的投入、产出、结果和经济、效率等维度设置指标与标准,并借助这些指标与标准对政府活动进行日常测量,以评定政府活动的绩效。因此,我们可以从对珠海市政府的战略目的的分析入手,通过演绎分析界定万人评议政府的政治理性并加以检验。②

(三)政府合法性与政府绩效评估

政府绩效评估是改进政府管理的战略工具。在中国的民主政治改革没有取得实质性进展的情况下,地方政府转而依靠提高政府管理效率和吸引公民参与政府管理来提高政府的合法性是理性的。哈贝马斯在对合法性理论进行综述后得出的结论是,合法性危机是当今世界各国面临的一个普遍性问题,无论是西方发达国家还是处于现代化进程的发展中国家,都难以逃脱合法性危机的困扰。③

在中国,随着市场经济体制的确立和逐步完善,公民的经济和生活自由空间不断扩展,利益诉求日益多元化。由于并没有在社会转型过程中建立与上述情况相一致的利益表达机制和政治体制,一些社会群

---

① 孟华:《论美国政府绩效评估中的公众意志表达——以三项调查为基础》,《北京行政学院学报》2004 年第 6 期。

② 付景涛、倪星:《论地方政府在绩效评估中的理性选择:以珠海市为例》,《岭南学刊》2009 年第 2 期。

③ [德]哈贝马斯著,刘北成等译:《合法化危机》,上海人民出版社 2000 年版。

体缺乏参与政治系统的机会,不同利益群体之间的利益冲突不能持续地借助稳定的制度安排得到整合,这些都使得原有制度的合法性受到威胁,政治秩序存在潜在的合法性危机。同时,政治秩序的主导者不会盲目地开放政治系统,而是根据自己的利益和意愿以及对潜在的合法性危机程度和构成的判断有选择地开放政治系统。从经验观察来看,珠海市万人评议政府活动作为执政者基于对自身战略目的的判断和"民主集中制"原则而采取的理性行为,因而应该具有政治理性。低烈度、低成本、低技术含量、可控程度高的公民参与增加了政府所推行的战略计划的合法性,为实现其战略目的提供了便利。因此,将珠海市"万人评议政府"活动视为评议民主之类的宏大的政治意图的界说难以成立,它的本质是地方政府的战略目的主导下的由"民主集中制"掌控"群众路线"的政治理性与技术理性的整合。

(四)中国的发展转型与政府绩效评估

Kwan Yiu Wong 认为,"文革"之后中国政治权力结构的变化带来了经济政策的重要转变,原有的经济独立自主战略转变为开放型经济政策。为了利用外资和引进国外的先进技术,采取了允许设立外商独资企业和经济特区以及开放沿海城市的措施,在"现代化"的名义下,开放政策的合法性得到了确认。由于国家规模太大,新的对外贸易和投资机会不可能对所有省份均等地提供,特定的产业部门或地区注定比其他产业部门或地区受益更多。在竞争外商投资的过程中,少数沿海省份和城市尤其是四个经济特区斩获颇丰,在 1984 年它们共吸引了26% 的外商直接投资;在 1981 年当四个经济特区独享允许外商投资的权利时,它们所占的份额更是高达60%。①

当时的特区主要靠基础设施、劳动力和资源以及优惠政策吸引外资,如今必须寻找新的出路,比如转而依赖政府管理创新与服务型政府

---

① Wong Kwan Yiu, "China's Special Economic Zone Experiment: An Appraisal", *Geografiska Annaler. Series B*, Human Geography. Stockholm: Swedish Society for Anthropology and Geography, 69(1987).

建设。虽然战略计划或工具不同,但是目的没有大的变化。一个日资企业的调查显示,在深圳和香港运营公司的成本几乎相同,但是投资者肯定会发现香港能够为企业提供更多的服务。显而易见的是,由于企业的用脚投票能力强、资产专用性强的企业的用脚投票能力更强,地方政府面临着提高为企业服务的质量和效率的压力。这也支持了我们探究珠海市万人评议政府的政治理性的假设,政治理性含有顾客政治因素。

(五)小结

注重顾客导向和结果导向的政府绩效评估容易成为推动政府管理创新和建设服务型政府的重要工具。这是因为,政府必须履行公共责任,必须实现公开、透明,必须通过管理创新赢得比较优势,必须获得公民的满意以取得合法性。从政府合法性供给需求的结构转型来看,政府绩效评估的推行使得公共服务的提供逐渐由供给主导型向需求主导型转变。经济学理论和市场经济实践已经雄辩地证明,消费者主导或需求主导型服务供给结构是最有效率的;而对于政府管理而言,顾客、公民主导型公共服务供给结构无疑既有效率又有合法性。

制度创新的顺利推行是以各种创新主体能够从中得到超额利润为前提的。没有顾客尤其是没有战略性的、能够给服务供给主体带来超额利润的顾客的压力和诱导,缺乏民主制度制约的政府很难启动和实施服务型政府建设。作为一种中国特色的政府管理创新,服务型政府体现了顾客导向的理念,以新公共管理理论的标准来看,珠海市万人评议政府富有"顾客政治"的色彩,即通过给予"顾客"以高质量的服务和互动而换取政治合法性和自身利益的满足。因此,通过描述和分析珠海市万人评议政府的过程,检验其政治理性与技术理性是我们的研究创新和重点。

三、珠海市万人评议政府的结构式描述

我们将首先根据波伊斯特的一般项目工作逻辑模型,根据背景、组织者、评议主体、评议对象、评议方法与程序、评议结果及其运用这些要素对珠海市万人评议政府活动进行结构式描述,然后根据理论框架检验研究假设。珠海市万人评议政府始于 1999 年,从 2005 年开始改为奇数年份进行评议。

(一)珠海市万人评议政府的个案背景

1. 政策之窗。在中国,地方政府领导人的更换往往意味着推行某件事项的机遇。1998 年,重视经济发展的新一任市委书记的上任为珠海市万人评议政府提供了机遇。珠海市万人评议政府是珠海市机关作风建设的组成部分,当年珠海市开展机关作风建设的导火索是"黎锦淇办证难"、"吴裕卿种果难"两个反面典型事例的曝光。[1] 由于这些典型事例直接暴露了当时珠海市投资软环境和机关作风等方面存在的问题,针对的是群众非常关注的行政执法部门因而在社会上引起的震动非常强烈。

在 1999 年 1 月召开的珠海市五届人大一次会议上,市人大代表提出了《切实整饬政府机关作风,优化我市改革与发展"软环境"》的一号议案。市委、市政府对该议案非常重视,当年 5 月,珠海市委、市政府即出台了《关于集中开展以"两高一满意"为主要内容的机关作风建设的决定》,[2]要求集中一段时间对珠海市机关作风建设进行一次整顿,切实改善投资"软环境",以促进经济持续、快速、协调增长。

珠海市的领导团体达成的共识是:为进一步改进珠海市的机关作风,提高行政效率,优化投资软环境,致力于建设服务型政府,更好地推动经济社会的持续、协调、健康、快速发展,从 1999 年开始,珠海市每年都开展机关作风建设专项活动。珠海的领导认为,政府服务水平如何,

---

[1]　前者是个体医生黎锦淇因为搬迁理发行医地址十年办证未果一事,这一典型事件直接切中了老百姓办事难的要害,暴露了在体制转变过程中文件转架,部门扯皮、相互推诿、官僚作风严重的问题,珠海传媒首次点名道姓地进行曝光,社会反响强烈,尤如一石激起千层浪。后者是台商吴裕卿满怀信心到珠海投资建果园,树苗种下不久,即被有关部门拔了个精光,观光果园变成了"伤心果园"。

[2]　"两高一满意"是指,高效率办事,高质量服务,让人民群众满意。

机关作风建设成效如何,企业和人民群众最有发言权。为此,市机关作风办每年向社会发放一万份左右考评表,对珠海市机关、事业单位和中央、广东省驻珠海的机关进行年终考评(俗称"万人评议政府"),重点突出群众和企业、行业评,并与领导、机关干部、基层干部评和市政府投诉中心扣分机制有机结合起来。通过"万人评议政府"活动,促进各项工作措施的落实,推动机关作风的进一步好转。

2. 珠海作为经济特区被赋予的期望。党中央和全国人民对经济特区一直寄予厚望,中国共产党第十五次全国代表大会对经济特区提出了新的更高要求:在体制创新、产业升级、扩大开放等方面继续走在前面,对全国的改革开放和建设事业起辐射和带头作用。1999 年 3 月,时任中共中央总书记江泽民在人大会议广东代表团讨论会上代表党中央对广东的两个文明建设又提出了新的要求,希望广东在 21 世纪初在全国率先基本实现现代化。广东省委、省政府为了落实中央领导同志的指示,于同年 8 月作出了经济特区和珠三角地区率先基本实现现代化的决定。

正如当时的珠海市委书记黄龙云在机关作风建设动员大会上所指出的那样,"人民群众向我们发出了号召和警示,如果我们再不正视机关作风建设的话,我们将会严重地脱离群众,将无法面对群众。"机关作风建设体现了人民的呼唤,反映了人民的意愿,使这一活动的开展有了广泛的群众基础。在 2004 年,为深入学习贯彻党的十六大精神,贯彻省委九届四次全会关于"把省直机关作风建设年活动的做法和经验推广到全省各级党政机关"的要求,进一步巩固珠海开展机关作风建设所取得的成果,珠海市委、市政府决定 2004 年在全市继续深入开展机关作风建设活动。

珠海市万人评议政府的突出个案背景是,作为经济特区的珠海面临着来自上级的政绩期望和社会各个群体的公共服务期望,尤其是面临着层层加码的政绩期望。但是当时的政府行为方式(机关作风)难以为珠海市实现上级和社会的期望提供保障。因此,在"政策之窗"被打开后,随着珠海市主要领导人将关注点集中到了改善珠海市经济发展软环境、促进经济发展上来,珠海市果断地采取措施推动机关作风建设,而作为推动、强化和检验机关作风建设的成效的万人评议政府则被纳入了机关作风建设的完整系统中。①

(二)万人评议政府的宏观背景

毋庸讳言,中国第二阶段的改革重点和突破口更加集中到了以经济发展为核心的发展上来,"发展才是硬道理"成为共识。在地方政府层面,谋取经济快速发展、提高经济总量、增加地方财政收入则成为基本任务。对于珠海市而言,地方政府同样面临着如何促进经济发展、增加财政收入的基本任务。需要指出的是,由于珠海市所处的"珠三角"区域市场化程度高,市场主体"用脚投票"的机会多,地方政府间的竞争非常激烈。同时,中国的公共财政制度安排和地方政府的收入结构也为地方政府重视发展经济提供了动力和诱因。因此,珠海市政府逐渐将核心竞争力的提升重点转向围绕市场主体的公共服务需求转变服务方式、提高服务质量和效率上来。而上述两个不利于改善经济发展软环境的反面典型事件和地方政府领导人的更换则成为珠海市开展万人评议政府和机关作风建设的导火索。

(三)组织者及其意图

1. 组织机构的变化。珠海市万人评议政府的具体组织机构先是在监察局,后移交至市委直属机关工作委员会,其日常工作由市委直属机关工委的一位副书记负责。珠海市机关作风建设领导小组由市委、市政府等主要领导组成,其办事机构为珠海市机关作风建设领导小组办公室。

2. 组织者意图的变化。珠海市机关作风建设的主题以及万人评议政府的侧重点均有变更,它既反映了组织者的新的观点和认识,也体现了对机关作风建设和万人评议政府的效果的判断,体现了过程理性;既反映了上级党委和政府的要求,也体现了组织者的意图。

---

① 访谈中了解到,当时珠海市的主要领导人曾经在广州市担任过经济技术开发区负责人,熟悉并重视经济发展工作,重视政府部门工作效率的提高和执行力建设。

　　珠海市机关作风建设及万人评议政府每一年的意图均有不同,但是却具有一条清晰的主线,就是紧扣珠海市政府的战略目的、上级的政策要求和以企业为核心的公共服务需求建设服务型政府,以此转变公共部门的服务方式并循序渐进地推动机构改革和制度创新。服务型政府较之于通常意义上的"管制型政府"或"管理型政府"的最大区别就是政府提供公共服务的结构的转型,即由供给主导型向需求主导型转变,公共服务供给主体逐渐将"生产者剩余"转变为"消费者剩余"①。

表 8 - 1　珠海市万人评议政府的意图

时间	主题	措施/制度
1999—2001	高效率办事、高质量服务、让人民群众满意	媒体曝光、个案曝光 推进政务公开、设立便民窗口 改善行政部门服务态度
2002	强化窗口服务、优化政务环境、建设服务型政府	领导参与窗口服务 "挂牌值班制"和"轮流坐班制"
2003	体制创新、管理创新; 投资审批时一条龙服务,企业建设过程中全方位服务,企业开工投产后经常性服务	电子政务 一站式服务 并联式审批
2004	科学发展观、正确政绩观和科学人才观; 突破发展观念、管理方式、行政效能和考评方法	贯彻实施《行政许可法》 推行听证制度和公示制度
2005	巩固保持共产党员先进性教育和历年机关作风建设的成果 教育创新、服务创新、管理创新和机制创新	对机关工作流程进行梳理和再造 加大网上审批和"并联审批"的工作力度
2007	立足于当好排头兵,服务群众,加快发展 提高机关行政能力,提高机关服务水平,提高机关办事效率	服务基层、服务群众、服务大局、促进社会和谐

---

　　① 付景涛:《政治和技术的二分与互动——引证于"万人评议政府"绩效评估模式分析》,《甘肃行政学院学报》2011 年第 1 期。

(四)评议主体

珠海万人评议政府的评议主体的设定可以分为两大阶段,2004 年之前的评议主体的特色是包括一个专业性考评团,之后则废弃了考评团,体现了"民主集中制"这一中国特色民主政治制度的原则。即由"三类代表"和机关干部作为体制内评议主体,企业和公民为体制外评议主体共同构成评议主体。

表 8-2　珠海市万人评议政府的主体

时间	主体			考评票/评议权重			
1999—2000	"测评团",社会名流			200 份		60%	
	定向测评,公民			10000 份		40%	
2001	"测评团"测评	政府投诉中心测评		40%		25%	
	"万人评议政府"测评			35%			
2004	机关干部	企业	公民	841	3000	2981	
2005	三类代表	干部	企业	公民	835	885	3700	2300
2007	三类代表和干部	企业	公民	2767	4000	3200	

经由上述事实我们可以发现,万人评议政府的主体并非望文生义的公民,而是包括政府成员、企业和公民,在不计算政府成员的情况下,企业俨然成为占据主导地位的评议主体之一。[①]

(五)评议对象

1.事实描述。珠海市万人评议政府的评议对象基本上被划分为四个大类:党政内部服务部门,行政执法部门,人民团体组织,中央和广东省驻珠海部门。2004 年的评议对象为市委、市政府部门,市人大、市政协部门,市人民团体部门,市直接管理的事业单位以及行使经济管理职能的中央、省驻珠海部门。珠海市根据广东省上一年度的做法以及自身的实际情况,将考评单位设置为 67 个,比上年度新增加 3 个单位,减

[①]　在"三类代表"中除党政系统的代表外,来自企业界的代表也多于来自普通群众的代表。

少了 8 个单位。该年度新增的 3 个单位是：市委党校、市接待处、市仲裁委员会；该年度减少的 8 个单位是：市直机关工委、市中级法院、市检察院、市广播电视局、市侨联、市财政局、市民政局和市人口与计生局。

2005 年的评议对象为市委机关、市人大机关、市政府机关、市政协机关、市人民团体机关、市直接管理的事业单位以及行使经济管理职能的中央、省驻珠海机关。

2007 年的评议对象包括市委机关、市人大机关、市政府机关、市政协机关、市人民团体机关、市直接管理的事业单位以及行使经济管理职能的中央、省驻珠海机关。凡参加行风评议的单位当年不再进行年终考评。为使被考评单位更具可比性和公正性，从 2004 年起，按照"三定方案"赋予各被考评单位的职能，将市直机关被考评单位分为主要面向机关类（服务于政府）、主要面向企业类和主要面向群众类三个类别，中央、省驻珠海机关单列一类。

2. 小结。珠海市万人评议政府的组织者根据评议目的、评议结果和机关作风建设的成效以及所服务的战略目的不断地调整评议对象，努力追求评议的科学化。但是一个关键的技术缺陷仍然没有解决，即没有根据服务对象与服务主体相匹配的原则匹配评议主体和评议对象，从而妨碍了评议效度的提高，这可能反映了组织者对万人评议政府的政治理性的追求。组织者对体制内的评议主体赋予的权重高于体制外的评议主体的权重，这体现了"民主集中制"的特色并让我们质疑给予通过万人评议政府推动中国民主政治进程的期望值，万人评议政府更可能是服务于珠海市政府的战略目的的战略工具。

（六）评议的方法与程序

1. 评议的方法。1999 年的测评结果实行记分制。"测评团"分数占总分 60%，定向测评分数占总分 40%，计算方法以"测评团"测评和定向测评实际满意率为该项测评所得分数，两种测评得分加权平均即为实际得分。

计算公式：某单位机关作风建设民主测评得分 = 100 + [（"测评团"满意票−不满意票）/"测评团"总人数（200）] × 60 + [（定向测评满意

票-不满意票)/定向测评总票数(10000)]×40。

分数越高,满意率就越高。最后依据分数高低和综合实际考察情况,评测出"满意单位"、"不满意单位"两个等次和"不满意岗位"。

2002 年,企业、群众、考评团对党政机关和人民团体机关的考评以满意率为标准,考评意见分为满意、较满意、基本满意、不满意四个等次。对应的分数是满意 90 分,较满意 80 分,基本满意 70 分,不满意 55 分。行使经济管理职能的中央、省驻珠海机关,只接受考评团的考评,考评内容为机关工作作风,不考评职责任务完成情况。

2003 年,企业、群众、考评团对党政机关和人民团体机关的考评以满意率为标准,考评意见分为满意、较满意、基本满意、不满意四个等次。对应的分数是满意 90 分,较满意 80 分,基本满意 70 分,不满意 59 分。行使经济管理职能的中央、省驻珠海机关,只接受考评团的考评,考评内容为机关工作作风,不考评职责任务完成情况。

2004 年,各考评人的考评结果均分为满意、基本满意和不满意 3 个档次,分别赋予 95、75、55 的分值,再按所占权重统计被考评单位的总分。市政府投诉中心根据经过核实的机关作风方面的投诉量(包括过了答复期限经催办仍不答复的投诉)进行扣分。被考评单位每被投诉 1 次属实的扣 0.2 分,扣分最多不超过 5 分。

2005 年,考评人的考评结果分为 5 个档次:很满意、满意、比较满意、基本满意和不满意,分别赋予分值:95、85、75、65、50 分。

计算公式:[例]某被考评单位 a 项得分=(很满意票数×95+满意票数×85+比较满意票数×75+基本满意票数×65+不满意票数×50)÷a项考评人总投票数。

2007 年,考评人的考评结果分为 4 个档次:满意、比较满意、基本满意和不满意,分别赋予分值:95、80、65、50 分。《考评表》设"不了解"项,考评人对被考评单位选"不了解"项的不计分值。

计算公式:[例]某被考评单位 a 项得分=(满意票数×95+比较满意票数×80+基本满意票数×65+不满意票数×50)÷a 项考评人总投票数(减去"不了解"票数)。

2.评议的程序。(1)在每个评议年度的 12 月 25 日前,被考评单位将本年度工作总结报市机关作风办,由市机关作风办统一上网公开接受查询。市机关作风办并在本市媒体上公告考评内容、被考评单位等内容。

（2）市机关作风办和市干部考核办负责组织各考评人对被考评单位进行考评。

（3）市机关作风办和市干部考核办负责对考评结果进行统计汇总、分类排序,并将考评结果报市机关作风建设领导小组会议审议后,提交市委常委会审定。

（4）考评结果将在本市媒体予以公布。

（5）邀请公证员对年终考评重要环节进行监督。被考评单位对考评结果如有异议,可向市机关作风办查询,市机关作风办在 3 个工作日内给予答复。

（6）考评工作结束后,市机关作风办负责将考评人的书面意见汇总分类,以书面形式对口反馈给各有关单位,并督促抓好整改。

经过几年的实践,珠海市万人评议政府在评议票的选择项的分数设置上始终整体偏高,最末的选择项所对应的分数为 55 分。但是,最大的进步是将中央和广东省驻珠海的机关统一纳入了评议对象的行列,这有助于提高评议的效度。

（七）评议结果及其运用

1. 评议的结果。2002 年参加考评的 56 个市直单位和 11 个中央和广东省驻珠海单位得分均在 80 分以上,没有平均得分在 60 分以下的单位。参加考评的各部门和单位总分相差不大,总分第一名(市外经贸局,总分91.74 分)与最后一名(市国土资源局,总分82.97 分)相差8.77 分。

2004 年的评议结果是,评议主体对 66 个评议对象的满意率为96.4%。按绝对分值统计,在 66 个被考评单位中,得分最高的单位是市委办公室(88.15 分),得分最低的单位是市国土资源局(78.81 分),没有出现 60 分以下的单位。

2007 年的评议主体对评议对象表示满意的占 34.9%,比较满意的占 58.8%,不满意的占 6.3%。对机关作风建设成效的看法的频数分布为:认为机关作风有明显好转的占 30.6%,有所好转的占 61.2%,没有好转的占8.2%。对机关作风存在的主要问题的认知情况是:选择办事效率的占51.8%,选择服务态度的占27.6%,选择服务质量的占25.8%,选择廉洁自律的占15.7%。

2. 评议结果的运用。珠海市万人评议政府的结果的运用主要体现在两个领域,即对评议对象的成员的经济奖惩和人事奖惩,在经济奖惩和人事奖惩之外,为了追求评议效果,还在后期进行的几次评议办法中设定了预防措施和组织措施。

基于对上述事实的分析,我们认为,珠海市在万人评议政府活动中非常重视评议结果的运用,而且运用结果时采取的措施非常集中,集中在接受评议的机关的经济和人事奖惩领域。而且对评议结果的运用体现了权责一致、区别对待的原则和一定的柔性机制,因而具有明显的技术理性。

表8-3 珠海市万人评议政府的结果的运用

时间	分类标准	经济奖惩	人事奖惩
2001年	排名前5%的单位为优秀单位	不合格单位:扣除其一把手本年度全部岗位责任制奖金(以下简称奖金),副职领导扣除50%奖金。优秀单位:一把手奖金增加50%,副职领导奖金增加30%,其他工作人员的奖金增加10%。	不合格单位:公务员年度考核中优秀比例不得超过5%。优秀单位:领导成员在公务员年度考核中可有1人被评为优秀,工作人员在公务员年度考核中优秀比例可提高到20%。
2003	考评总分前3名且在90分以上的为优秀单位	优秀单位:领导成员在公务员年度考核中可有1人被评为优秀,工作人员在公务员年度考核中优秀比例可提高到20%。不合格单位:扣除一把手本年度全部岗位责任制奖金(以下简称奖金),副职领导扣除50%奖金,其他工作人员扣除10%奖金。	优秀单位:一把手奖金增加50%,副职领导奖金增加30%,其他工作人员的奖金增加10%。不合格单位:领导成员在公务员年度考核中不能被评为优秀。

续表

时间	分类标准	经济奖惩	人事奖惩
2004	得分排前的 15% 被考评单位（余数四舍五入）为优秀 得分在 59 分以下的被考评单位为不合格 其余为合格单位	优秀单位：正职领导年度考核奖金（以下简称奖金）增加 30%，副职领导奖金增加 20%，其他工作人员的奖金增加 10%。 不合格单位：对被评为不合格的市直机关、事业单位，扣除其正职领导本年度 50% 奖金，副职领导扣除 30% 奖金，其他工作人员扣除 10% 奖金。	优秀单位：其领导成员在全市机关事业单位工作人员年度考核中可有 1—2 人被评为优秀，保证至少有 1 名为优秀；工作人员在机关事业单位工作人员年度考核中优秀比例可提高到 20%。 不合格单位：工作人员在机关事业单位工作人员年度考核中优秀比例不得超过 5%，领导成员在机关事业单位工作人员年度考核中不能被评为优秀。
2005	得分排前的 15% 被考评单位（余数四舍五入）为优秀 得分在 60 分以下的被考评单位为不合格 其余为合格单位	优秀单位：正职领导年度考核奖金（以下简称奖金）增加 30%，副职领导奖金增加 20%，其他工作人员的奖金增加 10%。 不合格单位：扣除正职领导本年度 30% 奖金，扣除副职领导 20% 奖金，扣除其他工作人员 10% 奖金。	优秀单位：领导成员在全市机关事业单位工作人员年度考核中可有 1—2 人被评为优秀，保证至少有 1 名为优秀；工作人员在机关事业单位工作人员年度考核中优秀比例可提高到 20%。 不合格单位：领导成员在机关事业单位工作人员年度考核中不能被评为优秀；工作人员在机关事业单位工作人员年度考核中优秀比例不得超过 5%。
2007	得分排前的 15% 被考评单位（余数四舍五入）为优秀 得分在 60 分以下的被考评单位为不合格 中间分数为合格单位		优秀单位：领导班子成员在全市机关事业单位工作人员年度考核中可有 1—2 人被评为优秀，保证至少有 1 名为优秀；工作人员在机关事业单位工作人员年度考核中优秀比例可提高到 25%。 不合格单位：领导成员在机关事业单位工作人员年度考核中不能被评为优秀；工作人员在机关事业单位工作人员年度考核中优秀比例不得超过 5%。

四、理论框架与解释变量

（一）理论框架

促使一个组织接受外部主体评议/评估的基本动力机制有两个：一个是来自科层制的等级命令，一个是来自市场的竞争压力。这是因为，一个组织正是通过科层制和市场这两个途径获取维持运作和谋求发展所需的资源。对于当代中国地方政府而言，一方面需要满足上级的政绩需求以通过科层制以政绩换取认可；另一方面也需要通过市场机制获取市场主体的认可以换取财政收入。一个主导经济发展的、没有完善的民主政治制度横向约束的、处于中央集权的政府体制的纵向约束下的地方政府，在转变公共服务供给方式、朝向服务型政府转变的过程中必然会根据自身的利益得失理性地选择服务对象并优先满足其服务需求。所以，关于组织行为理性的理论框架通用于企业和政府组织。

类似于经济学重点研究的三个关联性问题"生产什么，为谁生产，如何生产？"万人评议政府包含了三个关联性问题："为什么评议，为谁评议，如何评议？"地方政府绩效评估之所以向外部评议主体开放，其动力来自上级的政绩压力和自身利益的驱动力。在地方政府间竞争日趋激烈的条件下，地方政府要实现政绩目标就无法回避市场主体的需求，必须为优质"顾客"提供高质量的公共服务。优质"顾客"必然是最能够帮助服务供给主体实现战略目的的群体，必然是服务供给成本和服务收益比最理想的群体。珠海市在万人评议政府的过程中对企业的评议主体地位的强调和围绕企业的公共服务需求改进公共服务供给方式和制度安排具有明显的政治理性，从而有力地佐证了我们的研究假设。

（二）政绩压力

在谋求政绩合法性的宏观背景下，上级政府为了取得较好的政绩，稳定自身执政的合法性基础，将倾向于利用现有的科层制体制不断提高对下级政府的政绩要求并组织下级政府开展政绩竞赛,下级政府和部门再将任务下达给其下级,层层下放、层层分解、层层加码,最终分解到基层政府时,指标额度往往已经是当初的几倍甚至十几倍,形成了类似于财务管理中的"复利息"效应。

在对上负责的政府管理体制下,下级政府必须完成上级下达的任务,否则下级政府在同级机关中的地位、待遇以及领导者自身的职位与前途将会受到不利影响。[①]

地方政府的领导人还面临着来自竞争对手的激烈的政绩竞争压力,因为集权体制下的领导职位或政治地位是稀缺资源,为了赢得"政绩锦标赛",地方政府的领导人必须围绕上级政府的政绩偏好付出努力。由于转型期中国大陆政府的政绩偏好是以经济为核心的发展,因此,各级地方政府必然重视谋求经济发展,注重通过招商引资驱动经济快速发展。由于珠江三角洲已经建立了较为完善的市场经济体系,区域间竞争非常激烈,优质项目本身也成为稀缺资源,因此,地方政府需要通过提高公共服务质量和效率来提高城市的竞争优势。在这种宏观背景之下,经济竞争与政治竞争互相交织在一起,一级地方政府及其主要领导的政治地位和政治前途往往取决于经济发展的政绩。一定程度上是由于经济发展的差距,自2002年以来,珠海市在广东省的政治地位逐渐与同为经济特区的深圳市拉开了差距,重要标志之一即是其市委书记自2002年起不再担任广东省委常委的职务。

(三)市场压力

将地方政府的政绩压力与服务型政府衔接起来的桥梁是珠海市面临的横向市场压力。这是因为,作为国内市场经济发育最成熟的区域之一,包括珠海市政府在内的珠三角地方政府已经无法通过行政力量控制市场主体的市场行为。市场主体可以根据对投资利益的分析行使"用脚投票"的权力,根据资本运作规律选择投资目的地。在既要通过

---

① 倪星:《政府合法性基础的现代转型与政绩追求》,《中山大学学报》2006年第4期。

以招商引资为主驱动经济发展,又要遵从市场规律的条件下,地方政府所具有的能动行为自然是通过服务型政府建设提高针对市场主体的服务质量和效率,优化商务环境。

将珠海与具有先发优势和历史渊源的中山和具有后发优势的东莞的经济发展情况进行对比,可以充分揭示珠海市面临的政绩压力和市场压力。珠海市经济发展在起始阶段落后于中山市,1991年与中山市持平,但是在1996年之后再次落后于中山市;而东莞市则是从1999年开始即明显地领先于珠海市的经济总量。这表明珠海市一直面临着来自珠三角的同级别城市的较大压力,在开展万人评议政府之前,这种压力主要是来自中山市,在开展万人评议政府之后则主要是来自东莞市。2008年8月1日,珠海市的主要新闻媒体集中播报了该市召开的规模大、档次高的招商引资大会,大会出台了分量重的《招商引资奖励办法》,而且要求通过机关作风建设为优化商务环境提供配套保障。

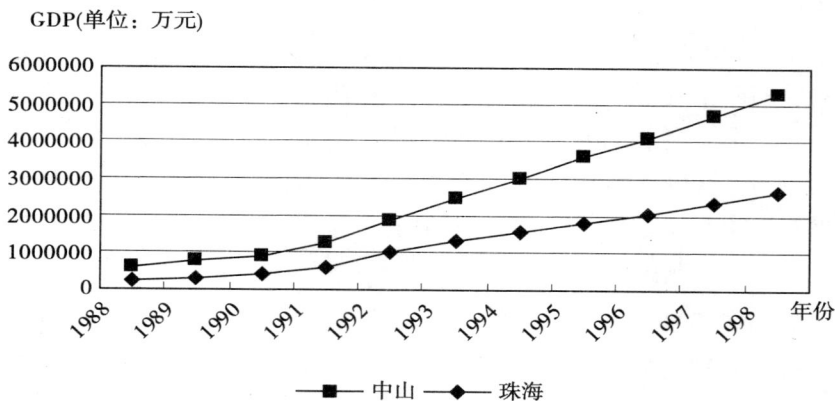

图8-1 珠海市与中山市的 GDP 比较(1988—1998年)

(四)组织者的利益和动力

在既定的政治经济条件下,包括珠海市在内的地方政府必然通过服务于企业而非公民推动地方经济发展,以此获取经济政绩以及切实

GDP(单位：万元)

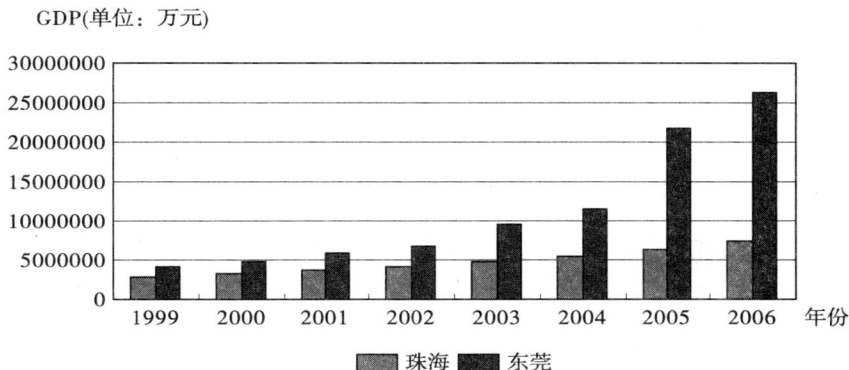

图 8-2　珠海市与东莞市的 GDP 比较（1999—2006 年）

利益。具体原因是，中国地方政府的收入主要依赖以企业为中心的间接税，如企业所得税、增值税、营业税，而非基于公民的直接税，如个人所得税。这种类型的收入制度安排使得地方政府自然选择主要通过招商引资和项目建设促进地方经济发展，以此增加税收收入，增加执政资源。

1988 年至 1998 年间，珠海市基于企业的工商税收占一般预算收入的平均比重达 76.64%。这在某种意义上可以被视为珠海市于 1999 年启动万人评议政府活动和机关作风建设，以改善经济发展软环境和优化投资环境的深层次利益驱动力。图 8-3 是对珠海市工商税收、农业特产税收、契税和国有资产收益在预算收入中占据的评价比重的比较分析。

政绩压力、市场压力和组织者的利益，上述三个变量共同决定了地方政府实现政绩目标和自身利益的最有价值"顾客"是工商企业。更好地服务于工商企业，提高针对工商企业尤其是招商引资项目的公共服务质量和效率，通过提供优先服务提高"用脚投票"能力较强的企业顾客的满意度、降低其经营成本，能够理性地实现万人评议政府活动的组织者的目标。

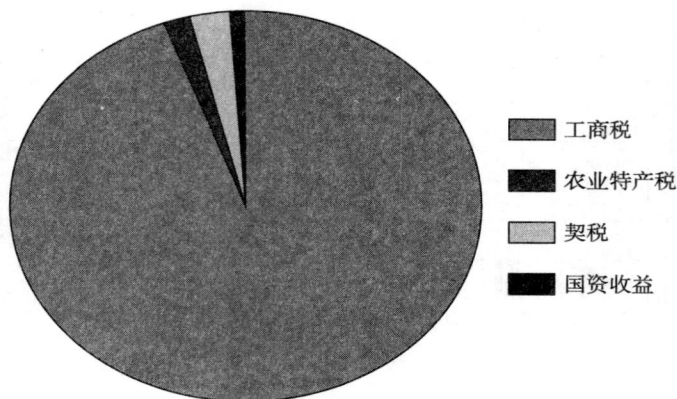

图 8-3 珠海市四种一般预算收入主要成分的比较(1988—1998 年)

(五)评议产出和效果

1.评议的产出。珠海市通过万人评议政府活动推动机关作风建设的重要产出是推动了珠海市服务型政府的建设。在中国的集权体制下,服务型政府的标志是公共服务的供给由供给方主导向需求方主导转变。公共服务供给结构的转型表现为行为和制度两个层次:公共服务供给行为的转型比较容易被测量和观察,但是缺乏稳定的和系统的保证;公共服务供给制度的转型则不容易被测量和观察,但是具有稳定的和系统的保证。

珠海市服务型政府建设的产出,一方面体现为公共部门供给公共服务的行为层次上,即为公共服务的需求方着想,改进服务质量,提高服务效率,降低服务需求方的成本,这有大量的事例可以证实。

1999 年,市卫生防疫站积极接受企业单位的意见和建议,组织医疗服务队,专业服务,上门为工厂工人进行健康体检,为企业节省了时间,赢得投资者的好评。市规划国土局在审批制度改革中坚决贯彻市委、市政府的决定精神,以着眼于经济运行机制的转型、着眼于方便群众、着眼于管理机构转变为方向和目的,将原有的 70 条审批项目,减为 17 条,减幅达 75.7%;减少办理时间,平均每项减少 15 天,使工作效率大幅度提高,出入境管理处办理非公务往来的港澳通行证和出国旅游证件的时间,由过去的 15 个工作日缩短为 10 个工作日,远远低于省公安厅规定的 30 个工作日。

1999 年夏天,珠海珍珠乐园举办涉外演出,时间持续一个多月,按规定此类演出的审批权在国家文化部,按以往办法,市文化局审核一下材料,盖章就行了,剩下的环节就让外方去跑。但是机关作风建设期间,市文化局改变了以往做法,主动与省、国家文化部门联系,带着外方人员跑广州和北京。一星期就拿下了批文,受到外方的极力称赞。

另一方面则表现为服务型政府建设的制度层面上,其核心制度是支持行政审批制度改革的行政服务中心和行政投诉中心的建设。行政审批制度改革是服务型政府建设的先行,而行政服务中心建设则是服务型政府建设的积极的日常制度保障,行政投诉中心则是消极的"火警"制度保障。2000 年 7 月,珠海市设立了行政效率投诉中心,并将该中心对评议对象的测评分数的权重设定为占机关作风建设测评总分数的 25%。2006 年 8 月 1 日,珠海市行政服务中心挂牌启用。截至当年年底,共有 19 个局(办)、32 个单位、57 个服务窗口、156 个服务项目、198 个工作人员进驻"中心"。①

2. 评议的效果。珠海市通过万人评议政府所推动的机关作风建设的效果体现在两个方面:一是评议主体对政府的满意度的变化,二是公共部门供给公共服务的改善尤其是供给速度的提高上。以行政服务中的行政审批效率为例,据统计,截至 2006 年 12 月 30 日上午,市行政服务中心各窗口共受理行政审批和服务事项 13002 项,办结 12613 项,办结率为 97%,其中即办件占到总数的 56%;承诺审批总时间为 66372 个工作日,实际办结时间为 27169 个工作日,提前率为 59.7%,平均每个事项办理时间为 2.15 个工作日。②

---

① 数据源自《珠海市机关作风建设工作总结汇编》。
② 付景涛、倪星:《地方政府绩效评估的政治理性和技术理性——以珠海市万人评议政府为例》,《甘肃行政学院学报》2008 年第 6 期。

五、结论与讨论

（一）万人评议政府的战略工具意义与技术理性

布坎南、塔洛克和缪勒等公共选择学者雄辩地论证了个体和组织在经济和政治市场中行为理性的一致性。组织理论告诉我们，一个组织连续地采取某种行为就表明这种行为客观上支持着某种战略计划。既然政府绩效评估是公共管理领域的一种重要战略工具，那么，我们需要探索作为战略工具的珠海市万人评议政府活动所服务的战略目的。

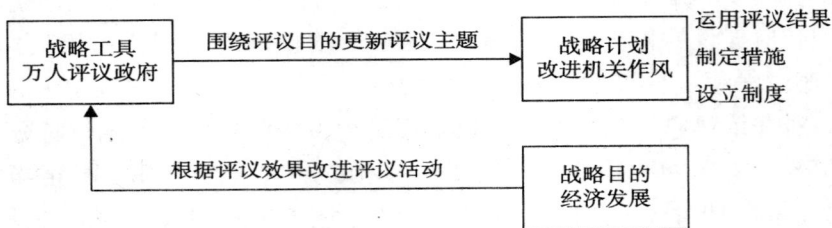

图 8 - 4　珠海市万人评议政府的过程理性

珠海市机关作风建设和万人评议政府已经有了 10 余年的历史，实践证明，作为机关作风建设的一个组成部分，万人评议政府服务于机关作风建设这一重要的战略计划。机关作风建设实质上是党政合一体制下的完整意义上的政府作风建设，而珠海市推动的机关作风建设又服务于珠海市的战略目的。这样就构成了地方政府绩效评估语境下的技术理性：战略工具服务于战略计划，战略计划服务于战略目的。为了确保机关作风建设的有效实施，解决一级政府对职能部门的管理困境，降低政治交易成本和评估成本，于是采取了万人评议政府的方式借助外部评估主体检验职能部门的机关作风建设的成效，并通过排名和评比提供激励。由此可见，在技术层面上，珠海市万人评议政府活动充满着技术理性。

（二）企业的重要地位与万人评议政府的政治理性

表8-4　企业在万人评议政府中的地位

比较项目		1999	2000	2001	2002	2003	2004	2005	2007
万人评议政府	票数比例	—	70%	70%	70%	70%	44%	42%	40%
	考评权重	—	35%	25%	25%	30%	25%	20%	20%
考评团	票数比例	55%	55%	—	—	—	停止	停止	停止
	考评权重	60%	60%	40%	35%	35%			

通过对数据进行统计分析，我们可以清楚地看到，珠海市近年来的战略目的是谋求以经济发展为核心的发展，企业相应地成为万人评议政府的核心主体之一，企业作为核心评议主体集中地体现在企业所获取的考评票的数量和占据的权重上。

表8-5　四类评议主体对评议对象的赋分（2007）[1]

比较项目	公民	机关干部	政治代表	企业	所有评议主体
经济部门	72.80467	76.2694	79.4	79.92006739	77.0985
非经济部门	73.05093	77.6681	80.814	79.64264819	77.7939
所有部门	72.98724	77.3065	80.4483	79.71439454	77.6141

企业对经济职能部门的评价高于其他三大类评议主体的评价，说明珠海市通过强化企业在评议主体中的地位、重视满足企业的公共服务需求、主动围绕企业的公共服务需求改进机关作风的建设取得了成效，得到了企业的认可。[2]

基于对中国大陆现有的民主政治制度和政府间关系，以及政府主导的投资驱动型经济发展模式这些因素的分析，我们发现，包括珠

---

[1]　在计算评议对象的得分时没有考虑评议主体的权重因素；满意、比较满意、基本满意和不满意，分别赋予的分值是：95、80、65、50。

[2]　付景涛、曾莉：《对主观型政府绩效评估结果的统计分析——以珠海市"万人评议政府"为个案》，《学术论坛》2010年第1期。

海市在内的各级地方政府之所以选择优先服务于企业,成为"重商的"或"亲市场的"政府,并以此推动经济增长是理性的。一方面,地方政府需要获得经济政绩,而在投资驱动的经济发展模式下,在企业与公民两者之间,地方政府的理性选择是改善投资服务环境以吸引企业投资。另一方面,企业投资不仅可以带来经济政绩,而且可以为地方政府和上级政府乃至中央政府带来切实利益,即财政收入的增长。我国在改革开放以来相当长的时间内,税收来源以增值税等并非来自公民的间接税为主,企业是关键税收对象。这样,企业的投资必然导致以增值税为核心的地方财政收入的增加,这正好符合地方政府和中央政府的利益。这样的税收制度与民主制度之间具有一种微妙的关系,即地方政府可以不通过征收个人所得税为主的直接税而是通过吸引企业投资带动经济发展、征收以增值税为主的间接税来满足财政支出需求。这样就消解了因征收个人所得税而带来的民主政治压力,回避民主政治体制对政府供给公共服务的压力,最大限度地维护政府的政治自主权,在实行"民主集中制"的前提下不抛弃"群众路线"以维持合法性。

(三)新公共管理理念在中国产生影响的"时间之窗"

珠海市开展的万人评议政府活动体现了新公共管理理念在转型期中国的运用中的"顾客导向"的实践,与西方发达国家不同的是,中国地方政府面临的压力主要是来自上级政府的压力。万人评议政府是珠海市实现其战略目的的重要战略工具,它服务于机关作风建设这一战略计划,并最终通过改善公共服务、优化经济发展软环境,实现促进珠海市经济发展的战略目的。珠海市万人评议政府这一具有特色的政府绩效评估体现了明显的技术理性。

相应地,珠海市政府所要优先服务的顾客必然是有助于实现地方政府战略目的的顾客,即有助于实现以经济发展为核心政绩的、能够有效应付上级政绩压力的、能够为地方政府吸取税收带来最大帮助的工商企业和投资项目。因此,企业在珠海市万人评议政府的评议主体中占据着特殊地位,机关作风建设的主要成果——行政服务中心的服务对象也是工商企业和建设项目,而"用脚投票"能力差的公民并没有成为优先服务对象,在评议政府时也未占据绝对主体地位。①

---

① 付景涛、倪星:《论地方政府在绩效评估中的理性选择:以珠海市为例》,《岭南学刊》2009 年第 2 期。

第九章　地方政府绩效的公众
主观评估模式

一、对公众主观评估效度的质疑

（一）问题的提出

政府绩效评估,就是运用一定的指标和方法,对各级政府及其工作人员的绩效进行测量、考核,反映其工作的实际效果,从而奖优罚劣,促进政府改进工作,提高管理效率和服务质量。在公共管理实践中,政府绩效评估具有内部控制、结果导向和外部责任三项主要功能,是优化政府管理、提升公共服务质量的重要战略工具,因而受到越来越多的关注。在长期的公共管理实践中,逐渐形成两种主要的政府绩效评估模式——重视成本效益分析的客观测量模式以及强调满意度等软指标的公众主观评价模式①。自 20 世纪 80 年代以来,伴随着新公共管理运动的兴起,在顾客至上和结果导向的理念之下,当代政府绩效评估的关注重心从繁文缛节、内部控制逐渐转向外部公众满意,公众主观评价模式备受重视和推崇。美国许多地方政府开始将公众满意度作为衡量公共服务质量的重要指标②,王小虎等人的研究也发现地方官员倾向于

---

① 公众主观评价是在政府绩效评估中通过公众这一评估主体的主观知觉,获取有关公共服务绩效状况的信息,有的学者称之为软指标评估、公众评议政府或者公众参与的政府绩效评估。

② Theodore H. Poister & Streib, G. , "Performance Measurement in Municipal Government: Assessing the State of the Practice", *Public Administration Review*, 59(1999).

采纳公民对部门绩效的主观评价①。

公众主观评价模式的理论预设是公众能够知觉政府运作的实际绩效,并且公众做出的评价与公共服务的实际绩效状况相一致。许多公共管理学者和实践者在讨论公众主观评价的意义时,总是想当然地把这种理论预设当做无须检验的公理,而将注意力更多地放在了论证公众评估政府绩效的意义、方法、操作流程和数据的获取与使用等方面②。但事实上,如果要把公众主观评价作为政府绩效评估的可靠工具,这一工具本身的效度如何是我们必须首先回答的问题。

20世纪70年代以来,陆续有学者开始关注公众主观评价的效度问题,他们围绕公众主观评价是否可以准确反映公共服务的实际绩效,以及影响公众主观评价的相关因素等问题进行了争论。我们认为,公众主观评价的效度是公共管理实践者和研究者都不能忽视的大问题。通过对主要来自美国《公共行政评论》(*Public Administration Review*)上的权威文献的梳理,本书力图呈现这场争论的来龙去脉,并结合中国实践探讨其中的启示与借鉴。

(二)争论的肇始

从现有文献来看,对公众主观评价效度的质疑主要是受启发于有关不同的城市居民群体对公共服务质量满意度差异的研究。坎贝尔和舒曼(Campbell,A. & Schuuman,H.)对美国15个城市的调查发现,相比较于白人,黑人对警察、公立学校、垃圾回收和公园等公共服务的满意度较低。随后的相关研究也得出了相似的结论,例如,福勒(Fowler,F.)发现黑人对警察服务的知觉和评价远远低于白人。尽管这些研究不是专门针对公众主观评价工具的效度问题,也没有进一步论述种族因素在多大程度上影响了公众对服务的满意度,但是却为该主题的研究提供了启发和思路,即公众主观评价可能受到非服务特征因素的影

---

① X. Wang & Gianakis, G. A. , "Public Officials' Attitudes toward Subjective Performance Measures", *Public Productivity & Management Review*, 22(1999).

② Daneke,G. A. & Klobus-Edwards,P. , "Survey Research for Public Administrators", *Public Administration Review* ,39(1979).

响。后来,斯蒂帕克(Stipak,B.)、布朗和库尔特(Brown,K. & Coulter,P. B.)、帕克斯(Parks,R.)以及帕西(Percy,S. L.)均是沿袭这种分析思路,研究种族、收入、年龄和受教育程度等个体特征及其他非服务因素对公众主观评价政府绩效的影响。

学术界对公众主观评价的效度的争论,正式肇始于斯蒂帕克在其博士论文中的研究发现。围绕地方政府服务的差异是否对公众评价产生影响这一问题,斯蒂帕克以洛杉矶大都会区为个案进行了研究,发现没有充分的证据来证明服务质量影响了公众对地方政府服务的主观评价。斯蒂帕克随后发表了几篇有影响力的文章,对过度依赖公众主观评价的做法进行了系统深入的反思。

斯蒂帕克的研究设计是对具体公共服务项目的客观绩效与公众的主观评价进行多元线性回归分析,进而测算两者在统计上的相关性。他将公众主观评价作为因变量,服务特征(如破案率、被抢财物损失的挽回率、每万人全职警察数量、每千人七类严重犯罪数量)、政府特征、社区特征以及个体特征(如受教育程度、收入水平、性别、种族、年龄)作为自变量,建立回归方程。通过公众对警察、公园、娱乐设施、垃圾收集以及其他基本服务做出的评价,获取有关的主观评价数据。客观绩效数据则是针对不同的服务,从服务产出、服务投入、行政工作量三个方面设置具体的指标来采集。统计分析表明,公共服务的特征不能很好地解释公众主观评价的差异,公众对公共服务质量的知觉似乎不能准确反映实际的情况。基于此,斯蒂帕克认为,地方政策制定者不能简单地根据主观指标的绩效信息来判断社区服务质量的好坏。他在文章中总结道:"这类指标的含义是不清楚的,先前一些研究已经表明满意度或者评价指标并不总是准确地反映了政府提供的服务。而且,潜在的分析困难是很大的,这些困难并不都是可以解决的。因此,使用满意度数据来评估服务绩效可能会误导政策分析者"。[①]

针对上述结论,斯蒂帕克认为可能的解释包括四个方面。首先,公

---

① Stipak,B.," Citizen Satisfaction with Urban Services: Potential Misuse as a Performance Indicator", *Public Administration Review* ,39(1979).

众满意度能否作为有效的绩效衡量标准取决于它是否反映了服务的质量,而事实上,公众对满意度调查问题的回答并非只受到来自公共服务质量的影响。在洛杉矶大都会区的研究中,斯蒂帕克把受访者对警察、公园、垃圾回收等基础服务的主观评价看做服务特征、政府特征、社区特征和个体特征四组自变量的函数。通过多元回归分析得到的数据无法支持服务特征影响了公众对服务的评价的观点,而且服务特征的客观指标对公众满意度的预测能力较其他因素(如种族、年龄)小。其次,公众并不总是能够准确知觉政府公共服务的实际绩效。只有当服务质量特别好或特别差的时候,公众对服务质量的知觉才会受到影响并发生变化。再次,即使主观评价和客观指标之间存在关联性,政策制定者也不能对主观评价的数据作简单化比较进而推论不同地区间的服务质量的高低。斯蒂帕克认为,只有在主观评价与客观服务质量之间呈现单调递增关系的情况下,我们才能利用主观指标进行服务质量高低的排序。但是,由于公众对服务的偏好和期望的复杂性,这种单调递增关系往往是不存在的。换言之,高的主观评价不一定意味着高的服务质量。最后,政策制定不能过于依赖公众主观评价信息的原因还在于研究本身的"非实验性"(Nonexperimental)[1]。在斯蒂帕克看来,大多数关于公众满意度的民意调查没有采用实验研究的方法设置实验组和控制组,因此无法排除其他与服务无关的因素对公众主观评价的干扰。

在此基础上,斯蒂帕克对公共管理实践中应用公众主观评价提出了一些建议。第一,在社区服务满意度调查中,研究人员一般很难采用严格的实验法排除与服务特征无关的因素对公众主观评价的影响。斯蒂帕克主张采用多元回归分析解决非实验性问题,借助多元回归数据可以看出相关变量与公众对城市服务评价的相关度。当然,多元回归分析本身也无法克服非实验研究方法带来的推论困难,因为受访者的某些个体特征变量是无法测量的,例如个体对服务质量的期望,而这恰

---

[1]　Stipak, B., "Are There Sensible Ways to Analyze and Use Subjective Indicators of Urban Service Quality", *Social Indicators Research*, 6(1979).

恰可能是影响公众满意度的一个重要因素。第二,如果确实要采用主观指标测量服务的质量,调查者必须针对服务的具体维度来向服务使用者采集绩效信息,而不是笼统地向他们调查对某项服务的总体满意度。例如,当我们简单地询问公众对警察服务的满意度时,所得到的回答可能受到一系列因素的影响,包括受访者是否是犯罪受害人,最近是否被警察拦截,被拦截时警察对待他的态度等。必须根据服务的具体维度来设计调查问题,这样才能获得更为全面和有价值的信息。第三,总体满意度这样的绩效指标反映了社区民众对公共服务的态度,而这种态度反过来又会影响公众对执法人员(如警察)工作的配合。因此,执法人员可以根据不同地区、不同时间、不同人群的满意度差异灵活采用合适的操作标准。

总之,斯蒂帕克的贡献在于通过经验研究对公众主观评价与公共服务的客观绩效状况相一致这个假设提出质疑。在他看来,正是因为没有意识到公众主观评价的复杂性,许多城市管理者才会简单地根据满意度推论不同区域或不同时段服务质量的变化。做出这个推论只有在公众准确知觉服务质量的前提下才能成立,而经验研究表明这个前提不一定能成立。

(三)更多的质疑声音

在《警察服务供给的主观和客观测量》一文中,布朗和库尔特同样通过实证研究的方法对简单使用公众主观评价数据的做法提出质疑。在他们看来,如果政策制定者使用公众满意度调查的方法来获取有关服务质量的信息,那就必须弄清楚:客观测量和主观评价在多大程度上产生一致或矛盾的结果?哪些变量能解释公众主观评价的变化?在多大程度上,公众的主观评价反映了公共服务的客观绩效?他们采用的研究方法与斯蒂帕克类似,即通过对警察公共服务供给的客观绩效指标及公众在该项服务上的主观满意度进行回归分析,进而检验公众主观评价受到客观绩效指标的影响的程度。布朗和库尔特构建了一个基于警察服务的公众满意度模型来呈现其研究的推进逻辑。在这个模型中作者建立以下三组假设:(1)公众对警察服务的满意度是在若干具体服务维度基础上做出的,包括警察响应速度、警察接警方式、与其他社区相比本社区的警察保卫工作、与其他社区相比本社区警察响应速度、与其他社区相比本社区警察接警方式、与其他社区相比本社区的犯罪率等6个方面;(2)公众在这些具体维度上的满意度与其人口统计学特征、政治态度特征、接受服务经历、对服务的期望等个体特征显著相关;(3)警察服务的客观绩效指标与公众满意度直接相关。①

在接下来的研究中,作者对阿拉巴马州塔斯卡卢萨市16个校区538个市民进行电话访问获取数据。在市民主观评价数据的采集方面,研究人员询问受访者对警察服务的评价(分为优秀、良好、一般和差四个等级),了解受访者对警察保护、警察响应速度以及警察接警方式的看法;同时,研究人员要求受访者就上述方面与城市其他社区的情况进行比较,因为这种比较会影响他们对本社区服务的满意度。为了测量市民对警察服务的期待,研究人员将之操作化为市民在社区夜间活动的安全感。对于客观绩效指标数据,研究人员从城市警察档案记录获得有关警察响应时间、出警数量、逮捕数、严重犯罪数等客观数据。为了检验研究假设,作者采用多元回归分析技术,对公众满意度与警察服务的各个维度间关系、公众满意度与公众个体特征之间的关系以及公众满意度与客观绩效指标之间的关系进行分析。

数据显示,模型中警察服务的6个细分维度(自变量)可以解释市民总体满意度(因变量)55%的变化。其中,响应时间、接警方式以及对警察保护的公正性的知觉三个具体维度在0.05的水平上显著。这说明公众对警察服务的总体满意度是基于这三个具体维度的知觉做出的。根据第一组假设检验的结果,作者进一步分析公众满意度的三个主要维度与公众个体特征(包括年龄、种族、收入及受教育水平等变量)之间的关系。他们发现公众对地方政府质量的评价、公众受侵害次数与公众满意度的三个维度均存在显著相关性,对三个维度的变化

---

① Brown, K. & Coulter, P. B., "Subjective and Objective Measures of Police Service Delivery", *Public Administration Review*, 43(1983).

具有良好稳定的解释力。作者最后分析了客观绩效数据与市民主观评价之间的关系。对公众满意度的三个细分维度和八个具体的客观评价指标分别进行回归分析的结果表明,两者之间并没有显著相关性。换句话说,主观满意度水平与客观服务水平彼此之间似乎是独立的。对此,作者给出了自己的解释,公众是依据自己的期望来看待公共服务的客观绩效,这可能是主观评价和客观评估之间存在较弱的一致性的重要原因。

应该说,布朗和库尔特这篇文章较斯蒂帕克更为严谨,尤其是意识到公众对公共服务的评价可能是基于服务的不同方面而做出的判断,并对公众满意度进行维度细分,避免了模糊的问题导致模糊化的回答这一弊端。另外,作者将公众对服务的相对满意度(相比较于其他社区)变量纳入到分析模型中,这也使得研究设计更为科学。当然,研究中的一些指标操作化不尽合理。例如,将公众对警察服务的期待定义为夜间安全感,显得颇为牵强。而且,进行电话访问的时间是 1981 年的 3 月至 5 月,而分析所用的客观绩效指标是 1978 年 1 月到 1979 年 9 月的数据,中间的时间差可能是导致主观满意度水平和客观服务水平之间弱相关性的重要原因。另外,作者在统计分析过程中没有区分直接接受公共服务和间接接受公共服务的受访者,这也是后来一些学者抨击的地方。

二、捍卫公众主观评估的价值

斯蒂帕克、布朗和库尔特对公众主观评价效度的质疑发人深省,但也招致不少学者的反驳,包括布鲁登尼、帕克斯、帕西在内的许多学者加入到这场争论当中,他们分别从规范研究和经验研究的层面提出自己的见解。

(一)规范层面的研究
布鲁登尼和英格兰德(Brudney, J. L. & England, R. E.)从"合作

生产"(Coproduction)的角度重新审视公众主观评价模式的价值①。所谓合作生产,是指在公共服务供给上改变政府生产公众消费的传统模式,转而由公共部门和公众作为积极平等的合作者共同参与到公共服务的生产过程中。这种合作生产模式需要公众主动表达服务需求,通过协商与公共机构在服务供给上达成一致。从这个角度讲,民意调查是公众表达意愿以及政府了解公众对公共服务需求的重要途径。另一方面,了解公众的满意度对综合评价一项公共服务的绩效是十分必要的。布鲁登尼和英格兰德认为,一项公共服务可以从效率、效益、回应性和公平性四个维度进行评价。在效率和效益维度,主要涉及公共服务的价格和数量,可以用一些硬性指标表示,行政官员掌握的信息较公众充分,前者比后者更适合扮演评估角色。而在回应性和公平性维度,作为服务的消费者和公共政策的目标群体,公众对服务质量、服务分配的知觉则为评价提供了更有价值的信息。通过政府为主的客观绩效测量和公众为主的主观评价,公共服务的供给将实现合作生产。由于公共服务的合作生产离不开这四个评价维度的信息,这就决定了公众主观评价模式的不可替代性。而且,在他们看来,基于公众的主观评价模式(Citizen-Based Measure)有助于弥补单纯依赖客观产出指标无法评估政策影响的缺陷。布鲁登尼和英格兰德的论述是有说服力的,他们从规范层面阐释了公众主观评价的民主宪政价值,及其对于民主治理的重要性。但由于缺乏实证研究,显得对斯蒂帕克等人的质疑回应力不足。

(二)经验层面的研究

此后,帕克斯、帕西各自发表了两篇颇具影响力的文章,对公众主观评价和客观绩效测量之间的弱相关性提出了新的替代性解释。帕克斯认为,主观评价和客观测量之间缺乏一致性的原因有两种可能:②一

① Brudney., J. L. & England, R. E. , "Urban Policy Making and Subjective Service E-valuations: Are They Compatible?", *Public Administration Review*, 42(1982).

② Parks, R. B. , "Linking Objective and Subjective Measures of Performance", *Public Administration Review*, 44(1984).

是所采用的客观指标和主观指标在概念上的区别,两者的指向不同,也即两套指标测量的并不是同样的内容。例如,警察保护等服务的财务支出和人员配备更多是对投入的客观测量,而公众在评价服务质量高低的时候关注的是公共服务供给所产生的实际效果。即使采用逮捕率和犯罪率这些和公众密切相关的指标来评估警察服务质量,也是有问题的,因为它们不能涵盖警察工作的全部内容。也许警察服务在某些客观指标上的绩效是出色的,但却由于在其他指标上的表现不佳而降低了公众的总体满意度。二是由于使用了总体客观测量(Aggregated Objective Measures)的数据。事实上,公众接受的不是城市总体的公共服务,而是自身居住或工作范围内的服务。因此,相比于城市总体公共服务水准,社区服务的客观评价指标与公众主观评价之间具有更密切的关系。帕克斯认为,斯蒂帕克之所以得出客观测量和公众主观评价之间不一致的结论,原因在于他使用辖区平均绩效水平,忽视了辖区内部更小单位之间的服务供给的差异。在洛杉矶大都会区,警力资源分布在空间上呈现非均衡性,为了打击犯罪,那些高犯罪率的区域往往配置了更密集的警力资源。简单采用整个地区的平均绩效指标数据显得过于粗糙,且在多元回归分析中可能降低这些客观绩效自变量的解释力。因此,帕克斯主张采用社区服务的客观绩效指标进行分析,这类指标承载的信息和公众的主观感受是最密切相关的。

帕西也认为,将公众主观评价与客观绩效测量之间的差异归结为公众知觉错误的做法是不妥当的,这种归因只有在客观绩效信息是真实有效的前提下才能成立。他指出,斯蒂帕克等人表面上提出了对使用公众满意度作为绩效指标的质疑,但实际上这些研究只是提供了服务供给的客观测量没有显著影响公众主观评价的证据罢了。客观测量之所以无法对公众主观评价产生显著影响,原因在于对服务的客观测量是一个情境因素(Contextual Factors),受到犯罪率、响应时间等指标的影响。而事实上,公众不会特别关注这些因素。相反,个人与警察的接触、媒体的报道这些因素反而可能对公众知觉产生更强烈的影响。所以,不能由于主观评价和客观测量之间的弱相关性就草率地得出公众评价是不准确的结论。①

应该说,帕克斯和帕西的解释颇具启发,但要回答"公众对服务的主观满意度能否反映事实上的客观服务绩效",经验数据的支撑是不可或缺的。

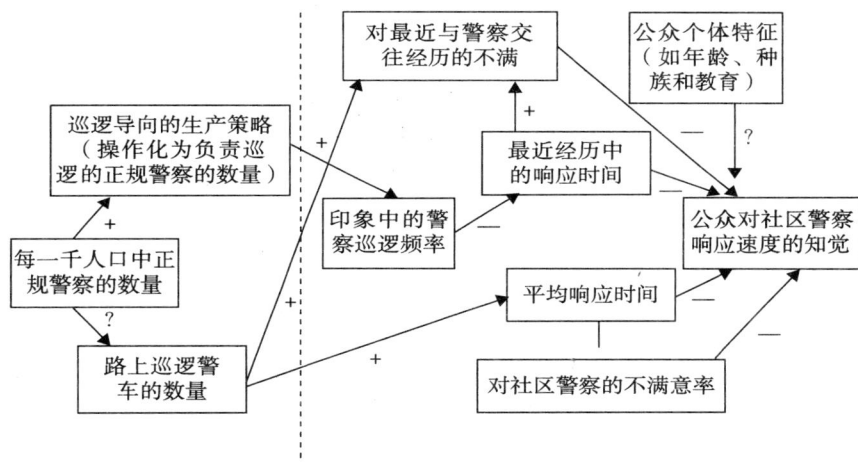

图 9 - 1　影响公众对社区警察响应速度知觉的因素

1. 帕克斯的研究

帕克斯认为,要探究主观指标和客观指标之间是否相关,研究者必须弄清楚两者之间是如何发生联系的。也就是说,投入是通过怎样的过程转化为结果输出的? 在这个过程中有哪些中间指标? 公众是如何构建他们对公共服务的评价的? 为此,帕克斯选取警察响应速度和公众对警察响应速度的知觉进行研究,建构了一个公众对警察响应速度的知觉模型,该模型②(见图 9 - 1)区分了影响公众知觉的直接因素和间接因素。

---

① Percy, S. L., "In Defense of Citizen Evaluations as Performance Measures", *Urban Affairs Review*, 22(1986).

② 模型中"+、−、?"分别表示两个变量间的关系是正相关、负相关或方向待检定。位于虚线左边的变量为间接变量,虚线右边的变量为直接变量,间接变量通过直接变量进而影响公众对社区警察快速响应的知觉。

　　帕克斯的数据来源于对美国密苏里州圣路易斯（St. Louis）大都会区的研究。作者首先根据最近一段时间是否与警察打过交道将受访者分为两组，各获得 559 和 2789 个个案。针对这两组受访者，作者分别将影响因素与公众对警察响应速度的知觉进行多元线性回归分析，得到的结论和斯蒂帕克等人的相似，即机构记录反映的客观绩效数据并没有对受访公众的主观评价产生显著和直接的影响。例如，负责巡逻的正规警察比重的回归系数只有 0.006，即负责巡逻的正规警察的比重增加 10 个百分点，公众对警察响应速度的知觉才提高 0.06 分（5 分制）。而且，针对第二类受访者（近期未与警察打过交道）建立回归方程的判定系数只有 13.8%，说明回归方程的总体解释力不理想。但是，帕克斯认为，这些发现并不足以支撑客观绩效改变不会导致主观评价变化的观点。在客观指标和主观指标之间存在一些中间变量，客观指标通过中间变量进而作用于公众的主观知觉。如果只关注客观绩效指标对公众主观知觉的直接影响，将大大低估其实际影响力。

　　为了检验这种假设，帕克斯详细梳理了影响公众知觉社区警察响应速度的各种因素，构建出主观指标和客观指标相互影响的单向模式网状图。在这个网状图中，客观指标的变化将引起某些中间的客观变量或主观变量的变化，进而引起公众对社区警察响应速度知觉的变化。例如，负责巡逻的正规警察的比重不仅直接作用于公众对警察响应速度的知觉，也可以通过市民报告遇见巡逻警车的频率、与警察交往经历的不满意率等内生变量间接地对因变量产生影响。为了准确测量各个自变量对公众知觉的叠加影响力，帕克斯采用统计学中的路径分析方法，分别计算了各个自变量对因变量的直接、间接和总的影响力。统计结果表明，原先与公众知觉相关性弱的自变量通过其他变量明显提高了与因变量的相关度。例如，负责巡逻的正规警察比重这一变量对因变量的直接影响系数只有 0.09，但通过中间变量的作用将总影响系数提高到 0.26。这证明，将中间变量纳入公众主观评价和客观测量的相关性分析中显得更为合理。因为社会现象之间的关系是复杂的，各种因素相互关联并形成一个复杂的因果网。采用路径分析方法测算客观绩效指标对公众主观评价的总影响力，这是帕克斯的创新之处，极大地拓展了既有的研究思路,也为斯蒂帕克等人的研究结论提供了一种新的解释。

2. 帕西的研究

帕西则是通过一个警察沟通研究项目①来检验公民知觉和评价公共服务的影响因素。作者首先建立了一个理论框架(见图9-2),认为公众对特定服务行为的评价受到了他们对这些行为的知觉、对行为的期望、服务环境的特征以及公众个体特征的影响。在此基础上,公众对特定服务的评价进而影响了他们对服务机构整体绩效的评价。帕西认为,早前研究的不足之处在于没有将公众对服务的期望纳入回归分析方程中,而这是影响公众对服务质量知觉的关键变量之一。

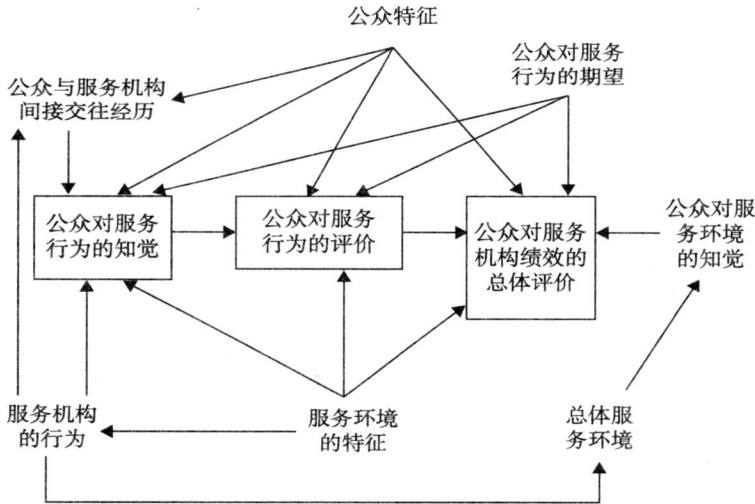

图9-2　公众知觉和评价服务机构绩效的理论框架

帕西首先搜集和分析了警察局电脑辅助调配系统中记录的三个有效节点:第一个节点是求助电话被话务员分配到调配器的时间,第二个节点是警察被派遣的时间,第三个节点是警察到达现场的时间。第二个节点减去第一个节点得出求助者大致的等待时间,第三个节点减去第二

①　该项目是印第安纳大学政治理论与政策分析研究所开展的,通过田纳西州沃思堡市警察局收到的5000多个求助电话来分析采集数据。

节点得出警察前往现场的时间,第三个节点减去第一个节点得出警察响应时间的总体估算。同时,为了收集市民的意见和评价,研究者通过电话访谈了超过1200位最近两周内打过求助电话的市民,调查内容包括了市民与警察局话务员的交流、对响应时间的评价、现场警察的行动以及受访者个体特征等等。然后,研究者将求助电话的数据和电话采访的信息进行配对,总共获得625个个案,形成了整个研究的数据库。

帕西的研究围绕着三个问题来展开:(1)公众对公共服务绩效的知觉是否准确? (2)公众对服务绩效的知觉在多大程度上影响了他们对具体公共服务行为的评价? (3)公众对特定服务行为的评价是否影响了公众对服务机构总体绩效的评价? 对于第一个问题,帕西通过比较公众对警察响应时间的估算和警察局记录来检验。数据显示,公众估算的响应时间平均值为16.6分钟,而警察局电脑系统记录的平均响应时间为15.5分钟,两者数值上十分接近。另外,两种测算方式的交互分类分析显示两者之间的相关系数达到0.44,这就证明了公众能够准确知觉警察响应速度的实际状况。研究者还通过多元回归分析来检验公众主观知觉的警察响应速度与实际响应记录之间的关系。结果显示,警察响应时间记录自变量的标准化回归系数为0.37,远高于其他自变量的系数值,且通过0.01的显著度检验。而包括收入、种族、教育、性别等个体特征的自变量均没有通过显著性检验。期望变量与公众对警察响应时间满意度在0.01的水平上呈正相关关系。相比较于参照组(即认为警察响应速度与预期一致的受访者),认为警察抵达现场速度比预期要快的居民所报告的警察响应时间要少4.25分钟,认为警察抵达现场速度比预期要慢的居民所报告的警察响应时间要多8.5分钟,这验证了作者在理论框架中提出的期望变量影响公众对客观服务绩效知觉的假设。

为了回答第二个问题,作者将受访者对响应时间的知觉和期望、服务环境的特征、受访者个体特征视做三组自变量,将公众对响应时间的主观满意度评价视做因变量,进行多元回归分析。数据显示,公众报告的响应时间和公众主观满意度在1%的水平下呈负相关关系,公众报告的响应时间变量的回归系数为-0.01,即在公众知觉中警察响应时间增加 10 分钟,公众主观评价打分将降低 0.1 分(5 分制),这说明公众对警察响应时间的主观评价在某种程度是基于对实际响应时间的知觉。服务环境的特征(如社区犯罪率)对于公众主观评价没有显著影响,期望变量对主观评价则有显著影响。回归方程显示,相比较于参照组(即回答警察响应时间与预期一致的受访者),认为警察响应时间比期待要快的受访者在对警察响应时间的满意度上的打分要高出将近 0.5 分,而认为警察响应时间比期待要慢的受访者在对警察响应时间的满意度上的打分要低 1.22 分。在受访者个体特征方面,只有年龄和态度对公众主观评价存在显著性影响。由此可见,公众对响应时间主观评价的变化更多是通过知觉和期望变量得到解释,公众的主观评价主要是受到其对机构行为的知觉和期望的影响。

为了回答第三个问题,帕西将公众对警察行为的评价、对社区犯罪情况的知觉、服务环境的特征、公众个体特征作为自变量,将公众对警察服务的总体满意度作为因变量进行回归分析。结果发现,对接线员响应的满意度、对警察响应时间的满意度、支持警方工作的态度三个变量与公众对警察服务总体满意度之间存在显著的正相关,而公众对社区犯罪情况的知觉、受访者的受教育程度与因变量存在显著的负相关。这一发现证明,公众对服务机构总体绩效的主观评价与其对特定服务行为的评价显著相关。

根据上述数据分析的结果,帕西提出了三个重要的研究结论:(1)公众拥有知觉服务机构绩效的能力;(2)公众对公共服务的评价是基于他们对服务质量的知觉做出的;(3)公众对特定服务行为的评价影响着他们对服务机构总体绩效的评价。相比于之前的研究,帕西的独到之处就在于将知觉变量和期望变量纳入分析中,并证实这两类变量显著影响了公众的总体满意度。

三、深化公众主观评估研究的路径

综上所述,尽管公众参与政府绩效评估在国内外许多地方如火如荼地开展,但现有文献仍未对公众主观评价的效度给出一个令人信服的答案,理论与实践中的争执仍将持续。首先,公众能否准确知觉和判断公共服务的实际绩效? 或者说,公众的主观评价与公共服务的客观绩效是否一致? 其次,公众对公共服务的主观评价在多大程度上是基于对客观绩效的知觉? 如果说公众对公共服务的评价受到其他非服务特征的干扰,那么评估工具的效度将大打折扣。最后,如何提高研究设计的科学性? 在既有研究中,学者们对具体服务领域的选取、研究假设的操作化、统计工具的选择上有很大的不同,究竟应该如何提高研究设计的精细化和合理性是值得探讨的问题。

基于对上述文献的梳理,我们认为,今后深化公众主观评价效度的研究必须注意以下问题:第一,政府机构记录的真实性问题。现有文献大多将主观评价的效度操作化为在某项具体服务上公众主观评价与实际绩效之间的一致性程度,其中公众主观评价一般是采用公众满意度调查获取的数据,实际绩效则是取自机构记录。这种研究设计中暗含的假设是,政府服务的实际绩效等同于机构记录的绩效。而事实上,由于数据本身的真实性问题,机构记录不一定能够准确反映政府实际绩效状况。从这个角度看,帕克斯等人的逻辑基础是不牢固的。第二,样本的代表性问题。在帕克斯、帕西等人的研究中,基本都是采用简单随机抽样的方法获取样本。在分析公众主观评价受何种因素的影响问题上,为了提高样本的代表性,采用分层随机抽样更为科学合理。第三,在客观绩效指标的选取上必须更加审慎。斯蒂帕克和布朗等人所采用的客观绩效指标就备受质疑,例如,诺森特布、哈罗和汤普森曾联合致信美国《公共行政评论》编辑部,表达了对斯蒂帕克的研究结论的不同看法①。他们认为,斯蒂帕克选取的客观指标与公众主观评价之间缺乏一致性是正常的,因为该研究采用"逮捕率"、"破案率"、"严重犯罪率"等指标,公众一般不会关注这些指标,从而导致了多元回归分析中公众主观评价与客观绩效指标之间的弱相关性。此外,必须区分投入

---

① Rosentraub, M. S. & Karen H., Lyke T., "In Defense of Surveys as a Reliable Source of Evaluation Data", *Public Administration Review*, 39(1979).

指标和产出指标,多元回归分析时采用产出指标可能会更加合理。第四,分析工具的选择问题。在前面介绍的文献中,学者们都是选择简单的多元线性回归作为分析工具。但实际上,公众主观评价与公共服务客观绩效之间的关系不一定是线性关系。根据经济学的边际效益递减原理,随着公共服务质量的提高,其带给服务使用者的边际效益逐渐下降。从这个意义上讲,公众对公共服务的主观评价与实际绩效之间很可能是一种非线性关系。如果借助非线性相关分析和非线性回归分析,或许可以更深刻地揭示两者之间的内在联系。①

本章所引用的文献全部来自美国公共行政学界的研究成果。在对公众主观评价效度的实证研究上,国内学术界相对滞后,现有研究基本上停留在规范层面,例如讨论公众参与政府绩效评估的必要性和积极意义②,以及如何完善政府绩效评估中公众参与的机制设计③,等等。应该说,这些规范研究对于弘扬公众的主体地位、保障政府绩效评估的公众导向具有重大意义。但是,目前我国许多地方政府已经开始将公众主观评价纳入政府绩效评估体系中,并产生了重大的现实影响。为促进政府绩效管理实践的科学化,我国公共行政学界应当积极开展公众主观评价效度的实证研究,与国外现有的研究成果进行对话,以期为公众参与政府绩效评估的实践提供更深入的理论指导。

四、民主评议政风行风的学理逻辑

（一）民主评议政风行风在中国的实践

当代中国的民主评议政风行风活动最早可追溯至 1996 年山东诸

---

① 倪星、李佳源:《政府绩效的公众主观评价模式:有效,抑或无效?》,《中国人民大学学报》2010 年第 4 期。

② 彭国甫、谭建员、刘佛强:《政绩合法性与政府绩效评估创新》,《湘潭大学学报》2008 年第 1 期。

③ 陈振明等:《公共服务绩效评价的指标体系建构与应用分析》,《理论探讨》2009 年第 1 期。

城市工商户评定最差市场管理员和最差市场管理小组长活动、湖南娄底市群众评出"最不满意政府部门"活动和江西万载县厂长、经理评价行政监督部门活动。① 从当时一篇未署名的评论看,行风被界定为有关行业、部门的服务态度、服务质量。从这三个有限的叙事故事可以窥见早期民主评议行风的一些基本要素:评议主体、评议对象、评议内容、评议结果的运用等。由于路径依赖和典型的示范作用,这些初期的做法成为后来实践者的参照和创新基点。比如闻名全国的珠海万人评议政府模式,可现 1993 年娄底行风评议活动的影子,当年娄底市民主评议政府部门共发放选票 19800 张,回收 8226 张。甘肃模式中企业评价政府元素同样可以在江西万载县厂长、经理评议行政监督部门中找到原型。20 世纪 90 年代早期的中国政府突出的问题是政府效率普遍低下、三乱问题突出、公务人员服务意识弱化严重。通过政府自身努力揿除这些弊端效果有限,借助政府外的力量成了地方政府的一个可行的创新选择。这一创新的效应经由媒体得以传播,并立刻得到党和国家领导人的重视,被认为是扩大基层民主、加强民主监督的一种有效形式,最终被制度化下来。到 2001 年,民主评议已在全国 31 个省(区、市)广泛开展,市地一级的开展面达到了 100%,县(市、区)一级的开展面达到了 80% 以上,许多地方还将此项活动逐步推进到了乡镇、街道、社区等基层单位。被评议的部门和行业已从开始时的几个发展到当时的 50 多个,全国各地基层站所平均参评率已经达到 80%。② 到了 2006 年,全国直接参评人数已达 8000 余万,受聘行评代表 100 多万,被评议的部门和行业涉及 60 多个。每年国内各地某些政府部门或公共服务行业将用 6 个月左右的时间,就被评议的特定问题向评议代表和人民群众答复,直到他们满意为止。这一投入不菲且具有自主创新元素的政府行为,已经在中国大地上存在了 10 余个年头,遗憾的是并没有引起应有的学术关怀。时任中央纪委副书记、监察部部长、国务院纠风办主任的何勇早在 2001 年就指出,今后深入开展行风评议工作需

---

① 《各地开展行风评议活动》,《中国监察》1996 年第 12 期。
② 《抓好行风评议,推动行风建设》,《中国监察》2001 年第 6 期。

要把握的一个重要问题是加强理论研究。① 吴建南等人最近指出："国内目前针对行风评议的研究多局限于实践经验总结,而近年来政府绩效评价学界亦未见对以公众为主体的绩效评价行为进行系统研究。"② 那么探讨其学理基础正是针对行风政风评议这一议题中回答为什么要开展行风政风评议问题的初步尝试,期望引起学界同仁的对话和共鸣,对加强民主评议政风行风活动理论研究,促进中国式民主活动的渐进转型有深刻的理论和现实意义。本书尝试以代议制缺陷的视角论证开展民主评议政风行风活动的必要性,并对我国开展民主评议政风行风活动存在的问题和进一步开展对民主评议政风行风活动的实证研究进行展望,期望起到抛砖引玉的效果。

(二)民主评议政风行风的功能

民主评议政风行风可以被看成是原始公民大会直接民主制的当代复兴,其外在原因是现代科学技术尤其是通信技术和网络技术使人们克服了距离和时间的困难,内在原因是人们逐步认识到代议制的缺陷——由于多重委托代理链条的可能断裂以及公民的理性无知,拥有决定自己政府及任命自己官员主权的公民并不能有效约束自己的代理者——政治家们最大化实现自己让渡一部分权利交换来的收益,也不能保证政治家能够实现最大多数人的共同利益,尤其是利益集团的存在往往使弱势群体和边缘化群体的利益受到忽视。从这个意义上讲,民主评议政风行风是对代议制缺陷的修复,其学理逻辑是:

1. 代议制并不排斥民主评议

代议制的思想基础为主权在民。主权在民的理念是西方资本主义启蒙学者在反对封建教会和皇权的统治,为资本主义私有制经济和资产阶级政治体制辩护时,主要由自然法理论及社会契约论经典作家发展起来,并被资产阶级革命家们付诸实践的一套理论体系与实践方略。

---

① 李亚杰:《全国普遍推行民主评议政风行风活动成效明显》,2009-06-25,http://www.politics.people.com.cn/GB/1026/5887049.html。
② 吴建南、高小平:《行风评议:公众参与的政府绩效评价研究进展与未来框架》,《中国行政管理》2006年第4期。

马克思主义经典作家对资产阶级人民主权学说进行了扬弃,提出了历史唯物主义的人民主权决定论,并据此组织人民政府。政府产生后,它可能会寻求自身的利益,从而忽视甚至侵害人民的权利,加上选民的几秒钟选举活动并不能保证政治家和民选官员在长达几年的任期内不折不扣实践自己的竞选承诺,甚至由于当权者控制了大量的舆论力量,屏蔽了民众表达真实看法的机会和渠道,就有必要从制度上、实践上切实保证公民对政府的批评和评价,监督政府以及公共服务部门实现公共利益的最大化,从而保证公民对公共事务管理的参与是所有现代民主国家追求的基本价值和目标。我国宪法对此有多处具体规定。2004年3月14日,第十届全国人民代表大会第二次会议通过的《中华人民共和国宪法修正案》为保障人民主权至少做了四处明确规定:在序言中有"中国人民掌握了国家的权力,成为国家的主人","把我国建设成为富强、民主、文明的社会主义国家",现代民主政治的核心要素就是人民的参与权和知情权。① 总纲第二条规定:"中华人民共和国的一切权力属于人民,人民行使国家权力的机关是全国人民代表大会和地方各级人民代表大会,人们依照法律规定,通过各种途径和形式,管理国家事务,管理经济和文化事业,管理社会事务。"第三十五条规定:"中华人民共和国公民有言论、出版、集会、结社、游行、示威的自由。"第四十一条规定:"中华人民共和国公民对于任何国家机关和工作人员有提出批评和建议的权利,对于任何国家机关和国家工作人员的违法失职行为,有向有关国家机关提出申诉、控告或者检举的权利。"中华人民共和国宪法从法理上保障了公民享有当家作主的权利。主权在民的理念赋予了人人平等以及人自己支配自己命运等基本价值,但在民族国家形成后,由于人口的增长、民族国家的形成,公民直接参政存在时间、交通、距离和通信等困难,人民亲自决定公共政策已不可能,代议制被设计出来,代议民主制曾被誉为是最好的政府制度。既然政府的权力是人民授予的,那么人民进行监督评价政府或公共部门及其工作人员的服务态度和服务质量是天经地义的。

---

① [美]罗伯特·达尔著,李柏光、林猛译,《论民主》,商务印书馆1999年版。

代议制被设计出来后,人民通过选举自己的代表,任命自己的政府官员,委托自己的代理者管理国家及社会事务,随时可以更换他们,但是由于政府更迭的成本过高,或者社会容易发生动乱,现代国家一般采取了权力分立制衡和定期选举制度。人民保留对自己的官员执政行为、态度和方式的评议是顺理成章的。许多政治学家和宪政学者都论述到了这一点。比如,文森特·奥斯特罗姆在提出与官僚行政模型相并列的民主行政模型时指出:公共社区的成员,在制定符合宪法的决议上,在选择公共官吏上,在重大决定上使那些官吏们负起表达选民基本利益的责任,并具有充分的重要的投票权。个人有权通过行政、立法、司法、政治和符合宪法的仲裁,要求公共官吏尽职尽责。公共社区的成员,以及他们选举出来的代表保留对重大决定的评议权。① 彼得斯在论述政府未来的治理模式时指出:对对话式民主的倡导者而言,其所倡议的参与主题和类型更为广泛,讨论的重点包括应该做什么和应该怎么做。这除了与公共部门员工有关之外,还与大部分的成员有关,包括那些对制定优良政策有不同观点的公民。② 经济学家阿马蒂亚·森认为,一个社会要通过公开讨论和公众参与包括民主选举来形成被采纳的社会价值及公共政策。他反复强调,在社会评价中对各个价值要素所赋予的权数,要通过公共讨论和民主的社会选择过程来确定。尽管许多有远见的政治学、哲学、社会学和经济学的学者准确预见了代议制存在的缺陷问题,并论证了公民保留评议政府的权利,但是真正从理论和实践上论证代议制缺陷还是近来的事情。

2.代议制的内在缺陷

代议制认定,人民拥有主权,并且通过这样几重委托代理链条起作用:(1)人民是自己的利益和偏好的最终的唯一的判断者,他们对自己的愿望和需要了如指掌;(2)政治家或民选官员提供备选政策方案以满足这些需要和愿望;(3)人民通过投票来选择最能满足他们喜好的

---

① ［美］文森特·奥斯特罗姆著,毛寿龙译:《美国公共行政的思想危机》,上海三联书店1999年版。

② ［美］彼得斯著,吴爱民等译:《政府未来的治理模式》,中国人民大学出版社2001年版。

代表;(4)获胜的政治家联盟颁布反映人民意愿的法律;(5)有政治觉悟的那部分人民会对选举过程和结果加以关注,来判断哪些候选者获胜或是他们需要的;(6)如果人民对结果满意,他们会投在任者的票,如果他们对结果不满意,他们会选择新的候选人来满足他们的愿望。但是这种环式民主的每一个连接点都有可能有缺口。① 尤其是信息经济学、公共选择理论以及委托—代理理论揭示了代议制的内在缺陷:(1)信息不对称不仅会造成内部人控制问题②,而且由于官僚组织的内生特性③,对个人的努力的观察或监督可能失败。(2)激励不相容。由于每个公民监督政治家或官僚的成本与其个人的收益不对称,公民对投票保持了"理性的无知",同时官僚因为自己的努力取得的成果并不会完全归自己支配,官僚相机逃避责任也合乎理性,比如避重就轻,在职闲暇等。(3)机会主义和败德。政治家或官僚作为人民的代理者并不一定制定符合人民需要的政策和法律,同时由于时间贴现问题,选民几秒钟的投票对政治家或官僚长达 5 年行动的约束是不足的。人们转而寻求由人民对政治家和官僚的实时监控,民主评议政风行风的工具价值和政治意义就体现出了。就中国的实际来看,目前各级人民代表大会的职能主要关注政府工作报告和国民经济发展规划以及财政预算、决算,主要法律的审议以及质询、调查等,而对政府及其公共服务部门的日常具体活动监督则心有余而力不足,政府是否执行了法律,是否按宪法理念进行活动,其对待人民的态度和工作作风是否合理合法,人大代表没有精力和动力去关注这些"琐碎"事情,而发动人民群众特别是直接接受其服务的那部分公众来评议政府及其公共服务部门,就可以弥补人大代表监督的不足,同时也保证和实现了公民监督政府的参与价值,是对代议制缺陷的一种有效修正和补充。

---

① 〔美〕查尔斯·J. 福克斯、休·T. 米勒著,楚艳红等译:《后现代公共行政》,中国人民大学出版社 2002 年版。

② 倪星:《论民主政治中的委托—代理关系》,《武汉大学学报》2002 年第 6 期。

③ 〔美〕R. 科斯等著,胡庄君等译:《财产权利与制度变迁》,上海人民出版社 2002年版。

3. 以修复代议制缺陷为目标的评议民主理念

评议民主(deliberative democracy)理念作为西方20世纪末期代议制民主的替代或补充,是20世纪末21世纪初政治学的前沿理论。评议民主把民主看成是平等公民的自由联合,他们参与对政治议题的理性讨论,陈述各自的观点,并寻求一致同意的行动。哈贝马斯(Habermas)在《事实和规范之间》构建的纯评议模型假定,如果给定足够的时间和资源,公民之间总可以达到一致同意。① 评议民主理念的现代开创者哈贝马斯确信,道德理性(moral reasons)作为判断一个人应当如何行动的总体支撑,是普世的,而且这些理性不仅是评议的一个重要组成部分,并且具有高于其他理性的层次优先性(hierarchical priority),如果发生冲突,道德理性总是占有优势(当然这一思想受到其他人的挑战和怀疑)。② 显然,评议民主只是用来描述民主治理的替代概念中的一部分,由于引入了评议,政策话语和最终政策结果开始反映普通民众的价值、利益和真实经验,而不仅仅是技术官僚或专门知识的专权。以评议为代价的大民主极大地依靠专家做出及时决策,然而评议家们坚持,专门知识不应该超越公域行动者们包容性评议的贡献。调和这两个竞争性原则是一个具有挑战性的任务。③ 但是,评议民主的支持者们相信,集体行动只有在公开和自由评议过程中是可以辩论的才具有合法性。支持评议民主论点的是这样一种观念:政策制定的公共输入应当比仅仅集合个人利益更多,这样,评议鼓励通过自由、平等的公民的讨论来制定政策,并且通过这样的评议,观点可以通过积极的意见交换而转换。由此可见,评议民主的支持者相信,第一,人的偏好是可以通过意见交换而改变的;第二,人们通过讨论是可以达成意见一致的,这与阿罗不可能定理明显冲突。波曼和雷格(Bohman and Rehg)认为

---

① S. Wheatley, "Deliberative Democracy and Minorities", *European Journal of Law*, 14 (2003).

② A. R. Oquendo, "Deliberative Democracy in Habermas and Nino", *Oxford Journal of Legal Studies*, 22 (2002), 2.

③ Eric Montpetit, etc., "The Paradox of Deliberative Democracy: The National Action Committee on the Status of Women and Canada's Policy on Reproductive Technology", *Policy Sciences*, 37(2004).

评议民主至少可以产生以下五种主要成果:(1)不论评议是否改变了个人的偏好,它可能为反对观点建立了更大的理解和容忍。(2)通过评议,它能鼓励人们以公共精神来思考社会问题。通过交换观点和信息,个人可能开始思考他们的社区、州和国家,而不仅仅是他们自己的利益。(3)评议可以帮助参与者澄清和思考他们在一些问题上自己的处境,那么,其结果可以为解决社会问题提供新的解决办法。(4)评议可以帮助民主产生更好的公共政策,比如,古特曼和汤普森(Gutman and Thompson)主张良好评议能帮助社会改正过去的错误,通过评议,参与者可以了解已经执行政策的后果及过去犯错的原因,因而可以发展出避免和更正过去错误的解决办法。(5)通过开放和包容性评议过程产生的决策,应当被看做比代议制政府过程产生的决策更加具有民主合法性,因为后者弱势群体(vulnerable populations)参与具有系统低比率。① 根据民主评议的理念,有学者明确指出,成功架构评议的五条标准如下,从理论上讲,如果一个评议过程符合这些标准,上述评议的潜在收益可能会实现:(1)平等(equality)。评议过程的参与者应该拥有平等的权力和机会表达他们的关注。科恩(Cohen)等就如何实现评议过程中的平等参与提供了一些建议:第一,所有参与者应该被给予平等接近政治和政策信息的机会;第二,所有参与者应该被给予设置评议问题议程的平等机会;第三,所有参与者应该被给予平等的机会和平等的时间来说出他们的观点和关注;第四,所有讲话方式,只要没有对另一个参与者不恭,应被允许,为的是那些来自于弱势群体者——他们经常有与来自强势群体者不同的说话方式——不会感到被排斥在外;最后,评议主体应特别讨论社会中的权力差别以揭示评议论坛中存在的差别。(2)包容(inclusion)。来自所有直接被正在考虑的政策影响的群体的参与者应被包含进评议过程。由于群体的比例代表制既不可能也不必要,所有范围的观点应在评议中被陈述以避免偏见和歪曲。杨(Iris Young)提出,来自社会团体(如

---

① Colleen M. G. , " Deliberative Democracy in Theory and Practice: Connecticut's Medicaid Managed Care Council ", *State Politics&Policy*, 5(2005).

种族、民族或性别群体)以区别经济利益团体的代表应当被包容进评议,因为他们反映了社会中结构性不平等。(3)开放(openness)。达到开放性意味着决策过程的每一个阶段都是可评议的,从政策观点的形成到政策决定的执行。没有开放性,评议仅仅在重要的决定已经做出后采用,作为平抚异议的象征性运用(token exercise)。(4)公开(pubilicity)。评议过程应被很好地公开以确保民主责任。评议的公开性既扩大了参与,也让公众促使代表为他们决定背后的理性和道德正义负责。另一方面,有人提出过度的公开性可能对评议过程中的诚实交换意见有害,因为他们必须在将来承担责任。(5)目的与形式(purpose and style)。这一标准是最少被专门说明的,因为它是否被系统安排成帮助管理评议论坛的组织构架,还是它应产生于评议本身是不明确的或有争议的,也就是说评议的目的是什么,如何型构评议的过程,人们并没有形成一致的意见和看法,或许这本身就是评议过程中应该决定的。

评议民主既是一种政治理念,也是一种治理形式。从理念上讲评议民主和治理或善治有不少共同之处,因为二者都认识到现代代议制的缺陷和困难,因而都主张公民参与,但是评议民主制强调得更多的是保障公民治理权的基本政治权利,而治理则主要强调的是解决现代复杂社会问题的治理主体的多元性,或者说评议民主制强调过多的是公民参与公域(public sphere)问题的价值,而治理强调过多的是取得良好治理结果的治理工具。当然评议民主制和代议制一样并不是包治百病的良药。显见的是评议民主制必须支付距离(distance)、时间(time)等决策成本,而且评议民主只适合于和平、稳定时期的决策,非适合于冲突、动乱时期。评议民主必须满足如此种种的必要条件:(1)代表的多样性(diverse representation)。社区的多样性必须在对话讨论中被代表,保证没有一个人被漏掉,每一方面的声音都能被听到。(2)中性空间(neutral space)。公众必须在一个安全和无偏见的氛围中有机会决定自己的观点。(3)基于信息基础的参与(informed participation)。公民必须拥有所讨论问题和讨论背景的足够信息,这样他们才能做出合理的正确判断。(4)着实评议(authentic deliberation)。真正的有意义的机会必须提供给公民参与真正的意见交换,以便能帮助学习和意见交换。① 其实,由于每一个公民都是理性的"经济人",他参与公共讨论或决策本质上是为了追求自身利益的最大化,所以他参与的收益必须大于自己参与的成本,或者从政治的意义上看,公民的评议必须对决策有实质性的影响。因而评议民主制主要被适用于共同生产性社会服务提供领域,如教育、社会工作、工作培训、犯罪预防、儿童照顾、医疗保障和环境保护等,作为对公民/消费者主权和市场模式的一种替代选择,评议民主通过向利益相关者提供参与机会,使他们能够对政策、过程和绩效诸方面的议题充分发表意见,从而有效地改变了公共部门的官僚低效率和麻木不仁。② 尽管有学者指出,评议民主文献主要关注的是理论上的思考,实践性的努力主要限于实验室类型的试验调查,但是评议民主大胆借助现代科技在英美传统国家已经有了有趣的实践,其形式多种多样,如热线(call in)、脱口秀(talk show)、公民陪审(citizen's jury)、公民大会、公民论坛、网络论坛等,既有政府主导,也有民间组织自主组织。③ 评议民主理论看起来令人神往,但实际操作难度较大,其更加注重在公共政策制定阶段公民的参与,显然在和平年代或时间允许、成本不高的情况下可行,其效果显然不错,但效率难以保证。

(三)结论与讨论

由于技术等方面的制约,直接民主在现代社会中难以操作。人们也发现代议制仍然是一种不完全的政府组织形式,于是重新寻求让公民参与的现实性和可能性。人民代表大会制度也是一种代议制,而且我国具有强政府的传统,代议制的某些缺陷难以避免,甚至公民与公共事务决策之间的距离更加被拉大。由政府自身发动广大公民去评价政

---

① William,J. B. ,"Listening to the City and the Goals of Deliberative Democracy", *Group Facilitation*,4(2004).

② M. Mintrom, "Market Organizations and Deliberative Democracy:Choice and voice in public service delivery", *Administration&Society*, 35(2003).

③ M. Mintrom, "Market Organizations and Deliberative Democracy:Choice and voice in public service delivery", *Administration&Society*, 35(2003).

府以及公共服务部门,从而形成提高政府自身管理和服务提供水平的有价值反馈,不失为一个可行的选择。但我国目前的民主评议政风行风活动是由政府主导的,由于公共信息不足以及参与途径的限制,公民通过行风评议这一途径监督评议政府的活动退化成了公民向政府诉苦请、提意见、办理一般事务的快速通道,行风评议的组织者也把解决老百姓反映的热点、难点问题强化为行风评议的主题,而公民行使管理国家事务和社会事务的正当权利如参与决策的议程、选择、执行和评估被严重忽略了。①

当前我国加强对公共部门的评议和监督不应该忽略国家的政治现实,这就是党处于公共决策的绝对核心地位,和西方不同的是,中国政府是在执行和落实党的方针、政策、决策,而不完全是人民代表大会的法律,党通过人民代表大会使自己的决策合法化,政府不仅向人民代表大会负责,受人民代表大会监督,也接受中国共产党的监督,向党的委员会负责。另外,我国是单一制集权国家,中央政府与地方政府的事权划分不甚清晰,在很多情况下下级政府主要按照上级政府的决策办事。加上县级以上政府的产生也未实行直接选举,许多重要官员是经党的组织部门考察,由党的委员会讨论后集体决定的。如果一般群众不能对党的部门和中央政府及其组成部门进行评议,行风评议的效果会打很大的折扣。党处于决策的核心,党的全国代表大会五年召开一次,许多重要决策都是依靠党的常务委员会做出,一般党员并没有机会向党的组织提出咨询和建议,党外群众的机会则更加稀缺了。因此,将党的相关部门和中央人民政府及其组成部门纳入行风评议对象,应该是我国行风评议实践发展的必然要求。

为了更好推动和改进我国的民主评议政风行风活动,理论界应该加强民主评议政风行风的实证研究,关注中国各级各地政府的切身实践模式,以观察这一活动利益相关者对民主评议政风行风的效果的认知,推动者、实践者对这一活动的方式的选择及其原因,民主评议政风

---

① 倪星、史永跃:《民主评议政风行风的学理逻辑:代议制的视角》,《深圳大学学报》2010 年第 5 期。

行风活动的效果及其成功执行的影响因素等方面,以便更加成功地推动这项土生土长的民主实践活动,为全球化时代西方主导的公共管理运动注入强劲的中国元素。

案 例 篇

第十章 地方党政领导班子和领导
干部绩效评估体系设计

一、建立绩效评估体系的时代背景与主旨

改革开放三十多年来,广东的经济社会建设取得了不菲的成就,但也积累下来一些深层次矛盾和问题。这些矛盾和问题如果解决不好,很有可能使改革开放的成果毁于一旦。"不谋全局者,不足谋一域",新一届广东省委领导班子提出要增强忧患意识、树立世界眼光、坚持以人为本,以新一轮的思想大解放推动新一轮的大发展,切中了广东发展的要害。显然,只有继续弘扬解放思想、锐意改革、开拓进取的优良传统,准确把握时代潮流,深刻认识现阶段中国和广东经济社会发展的规律,才能够找到发展的关键点,担当实践科学发展观的排头兵。"路线确定以后,干部就是决定因素",这是中国共产党在长期领导革命和建设的过程中总结出来的一条宝贵经验。在新的发展机遇期,广东省能否在既有成就的基础上,以居安思危的自觉性及时有效地解决遇到的新问题,继续争当改革开放的开路先锋,其关键在于各级党政领导班子和领导干部能否进一步解放思想,认真贯彻落实科学发展观,以"杀出一条血路来"的精神气质推动各项事业的发展。

毋庸讳言,当前我们的很多干部满足于现状,成为改革成果的享受者,甚至慢慢地变成了改革的阻力。因此,必须用新的思想来提高广大党员干部尤其是党政领导干部的境界,用新的机制来改造他们的行为模式,全面营造有利于改革创新的氛围。而要改变领导干部的思想观

念和行为方式,首先需要改变现有的干部考核和政绩评价办法,建立一套领导干部绩效评估的科学体系,通过绩效评估和相应的奖惩、干部任用机制,把那些真正坚持科学发展、善于领导科学发展、群众公认的干部选拔到各级领导岗位上来。因此,认真研究、探索并实施广东省领导干部绩效评估的科学体系,具有非同寻常的紧迫性和重要性。

建立并实施领导干部绩效评估的科学体系(以下简称为"评估体系"),具有鲜明的时代背景和明确的主旨,深入分析这些背景和主旨,有助于我们把握住评估体系的核心内容和主要特色。

(一)建立评估体系是贯彻落实科学发展观的制度保证

经过三十余年的改革开放,我们取得了辉煌的成就,同时也遇到了新的问题和更为复杂的矛盾。解决这些问题和矛盾,全面推进中国特色社会主义事业,关键在于党正确发挥领导作用,确保各项工作的顺利开展。从根本上说,通过解放思想,形成和贯彻落实正确的发展观念,直接关系着中国未来的命运。科学发展观是以胡锦涛为总书记的党中央在领导党和国家各项事业的实践过程中,继承和发展邓小平理论和"三个代表"重要思想的理论产物,是建设社会主义和谐社会的重要指导方针,更是发展中国特色社会主义事业必须坚持和贯彻的重大战略思想。应该说,广东省各级党政领导班子和领导干部对科学发展的重要性和紧迫性已经形成了共识,问题在于如何切实有效地贯彻和落实科学发展观,如何建立贯彻和落实科学发展观的长效机制和激励机制。

中国共产党之所以能够领导全国各族人民不断由胜利走向胜利,除了善于制定政策、选人用人之外,关键的一条就是善于对各项工作进行总结并形成切实有效的制度。只有将各种有益的经验和做法锤炼成制度,才能建立落实各项路线、方针和政策的长效机制。对于制度建设重要性,党和国家领导人曾经有过多次精辟的论述。1980 年 8 月,邓小平在中共中央政治局扩大会议上作了题为《党和国家领导制度的改革》的报告,系统地论述了政治体制改革的问题。他特别谈到了通过制度建设规范党政领导班子和领导干部行为,充分发挥制度的激励作用的问题。他指出:"我们过去发生的各种错误,固然与某些领导人的思想、作风有关，但是组织制度、工作制度方面的问题更重要。这些方面的制度好可以使坏人无法任意横行，制度不好可以使好人无法充分做好事，甚至会走向反面……不是说个人没有责任，而是说领导制度、组织制度问题更带有根本性、全局性、稳定性和长期性。"[1]

　　绩效评估是一个新生事物，但是，就其建立明确的工作责任考核机制、奖优惩劣、促进人才脱颖而出的导向而言，它与我们党长期以来所坚持的干部路线和组织工作制度是相一致的。绩效评估的先进性在于，评估标准的操作性更强，制度运行的程序更为科学，评估手段的结构更加合理，更为重视对评估结果的运用。我们完全可以将当代绩效评估的最新理论成果与制度方法运用到组织人事工作中去，形成富有广东特色、创新意识强烈、系统科学的干部考核评估制度，为贯彻落实科学发展观提供强有力的制度保证。

（二）建立评估体系是革新政治生态的重要途径

　　各级党政领导干部的思想观念、工作重点和方法必须始终围绕党和国家工作重心的变化而改变。在不同的历史阶段，党和国家因应形势的变化，与时俱进，及时果断地提出了具有鲜明时代特色的发展战略，这些发展战略的成败离不开干部人事等方面制度的配套。其中，制定党政领导干部考核重点，并通过具体的考核评估来引导他们解放思想，把思想统一到党的大政方针和政府的施政重点上来，及时树立新的执政理念和发展观念，切实转变领导方式，更好地推进各项事业的顺利发展。客观来看，广东省现有经济发展方式所带来的问题逐渐显现，主要包括资源消耗过大、区域发展失衡、城乡差距扩大、社会管理滞后，等等。这些问题的解决，迫切需要广大干部群众尤其是领导干部居安思危、解放思想、转变观念、谋求科学发展。但是，由于一些领导干部容易看重已经取得的成绩，对进一步改革的风险估计过高，尤其是当进一步改革触及到现有领导体制和某些既得利益的时候，他们的改革动力明显不足，甚至可能成为深入改革的阻力。

---

　　[1]　《邓小平文选》第二卷，人民出版社 1994 年版，第 333 页。

某种程度上,当前的政治生态是不利于继续解放思想和深化改革的。不改变这种政治生态,就无法触动干部群众的灵魂深处,无法推动他们在实际工作中贯彻落实科学发展观,从而使科学发展观失去依托,危及党和国家重大战略部署的实现,其后果十分严重。改变政治生态的重要途径之一,就是通过干部人事制度的改革,建立领导干部绩效评估的科学体系,提供不同于以往的激励机制,诱导领导干部转变思想、调整行为,一心一意谋划科学发展,这正是本课题的宗旨和目的所在。本课题将紧密围绕科学发展观的精神实质,在指标选取、指标结构和评价方法等方面精心设计,力图使评估体系具有科学性、合理性,为组织部门选人用人提供科学依据。由于这一评估体系体现了科学发展观的要求,能够改变领导班子和干部的工作方式,并调动其工作积极性,将有助于从根本上推动当前政治生态的改变和优化。

(三)建立评估体系是塑造广东改革气质的根本推力

在30年前第一次创业时,领导干部没有退路,只能选择带领广大干部群众解除思想禁锢,突破计划经济体制的樊篱。所以,当时的领导干部很少有患得患失的思想顾虑,普遍有着"破釜沉舟"的决心和敢闯敢干的改革气质。在其他条件与兄弟省市相同甚至不如兄弟省市的条件下,广东之所以能够万象更新、开风气之先,靠的就是一种改革气质。这种改革气质集中体现为党政领导干部大胆解放思想、努力改革开放的智慧、决心和勇毅。与过去相比,今天的情况已经有了很大不同。三十余年改革开放取得了举世瞩目的成就,但也容易出现满足于现状、回避新一轮改革的保守心理,导致部分领导干部安于现状、不思进取。事实上,广东正处于改革发展的关键时刻,面临着如何推动新一轮发展的深层次问题,如经济发展方式转变、制度创新、协调发展,等等。如果领导干部仍然满足于过去的成绩,坚持过去的发展观念,广东可能会失去领先优势。时任广东省委书记汪洋及时提出要"继续解放思想",这非常切合广东的发展大势。

人,或者更直接地说,领导干部将会成为广东能否继续解放思想、科学发展的关键性因素。因此要选好领导干部,发挥好人的主观能动性。不能把求稳、无过即是功的人提拔到领导岗位上,相反我们必须谨记"生于忧患,死于安乐",要重新拿出改革开放初期的锐气。当前一些地方一些位置上形成了一些惰性:有些领导干部习惯坐而空谈改革成就、安于现状,甚至尸位素餐;而选拔干部、用人的时候,也相对比较平稳,把激情、胆识等改革初期的锐气逐步放到次要的考虑位置。因此,广东要继续解放思想,其中一个重要方面就是建立领导干部绩效评估的科学体系,将绩效评估与被评估者的奖惩、升降、任免紧密结合起来,把相对保守的干部队伍打锤成锐气长存。

县(市、区)(简称区县级)党政领导班子和领导干部过去是、将来也是广东改革气质的重要传承者和实践者,改革气质是凝聚人心、干好事业的一面旗帜。因此,如何塑造和强化领导干部的改革气质非常重要。新的绩效评估体系坚持解放思想、深化改革的导向,洋溢着浓郁的改革导向,能够彻底激发区县级党政领导班子和领导干部的改革精神,从而成为塑造广东改革气质的根本推力,推动新一轮改革开放的纵深发展。

(四)建立评估体系是争当科学发展排头兵的突破口

改革开放以来,广东大力发扬并坚持"敢为天下先"的精神,取得了令人瞩目的成绩,成为改革开放的前沿阵地。在当前改革开放和社会发展的关键时期,继续解放思想、锐意改革创新,对于广东争当贯彻落实科学发展观的排头兵,意义重大。广东省委提出的新一轮思想大解放的目标指向非常明确,主题是科学发展,关键在于领导干部。

"郡县治,天下安"。广东经济发展的基础是区县一级区域,作为历史最悠久的一级地方政府,区县的经济实力强劲,发展基础良好、知名度高,是广东省提高经济增长质量、优化产业结构、节能减排降耗、改善生态环境,贯彻落实科学发展观的基本着力点和抓手。区县级党政领导班子和领导干部,直接肩负着团结带领广大干部群众具体执行省委战略意图的重要使命,他们是科学发展的贯彻落实者,是消除贯彻落实科学发展观过程中梗阻现象的组织保证。广东要争当贯彻落实科学发展观的派头兵,必须推动区县一级区域在符合科学发展观的前提下加快改革发展,其中的关键在于区县一级领导班子和领导干部进一步解放思想、转变思想观念和领导方式,而实现这一目标的基本途径是建立符合科学发展观要求的区县级党政领导班子和领导干部绩效评估的科学体系。因此,本课题聚焦于区县党政领导班子与领导干部,开发出适用于区县领导干部绩效评估的科学体系,以期切实促进区县一级区域转变经济发展方式,以人为本,强化社会管理和提供公共服务的积极性。在这个意义上,建立符合科学发展观要求的区县级党政领导班子和领导干部绩效评估的科学体系,就成为推动广东省争当实践科学发展观排头兵的突破口。

二、党政领导班子和领导干部绩效评估工作的现状与问题

2009 年 3 月 5—12 日,课题组先后赴韶关、揭阳、湛江和中山等地调研,调研对象为地级市组织部领导、职能处室,县区党、政、人大、政协、纪检、政法系统领导,主要采取访谈形式,通过查阅文件、召开座谈会的方式,收集相关资料。重点了解现有绩效评估的主体、指标体系、评估方法、评估制度、评估结果的运用、有关改革与探索等方面内容,从而较全面掌握目前地方领导干部绩效评估体系的整体运作状况、主要做法、取得的成绩、成功的经验、遇到的难点与问题,等等。自 1998 年中组部颁布《党政领导干部考核工作暂行规定》、2002 年中共中央颁布《党政领导干部选拔任用工作条例》尤其是 2006 年中组部颁布《体现科学发展观要求的地方党政领导班子和领导干部综合考核评价试行办法》以来,为改革传统的干部考评与任用方法,贯彻落实科学发展观和树立正确的政绩观,广东省各级地方积极探索科学的绩效考评制度,出台了一系列各具特色的领导干部绩效考评办法,初步形成了一套较为科学有效的绩效考评体制。

(一)绩效评估工作的现状与特色

目前,各地党政领导班子和领导干部绩效考评工作主要有以下

228

特点：

1. 各级党委政府高度重视，建立了具有权威性的绩效考评领导体制和行之有效的工作机制

对于领导干部的绩效考评，各地级市党委政府非常重视，都成立了由市委书记或市委副书记担任组长，市长或市委常委、组织部长，市委常委、常务副市长，纪委书记等党委政府主要负责人参加的领导小组。领导小组下设办公室，负责干部绩效考评的日常工作。有关考评办法、考评指标、考评结果及考评中所遇到的重大问题一般都要经过市考评领导小组研究决定，有的地方（如中山市）还需由考评领导小组、市政府常务会议、市委常委会层层把关。强有力的领导架构，为绩效考评的顺利推进提供了坚强的组织保障。

2. 建立了体现科学发展观要求的考评目标导向机制

对党政领导干部的考评，关键是要解决考评指标体系的设置问题。从各地的情况来看，虽然具体做法不尽相同，如揭阳市是由被考评对象按照市委、市政府总体工作部署自己来定目标，市考评领导小组牵头有关部门进行审核，最后由市委、市政府审定；中山市则是由市职能部门根据市委、市政府中心任务要求，结合推进本部门工作的需要，提出相应的考评指标，由市考评领导小组统筹，市委、市政府审议通过。但各地在考评目标的确定上都是以市委市政府当年的中心工作和考评对象的工作职责为主要依据，坚持从部门实际出发，制定符合被考评对象实际、明确具体、具有可操作性和能动性的考评目标，在目标设定的过程中都会在综合上级与下级、考评主体与考评对象等多方意见的基础上提出目标，由市考评领导小组审核，最后由市委、市政府审议通过。而且考评指标一般是坚持定量为主，定性为辅，以保证考评的精确性、科学性。年终再根据这些工作目标进行考评，这样可以有效地引导干部把工作和精力放在谋求发展和创造实绩上来。

3. 建立了科学考核程序和相对客观公正的综合考评机制

虽然各地干部绩效评估的程序不尽一致，但基本上都是坚持一年一考核，并建立了全方位、多层次的综合考核机制。各地年终考核都有科学的程序，如揭阳市的年终考核规定了六个步骤，韶关市的绩效考评

按照"指标考核、公众评议、察访核验和创优（先）申报"四个环节对考评对象进行综合考评。各地年终考核一般都会把考核组的考核与单位自查相结合，市级分管领导测评与单位民主测评及基层评议政府机关的活动相结合，每一个方面的考核都占有一定的考评分数。如珠海市的万人评政府；中山市召集人大代表、政协委员、农民等群众代表评议机关的绩效、作风等情况；揭阳市由本地区的普通干部和人大代表及政协委员评领导成员等。对于考核中定性指标的处理，考核组一般会通过明察暗访、查看原始资料及现场调查等方法来核实。对于那些对考核结果持有异议的被考核对象，各地都安排了解释说明的环节。有的市还对考核对象进行分类评估，保证了考核的针对性、科学性和可操作性。如揭阳市的绩效考核就是分成县市区党委政府经济管理部门、社会事业发展部门、执法监督部门、党政综合部门和市人大市政协机关及群众团体等五个序列来进行的。

4. 建立了激励先进、约束后进的评估结果运用机制

虽然各地在评估结果的运用措施上不尽相同，但基本上都将绩效考评结果作为评价考评对象及其领导人工作实绩的重要依据，与干部使用、评优评先、物质奖励挂钩。如揭阳市就对考核结果作了如下规定："被评为一等的，年度考核评为优秀等次，由市委、市政府统一进行表彰"；"被评为二等的，年度考核评为称职（合格）等次"；"被评为三等的，年度考核评为称职（合格）等次，市级分管领导对其谈话提醒；连续两年被评为三等的，年度考核评为基本称职（基本合格）等次，予以诫勉；连续三年被评为三等的，年度考核评为不称职（不合格）等次，市委对其作出组织调整"；"被评为四等的，年度考核根据具体情况分别评为基本称职（基本合格）、不称职（不合格）或不评定等次，并予以诫勉；连续两年被评为四等的，年度考核评为不称职（不合格）等次，市委对其作出组织调整。"

5. 注重绩效评估的制度建设，构建了长效机制，保障了绩效考评规范有序地深入开展

"没有规矩，不成方圆"。绩效考评作为一项全新的工作机制，必须建立健全各项制度，才能使考评工作有据可依，规范操作。从调研中

我们了解到,各地在推行绩效评估制度之初,都制定了相应的绩效考核办法,如《揭阳市党政领导干部绩效考核办法(试行)》(该办法于2006年修订)、《韶关市绩效考评实施方案》等,这些地方的绩效考核办法中都详细地规定了考评对象、考评内容、考评方法及结果运用、纪律与监督等内容,为绩效考评规范有序地运行和发展提供了制度保证。

(二)绩效评估工作中存在的主要问题

广东省各地的绩效评估工作虽然取得了一定的成效,但在实践中也暴露了一些问题,主要表现为以下几个方面:

1. 各地绩效评估制度发展严重不平衡

目前广东省有些地方已经建立起较为完善的绩效评估制度,如揭阳市和中山市等;有些地方初步建立了绩效评估制度,但评估对象的覆盖面还很窄,如韶关市的绩效考核仅仅是针对市直单位和在本市的省直单位,还没有专门针对县(市、区)党政领导班子的考核;有些地方还没有建立绩效评估制度,如湛江市就没有开展严格意义上的绩效评估,只是从2006年4月起首次开展了县(市、区)委书记向市委全委会述职并接受市委委员评议的"一述两征三评"活动。述职内容为各县(市、区)委书记在上一年度贯彻落实"三个代表"重要思想和科学发展观,完成各项工作任务情况(具体包括经济建设、社会稳定与和谐社会建设、党的建设三个方面情况),考核内容比较原则和笼统,不够细化,缺乏可操作性,考核人只能凭自己的主观认识和价值取向来评价被考核对象。

2. 绩效评估主体相对单一

目前广东省各地的绩效评估多以官方为主,缺乏中介组织和专业机构对政府的评估。虽然一些地方开展了"万人评政府"活动,但是开展此类活动的地方在总体上仍然较少,具体运作也不规范,成本太高,弄虚作假的情况很严重,尚有很大的改进空间。群众评议与第三方评估更不成熟,没有制度化。在评估中由于缺乏社会公众的参与,缺乏独立的第三方参与,评估的结果大打折扣,也很难具有公信力。

3. 考评工作量大,操作成本高,制约着绩效评估的深入发展

绩效评估的工作量大,涉及面广,考评内容复杂,需要研究的问题多

而深,但受制于人员编制少、缺乏专门考评机构等因素,导致不少问题难以得到全面、系统的解决。目前广东省绩效评估制度比较完善的地区都是将考核办设在市委组织部、市纪委或机关工委,相关工作人员都是兼任的或每年集中考核时从各单位抽调而来,考核人员本身就负责很多日常工作,而每年从年初制定和审核目标,年终考核时都要投入大量的人力、精力和时间,使工作人员的劳动强度太大,极容易导致"疲乏误差或例行误差"。当考评人同时评核大批工作人员时,会出现未能专注考评程序的倾向,而这种情况会严重影响考评结果,导致考评主体在评核过程中没有一把尺子量到底,从而影响考评的准确性与客观性。

4.绩效评估指标设定还不够全面

从广东省各地政府的实践来看,尚需要不少努力才可能形成相对全面、科学的绩效评估指标体系。存在的主要问题有:

一是重经济指标而忽略其他指标,简单地将经济指标等同政府绩效评估的所有指标,忽视社会发展、政治民主、民生改善、生态环境等方面,这种泛经济化倾向会导致地方政府的职能扭曲和行为失范,违背了科学发展观和和谐社会建设的本质要求。

二是一些考核指标的选定及各指标所占权重的确定还不够科学,没有充分应用现代科学技术手段,从而影响了绩效评估的客观性和准确性。在调研过程中,我们发现各地考核指标的选定与权重的确定基本上没有依照科学的方法来计算,也很少有大规模的公众和专家参与,而多由主要领导和考核办研究得出或凭经验总结确定,主观性较强。

三是绩效评估指标在确定过程中难以兼顾各考评对象的工作和职责内容的差异性,而且有些考核指标难以量化,容易带来考评时考核尺度掌握的不一致性。

四是重短期指标忽略长期指标的现象依然存在。不少地方政府绩效评估指标属于短期性的,忽视了对长期指标、可持续发展方面的关注。在政府绩效评估指标体系中如果只重视当前成本和眼前利益,会诱致短期行为的发生,甚至助长虚假政绩和"政绩工程"的产生。

5.绩效评估结果的公开程度不高,运用不到位

目前广东省很多地方政府尤其是领导班子成员的绩效评估结果没

有在本单位中公示,更没有以一定形式在社会公众中公示,一定程度上影响了绩效评估制度的权威性,没有发挥绩效评估的应有作用。在评估结果的运用上,虽然各地规定要与干部使用、评优评先、物质奖励等挂钩,但事实上除了物质奖励能够较好兑现之外,其他方面的关联度并不是很明显。

6.绩效评估法制不健全

党政领导班子与领导干部的绩效评估是一项庞杂的系统性工程,涉及党的建设、政府管理和公共服务的方方面面,需要多方面的配合与协调,也需要出台明确、完整和权威的制度规范来加以引导。当前,尽管各地陆续颁发了一些相关文件,但总体上仍然呈现单兵突进的特征,尚缺乏统一、系统的制度规定,尤其缺乏法律保障。在实践中,各地方政府绩效评估的标准和原则、组织主体、评估流程和方法、结果运用等方面,存在很大的随意性和盲目性,各自为政的现象严重。

(三)改进绩效评估工作的对策建议

1.在各地级市成立专门的绩效评估机构,推进绩效评估工作的经常化、法制化和制度化

为进一步树立科学发展导向、激励干部干事创业、提高行政运作绩效,省里应把建立绩效评估制度作为加强干部队伍管理的重要手段,推进各地级市绩效评估工作的经常化、法制化和制度化。为此,省里可以考虑出台全省统一的政策措施来保证各地绩效评估工作正常有序地开展,并在各地建立相对独立的绩效评估专门机构,从编制、经费等方面给予支持,确保绩效评估工作有人管、经常抓。同时,要建立健全考核信息库,及时收集各种信息资料,并把平时考核、专项考核与年终考核结合起来,通过考核及时纠正行政行为导向,促进各项工作的落实。

2.鼓励各方参与,推进评估主体的多元化

这是提高绩效评估制度科学性的重要途径。在绩效评估过程中,推进考核主体的多元化,除了调动官僚体制内各级部门的积极性外,还要发挥官僚体制外各种组织和个人的作用,引入独立的第三方参与绩效评估制度的设计、绩效指标的设置和绩效评估的过程,尤其要注意发

挥专家、学者考评机构的作用,因为专家、学者考评机构具有政府机构无可比拟的理论和技术优势,而且他们的独立性强,能超越政府来评价政府,相对公平、公正。同时也要把群众是否满意作为绩效评估的重要尺度,坚持把群众作为领导干部绩效评估的重要主题,进一步扩大群众满意度在评估中的比重和探索群众参与评估的科学形式。

3.制定全面的绩效评估体系,推进评估目标的科学化

一是绩效评估目标和指标体系必须与我国政治、经济、社会、文化的时代特征和发展趋势相一致,充分体现先进生产力的发展要求、先进文化的前进方向和最广大人民的根本利益。

二是绩效评估目标和指标体系必须具有全面性,以便于全面把握领导班子和领导干部的综合情况,全面反映一地经济、社会、政治、生态环境和人的全面发展情况,避免主观片面。

三是绩效评估指标的设定要与对领导班子和领导干部的客观要求相符合,与其岗位的职责相匹配,做到责权利一致、科学合理、公平公正。

四是绩效评估目标必须具有可操作性,目标尽可能清晰具体,凡能量化的指标都要尽可能量化,对于不能量化的指标也要设定清晰和具体的内容要求,既不能过于笼统,也不能过于烦琐。

五是绩效评估目标和指标体系必须根据形势的发展适时调整,充分体现时代性和地方特色。不同地区、不同单位、不同部门的领导班子和领导干部绩效评估,应该充分考虑其实际工作情况和具体环境,不能千人一面、千篇一律地套用一个评估体系。①

4.坚持博采众长,推进考核技术现代化

要广泛吸收当代各国绩效管理的先进理论和技术成果,借鉴发达国家、现行地区绩效评估的成功经验,并与广东省经济社会发展和干部队伍的实际情况相结合,建立适合省情、市情绩效评估体系。充分利用现代统计学、信息技术等手段,建立规范的绩效评估管理系统,提供绩效评估工作的效率,节约评估成本。

---

① 陈天祥:《政府绩效合同的设计与实施:交易费用理论的视角——来自广东省J市的调研》,《公共行政评论》2008年第3期。

5. 建立绩效评估的监督保障制度

为了防止绩效评估中可能出现的主观臆断、暗箱操作、营私舞弊和违规操作等情况，必须建立规范、权威的监督保障制度。一是上级党委和上级政府要对下级的考评工作情况进行监督。在其绩效考评工作结束后，上级党委和上级政府要全面了解其考评情况，认真分析其考评结果，充分征求各利益相关方的意见和建议，并在适当范围内公布考核结果。二是要征询人大、政协、企业家代表、公众代表、专家学者等方面的意见，向其公布考核过程和考核结果，主动听取各方面意见，逐步改进绩效评估工作。三是吸收纪检监察机关和审计部门参加，发挥专门监督机关的作用，保障绩效评估的顺利开展。

三、新的绩效评估体系设计

在改革开放走过三十余年后的今天，广东要百尺竿头，更进一步，争当实践科学发展观排头兵，就必须重新建立起一个勇于改革、敢于试验的政治生态，当中的关键之一，是对领导干部的绩效评估体系采取更科学的态度进行审视和重建。只有继续秉持 20 世纪 80 年代"杀出一条血路来"的创新精神，建立党政领导班子和领导干部绩效评估的科学体系，形成改革的人才链，才能够将解放思想落到实处，切实贯彻落实科学发展观，推动广东省的科技创新、教育创新、文化创新、经济创新、社会创新、政府创新，为中国现代化再提供一个崭新的经验。

（一）评估体系的基本框架

1. 基本工作制度

为保证评估制度建设的严肃性和权威性，建议以中共广东省委的名义出台正式文件，建立党政领导班子和领导干部绩效评估制度，从评估原则、评估主体、指标体系、程序与方法、结果运用等方面，明确该制度的基本框架。同时，按照干部管理权限和调动地方积极性的原则，要求各地级市在省委统一规定的基础上，在全省统一的评估框架内，自主探索区县级党政领导班子和领导干部的绩效评估制度,报经省委批准后实施。各地级市应颁布《区县级党政领导干部班子和领导干部绩效评估办法》,内容包括评估的原则和适用范围、评估的组织领导工作、评估内容(目标)及量分、评估程序、评估结果的运用(即奖惩措施)、评估的纪律等方面,规范评估工作。

2. 领导机构

各地级市成立绩效评估领导机构,名称可以定为"党政领导班子和领导干部绩效评估工作领导小组"。为保证评估的有效实施,其组成人员应包括各地级市主要党政领导,由市委副书记任组长,市委常委、组织部长任副组长,成员包括市发改委、财政局、统计局、监察局、人事局等相关部门的行政首长。领导小组的主要职责包括:研究决定区县级党政领导干部绩效评估中的重大问题,组织协调评估工作,对各单位的工作目标、绩效评估结果和奖惩方案进行审核,报市委审批。

由于领导小组是由各部门行政首长兼任的,以办公会议为工作方式,因此,为了保证领导小组职责的落实,应在领导小组下设半常设性的办事机构,名称为"党政领导班子和领导干部绩效评估工作办公室",其职责包括:初审各县(市、区)的年度工作目标,提出县(市、区)党政领导干部绩效评估工作方案(如提出评估组成员构成及人选的意见、评估标准的确定、评估资料的收集、主考人员培训等),具体组织实施评估,对评估小组的评估结果进行审查和核实,综合评估结果,提出奖惩方案,等等。

3. 评估原则与内容

(1)评估原则。评估工作坚持以科学发展观为指导,引导领导干部树立和落实正确的政绩观。绩效评估工作遵循公正公开、注重实绩、发扬民主、群众公认的原则。

(2)评估内容。绩效评估的内容分为三个部分,即工作实绩评估(占 60% 权重,见表 10 - 1)、民主测评(占 10% 权重,见表 10 - 2)和公众满意度调查(占 30% 权重,见表 10 - 3),同时实行特定事项加分和扣分制度。

表 10 - 1　地方政府工作实绩评估指标体系

维度	一级指标	二级指标	指标性质	权重			
				核心都市区	经济密集区	经济潜力区	重要生态区
投入指标	人力资源	公务员占地方总就业人口的比重	逆向				
		公务员工资总额占地方财政支出比重	逆向				
	财政资金	行政管理支出占地方财政支出的比重	逆向				
		教育经费占地方财政支出的比重	正向				
		科技经费占地方财政支出的比重					
		文化经费占地方财政支出的比重					
		公共卫生经费占地方财政支出的比重					
		社会保障经费占地方财政支出的比重					
		环保经费占地方财政支出的比重					
管理过程指标	政府行政能力	地方财政一般预算收入					
		政府机关办事效率					
		政府信息化管理水平					
		突发事件应急处理					
	政府服务能力	政府规章制度的完备性					
		政务公开透明度					
		政府的公信力					
		公务员的业务素质					
	政府廉洁度	腐败案件发案数	逆向				
		腐败涉案人数占公务员比例	逆向				
		机关工作作风的公民评议情况					
	政策制定与执行	政策的稳定性					
		政策的连续性					
		政策的科学性					
		决策的民主性					

维度	一级指标	二级指标	指标性质	权重			
				核心都市区	经济密集区	经济潜力区	重要生态区
产出与结果指标	经济建设	GDP 增长速度					
		社会消费品零售总额					
		第三产业增加值占 GDP 比重					
		高新技术产业增加值占 GDP 比重					
		全员劳动生产率					
	社会发展	每万人中拥有大专以上学历人数					
		每万人拥有公共图书馆藏书量					
		人均预期寿命					
		新生婴儿死亡率	逆向				
		甲、乙类传染病发病率	逆向				
		重大刑事案件破案率					
		居民安全感					
		每万人拥有公交车数					
		新型农村合作医疗覆盖率					
		基本社会保障覆盖率					
	政治文明	党政领导干部差额选举比例					
		人大、政协提案办结率					
		群众上访办结率					
		村民自治制度的完善程度					
		城市社区自治制度的完善程度					
		公众及各种媒体的监督力度					

续表

维度	一级指标	二级指标	指标性质	权重			
				核心都市区	经济密集区	经济潜力区	重要生态区
	生态环境	化学需氧量排放总量消减率					
		固体废物处理达标率					
		二氧化硫排放总量消减率					
		空气质量优良率					
		主要饮用水源水质达标率					
		人均公共绿地面积					
	人民生活	城镇居民人均可支配收入					
		农村居民人均纯收入					
		基尼系数	逆向				
		居民人均消费支出					
		恩格尔系数					
		重点食品抽检平均合格率					
		城镇居民人均住房面积					
		城镇登记失业率	逆向				
		农村富余劳动力非农就业人数					

表 10 – 2　党政领导班子民主测评指标和评价要点

一级指标	二级指标	评价要点	权重	优秀	良好	一般	较差	评分
工作实绩	经济建设	驾驭市场经济能力,经济健康均衡发展	6%	6	5—4	3	2—0	
	政治建设	民主法治建设,政务公开	6%	6	5—4	3	2—0	
	文化建设	图文博事业,群众性文化生活	6%	6	5—4	3	2—0	
	社会建设	教育、医疗卫生、社会保障、社会秩序	6%	6	5—4	3	2—0	
	党的建设	基层党组织建设,党员队伍、干部队伍、人才队伍建设	6%	6	5—4	3	2—0	

续表

一级指标	二级指标	评价要点	权重	优秀	良好	一般	较差	评分
思想政治建设	政治方向	工作指导思想,政治鉴别力和敏锐性,全局意识	5%	5	4	3	2—0	
	精神状态	团结协作,艰苦奋斗,开拓创新	5%	5	4	3	2—0	
领导能力	科学决策	决策程序规范、失误少	8%	8	7—6	5—4	3—0	
	选人用人	知人善用,严格按干部任用的制度办事,不搞"一言堂"	8%	8	7—6	5—4	3—0	
	领导班子建设	领导班子团结协作,有正气,坚持民主集中制	8%	8	7—6	5—4	3—0	
	机关制度建设	机关制度健全、规范	5%	5	4	3	2—0	
	处理突发事件	处理各种自然和社会突发性事件,维护社会稳定、和谐	5%	5	4	3	2—0	
	求真务实	坚持从实际出发,不铺张浪费、不浮夸、不搞"政绩工程",为民办实事	8%	8	7—6	5—4	3—0	
党风廉政建设	反腐倡廉	重视反腐宣传教育,思想道德建设	5%	5	4	3	2—0	
	廉政制度建设	建立健全廉政规章制度,完善党内外监督机制,落实廉政责任制	5%	5	4	3	2—0	
	廉洁自律	按廉政制度严格要求自己,起表率作用	8%	8	7—6	5—4	3—0	
合计			100%	总得分				

表 10 - 3　地方党政领导班子公众满意度调查表

评价指标	权重	满意	比较满意	一般	不满意	评分
依法办事	10%	10—9	8—7	6—5	4—0	
政务公开	10%	10—9	8—7	6—5	4—0	
机关服务水平	10%	10—9	8—7	6—5	4—0	

续表

评价指标	权重	满意	比较满意	一般	不满意	评分
办事效率	10%	10—9	8—7	6—5	4—0	
党风廉政建设	10%	10—9	8—7	6—5	4—0	
务实作风	10%	10—9	8—7	6—5	4—0	
为民办实事	10%	10—9	8—7	6—5	4—0	
公共设施建设	10%	10—9	8—7	6—5	4—0	
公共服务的提供（包括义务教育、医疗卫生、社会保障、社会文化活动）	10%	10—9	8—7	6—5	4—0	
社会治安状况	10%	10—9	8—7	6—5	4—0	
合计	100%	总得分				

（3）评估指标的结构。在工作实绩评估中采取目标管理方式，工作实绩评估指标分为两大类，一类是全省统一的共性指标，另一类是各区县根据本地的实际情况和发展重点而自选制定的个性指标。在工作实绩评估指标之外，设置民主测评和公众满意度调查指标。

4. 评估对象与程序

（1）评估对象。绩效评估的范围为县（市、区）党政领导班子；党委书记、县（市、区）长，党委副书记、常委，副县（市、区）长，人大常委会主任、副主任，政协主席、副主席，法院院长、检察院检察长。

（2）评估程序。领导班子和领导干部对评估小组述职，评估小组实施工作实绩评估，评估办实施民主测评、公众满意度调查，形成评估结果初步意见，征求纪检监察部门意见，绩效评估领导小组审核，市委审批，结果公示、反馈和运用。

（二）评估体系的实施机制

1. 工作实绩评估

（1）实行透明化的评估目标管理。每年3月底之前，各县（市、区）应根据上级党委和政府的要求、本级党代会和每年的全委会、人代会提出的工作任务，综合制定本级党政领导班子和领导干部的主要工作目标。目标生成的程序包括:各县(市、区)党政领导自报目标、地级市绩效评估办公室初审、地级市主要党政领导审核、县(市、区)党政领导修改、地级市绩效评估办公室再审、地级市绩效评估领导小组最终审定。为了强化目标约束,工作目标应以地级市委、市政府文件的形式发布,便于社会和公众的监督。原则上目标一旦形成,不得更改,但允许在每年中进行一次微调。

(2)对工作目标的评估。由地级市绩效评估办公室统一组织实施对工作目标的实绩评估,评估小组负责人由市委组织部一位副部长担任,成员包括评估办公室成员、统计局、财政局、人事局、监察局等部门的负责人。评估信息来源包括各种统计报表、干部群众访谈、现场查勘、对照项目或任务书、座谈会等。

2. 民主测评

民主测评由评估办公室组织实施。测评指标包括:经济建设、政治建设、文化建设、社会建设、思想政治建设、领导班子建设(民主集中制、班子的团结协作)、党风廉政建设、科学决策、选人用人、务实作风和为民办实事、党组织建设、机关制度建设、处理突发事件能力,等等。

民主测评采取机关内部问卷调查的形式。问卷调查范围包括:上级和本级主要党政领导、人大代表、政协委员、纪委委员、职能部门和直属机关的领导和群众代表,样本数为 100 个。其中,地级市党政领导、人大代表、政协委员、纪委委员占 30 个,县(市、区)党政领导、人大代表、政协委员、纪委委员占 30 个,县(市、区)职能部门和直属机关的领导和群众代表占 40 个。

3. 公众满意度调查

公众满意度调查由评估办公室组织实施。调查指标包括:依法办事、政务公开、机关服务水平、办事效率、党风廉政建设、务实作风、为民办实事、公共设施建设、公共服务提供、社会治安综合治理,等等。

公众满意度调查可选择的形式有:(1)由地级市绩效评估办公室、地级市效能建设办公室或社情民意调查中心采取电话调查或入户发放问卷的方式向公众进行调查,调查样本可以控制在 500—1000 人之间;(2)委托社会上的第三方机构(如高校的政府绩效评估中心)进行调查,采取电话调查或发放调查问卷的方式。为保证调查的公正性和公信力,建议由省委组织部和省内知名高校联合成立政府绩效评估研究中心,统一组织实施对领导干部的公众满意度调查工作。

(三)评估体系的操作办法

1. 加分与扣分

奖励加分的条件如下:(1)整体性工作获得中央部委、省委、省政府及以上级别通报表彰的,奖1分;专项工作即某一系统或部门的整体性工作获中央部委、省委、省政府及以上级别通报表彰的,加0.5分;(2)个人获得中央部委、省委、省政府及以上级别通报表彰的,奖1分。加分的确定以当年度内获得表彰的文件或证书为依据。

惩罚扣分的条件如下:(1)专项工作即某一系统或部门的整体性工作受到省委、省政府"一票否决"的,扣2—4分,专项工作即某一系统或某一部门的整体性工作受到市委、市政府"一票否决"的,扣1—2分;(2)个人受到党内警告或行政警告、记过处分的,每发生一起,扣1分;(3)个人受到党内严重警告或行政记大过处分的,每发生一起,扣2分。

2. 评估成绩的计算

党政领导班子评估成绩的计算公式:$M_1 = S \times 60\% + P_1 \times 10\% + G_1 \times 30\% \pm Y_1$,其中:$M_1$ 代表党政领导班子的总成绩,S 代表工作实绩评估得分,P_1 代表党政领导班子民主评议得分,G_1 代表党政领导班子公众满意度调查得分,Y_1 为加减分。

党政领导干部的个人评估成绩的计算公式:$M_2 = M_1 \times 60\% + P_2 \times 10\% + G_2 \times 30\% \pm Y_2$。其中,$M_1$ 代表党政领导干部所在班子的总成绩,P_2 代表领导干部个人的民主测评得分,G_2 代表领导干部个人的公众满意度调查得分,Y_2 代表领导干部个人的加减分。

3. 评估成绩的排序

评估成绩由高到低排序,分为优秀、良好、合格、不合格四个等次,各等次的比例关系为2:3:3:2。评估结果作为奖惩、表彰、职务升降和领导班子换届人选推荐的重要依据。物质奖励的实施由各地根据实际情况自行决定。对评估成绩为不合格等次的,该党政领导班子和领导干部由市委领导对其进行诫勉谈话。

4. 特殊规定

有下列情形之一的,党政领导班子和领导干部个人当年不得被评为第一等次,由其后的党政领导班子和领导干部依次递补:所辖范围内发生特大安全事故的;所辖范围内发生重大群体性事件并对社会稳定造成严重影响的;领导班子成员中有受到撤销职务以上处分的;领导班子集体受中央部委、省委、省政府及以上级别通报批评的;出现其他严重问题的。

四、探索符合科学发展观要求的绩效评估指标

(一)科学发展观对绩效评估指标体系的基本要求

科学发展观对各级党委和政府提出了进一步解放思想、转变发展观念和领导方式的要求,包括切实转变政府职能、提高经济增长的质量、优化产业结构、缩小城乡差距、建设服务型政府和资源节约型、环境友好型社会,为全面建设小康社会奠定基础。因此,各级党政领导班子和领导干部在谋划发展的过程中要注意处理好各种关系,解决好一些突出的矛盾和问题,本着以人为本的原则推动本地区的科学发展,建设和谐社会。在此基础上,我们认为,贯彻落实科学发展观对建立领导干部绩效评估的科学体系的要求体现在以下几个方面:

1. 评估指标体系要完整地反映党和政府工作的全貌与重点

由于绩效评估是上一级党和政府考核下一级党和政府工作的重要途径和抓手,关系到引导党政领导班子和领导干部树立什么样的政绩观、如何及时准确地反映他们的工作成绩、为选人用人提供科学依据等重大问题,因此,作为绩效评估体系的关键,评估指标的设计必须慎之又慎。其中,评估指标的部类一定要完整地反映党和政府工作的全貌和重点。通过实地调研和对国内外实践经验的借鉴与比较,结合省委、省政府下一阶段的发展思路和工作重点,我们认为评估指标需要涵盖

经济建设、社会发展、政治文明、生态环境和人民生活五个方面。在设置上述实绩指标后,还应当根据分类原则设置反映党政领导班子和领导干部的群众基础、工作作风的非实绩指标,非实绩指标的评估通过民主测评和公众满意度调查的形式进行。

当前,发展是党执政兴国的第一要务,因此促进经济建设仍然是党政领导班子和领导干部的首要任务。但是,经济建设要与其他工作重点结合起来按照科学发展观的要求进行。经济建设是社会发展的物质基础,促进社会发展是建设服务型政府的依归。政治文明是党政领导班子和领导干部面临的一个比较新的课题,促进党风廉政建设、切实改进党的作风是政治文明建设的重要内容,通过行政体制改革优化政府管理、通过政治体制改革完善社会主义民主法治也是政治文明的基本内涵。科学发展观要求我们坚持可持续发展,处理好人与自然的关系,建设资源节约型和环境友好型社会,因此,在绩效评估中必须重视生态环境指标。经济、社会、政治、生态等方面的进步是人民生活改善的前提,民生改善是社会总体进步的集中体现,最能够反映人民群众的实际生活水平和对政府的满意度,是绩效评估的重点。

2.评估指标的类别设计要兼顾普遍性与特殊性,形成特色政绩

绩效评估在本质上是一个相互作用的博弈行为,评估主体希望能够通过评估工作调整被评估主体的发展观念、领导方式以及工作重点,并以较低的成本收集政绩信息;被评估主体希望能够及时有效地满足上级评估主体的主观偏好,并以较低的成本传递政绩信息。因此,如何降低评估工作的成本、提高评估工作的成效非常重要。传统的政绩评估与干部考核往往是单向的,即主要由上级指定评估方案和指标体系,这样的评估指标体系往往不能充分照顾到被评估主体的工作实际,不能充分披露被评估主体的政绩偏好和个性信息。

通过创新评估指标体系的设置方式,调动被评估主体的主观能动性、体现区域特色,有助于提高评估工作的成效。我们的设想是,采用共性指标与个性指标并存的方法,在保证基本评估指标(即共性指标)一致的同时,预留可以由被评估主体根据工作实际自由选择的个性指标。即对所有地区均设置经济建设、社会发展、政治文明、生态环境和

人民生活等五个方面的共性指标,此外允许各地区结合自身实际和工作重点,可以自我设置一些个性指标,在每年初报经上级考核主管部门批准后作为个性化考核指标。这样的制度设计可以保证评估的统一性和上级工作的优先完成,同时又能够推动各级领导干部根据自身实际发挥主观能动性、打造区域发展特色,形成力争上游、生动活泼的工作局面。

3.评估指标的权重设置要体现分类指导原则

科学发展观的精髓是注重发展的科学性,由于区县级党政领导班子和领导干部是贯彻落实科学发展观的生力军,而绩效评估将从制度上调整他们的发展观念、领导方式以及工作重点,因此,评估指标的权重设置要能够发挥激励科学发展的作用。从总体上看,广东属于发达省份,但从内部结构分析,广东又是一个发展不均衡的省份,在经济社会快速发展的过程中,全省形成了核心都市区、经济密集区、经济潜力区和重要生态区的布局。显然,由于各个区域的发展基础、潜力、速度和侧重点各不相同,用同一套评估指标和同样的权重来进行绩效评估,既不公平,也不科学,但为不同区域设置不同的评估指标又容易使评估缺乏可比性,既可能产生"鞭打快牛"的现象,也可能挫伤后进地区的积极性。所以,我们考虑将两方面因素综合起来加以考量,在共性指标考核方面,所有地区的指标内容是整齐划一的,但对于核心都市区、经济密集区、经济潜力区和重要生态区四大区域,在相同的指标上分别设置不同的指标权重。这样,既能保证基本评估要求的全面性,又能体现出发展要求的差异性,使绩效评估能够实事求是、充分发挥激励科学发展的作用。

(二)绩效评估指标体系的构建框架

1.绩效评估指标体系的构建流程

地方政府绩效评估指标体系的构建是一个系统流程,包括地方政府绩效的影响因素分析、绩效评估特征分析、绩效评估目标的分解、绩效评估指标的筛选与测评、指标权重的确定等五个基本环节,如图10－1所示。

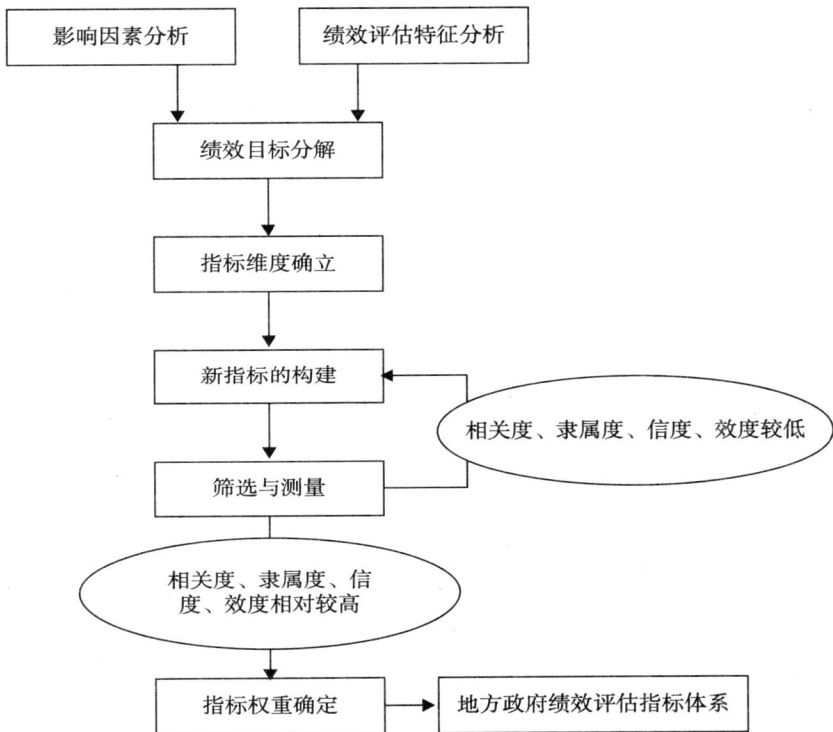

图 10－1　地方政府绩效评估指标体系构建流程图

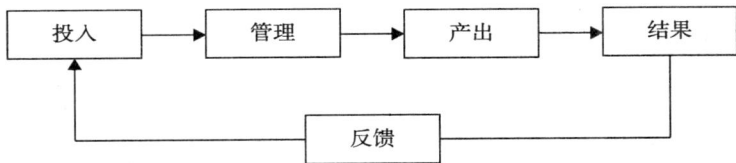

图 10－2　政府运行流程图

　　要全面、有效地考察政府的工作绩效,必须按照政府管理活动的逻辑顺序,逐一考察各个环节中政府的工作状况,遴选最合理的绩效指标。在实践中,政府运行过程是由投入——管理——产出——结果四个环节组成的。投入是指政府为社会提供管理与服务所需的资源消耗,包括人力、财力和物力;管理是指政府通过内部结构重组和流程优化而获得的管理与服务能力,表现为政府的行政能力、服务能力、廉洁程度、政策制定与执行状况;产出是指政府活动所产生的所有输出和提供的服务;结果则是指这些输出对公众产生的影响。虽然产出与结果存在着一定的差异,但二者之间具有高度相关性,很难完全区分开来,因此,本研究仅仅将地方政府绩效评估指标划分为投入、管理过程与结果三个维度,而不再对政府的产出与结果加以区分。

2. 绩效评估指标体系的构建思路

对于现代政府而言,要获得一个稳固的合法性基础就必须加强民主法治建设,切实改进民生福利,这为衡量政府绩效提供了基本价值标准。本书着重考察的是地方政府绩效评估指标的建构问题,新的评估指标必须体现新的价值规范的要求,从各方面综合考察地方政府的工作业绩,构建一个多元综合的评估指标体系。因此,我们必须将政府的工作重心由单纯追求经济发展,转变为经济、效率、效益、公平、民主、稳定、环境等方面的共同发展,从而在更大程度上获得公众的认同与支持。

综合以上分析,我们通过总结现实中各种评估指标及学术成果的优缺点,在政治合法性基础转型所带来的新的价值标准指导下,从投入——管理——产出与结果的框架出发,尝试设计一套全新的地方政府绩效评估指标体系,如附表所示。由于物力是财力的外化,二者可以统一,本书将投入指标划分为人力资源与财政资金;对管理指标的设置,侧重从政府的行政能力、服务能力、廉洁程度、政策制定与执行状况等方面考核政府运行过程中的各方面绩效;产出与结果指标则细分为经济建设、社会发展、政治文明、人民生活、生态环境五个方面。在此基础上,将各维度进一步细化为具体可测的指标,从而建构出一套较为完整、合理的地方政府绩效评估指标体系。

(三)绩效评估指标权重的赋权思路

1. 指标赋权思路之一

采用时间序列分析方法与线性回归方法,依据 5 年的数值进行分析。

(1)在全省 121 个县级行政区域中,每个县级行政区域随机抽样 30

位,共计 3630 位公民,测量最近 5 年广东 121 个县级区域的公众满意度。

(2)通过加总求得每年公众满意度的全省总值,进行时间序列分析,寻找公众满意度的变化规律。

(3)以公众满意度为因变量,经济建设、社会发展、政治文明、生态环境和人民生活作为一级自变量,进行回归分析,求得 5 个一级自变量的系数/权重。

(4)计算公众满意度的均值,以及经济建设、社会发展、政治文明、生态环境和人民生活 5 个自变量 5 年的均值。

(5)建立基于时间序列的线性回归方程,求得 5 个自变量的相关系数,据此确定 5 个一级自变量在公众满意度中的权重。

(6)依此方法,计算各二级指标权重。

下面,我们通过举例的形式,解释此种设计思路的具体操作步骤。假设 5 年内公众满意度的分布情况如表 10 - 4 所示:

表 10 - 4　公众满意度的时间序列

时间	2008	2009	2010	2011	2012	变量
序列	1	2	3	4	5	X
公众满意度年度值	109	113	116	117	119	Y

首先,对表 10 - 4 进行时间序列分析,结果为:

$$Y = 107.2 + 1.083X, t = 99.335, Sig = .000$$

其中,107.2 为截距,1.083 为回归系数,概率值具有统计显著性,表明公民满意度符合时间序列要求。

表 10 - 5　公民满意度与一级自变量

公民满意度年度值 Y	一级自变量均值				
	经济建设 X_1	社会发展 X_2	政治文明 X_3	生态环境 X_4	人民生活 X_5
Y_1	X_{11}	X_{21}	X_{31}	X_{41}	X_{51}

续表

公民满意度年度值 Y	一级自变量均值				
	经济建设 X_1	社会发展 X_2	政治文明 X_3	生态环境 X_4	人民生活 X_5
Y_2	X_{12}	X_{22}	X_{32}	X_{42}	X_{52}
Y_3	X_{13}	X_{23}	X_{33}	X_{43}	X_{53}
Y_4	X_{14}	X_{24}	X_{34}	X_{44}	X_{54}
Y_5	X_{15}	X_{25}	X_{35}	X_{45}	X_{55}

其次,对表 10-2 进行多元回归分析,求 1 级变量的系数/权重,结果为(虚拟):

$$Y = 10.2 + 1.083X_1 + 1.45X_2 + 2.54X_3 + 3.21X_4 + 1.21X_5$$

其中,1.083,…,1.21 为 5 个一级自变量的系数/权重。

表 10-6　一级自变量与二级自变量

经济建设年度值（一级变量）Y	二级自变量均值				
	人均可支配收入 X_1	人均 GDP X_2	财政收入 X_3	GDP 增长率 X_4	固定投资增长率 X_5
109　Y_1	X_{11}	X_{21}	X_{31}	X_{41}	X_{51}
113　Y_2	X_{12}	X_{22}	X_{32}	X_{42}	X_{52}
116　Y_3	X_{13}	X_{23}	X_{33}	X_{43}	X_{53}
117　Y_4	X_{14}	X_{24}	X_{34}	X_{44}	X_{54}
119　Y_5	X_{15}	X_{25}	X_{35}	X_{45}	X_{55}

最后,对表 10-6 进行多元回归分析,求二级变量的系数/权重,结果为(虚拟):

$$Y = 10.2 + 1.083X_1 + 1.45X_2 + 2.54X_3 + 3.21X_4 + 1.21X_5$$

其中,1.083,…,1.21 为 5 个二级自变量的系数/权重。

2. 指标赋权思路之二

采用简单线性回归方法,依据某一年的数值进行分析。

(1)在全省 121 个县级行政区域中,每个县级行政区域随机抽样 30 位,共计 3630 位公民,测量当年广东 121 个县级区域的公众满意度,并加总求得全省的均值。

(2)以公众满意度为因变量,经济建设、社会发展、政治文明、生态环境和人民生活作为一级自变量。

(3)计算公众满意度的均值,以及经济建设、社会发展、政治文明、生态环境和人民生活 5 个自变量的全省均值。

(4)建立基于时间序列的线性回归方程,求得 5 个自变量的相关系数,据此确定每个一级自变量在公众满意度中的权重。

(5)依此方法,计算各二级指标权重。

下面,我们通过举例的形式,解释此种设计思路的具体操作步骤。

第一步,根据公众满意度进行回归分析,求得一级变量的系数/权重,结果(虚拟)为:

$$Y = 10.2 + 1.083X_1 + 1.45X_2 + 2.54X_3 + 3.21X_4 + 1.21X_5$$

其中,1.083,…,1.21 为 5 个一级自变量的系数/权重。

表 10−7 公民满意度与一级自变量

公民满意度年度值 Y	一级自变量均值				
	经济建设 X_1	社会发展 X_2	政治文明 X_3	生态环境 X_4	人民生活 X_5

第二步,根据一级指标进行回归分析,求得二级变量的系数/权重,结果为(虚拟):

表 10−8 一级自变量与二级自变量

经济建设年度值（一级指标） Y	二级自变量均值				
	人均可支配收入 X_1	人均 GDP X_2	财政收入 X_3	GDP 增长率 X_4	固定投资增长 X_5

$$Y = 10.2 + 1.083X_1 + 1.45X_2 + 2.54X_3 + 3.21X_4 + 1.21X_5$$

其中,1.083,…,1.21 为 5 个二级自变量的系数/权重。

3. 指标赋权思路之三

(1)委托社会中介组织邀请专家运用德尔菲法对一级指标赋予权重,在此基础上对二级指标赋予权重。

(2)决策者组织内部评议,以专家意见为基础,根据工作中心和政策重点调整一级指标权重,在此基础上相应调整二级指标权重。

(四)绩效评估指标体系的系统构建

1. 共性指标与个性指标

评估是一个博弈和交易过程;评估者希望以较低的成本下达政绩要求收集政绩信息;被评估者希望以较低的成本适应政绩要求传递政绩信息;形成力争上游、别具一格的有序竞争格局;可以自由选择的指标,总数相等,需要经过评估者的审批;建议自选指标的权重在 20% 左右,权重应统一。

2. 基于不同功能区域的指标权重安排

(1)四大功能区域划分。根据省发展和改革委员会的意见,以地级以上市为单位,在广东省原有区域划分的基础上,突出广州、深圳两大核心都市,并与广东省主体功能区划方案结合,将全省划分为核心都市区、经济密集区、经济潜力区和重要生态区四类区域。

核心都市区:广州市、深圳市两市。

经济密集区:珠海市、佛山市、东莞市、中山市四市。

经济潜力区:惠州市、江门市、阳江市、云浮市、汕头市、汕尾市、湛江市、茂名市、潮州市、揭阳市十市。

重要生态区:肇庆市、清远市、韶关市、河源市、梅州市五市。

(2)根据区域功能定位调整指标权重。由于核心都市区、经济密集区、经济潜力区和重要生态区四大区域的资源禀赋、功能定位、发展目标各不相同,在实绩考核的共性指标中,应该分类指导,给每个区域设置不同的指标权重。

例如,按照核心都市区、经济密集区、经济潜力区和重要生态区的顺序,在经济建设指标方面应该逐渐减少其权重,在生态环境指标方面则应该逐渐增加其权重。在社会发展、政治文明和人民生活指标方面,四大区域的权重不应该有太大区别。

　　3.构建矩阵式指标体系

　　根据上述原则和构想,我们可以在很多方面有所突破和创新,设计出一套全新的绩效评估指标体系。这一指标体系将突破现有的单变量平铺式模式,构建基于政府管理流程、区域功能定位和区域自主性的矩阵式评价指标体系。

表 10－9　矩阵式评价指标体系示意图

指标 \ 区域权重		核心都市区	经济密集区	经济潜力区	重要生态区
共性指标	经济建设				
	社会发展				
	政治文明				
	生态环境				
	人民生活				
个性指标					

第十一章 公务员绩效分类
评估方案构建

一、公务员绩效评估现行方案分析

（一）珠海市公务员绩效分类评估改革的背景与意义

公务员个人绩效评估作为政府绩效评估的一个重要组成部分，是组织绩效评估的基础，公务员个人评估若能起到真正的激励和考核的作用，则能从根本上提高整个政府组织的绩效。因而，要真正提高政府整体绩效水平，最根本的解决之处是从公务员绩效评估入手。

近年来，珠海市在公务员绩效评估方面进行了积极探索，独立设计了公务员绩效评估体系，并开展了试点工作。试点工作共分两个阶段：第一阶段以量化指标为基础，以计分卡的形式实现考核；第二阶段则通过限定考核原则和主体内容的方式来实施。上述两个阶段的试点工作在公务员绩效评估方面进行了有益的尝试，并取得了一定的成效，但也发现了一些问题，尤其是考核指标如何兼顾市属各机关事业单位的差异性、如何充分调动各单位的积极性、如何有效地使用考核结果等等，这也是目前我国公务员绩效评估中的一个亟待解决的现实性问题。一方面，公务员人数众多，其所在机构种类繁多、所处等级有所不同，所处岗位及其岗位职责也有明显差异；另一方面，作为公务员总体考核规定的《公务员考核规定（试行）》，则是针对全体公务员绩效评估的考核原则、考核方法、考核标准、考核程序等方面的总体性规定，并没有细化对不同种类的公务员的考核办法。

因此,在机构性质和岗位职责存在差异,而考核总体规定涉及面宽泛的情况下,如何科学评估不同种类公务员的绩效,就成为当前学术界研究重点之一,也是当前各地市政府管理实践中的一大难题。

作为一项有效的战略管理工具,公务员绩效评估近年来越来越受到重视。如何科学设置绩效评估指标,优化绩效评估手段,以达到提高政府部门效率、增强问责性、实现政府部门自身的完善和管理能力的提升,已经成为目前各政府部门的工作重点之一。中共中央政治局委员、广东省委书记汪洋同志在省委十届二次全会上强调指出:"建立科学的统计指标体系和核算方法,才能把贯彻落实科学发展观的目标和要求转化为可考核的客观标准,形成正确的评价导向"。

目前我国公务员队伍根据职位性质、特点和管理需要划分为综合管理类、专业技术类和行政执法类三类,这一划分没能细化公务员的岗位类别,并没有体现出不同岗位中公务员的行为差异,不利于公务员绩效的分类评估。

同时,按照公务员法的现行规定,将公务员职务划分为领导职务和非领导职务,级别则分为15级,而在各地的公务员考核中,通常是按照处级以上和科级以下的方式对公务员进行分层考核,两种考核方案也比较雷同,没能对公务员考核中领导职务和非领导职务、各个级别有更明确的区分。

此外,目前地级市机构设置一般都按照党委机构、政府机构(包括政府工作部门、特设机构、直属机构、协调机构、派出机构)、人大政协、群团党派以及法院检察院的类别进行划分,其分类结果没能体现公务员所处部门的性质和特点,同样不利于公务员绩效的分类评估。

因此,在珠海市现有考核方案和实际情况的基础上,针对所属部门、所在层级、所处岗位各有不同的公务员队伍,制定出具有针对性的绩效分类评估方案并予以试行,这不仅是提高珠海市公务员自身素质的有效途径,而且对于全国公务员绩效实行分类评估具有示范性作用,同时也是21世纪政府管理创新的必然要求。

(二)珠海市公务员绩效评估的现行方案

当前,珠海市采用的公务员考核方案细分为两个类别,主要区别在于考核对象和考核组织方：其中考核对象分别是针对处级以上与科级以下的公务员，考核组织方分别是珠海市市委组织部和珠海市人事局。此外，则以2008年新出台的《珠海市处级党政领导班子和领导干部落实科学发展观评价指标体系及考核评价办法（试行）》为辅，作为处级以上干部考核的补充。表11-1为珠海市处级以上与科级以下的公务员绩效评估方案的对比表。

表11-1　珠海市处级以上与科级以下的公务员考核方案对比表

方案条款 / 考核方案	处级以上公务员考核方案	科级以下公务员考核方案
考核组织方	珠海市市委组织部	珠海市人事局
考核对象	珠海市市管处级干部（不包含原市直接管理改为部门管理的事业单位的领导人员）。	珠海市党委、人大、政府、政协、法院、检察院、民主党派和工商联机关、参照公务员法管理的人民团体机关、群众团体机关和事业单位以及经济功能区的科级以下公务员。
考核主体	被考核人、本单位党委（组）、本单位处级干部、内设机构领导成员、直属单位主要领导成员、本单位全体人员（若单位人数少于20人，则为全体人员）、市干部考核委员会。①	被考核人、本单位分管领导（各单位科室负责人由分管领导负责）或本科室负责人（各科室公务员由科室负责人负责）、本单位负责人或授权的考核委员会。②
考核内容	以所履行的职位职责和承担的工作任务为基本依据，考核内容包括德、能、勤、绩、廉（对党委领导干部侧重考核其战略思维、协调各方、抓班子带队伍、基础工作等情况，对政府领导干部侧重考核其创新意识、分工协作、抓落实促发展、部门管理等情况）。	以所履行的职位职责和承担的工作任务以及年度完成工作的质量情况为基本依据，考核内容为德、能、勤、绩、廉（其中重点考核工作实绩）。

① 市考核委员会由重要部门的一把手或者各个行政区的党委、人大、政协秘书长等以及各战线对工作情况比较了解的领导组成。

② 单位考核委员会由该单位领导班子成员、党组成员、单位人事部门负责人以及公务员代表组成，公务员代表应由民主选举产生，一般不应少于考核委员会总人数的三分之一。

续表

考核方案 方案条款	处级以上公务员考核方案	科级以下公务员考核方案
考核等次 以及具体 标准	考核等次划分为四等:优秀、称职、基本称职和不称职。考核标准具体为: 1. 优秀:思想政治素质较高,组织领导能力强,密切联系群众,工作作风好,工作实绩突出,清正廉洁。 2. 称职:思想政治素质较高,组织领导能力较强,联系群众,工作作风较好,工作实绩比较突出,能做到廉洁自律。 3. 基本称职:思想政治素质一般,组织领导能力较弱,工作作风存在某些不足,能基本完成年度工作目标,但工作实绩不突出,能基本做到廉洁自律,但某些方面还有些差距。 4. 不称职:思想政治素质方面存在突出问题;组织领导能力差、不能胜任现职领导岗位;在领导班子中闹无原则纠纷,严重影响班子团结或工作作风存在严重问题;有以权谋私行为,存在不廉洁问题;工作不负责任,给党和人民的事业造成较重大损失;连续两年未完成年度工作目标,工作实绩差等(凡符合任一条情况者均应评为"不称职"等级)。	考核等次划分为四等:优秀、称职、基本称职和不称职。考核标准具体为: 1. 优秀:思想政治素质高,正确执行党和国家的路线、方针、政策,清正廉洁,精通业务,工作能力强,工作勤奋,工作作风好,出色完成本职工作,工作实绩突出。 2. 称职:思想政治素质较高,认真执行党和国家的路线、方针、政策,廉洁自律,熟悉业务,工作积极,能完成本职工作。 3. 基本称职:思想政治素质或业务素质一般,工作主动性不够,工作存在明显不足,基本完成本职工作,但工作数量不足、质量或效率不高。 4. 不称职:思想政治素质或业务素质较差,达不到现任职务的要求,工作责任心不强,不能完成工作任务,在工作中造成严重失误,或严重违反纪律等。
考核方法 与流程	主要方法:民主测评制。 具体流程:个人总结(考核对象填写自评表)——民主测评(由参加民主测评人员①采取无记名投票方式、由测评主体在表格中选择考核等次中任一等次,形成初评考核等次)——上	主要方法:主管领导负责制(一级考一级) 具体流程:个人总结(考核对象填写自评表)——主管领导提出考核等次建议(主管领导在听取群众意见和参考自评报告基础上提出评鉴意见和考核等次建议,

① 参加处级以上公务员考核民主测评的人员范围一般为本单位处级干部、内设机构领导成员、直属单位主要领导成员等。若本单位人数少于 20 人的,可由本单位全体人员参加。

续表

考核方案 方案条款	处级以上公务员考核方案	科级以下公务员考核方案
	报审核(上报给市委组织部,由市干部考核委员会进行无记名投票确定考核等次)——考核情况反馈——争议处理。	担任机关内设机构领导职务公务员的考核,必要时可在一定范围内进行民主测评)——确定考核等次(根据评鉴意见和考核等次建议,由单位负责人直接或由授权的考核委员会无记名投票确定考核等次)——考核等次公示——考核等次上报审核备案——考核情况反馈——争议处理——材料归档。
考核等次 划分规定	1. 优秀:民主测评优秀票和称职票得票率需达 80% 以上,其中优秀票为 50% 以上(各单位优秀等次的人数需控制在本单位参加考核总人数的 15% 以内,且各单位上报人选需由市考核委员会投票表决,按票数由高至低确定等次,超出比例的人选则确定为称职); 2. 基本称职:民主测评基本称职票和不称职票得票率需达 50% 以上; 3. 不称职:民主测评不称职票得票率必须超过 1/3。 凡不属于以上情况的均评为"称职"等次。	各单位确定优秀等次的人数必须控制在本单位参加考核总人数(市委组织部负责考核的市管干部除外)的 20% 以内。
考核结 果应用	考核结果作为处级干部选拔任用、培养教育、奖励惩戒的重要依据。 具体参照《2008 年珠海市科级以下公务员年度考核工作实施方案》中的考核结果应用的内容(即本横行右栏的具体内容)。	考核结果作为调整公务员职务、级别、工资及公务员奖励、培训和辞退的依据。 1. "不称职"等次:当年不予发放年度考核奖金和不计算为考核年限。同时予以降低一个职务层次任职并按降低的职务重新核定工资;对无职可降的,降低一个工资级别;对无级别可降的,降低一个职务工资档次。已因同一事项受降职或降级处分的不再重复处理。公务员连续两年年度考核被确定为不称职等次的予以辞退。

续表

考核方案 方案条款	处级以上公务员考核方案	科级以下公务员考核方案
		2."基本称职"等次:实行半年告诫期,告诫期满后,如表现仍然不好的,要调整工作岗位,或离职自费到指定的培训机构接受培训。而且一年内不得晋升职务和当年不计算为考核年限。连续两年基本称职的予以降职。连续三年基本称职的予以辞退。 3."称职"以上等次:享受当年年度考核奖金。对符合其他任职资格条件的,具有晋升职务的资格。 4."优秀"等次:当年给予嘉奖;连续三年以上被确定为优秀等次的,记三等功,而且晋升职务时优先考虑。

(三)珠海市公务员绩效评估现行方案中存在的问题

1. 考核方案的分类过于简单,不能考核出不同岗位公务员的真实绩效水平

尽管全市公务员的绩效评估方案划分出了处级以上和科级以下两个类别,但是该分类远远不够细化。就科级以下公务员来说,即使同是科员级别,但所处部门、职务、岗位各不相同,其工作性质和工作责任也有所不同,考核的具体内容和指标应该区别开来,而如今将他们全部放在同一个考核方案中进行考核,必然造成简单化和笼统化,使得考核结果失真,不能够真正反映公务员的实际工作情况,也难以成为激励公务员改进工作、提高工作绩效的有效手段。

2. 两个考核方案之间存在着内在矛盾:处级以上的民主测评与科级以下的"一级考一级"之间的矛盾

珠海市科级以下公务员考核是由主管领导负责,必要时才采取民主测评的形式;而处级以上公务员考核则是主要看民主测评的结果,当

259

单位人数少于 20 人时,则单位全体成员均作为民主测评的参与者。在考核内容、考核标准没有细化、不够客观的情况下,就会凸显这两种考核方案之间的内在矛盾。"对晋升起着重要作用的民意测评,成为了部门主管领导权威的掣肘。因为他们会顾虑到下属对自身的评价,不敢严厉批评下属的错误乃至在年终考核时也不敢将工作不认真的下属评为'基本称职'或'不称职',否则在自己的民意测评时就可能会被'穿小鞋'"。这也是在各地公务员考核中"老好人"现象出现的一个重要原因。

3. 考核内容过于笼统,没有将"德、能、勤、绩、廉"进一步细化

不管是处级以上公务员考核方案还是科级以下公务员考核方案,其考核内容都是"德、能、勤、绩、廉"。在查阅珠海市各项考核规定时,没能从文件中找到对各项考核内容的具体说明文字。尽管上述考核内容是参照《公务员考核规定(试行)》中的第四条规定即"公务员考核内容以公务员的职位职责和所承担的工作任务为基本依据,全面考核德、能、勤、绩、廉,重点考核工作实绩",但是作为一级政府的绩效评估方案,没能将其进一步细化,使得考核过程有着很大的不确定性。由于考核内容过于笼统,考核主体只能凭主观感觉进行判断,无疑增加了考核的主观性和随意性,严重影响了考核的客观性和公正性。

4. 考核标准模糊不清,以定性评价为主,过多依赖考核主体的主观感觉,且考核等次划分过于简单,均导致考核结果缺乏区分度,难以起到激励作用

尽管在两个细分方案中均对考核标准、考核等次进行了细化,但是"优秀"、"称职"、"基本称职"和"不称职",其说明都较为模糊不清,而且整个考核方案以定性评价为主,导致并不能将公务员的真实水平做出区分,考核主体难以将考核对象准确地定位。在这种情况下,强制划分优秀等次的比例,则会出现"优秀"等次"轮流坐庄"的现象。就如人事局某科长所打的比喻,"一立方米的沙子倒在十平方米的地上与倒在半平方米的地上的高度是不一样的,但实际上沙子的体积是一样的"。也就是说岗位不同,具体考核标准都应不同,否则很难作出有区分度的评价,就会在等次评定中过多地增加考核主体的主观感觉。

此外,考核等次偏少的问题,同样导致考核结果缺乏区分度,难以起到激励作用。应该指出的是,珠海市的考核等次划分是与国家《公务员考核规定(试行)》相适应的,属于整个公务员考核体制的问题。虽说划分为四个等次,但是后两者实际上都是存在负面含义的等次,因此,这种过于简单的等次划分方法就很容易导致中间层人数扎堆的现象,大多数人都可能出现在"称职"这一等次。事实上,在"称职"这一等次的公务员中,工作态度、工作能力和实绩表现相差很大,但他们都享受同样的考核待遇。这容易在公务员中产生"干好干坏一个样"的错误思想。现有考核制度中结果等次偏少,难以细分和量化公务员的工作情况,激励作用大打折扣。

5. 考核流程仍过于简化,趋于随意,缺乏规范性

两个考核方案均说明了整个考核流程,但是不少方面依然过于简化,趋于随意,缺乏必要的规范性。考核流程规范性对于整个考核方案的科学性和有效性是很重要的,否则即使前面的考核内容再细致、考核等次再合理,考核趋于随意化的结果依然是不能令人信服的。从既有文献中可以发现这也是我国其他地方公务员绩效评估中经常出现的问题。

6. 考核结果过于中庸,不能揭露问题以改进工作绩效

绩效评估的一个重要作用在于检验工作中的实际绩效,揭露其中存在的问题与不足,为改进和完善提供依据,同时也是对落后者的一个提醒和警示的信号。但是在珠海市公务员个人绩效评估中,其考核结果并不能起到上述作用。

以 2008 年科级以下公务员各个考核等次中人数百分比为例,"优秀"率由于有强制规定不能超过 20%,因此没有太大问题,但是"基本称职"率与"不称职"率都仅仅是 0.05%,"称职"率占了参加考核总人数的绝大部分。尽管合理分布的"橄榄形"结构也是"两端小,中间大",但是并非这种差距巨大的结构。一方面,后两种类型的等次不仅人数少,而且并不是领导提出的,珠海市人事局某科长指出,"都只是因为他们自己触犯了硬条条框框的东西才被评为不称职,而非因为某考核主体对其工作的不满意而被评为不称职"。另一方面,加上前面

所提到考核等次过少的问题所造成的处于中间层的人数扎堆的现象,共同造成了整个考核结果过于中庸,不能起到揭露问题改进工作绩效的作用。

7.考核结果应用不合理,很难起到激发公务员工作积极性的作用,且重考核轻改进,没有形成螺旋式上升的绩效水平

公务员考核结果的应用不够合理,很难激励公务员积极工作。一方面"奖优"力度不够,"优秀"对于公务员特别是科级以下的公务员来说,与"称职"并没有太大区别,因为三年均"称职"就可以得到提拔。而具体在物质奖励上也不够力度,"优秀"等次的公务员只有800元奖励,就如人事局某科长所说,"请同事吃餐饭庆祝还要自己贴钱,就得到所谓的荣誉"。再者则是三年均评为"优秀"记三等功,奖励500元。另一方面,"罚劣"的力度也不够。除了上面提到的"基本称职"和"不称职"的比例过于偏低之外,在实际的考核结果应用上也是避重就轻。据人事局某科长介绍,去年某单位中有两个比较懒惰和爱生事的人员,只达到基本称职的标准,主管领导对此也比较头疼,但由于人事局没有权限调离,使得他们"因祸得福":主管领导为免去不必要的麻烦,将他们闲置起来不用干活。在考核结果应用不完善不合理的情况下,这种现象经常发生,阻碍了绩效评估的激励作用的发挥,进而则形成"重考核,轻改进"的怪圈:年年考,年年评,却没有形成螺旋式上升的绩效水平。

8.考核周期过长,只有年度考核,缺少平时考核,使考核没能真正起到激励、鞭策和纠偏的作用,反而可能助长不良风气

根据《公务员考核规定(试行)》第五条规定,公务员考核分为平时考核和定期考核,定期考核以平时考核为基础,并说明了平时考核的内容。但是珠海市的公务员考核方案中,并没有涉及平时考核的内容。对平时考核的忽视,就不能及时发现公务员日常工作中的问题,无法保证日常工作目标的顺利完成;就不能及时总结、推广好的工作经验和工作方法,难以提高全体公务员的工作效率。缺少平时考核,将使公务员考核的问题诊断功能失效,纠偏作用下降。

此外,忽略平时考核而只重视定期考核,会诱致"近因效应",即公

务员平时工作随便应付,在定期考核来临时则表现勤奋,做表面文章,或是搞感情联络,通过歪门邪道来获得好的结果。这对于平时努力认真工作的人来说是不公平的,同时也助长了一些不良风气,给整个社会造成不良的影响。[①]

(四)现行方案的改革思路

如何从考核制度的改革入手来完善珠海市公务员的个人绩效评估呢? 课题组认为在第一部分的分类评估是关键和切入点,应重新探讨公务员在考核中所属的类别。在此基础上,对上面所提到细节问题再加以改进,才有可能达到治本的效果。

1. 公务员的分类评估应体现共性与个性的平衡,考核内容和考核标准应该进一步细化和具体说明

市属单位的种类繁多,业务各异,服务对象也大不相同,若还是将"德、能、勤、绩、廉"作为考核内容而不加以细化,考核等次不加以具体说明的话,将无法考核出不同部门中不同岗位的公务员的真实绩效水平。

在参照国家《公务员考核规定(试行)》的五项考核内容的基础上,应根据不同岗位的公务员的工作职责制定个性化的考核内容:在"德"与"廉"方面可以采用一票否决的办法进行考核,"勤"的考核也可采用较为通用的办法即打卡、考勤等,这三方面体现的是公务员考核中的"共性",而"能"与"绩"则应充分体现出"个性",要有针对性。

在"能"与"绩"的考核内容上体现"个性"的同时,不同岗位中的考核标准应该有差别,譬如很多岗位像窗口部门的岗位是不能创新的,要按正规程序来办事,服务态度、服务质量、服务意识等都是其主要岗位特征,而有些部门的部门职责和主要岗位特征则是要进行创新,那么前者的"优秀"等次的标准中就应出现"服务对象满意度达到××分"等内容,而后者的"优秀"等次标准中则应出现"政策创新达××项"等内容。

---

① 韦健:《我国公务员考核存在的主要问题与对策分析》,《行政与法》2008 年第 1 期。

应该指出的是,针对每个单位分别制订专门的绩效评估办法既面临巨大的成本,同样也忽略了不同单位之间的可比性。因此,新的分类评估办法必须在各单位的共性和个性之间取得平衡,避免过于笼统,同时也避免流于烦琐,防止出现过犹不及的现象。

2. 要积极营造公务员绩效评估改革和施行的环境,调动考核主体的积极性和主动性

新的公务员绩效评估办法需要能够充分调动各单位进行绩效评估的积极性。绩效评估办法的落实需要各单位根据自身情况进行调整、实施并上报绩效评估结果,各市属单位的配合和投入对于考核办法的最终落实相当重要。因而在考核方案改革过程中,应充分调动各单位的积极性和主动性,让各单位参与改革过程,使他们在面对新的考核办法时容易调整,容易操作。

3. 将考核流程规范化,增加考核等次并适度采用强制分布法

将考核方案中可能涉及的问题都加以说明,规范考核流程,减少可人为随机选择的事项。这一问题可以在逐步改革过程中加以完善。此外,应在征求相关人员意见的基础上,增加考核等次,如可将"称职"再进一步细分为2—3个等次,增加可供考核对象绩效提高的空间。而对于"基本称职"和"不称职"的比例过少的问题,可以对各等次比例采用适度的强制分布的方法来解决,对每个考核等次的比例都划分上限与下限,并规定考核主体对每个等次的考核结果都加以简单的解释性说明。这样既可防止考核结果过于中庸,缺乏区分度,又可避免出现为达到强制比例而使表现"称职"的考核对象考核"不称职"的现象。

4. 促进考核主体与考核对象的沟通,保障绩效信息的对称性

考核主体在分配工作和制定绩效目标时,应与考核对象共同商讨,加强双方之间的沟通和了解。这样一方面可以让考核对象胜任工作,更好地完成绩效目标,另一方面也能让考核主体通过绩效目标的商讨加深对目标的了解和之后对绩效信息的获取,从而可以避免在考核时完全凭印象或依赖于主观感受,减少考核结果的失真度。

5. 考核方法的改进应充分考虑可行性,避免过于复杂和烦琐

避免采用所谓科学合理却又过于复杂的考核方法,这样不切实际

会增加考核主体的负担。如科级考核的核心是"一级考一级",不少文献建议采用增加考核主体的种类以增强考核的客观性,但是作为处于机关基层的科员,占了考核对象的很大部分,而最了解他们的事实上就是他们的主管领导,"所谓穿鞋人最懂鞋好不好穿,用人者最懂人好不好用",考核对象如何只有其主管领导最清楚,增加不必要的考核主体只会混淆视听,减少结果的可信度。

6.考核结果应用应注重公平性和多样化,使考核起到"奖优罚劣"和改进绩效的作用

在考核等次划分合理化的基础上,考核结果的奖优罚劣功能也应充分得到体现,否则也还是难以达到激励的作用。一方面,加强物质奖励来"奖优":目前公务员的工资水平还不算高,物质需求还比较强烈。由于公务员晋升还涉及很多其他方面的因素,目前暂时很难将其作为考核结果的应用,因而可以通过财政划拨一笔数额稍可观的绩效奖金来奖励"优秀"的考核对象,具有一定的激励效应。另一方面,对于考核结果靠后的公务员,除了坚持原有的"罚劣"手段之外,还应注重绩效的改进。由考核主体与考核对象一起讨论考核结果,发现问题之所在,从而有针对性地提出改进办法,将评估与改进有机结合。

7.加强平时考核,建立过程化考核机制

根据不同岗位的公务员的工作实际,建立与之相适应的平时考核制度。平时考核内容和标准要具体,可要求公务员根据各自岗位职责和工作任务填写工作日志,通过对工作日志的检查,全过程考核公务员的平时工作情况。为了减少考核成本,考核主体可采用月度性或季度性的平时考核,开发考核软件,通过其自动计算功能得出平时考核成绩,作为年度考核的重要依据。

二、公务员绩效分类评估方案的设计理念

(一)研究设计的基本思路

对于珠海市公务员绩效分类评估方案的研究设计,其基本思路可

以分为以下十个步骤：

1. 对珠海市公务员绩效评估现行方案进行深层剖析，总结其中存在的问题和弊端并提出初步对策和改革思路。

2. 召开若干座谈会，课题组与珠海市市委组织部、市人事局的相关人员就原有方案弊端及其实践过程中存在的问题进行深入探讨，获取相应信息以修正初步的改革思路。

3. 在珠海市人事局的协助下，通过对珠海市各单位人事相关负责人派发问卷得到公务员所属部门分类的原始数据，并采用社会网络分析方法得到部门分类的初步结果。

4. 结合公务员法中原有的三大类别，并参考珠海市各市属单位中内设机构的职能，初步得到更为细化的公务员岗位类别。

5. 基于第三步中部门分类的初步结果，选取每一类别中1—3个具代表性的部门进行深入访谈，进一步获取部门和岗位分类的辅助信息。

6. 结合社会网络分析的初步结果、深入访谈的材料以及珠海市大部门体制改革的结果，确定新方案中的部门分类。

7. 基于第三步中岗位分类的初步结果，设计一份岗位匹配性调查问卷并派发给各单位人事负责人，从而获取公务员岗位类别的统计信息，并结合深入访谈的材料确定新方案中的岗位分类。

8. 结合珠海市实际情况，综合运用 BSC、KPI 和 360 度等考核体系设计方法的修正模型，得到整合后的考核体系框架，即将部门分类、职务分层与职位分岗三者有机结合，创新和完善原有的"德、能、勤、绩、廉"的考核内容，采用通用指标与个性指标相结合的指标体系以及平时考核与年终考核相结合的考核周期，并且综合运用电脑设计软件与OA 系统相结合的考核手段，整合而成的考核体系框架。

9. 在得到初步整合的考核体系框架的基础上，再次召开座谈会征求相关人员的意见和建议，通过德尔菲法分别得到各类部门和各类岗位上公务员的指标权重划分与具体考核指标。

10. 最后总结以上步骤中的成果，得到珠海市公务员绩效分类评估的方案。

（二）研究方法

课题组在选择研究方法时,采用定性方法与定量方法有机结合的形式。其中,主要用到的定性资料收集方法包括:

1. 文本分析法:课题组对珠海市原有公务员考核方案进行资料收集和分析,归纳总结出原有方案的弊端。

2. 座谈会法:通过召集珠海市市委组织部与人事局等相关负责人召开座谈会,在较短时间内获取大量关于原有方案在实施过程中存在问题的信息;此外,在初步考核体系框架出台后,通过座谈会征求珠海市属各单位相关人员的意见和建议,不仅有利于方案的进一步完善,而且可以减少最终方案出台并在全市推行时的阻力。

3. 访谈法:在部门分类初步结果的基础上,通过走访具有典型性的若干单位,从访谈材料中获取进一步整合部门分类和岗位分类的信息。

4. 德尔菲法:通过德尔菲法的使用,收集尽可能多的专家意见,并保证专家之间的意见不会互相影响,从而得到考核指标的权重划分方案。

除了定性资料收集方法外,本书还将采用以下定量资料收集和分析方法:

1. 社会网络分析方法:社会网络分析是收集定量资料和测量社会网变量必需的工具,其中社会网络包括两种——自我中心社会网和整体社会网。本书中将使用利于网络结构分析的整体社会网进行资料收集和分析。基于派发给珠海市属各单位人事部门负责人的相似部门提名表中的返还数据,通过社会网络分析方法的分析和计算,得到珠海市部门分类的初步结果。

2. 问卷调查方法:本书将两次使用到问卷调查方法。第一次是根据各部门内设机构职能细化的岗位类别设计出一份公务员岗位匹配性问卷,派发给珠海市属各单位相关负责人,收集公务员岗位类别的信息加以统计和分析,确定新方案中的岗位分类。第二次是根据初步的整合考核体系中的逻辑框架设计出一份问卷调查表,派发给珠海市属各单位人事考核工作相关负责人,从而获取各种部门、各类岗位以及各级职务中的公务员指标构成要素。

（三）研究设计的重点与难点

本项目的研究设计中涉及的重点与难点有：

1.分类评估方案设计的创新性是其一个重要特征，但在创新的同时需遵守国家公务员法的相关规定，将分类置于公务员原有分类的大框架下进行，不可标新立异。因此，对创新性程度的掌握是方案设计的一个重点兼难点。

2.在部门分类这一环节中，涉及多种影响部门分类的因素，包括原有的分类标准、相似度问卷调查的统计结果以及珠海市大部门体制改革的结果。因此，对珠海市市属各部门所进行的分类设计需在充分考虑这些因素的基础上开展。

3.在岗位分类的这一环节，同样涉及多种影响岗位分类的因素，包括原有的三大岗位分类标准、相关文献对岗位分类所进行的讨论以及岗位匹配性调查问卷的统计结果等。对珠海市市属各部门中公务员的岗位所进行的分类设计同样需要在充分考虑以上因素的基础上开展。

4.这次分类评估方案中的考核方法针对原有考核方法进行了较大的改进和创新，表达方式和操作方法与以往均有较大差别，考核相关人员需要较长时间进行适应，也可能因此而导致新方案的推行受阻。因此课题组的设计过程中应充分考虑到用户的需要，多从考核方案使用者的角度出发进行开发设计，并且在设计过程中不间断地与珠海市考核组织方展开交流和沟通，以最大限度地保证今后新方案的运行能更加顺利。

（四）方案的整体设计理念

1.部门分类

根据部门职能与性质、人事考核特点等方面的相似度，结合大部门体制改革前内设机构的职能汇总与相似部门提名表的统计结果，将市属各单位重新划分成在以上各方面相似度高的类别，并根据珠海市大部门体制改革结果进一步修正和汇总，使每一类中的公务员考核指标体系具有共性，并区别于其他类别的部门的公务员考核指标体系。

2. 职务分层

在原有考核方案将公务员考核划分为处级以上和科级以下这两个考核层次的基础上,进一步划分为处级领导岗位、处级非领导岗位、科级领导岗位、科级非领导岗位与科员五个层次。

3. 人员分岗

结合公务员法中原有的三大类别即综合管理岗、专业技术岗、行政执法岗,并参考珠海市各市属单位中内设机构的职能,结合岗位匹配性调查问卷的汇总结果,设计出更为细化的公务员岗位类别。

4. 方法整合

综合运用 BSC、KPI 与 360 度考核体系设计方法,将部门分类、职务分层与职位分岗三者整合于同一个公务员考核体系中。除此之外,其整合特质还应体现于考核内容、操作方法、操作过程、考核周期以及考核结果应用的整合上,力求体现整个考核体系的共性与个性的整合。

(五)指标设计模型及其修正

1. 平衡计分卡及其修正

平衡计分卡(BSC)以组织的共同愿景与战略为内核,运用综合与平衡的理念,依据组织结构,将组织愿景与战略转化为下属各部门在财务(Financial)、顾客(Customer)、内部流程(Internal Processes)、创新与学习(Innovation & Learning)等四个方面的具体目标,并设置相应的计分卡和评估指标。具体情况见图 11-1。

结合珠海市机构性质与公务员考核的特性,将计分卡的四个维度稍作修改,还将在具体操作中对其进一步修正和细化(见图 11-2),计分卡四个方面体现了新方案中的考核内容。

2. 关键绩效指标法及其修正

关键绩效指标(KPI)是指组织的宏观战略目标经过层层分解之后所产生的可操作性的战术目标,是监测宏观战略决策执行效果的指针。KPI 体系(见图 11-3)主要注重对个体及组织关键绩效作出贡献的因素,层层分解量化出关键绩效指标系统,实现对组织重点活动及其核心成效的控制。

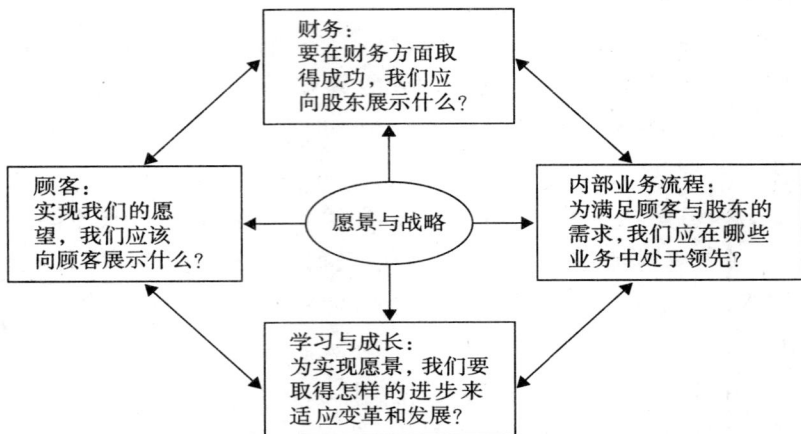

图 11－1　平衡计分卡的基本框架

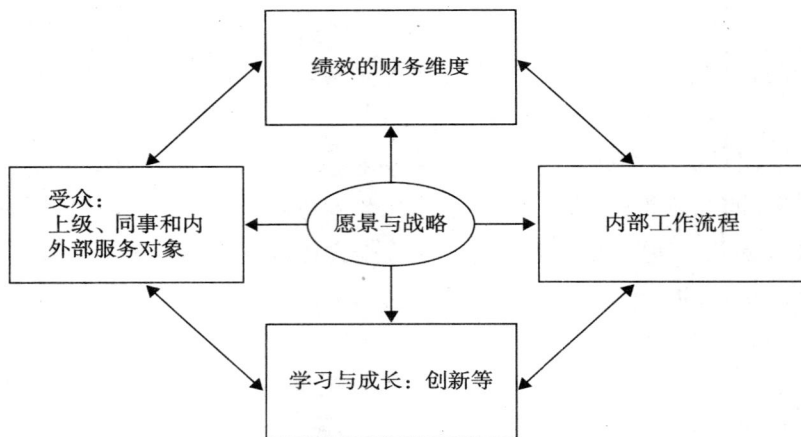

图 11－2　平衡计分卡的修正版

　　结合珠海市机构性质与公务员考核的特性,将 KPI 模型稍作修改,并还将在具体操作中对其进一步修正和细化(见图 11－4),修正后的 KPI 模型体现了新方案中的考核指标体系构架。

　　3.360 度考核法及其修正

　　360 度绩效评估是一种全方位、立体的考核体系,由被考核者的利

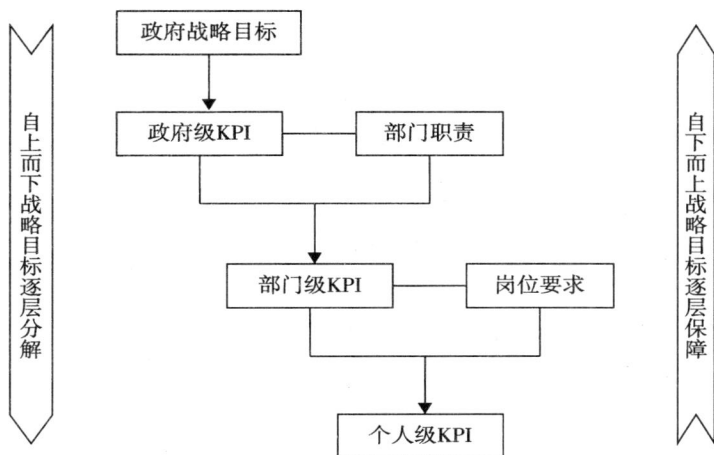

图 11－3　KPI（关键绩效指标法）的基本框架

益相关者包括上级、同事、下级、内部客户、外部客户以及被考核者本人来担任考核者，从各种角度对考核者进行全方位的考核，力求得到客观、真实的考核信息。然后，通过反馈程序将考核结果反馈给被考核者，促使其改善工作方法，进而提高工作绩效（见图 11－5）。

结合珠海市机构性质与公务员考核的特性，去掉于考核结果有效性和可信度较无帮助的同级考核和下属考核维度，将 360 度考核模型稍作修改，还将在具体操作中对其进一步修正和细化（见图 11－6），修正后的 360 度绩效评估法中的各个维度体现了新方案中的考核主体。

三、公务员绩效分类评估方案的主要内容

（一）珠海市公务员绩效分类评估方案的主要内容

1.适用对象

本方案的考核对象包括珠海市党委、人大、政府、政协、法院、检察院、民主党派和工商联机关、参照公务员法管理的人民团体机关、群众团体机关和事业单位以及经济功能区的公务员，以下简称公务员。

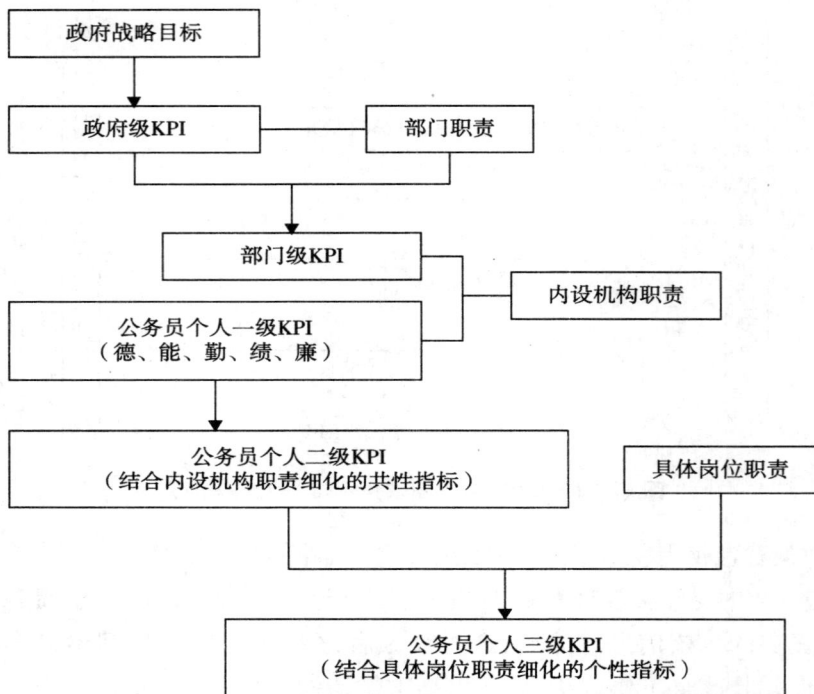

图 11－4　KPI 的修正版

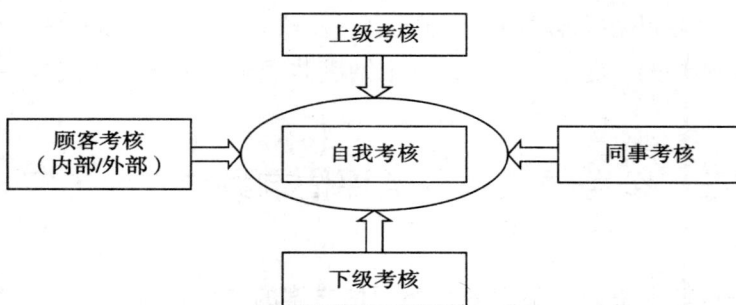

图 11－5　360 度绩效评估法的基本框架

　　本方案将考核对象所属的部门、层级和岗位划分为以下的类别，由各考核对象的直接上级在正式考核前按考核对象的所属类别选取相应

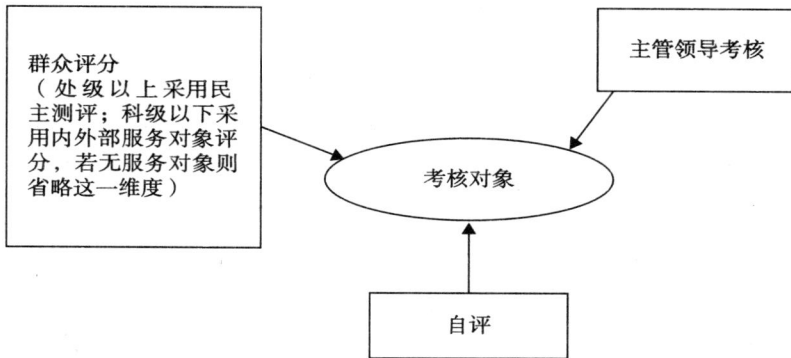

图 11－6 360 度绩效评估法修正版

的考核指标体系。以下为考核对象的部门分类、层级分类和岗位分类的具体内容：

（1）部门分类即根据职能差异、权责性质、管理方式等将珠海市属各单位划分为不同类型,在此基础上为不同类型机构设置不同的考核模式。其中部门分类的依据有二,其一是相似部门提名调查表的统计结果与课题组访谈材料中的相关信息,其二是珠海市大部门体制改革的结果。其中主要包括以下 8 个类别（共 80 个部门）：

1）综合管理部门：市委宣传部、市委统战部、市委组织部、市人保局、市纪委、市委办、市府办、市委改革办、市人大、市政协、市委编办、市三防办、市应急办、市人防办、市机关事务管理局、市接待办、市驻京办、市驻广办、市口岸局、市外事局。

2）党群组织：团市委、市残联、市总工会、市工商联、市妇联、市红十字会、市文联、市科协、市社科联、致公党、民盟、民建、民革、九三学社、农工民主党。

3）经济管理部门：市审计局、市财政局、市发改局、市科技工贸与信息化局（与新经济组织党工委合署办公）、市统计局、市国资委、市国库支付中心。

4）城乡建设部门：市住房和城乡规划建设局、市交通运输局、市公路局、市国土局、市海洋和农渔局、市城市监督管理局、市政园林和林业局、市供销社、市流渔办。

5)社会管理部门:市民政局(与社会工作党工委合署办公)、市社保基金中心、市房地产登记中心、市行政服务中心、市公积金中心、市卫生局、市教育局、市文体旅游局、市气象局、市环保局、市安监局、市计生局、市食品药品监督管理局、市投资促进局。

6)政法部门:市司法局、市政法委、市检察院、市法院、市公安局、市法制局、市仲裁委。

7)研究部门:市委党校(与市委党史研究室合署办公)、市档案局、市委政研室。

8)功能区:高新区、高栏港区、横琴新区、万山区、保税区。

(2)层级分类即在原有公务员考核方案中按处级以上和科级以下分层考核的基础上,按照公务员法的要求和珠海市的现实情况,将公务员考核的层级设置为以下5个类别:处级、副处级、科级、副科级、科员。

(3)岗位分类即针对同一层级的公务员,根据其岗位差异与职责权限的不同,设置不同的考核指标。将参与考核的公务员划分为以下9个类别:处级领导岗位、非领导岗位,副处领导岗位、非领导岗位,正科领导岗位、非领导岗位,副科领导岗位、非领导岗位,科员,根据岗位职责和工作性质为每种岗位设置相应的通用指标和个性指标。其中结合公务员法中原有的三大类别的基础上,参考珠海市各市属单位中内设机构的职能,进一步将主任科员以下非领导岗细分为以下5个类别的岗位:

1)综合管理岗,其中包括了行政文秘岗、后勤保障岗、培训岗、接待岗、宣传联络岗、执勤执法岗、警卫岗等;2)公共服务岗;3)行政执法岗;4)专业技术岗;5)司法岗。

其中,处级领导岗位、非领导岗位,副处领导岗位、非领导岗位这四类岗位按照市委组织部下发的处级以上公务员考核办法实施考核;正科领导岗位和副科领导岗位由于其工作职责和岗位性质的实质均属于综合管理岗的范畴,因此考核办法将参照主任科员以下非领导岗位的综合管理岗的考核办法;主任科员以下非领导岗位的公务员将按上述5类岗位划分方法采取相应的考核办法。

2.评估主体

本方案的评估主体包括以下三类：

（1）各考核对象的直接上级担任主要考核主体，即由各直接上级在考核软件中对考核对象进行季度考核和年度考核，其主要职责包括：制定并完善考核对象的绩效评估指标；定期填写考核对象的季度考核表；年度考核中结合考核对象的筛选指标进行考核等次的初步评定；与考核对象就存在争议的初步考核结果进行绩效沟通；向考核对象就最终考核结果提供绩效反馈。

（2）每个职能部门中设置一个考核委员会，该考核委员会由职能部门中的领导班子成员、党组成员、单位人事部门负责人以及公务员代表组成，公务员代表应由民主选举产生，一般不应少于考核委员会总人数的三分之一。其主要职责包括：负责对考核对象的筛选指标进行核实和认可；对各考核对象的初步考核等次进行最终评定；向考核对象就最终考核结果提供绩效反馈；负责部门内关于考核结果的争议处理。

（3）市委组织部与市人保局成立市干部考核委员会办公室，其主要负责对各职能部门上报的考核结果进行审核、确认以及对相关材料进行归档。

3.评估内容与方法

本方案的考核内容以考核对象所履行的职位职责和所承担的工作任务以及年度完成工作的质量情况为基本依据，全面考核德、能、勤、绩、廉，重点考核工作实绩。

（1）德，指思想政治素质及个人品德、职业道德、社会公德等方面的表现。

（2）能，指履行职责的业务素质和能力。

（3）勤，指责任心、工作态度、工作作风等方面的表现。

（4）绩，指工作实绩，即完成工作的数量、质量、效率和所产生的效益。

（5）廉，指廉洁自律等方面的表现。

本方案采用电子考核软件作为考核实施载体，考核全程电子化、程序化，尽量简化考核程序，屏蔽人为因素，降低考核成本，提高考核效率,以保证考核的公正性、规范性与便捷性。

本方案采取"一级考核一级"的考核形式,对参加考核的公务员进行分部门、分层级、分岗位的分类评估,并采用筛选指标(即共性指标"德"、"勤"和"廉")与量化指标(即个性指标"能"和"绩")有机结合的指标体系。

本方案的考核周期分为平时考核(即季度考核)和定期考核(即年度考核)。其中,季度考核主要考核量化指标,年度考核主要考核筛选指标,最终考核结果将综合季度考核与年度考核的考核结果而产生。

4. 评估流程

本方案的实施具体分为以下个步骤:

(1)考核前按考核对象类别选取相应的考核指标体系

本方案将考核对象所属的部门、层级和岗位分别进行了分类,由各考核对象的直接上级在正式考核前按考核对象的所属类别选取相应的考核指标体系。

(2)对"绩"和"能"开展季度考核

本方案中对"能"与"绩"两类个性指标的季度考核,采取同步考核的形式进行,并通过季度考核的结果计算得出年度考核的分值。其中,"绩"与"能"都将通过考核对象于每季度各项工作任务的完成情况来综合衡量,由考核对象与考核主体共同填写《常规工作任务季度考核表》与《临时性工作任务季度考核表》完成,具体填表说明如下:

1)考核对象于每季度初始阶段将岗位职责分解成若干常规工作任务填入《常规工作任务季度考核表》中,并由其直接上级认可为准。表中其他部分由其直接上级在每项常规工作任务完成后(按时或超时)或确定其无法完成时分别填写,包括每项常规工作任务的完成与否(单选,选"否"则其后选项均不可填)、完成效率(单选)、完成质量(单选)、任务本身的难易程度(单选)、任务体现的工作能力(从下拉列表中的能力选项中选取与完成该项工作任务所需能力相对应的选项,该项为多选)以及上一项中对应工作能力的强弱程度(单选)。

2)考核对象于每季度工作开展过程中将分配到的临时性任务填入《临时性工作任务季度考核表》中,并由其直接上级认可为准。表中其他部分由其直接上级在每项临时性工作任务完成后(按时或超时)或确定其无法完成时分别填写:包括每项临时性工作任务的完成与否(单选,选"否"则其后选项均不可填)、完成效率(单选)、完成质量(单选)、任务本身的难易程度(单选)、任务体现的工作能力(从下拉列表中的能力选项中选取与完成该项工作任务所需能力相对应的选项,该项为多选)以及上一项中对应工作能力的强弱程度(单选)。

3)《常规工作任务季度考核表》和《临时性工作任务季度考核表》的"任务体现的工作能力"应由考核对象的直接上级在考核年度初始阶段即予以确定,即于实施绩效评估前在考核软件提供的《珠海市公务员岗位对应工作能力列表》中选取与考核对象岗位职责相对应的类别,作为考核对象履行岗位职责、完成实际工作任务时所应具备的工作能力。

4)"绩"与"能"的季度考核结果将综合以上两种类型的工作任务完成情况由考核软件自动计算生成,并且在年度考核时直接由考核软件自动计算出"能"与"绩"的年度得分。其计算原理如下:

A. 各项指标的分值换算:"工作数量"的"完成与否"中"是"=1,"否"=0;"工作效率"的"是否按时完成"中"是"=1,"否"=0.7;"完成质量"、"任务本身的难易程度"与"工作能力的强弱程度"则取被选值为该项分值。

B. 季度考核中"绩"的分值计算方法:

某一项常规工作任务的"绩"="完成与否"的分值×"是否按时完成"的分值×"完成质量"的分值×"任务本身的难易程度"的分值,即该项的最高分=1×1×7×7=49,该项的最低分为0(没有完成任务)。

某季度常规工作任务的"绩"=常规工作任务$_1$的"绩"+常规工作任务$_2$的"绩"+……常规工作任务$_n$的"绩"/本季度应完成常规工作任务的个数$_n$。

季度临时性工作任务的"绩"的分值的计算方法同上。

将季度常规工作任务与季度临时性工作任务的"绩"的值加总求平均值即得到该季度考核对象"绩"的分值。

C. 季度考核中"能"的分值计算方法:

某一项常规工作任务的"能"的分值＝"完成与否"的分值×"是否按时完成"的分值×"完成质量"的分值×"任务本身的难易程度"的分值×(能力$_1$的分值+能力$_2$的分值+……能力$_m$的分值)/完成该项常规工作任务所需的工作能力的个数$_m$，即该项的最高分＝$1×1×7×7×(7×m)/m=343$，该项的最低分为0(没有完成任务)。

某季度常规工作任务的"能"＝常规工作任务$_1$的"能"+常规工作任务$_2$的"能"+……常规工作任务$_n$的"能"/本季度应完成常规工作任务的个数$_n$。

季度临时性工作任务的"能"的分值的计算方法同上。

将季度常规工作任务与季度临时性工作任务的"能"的值加总求平均值即得到该季度考核对象"能"的分值。

D. "绩"的年度实际分值＝四个季度考核中"绩"的分值的和/4。但为了方便与考核对象的自评分值进行对比，应将其换算为百分制，可将"绩"的年度实际分值与"绩"的年度最高分值"绩"做商得出百分比。因此，"绩"的年度分值(百分制)＝$100×$四个季度考核中"绩"的分值的和/[$49×(n_{第1季度常规}+n_{第1季度临时}+n_{第2季度常规}+n_{第2季度临时}+…n_{第4季度临时})$]。

E. "能"的年度实际分值＝四个季度考核中"能"的分值的和/4。但为了方便与考核对象的自评分值进行对比，应将其换算为百分制，可将"能"的年度实际分值与"能"的年度最高分值"能"做商得出百分比。因此，"能"的年度分值(百分制)＝$100×$四个季度考核中"能"的分值的和/[$343×(n_{第1季度常规}+n_{第1季度临时}+n_{第2季度常规}+n_{第2季度临时}+…n_{第4季度临时})$]。

F. 考核对象的"绩"与"能"的年度总分值＝["绩"的年度分值(百分制)+"能"的年度分值(百分制)]/2。年度总分值排名位于部门前25%的人员成为评优候选人。

(3)考核对象的自评环节

在季度考核中，考核对象需同步采用考核软件针对自身完成事项的表现实行自评，该自评得分由考核软件自动计算得出，在年度考核时作为考核等次评定以及绩效沟通的参考依据。

（4）对"德"、"廉"和"勤"开展年度考核

在考核对象的自评环节后,考核对象的直接上级在考核软件中将考核对象的实际情况对照"德"、"廉"和"勤"三个考核维度的筛选条件,如有符合则将考核对象归入某一考核等次作为其初步考核等次,其入选条件需经考核委员会核实与认可;如无符合则按照"能"与"绩"的年度总分值得出其初步考核等次。

1）"德"考核维度的筛选条件

凡是符合以下条件之一者,确定为"评优候选人":获得国家科技进步奖、星火奖、自然科学奖,部、省、市科技进步奖的主要完成者;获得市级以上中青年专家和拔尖人才称号者;奉派参加省级以上比赛,成绩列为前三名者;对本职业务或与本单位有关学术方面的研究有创新性成果,经主管机关或省级以上学术机构评定,列为前三名的获奖者;防止或者避免重大事故,抢险救灾,见义勇为,使国家和人民利益免受重大损失者。

凡是符合以下条件之一者,考核等次暂定为"不称职":有严重违背党的基本路线的言论或行为者;有损人利己、诬陷他人、侮辱同事、胁迫领导及其他品德不端正行为者;违法违纪或不遵守社会公德,情节比较严重或受到治安处罚的;无故拒绝参加年度考核者。

2）"廉"考核维度的筛选条件

凡是符合以下条件之一者,确定为"评优候选人":艰苦奋斗勤俭节约,爱护公共财产,节约国家和集体资产有重大成绩的;坚持原则,遵纪守法,办事公道,廉洁奉公,不谋私利,敢于同违法乱纪、失职行为作坚决斗争,有突出功绩的。

凡是符合以下条件之一者,考核等次暂定为"不称职":有贪污腐化、争权夺利等不廉洁行为者;以权谋私,吃拿卡要,搞不正之风,情节比较严重的;按市纪检、监察机关有关规定,年度考核应确定为不合格的。

3）"勤"考核维度的筛选条件

凡是符合以下条件之一者,确定为"评优候选人":获得市级以上劳动模范称号者;被县级以上(含县级,下同)各级人民政府授予本年

度先进工作者称号的,或被县级以上国家机关各工作部门与政府人事部门联合表彰的本系统先进工作者。

凡是符合以下条件之一者,考核等次暂定为"不称职":全年应出勤工作日内无故缺勤连续五个工作日或累计十个工作日以上者;全年已出勤工作日内有迟到或早退现象累计三十次以上者;无不正当理由,拒不接受工作任务两次以上者;敷衍拖拉,影响整体工作,造成较坏影响的。

(5)考核等次的初步评定

考核软件将通过考核对象季度考核与年度考核的综合分值,计算得出考核对象的初步考核等次。如被初步评定为基本称职或不称职以及自评分值与实际年度考核总分值差异度达30%以上的考核对象,其直接上级需在初步考核等次产生后五个工作日内与考核对象进行绩效沟通,将考核结果告知考核对象,听取考核对象的意见和申诉,并对沟通内容作存档记录。

(6)考核等次的确定

各单位的考核委员会将根据考核对象的直接上级对其评定的初步考核等次、考核对象的平时表现、绩效沟通的内容及本单位的优秀等次指标,直接或通过无记名投票方式评定各考核对象的考核等次。

(7)考核等次的公示

将本单位负责人或授权的考核委员会评定的各考核对象的考核等次在一定范围内进行公示,公示期限为5个工作日。

(8)考核等次上报审核备案

公示结束后,无异议或有异议经查核不影响考核等次确定,将本单位公务员的考核等次、公示情况及单位考核的相关情况表,经主管部门加具意见后报市干部考核委员会办公室审核备案。公务员的考核结果,必须经市干部考核委员会办公室确认后才能生效,否则不得兑现有关待遇。

(9)考核情况反馈

考核单位须在五个工作日内将经市干部考核委员会办公室确认的考核结果,以书面形式通知考核对象,并由考核对象在《××××年度考核登记表》上签署意见和姓名。按照谁考核谁反馈的原则,由单位负责人或授权的考核委员会成员或直接上级与考核对象谈话,肯定其成绩,指出其不足和今后努力方向,勉励其做好今后的工作;同时听取考核对象的意见和建议,以加强工作上的沟通和协作,进一步改进工作,达到个人绩效与组织绩效共同提高的目标。

(10)争议处理

考核对象对年度考核结果有异议的,可在接到考核结果通知书之日起 30 日内,以书面形式向本单位人事部门或经授权的考核委员会申请复核(已作绩效沟通的除外),受理部门或考核委员会在 30 内作出复核处理意见,并以书面形式通知考核对象。如申请复核人对复核意见不服的,可以自接到复核决定之日起 15 日内,按照规定向同级公务员主管部门或者作出该人事处理的机关的上一级机关提出申诉;也可以不经过复核,自接到该人事处理之日起 30 日内直接提出申诉。

(11)提交绩效分析报告和绩效改进计划

在结果公示和争议处理后 30 日内,市人事主管部门根据本年度全市公务员绩效评估结果撰写并提交一份绩效分析报告,详细分析各类型机构、各层级、各岗位上的公务员在不同指标维度中的得分和排名情况,供各部门参考借鉴。同时,各职能部门也应针对本部门的考核结果撰写并提交各自的年度绩效改进计划,其中包括横向绩效比较(同年度与兄弟单位绩效比较的情况)和纵向绩效比较(本单位历年绩效比较的情况)的内容。

(12)材料归档

年度考核工作结束后,考核单位应及时将被考核人的《××××年度考核登记表》存入个人档案。

5.评估结果及其应用

评估结果分为优秀、称职、基本称职、不称职四个等次。

1)优秀:思想政治素质高,正确执行党和国家的路线、方针、政策,清正廉洁,精通业务,工作能力强,工作勤奋,工作作风好,出色完成本职工作,工作实绩突出。

2)称职:思想政治素质较高,认真执行党和国家的路线、方针、政策,廉洁自律,熟悉业务,工作积极,能完成本职工作。

3）基本称职:思想政治素质或业务素质一般,工作主动性不够,工作存在明显不足,基本完成本职工作,但工作数量不足、质量或效率不高。

4）不称职:思想政治素质或业务素质较差,达不到现任职务的要求;工作责任心不强,不能完成工作任务;在工作中造成严重失误,或严重违反纪律等。

本方案的实施应严格坚持标准,实事求是。被确定为优秀等次的人数,应当掌握在本部门参加年度考核的总人数的20%以内,小数点后的数按"四舍五入"的原则处理。优秀等次名额应根据实际情况在部门内各职务层次人员中合理分配。人数少的单位,优秀名额不够1名的,可按1名上报。考核结果被评为基本称职和不称职人员,经报市干部考核委员会办公室审核确认的,考核单位必须在一个月内按以下政策规定进行相应的处理,并填写《××××年度考核基本称职和不称职人员考核结果使用情况表》报市干部考核委员会办公室备案。

考核结果作为调整公务员职务、级别、工资及公务员奖励、培训和辞退的依据。

1）对年度考核被确定为基本称职等次的人员必须实行半年告诫期,告诫期满后,如表现仍然不好的,要调整工作岗位,或离职自费到指定的培训机构接受培训。而且一年内不得晋升职务和当年不计算为考核年限。连续两年基本称职的予以降职,连续三年基本称职的予以辞退。

2）对年度考核被确定为不称职等次的人员当年不予发放年度考核奖金和不计算为考核年限。同时予以降低一个职务层次任职并按降低的职务重新核定工资;对无职可降的,降低一个工资级别;对无级别可降的,降低一个职务工资档次。已因同一事项受降职或降级处分的不再重复处理。公务员连续两年年度考核被确定为不称职等次的予以辞退。

3）对年度考核被确定为称职以上等次的,享受当年年度绩效评估奖金（由公务员的绩效工资作为奖励基金）。对符合其他任职资格条件的,具有晋升职务的资格。

4)对年度考核被确定为优秀等次的,当年全市公开嘉奖,并颁发奖励证书与奖金;连续三年以上被确定为优秀等次的,记三等功,而且晋升职务时优先考虑。

四、公务员绩效分类评估改革的特色与经验

(一)珠海市公务员绩效分类评估方案的主要特色

1. 实现机构分类、人员分层、工作分岗的分类评估,使评估办法具有针对性

机构分类:根据职能差异、权责性质、管理方式等将珠海市属各单位划分为不同类型(4—5类),为不同类型机构设置不同的评估模式。其中机构分类的依据有二,其一是相似部门提名调查表的统计结果与后续访谈材料中的相关信息,其二是珠海市即将公布的大部门体制改革的结果。

人员分层:在原有公务员评估方案中按处级以上和科级以下分层评估的基础上,按照公务员法的要求和珠海市的现实情况,将公务员评估的等级增加为五层:处级、副处级、科级、副科级、科员。

工作分岗:同一层级的公务员由于所处岗位不一样,其职责权限也不一样,所以要区分其具体的工作岗位:处级领导岗位、非领导岗位,副处领导岗位、非领导岗位,正科领导岗位、非领导岗位,副科领导岗位、非领导岗位,科员,根据岗位的工作性质和职责为每种岗位设置相应的通用指标和个性指标。其中结合公务员法中原有的三大类别的基础上,参考珠海市各市属单位中内设机构的职能,进而将科员岗位细分为以下若干类岗位:行政文秘岗、行政执法岗、行政审批岗、窗口服务岗、专业技术岗、综合管理岗等类型。

2. 综合各方面的先进经验和既有资源,建构一个全新的整合评估模式

第一,整合各级党委和政府关于公务员管理的政策法规,将国家公

务员法中对公务员考核的要求和规定整合于新方案中,如进一步细化"德、能、勤、绩、廉"的考核内容,强化"一级考核一级"的考核方式等。

第二,在根据实际情况修正原有模型的基础上,整合目前学术界比较成熟的几个考核体系设计方法,即 BSC(平衡计分卡)、KPI(关键绩效指标法)和 360 度考核方法。

第三,吸纳并整合珠海市现有的考核资源,如组织部的领导班子考核、人事局的公务员考核、机关作风办的"万人评政府"、监察局的效能监察(部门白皮书考核)、审计局的绩效审计、财政局的专项资金绩效评价等等。

3.调动两个积极性,将人事主管部门的宏观指导作用与业务部门的主动性有机结合起来

一方面,市委组织部、市人事局作为公务员考核的主管部门,负责制定相关政策,设计整体性框架,进行宏观指导。另一方面,各职能部门则处于一线进行管理工作,是公务员活动的归属母体,最了解公务员行为及其绩效的细节内容。因此,新的评估办法应注意发挥这两类机构的各自优势和特点,调动其积极性:由人事主管部门负责设计评估的整体框架,开发出一级和二级的评估指标,并进行全市公务员绩效分析;各职能部门可在评估的整体框架之下,结合具体工作的实际情况,进一步开发三级指标。

4.增加绩效沟通、绩效反馈与改进等环节,变单纯的绩效评估为绩效管理,形成改进绩效的良性循环

绩效评估的目的不是为了简单地对公务员进行排序,而是为了诊断组织管理中所出现的问题,通过绩效沟通来改进绩效计划和实施过程,最终实现组织战略。

第一,在形成评估结果的过程中,加入绩效沟通环节。当公务员个人自评和主管领导评分差距过大时,要求双方进行绩效沟通。

第二,加入绩效反馈与改进的环节。首先,各级主管领导应将最终评估结果向下属提供绩效反馈,以供其改进绩效;其次,市人事主管部门每年根据全市公务员绩效评估结果提交一份绩效分析报告,详细分析各类型机构、各层级、各岗位上的公务员在不同指标维度中的得分情

况,并据此要求各职能部门提交各自的年度绩效改进计划(包括横向绩效比较和纵向绩效比较的内容)。

利用以上两个环节将单纯的绩效评估变为绩效管理,使评估变成一个可以持续改进的螺旋式循环提升过程。

5.新的评估办法在坚持科学性和统一性的基础上,具有弹性和可扩展性,形成共性与个性的有机结合

一方面,在岗位分类上,将全市公务员的岗位统一划分为行政文秘岗、行政执法岗、行政审批岗、窗口服务岗、专业技术岗、综合管理岗等类型,各职能部门可以结合自身实际与部门职责在此基础上进一步细分。

另一方面,在评估指标上,由市委组织部与市人事局统一制定一级和二级的评估指标,各职能部门可结合自身实际和各类岗位特征开发三级指标。

6.新的评估办法应为下一步与电子政务系统的整合预留接口,实现绩效评估的日常化、电子化和自动化

新的评估办法充分考虑到未来发展的需要,按照电子政务系统的运行要求来进行设计。因此目前在设计评估手段方面,应结合现有政府 OA 系统的资源,开发出简便易行的评估软件,一方面可以简化评估工作且尽可能地屏蔽人为因素,另一方面也为公务员评估与电子政务系统的整合预留接口,最终实现绩效评估的日常化、电子化和自动化。

(二)珠海市公务员绩效分类评估方案的主要经验

1.公务员绩效评估方案的改革应在国家相关规定内开展

地方公务员评估方案的改革,可结合地方特色进行一定的创新,但应结合国家公务员相关法律和规定来开展改革工作。

珠海市处级以上领导岗位由于其管理的特殊性,充分参考中组部下发的评估文件来设定,不为求独树一帜而超出全国公务员评估的范围。而科级以下的公务员评估,评估对象的部门分类是在大部门体制改革结果的基础上进行的分类,而岗位的分类则是在国家公务员法中三大岗位的基础上进行的划分。此外,珠海市公务员分类评估采取了

量化指标+筛选指标的方法进行,但其基本的评估内容仍然是充分遵照国家公务员法的规定,即"德"、"能"、"勤"、"绩"、"廉"。

2. 分类评估要在共性与个性之间取得平衡

公务员绩效分类评估办法必须在各单位的共性和个性之间取得平衡,避免过于笼统,同时也避免流于烦琐。因为市属单位的种类繁多,业务各异,服务对象也大不相同,若针对每个单位分别制订专门的绩效评估办法既面临巨大的成本,也忽略了不同单位之间的可比性。因此针对部门分类开展的相似部门调查,针对岗位分类开展的岗位匹配性调查,均为分类评估中共性与个性问题的处理找到一个平衡点。

3. 新评估方案的制定需充分调动各利益相关方的积极主动性

新生事物总是会受到人们的质疑和排斥,为了让参加评估的各单位面对新方案时容易调整,容易操作,在制定评估方案时,就需要大量征求相关部门的意见和建议,并在真正落实评估方案时允许各单位根据自身情况进行相应的调整。力求让评估相关方在方案制定过程中能参与进来,避免方案的设计出现"拍脑袋"的现象,可减少日后新的评估体系推行的阻力。此外,作为评估方案的真正用户,各单位的配合和投入相对于评估方案的最终实施效果有着相当重要的影响。

第十二章　地方政府专项工作绩效评估研究

一、服务业工作绩效评估研究框架

（一）研究目标

加速发展现代服务业对中山市的经济社会发展具有重要意义,这不仅可以为经济持续增长提供新的动力源,也是走新型工业化道路的必然选择,是中山市建设宜居城市的重要举措,更是中山市建设服务型政府的迫切需要。为了推进现代服务业的发展和繁荣,《中山市加速发展现代服务业规划纲要》(以下简称《纲要》)规定:"加强目标考核,凝聚现代服务业发展的合力",对市政府十五个部门及各镇区发展现代服务业方面的工作进行绩效评估。

《纲要》进一步明确了服务业发展的绩效评估制度、工作方针和绩效评估指标体系。服务业发展绩效评估制度建设包括落实组织领导、确定考核对象、明确考核内容、规定考核方式、制定奖惩办法。绩效评估的工作方针是"突出重点、整体推进",由中山市服务业发展领导小组办公室将发展现代服务业的目标、任务分解落实到市、区、镇政府及相关职能部门,作为服务业发展绩效评估的内容。制定多元化、定性和定量相结合的服务业发展绩效评估指标体系,使服务业发展绩效评估内容指标化。服务业绩效评估指标体系由总量指标、质量指标、效益指标和成长力指标组成。

为了激励各部门、各镇区推进服务业发展的积极性,有效落实市委市政府的战略布局,科学、规范的绩效评估是一种必要的手段。必须建立一套系统、严谨、标准化、可操作化的服务业发展绩效评估体系,引导各部门、各镇区在发展服务业上的努力方向;通过合理的绩效框架设计和指标分解,形成一系列公开、透明、客观的制度和程序,将各部门、各镇区发展服务业的工作计划及其实施进度、效果客观反映出来,使之成为自觉行动的主体;同时也将各部门从繁重的公文和报表中解脱出来。《纲要》中所规定的绩效评估制度、方针和指标,必须结合各部门、各镇区的业务特点和实际情况,进一步具体落实为可操作化的考核体系。本课题的立项,即是为了研究和解决职能部门服务业工作绩效评估问题。

从中山市政府加快现代服务业发展的战略布局出发,本课题在广泛调研的基础上,力图达成以下目的:

结合各被考核对象的具体工作性质和任务,开发出一套科学合理的服务业工作绩效评估体系。

对于目前尚未量化的政府部门职能与行为,发展出新的量表,并提供不同层面的测量指标,指标要能同时反映政府资源使用效率、产出质量以及公共服务使用者的经验。

基于政府行为的特殊性,对政府部门职能与行为中无法量化的部分,要提供适当的质化标准并给以解释。

对不同政府部门绩效进行比较,在微观层面分析影响其绩效的原因,并在一定程度上解决统一的绩效评估体系与不同政府部门特质之间的矛盾。

在绩效评估的基础上,对不同部门治理模式进行比较,并提出可行的绩效改进举措。

(二)研究框架

本课题研究的目的是在中山市服务业发展领导小组办公室所提供的各部门和镇区服务业工作目标分解方案的基础上,构建一个具体战略规划框架和绩效评估框架,设计一套细化的服务业工作绩效评估指标体系。我们认为,对一个部门的绩效考察应该从五个方面着手:确认

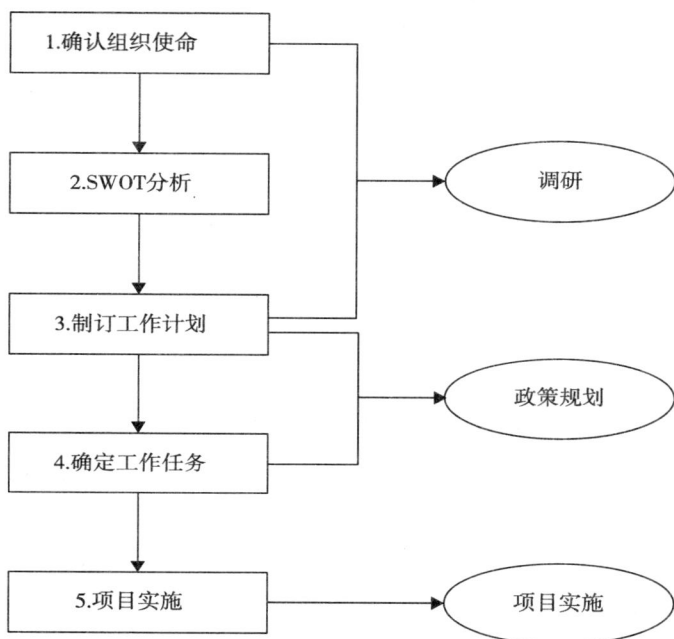

图 12-1 公共部门战略管理流程

组织使命、SWOT 分析、制订工作计划、确定工作任务、项目实施。因为所有的部门,不管其工作性质和职能如何,都必须围绕着五个方面制定规划、开展工作,这样就构建了一个考核部门绩效的统一的理论框架。这五个方面也构成了战略管理的全部内容。

(1)确认组织使命

确认组织使命是战略规划的第一步。使命是对一个组织所追求的最终目标和所承担的职能的一个精确的描述。在本课题中,每个部门的使命是指和服务业发展密切相关的总体构想。

(2)SWOT 分析

SWOT 分析是战略管理的重要组成部分。它是指对一个组织所处的内部和外部环境的扫描。一个组织的内部环境因素通常指组织的优势(Strengths)和弱势(Weaknesses),外部环境因素通常指组织的机遇(Opportunities)和挑战(Threats)。对组织的这四个方面因素的分析叫

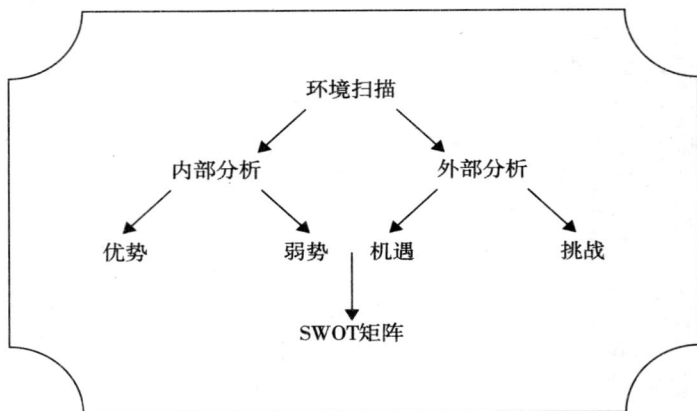

图 12 - 2   SWOT 分析框架

做 SWOT 分析。

SWOT 分析提供了有关组织自身的资源禀赋和外界环境的信息，是一个组织制定战略规划的基本工具。一个组织的使命的实现是通过一系列的工作计划来实现的。而 SWOT 分析是链接组织使命和工作计划的桥梁，只有通过 SWOT 分析，一个组织才能围绕其使命制定出有效的工作计划。图 12 - 2 展示了 SWOT 分析的基本内容。

优势：主要指一个组织用以完成组织使命的资源和能力。对于一个政府部门来讲，类似的优势可能包括：

- 坚强的领导能力
- 高素质的公务员队伍
- 公众的高度信任
- 充足的预算资金
- ……

弱势：是指影响一个部门正常实施其战略计划或政策目标的因素。例如，

- 缺乏上级领导的重视
- 预算资源的不足
- 公务员队伍缺乏团队精神
- ……

机遇:外部环境分析有助于发现组织发展的新的机会。例如,

- 提高公众的参与意识
- 改革公务员的薪资制度
- ……

挑战:外部环境也对组织发展提出了一些相应的挑战。例如,

- 换届选举
- 老龄人口的迅速增长
- ……

表 12 - 1　SWOT/TOWS 矩阵

	Strengths	Weaknesses
Opportunities	S-O strategies	W-O strategies
Threats	S-T strategies	W-T strategies

在充分分析了组织的内部和外部环境后,一个组织通常采取四种方式来趋利避害,最终形成组织的工作计划:

S-O strategies:一个组织可以通过利用自己的优势来追求机遇。

W-O strategies:一个组织也可以通过克服弱势来把握机遇。

S-T strategies:一个组织利用其优势来克服外部环境带来的威胁。

W-T strategies:一个组织通过规避其弱势来减少外部环境带来的威胁。

当然,这四种方式也可以结合起来使用。

(3)制订工作计划

在 SWOT 分析后,一个组织应该能够制订出中长期和短期工作计划。工作计划的核心是明确一个组织所要达到的工作目标。这个工作目标应该是在与目前的水平相比较下的工作目标。例如,加强老区、山区旅游资源的开发,维持现有的经济增长水平,等等。

(4)确定工作任务

工作任务是指为了达到工作计划所要开展的具体工作。例如,为了实现"加强老区、山区旅游资源的开发"的工作目标,开展的具体工

作可以是,在老区、山区建旅游景点。当然,工作任务除了要声明一个部门要做什么,更要说明要具体开展的工作要达到什么样的目标。仍以上一个例子为例,兴建旅游景点只是说明为了实现"加强老区、山区旅游资源的开发"要做什么,说明工作任务时,还应写明兴建了多少旅游景点,每个景点计划吸引游客的数量,等等。

(5)项目实施

项目实施是最后一个阶段。因为上一步已经确定了具体开展哪些工作,项目实施阶段主要涉及的是项目执行过程中的相关问题,例如,投入多少? 怎么投入? 如何对项目进行监督管理? 项目的产出是什么? 结果又是什么?

（三）绩效评估框架

对各部门服务业发展方面的绩效评估,必须紧密结合和围绕上述战略规划框架展开。考虑到政府部门的实际工作情况,我们计划将绩效评估划分为"调查研究、政策规划、项目实施"三个维度,然后细化为"调查研究、战略规划与政策制定、政策执行、重点项目推进、统筹协调与临时性任务完成"五个方面进行。

对绩效的评估将遵照"目标—投入—管理—产出—结果"的流程,结合对目标的贡献度、工作数量、质量、利益相关者满意度等方面的标准展开。

1. 调查研究

包括本部门发展服务业的使命陈述、外部环境分析、组织内部分析、战略规划等方面的调研工作,以及政策规划与制定、政策与项目执行等方面的调研工作。

绩效评估可以从调研的数量、质量、形式、对服务业发展所起作用等方面进行。

2. 战略规划与政策制定

包括明确本部门发展服务业的中长期规划、长期与近期目标、具体的年度工作计划、主要项目的规划,等等。

绩效评估可以从部门规划与中山市发展服务业整体规划的关联

度,部门政策出台的数量、质量、重要性,目标与计划的科学性、可行性等方面进行。

3.项目实施

政府政策和规划确定之后,随之展开的即是政策和项目实施环节。项目实施是政府工作的重点,也是绩效实现的关键环节,对项目实施状况及其结果的评估就成为绩效评估的重点。

实践中,项目实施一般依赖于日常性的政策执行、重点项目推进、统筹协调与完成临时性任务等方面的互相配合。因此,项目实施可以具体分解为"政策执行、重点项目推进、统筹协调与临时性任务完成"三大方面。

政策执行——可以从执行的力度、规范化、成本、效益等方面评估其绩效。

重点项目推进——可以从项目的数量、质量、完成进度、成本、效益等方面评估其绩效。

统筹协调与临时性任务完成——可以从任务的数量、性质、完成情况、成本、收益等方面评估其绩效。

(四)访谈过程与内容分析

1.访谈方案与提纲

(1)访谈对象,主要包括各职能局分管局领导、与服务业发展相关的业务科室、政策研究室或办公室、统计部门。

(2)主要问题

本年度贵单位进行了哪些调查研究工作,其中哪些与服务业有关系,这些调研对于推动实际工作起到什么作用?

贵单位中长期发展规划和年度工作计划是如何出台的,在发展服务业方面有哪些中长期设想、规划或计划?

在发展服务业方面,贵单位出台了哪些政策、措施、文件,效果如何?

贵单位是如何贯彻执行省市政府发展服务业方面的政策的,有何经验和创新?

为了发展服务业,贵单位在重点项目方面有何安排? 哪些已经开展,成效如何? 哪些正在规划中,进度如何?

在发展服务业方面,贵单位怎样确保相关项目的顺利实施达到预期目标/效果? 进行了哪些针对性强的改革?

在发展服务业方面,上级给贵单位安排了哪些临时性任务,完成情况如何?

为了完成发展服务业方面的任务,贵单位投入了多少人力、物力、财力? 此方面的工作占贵单位日常业务的多大比重?

2. 访谈过程

根据调研计划,课题组从 2006 年 12 月开始赴纳入当年服务业考核范围的 15 个市直部门进行访谈,了解各部门的具体职能与工作范围、履行职能的主要方式、为发展服务业而做的主要工作等方面的信息,分析各部门工作与服务业发展的关联度、对全市服务业发展的贡献度,听取各部门对绩效评估框架的意见和建议。

2006 年 12 月 8 日,课题组赴市发展和改革局、旅游局调研,经过深入讨论,基本认可政府部门履行职能一般包括规划与政策制定、关键性日常工作、重大项目建设、临时性交办任务等环节,并就不同性质的职能部门之间的工作和绩效如何比较、目标如何细分、考核如何标准化等问题交换了意见。

2006 年 12 月 22 日,课题组赴市工商局、交通局、科技局调研,各局结合自己的核心职能,介绍了与服务业相关的工作情况。工商局认为自己的核心职责是服务商户、服务企业,通过拓展服务、下放权限、信息调研等措施来引导行业经营和企业发展。交通局在公交线网、客运站场规划、货运物流、港口与水上运输等方面做了大量工作,对规划、调研尤其重视。科技局广泛开展各种软课题调研,在制定和出台专利事业发展政策方面成绩突出,并期望相关部门配合、资金配套以保证政策执行。

2007 年 2 月 1 日,课题组分头赴市金融办、建设局、国土局、文化局、劳保局调研。金融办强调自身的工作主要是协调、服务本地金融业的发展,协助上级派驻机构的监管工作,管理地方性金融机构。建设局认为服务业嵌入在行业管理中,需要先界定清楚服务业的范围,否则很难搭建绩效评估体系。国土局觉得日常工作牵涉到部门的很多精力,很少考虑前瞻性规划,工作计划大都来自上级,部门限于应付为主。

2007年2月2日,课题组分头赴市外经贸局、卫生局、民政局调研。外经贸局认为服务业考核应该结合各部门的实际工作,这一点非常重要。围绕招商引资,该局进行了大量的调研。出台了部门的"十一五"规划,日常工作注重协调。卫生局围绕群众关心的热点问题进行调研,在突发事件和疫情发生时有大量临时性工作,但强调不能被临时性工作过多干扰,必须有自己的思路和计划,并配置资源保证计划的实施。

3. 访谈内容分析与研究框架的调整

在大范围访谈的基础上,课题组认真分析与处理访谈记录,并与市服务办进行了多次沟通。通过访谈,发现绝大多数部门均认为在履行职能的过程中,需要包括调查研究、政策规划与制定、日常政策执行、重点项目、完成临时性任务等五个方面的工作。只是由于具体部门的不同和被调查对象层次的差别,大家对这五项工作的地位、重要性和所占比重的认识有所偏差。访谈的结果基本验证了课题组的前期研究框架,即可以将部门发展服务业的工作划分为"调查研究、政策规划、项目实施"三大维度,然后细化为"调查研究、战略规划与政策制定、政策执行、重点项目推进、统筹协调与临时性任务完成"等五个方面进行绩效评估。

通过进一步的文献研究和反复讨论,尤其考虑到下一步问卷调查的可行性与实操性,课题组与市服务办召开了座谈会进行研究和协商,最终决定在基本精神和原则不变的前提下,对研究框架进行微调,将一级指标浓缩为三个,每个一级指标之下的二级指标浓缩为四个以内,以利于问卷设计和问卷调查工作的开展。

调整之后的研究框架如下:

政策规划——服务业调查研究、发展规划、政策制定

日常工作——完成专项经济指标、执行上级政策、落实本部门政策、推进重点项目

临时性任务——上级交办工作、本部门拟开展的工作

4. 服务业工作绩效评估指标体系的理论建构

通过访谈调研和文件资料分析,结合中山市实际情况,针对职能部门与镇区服务业发展方面的工作绩效,我们进行了以下的逻辑建构,并相应设计出评估指标体系。

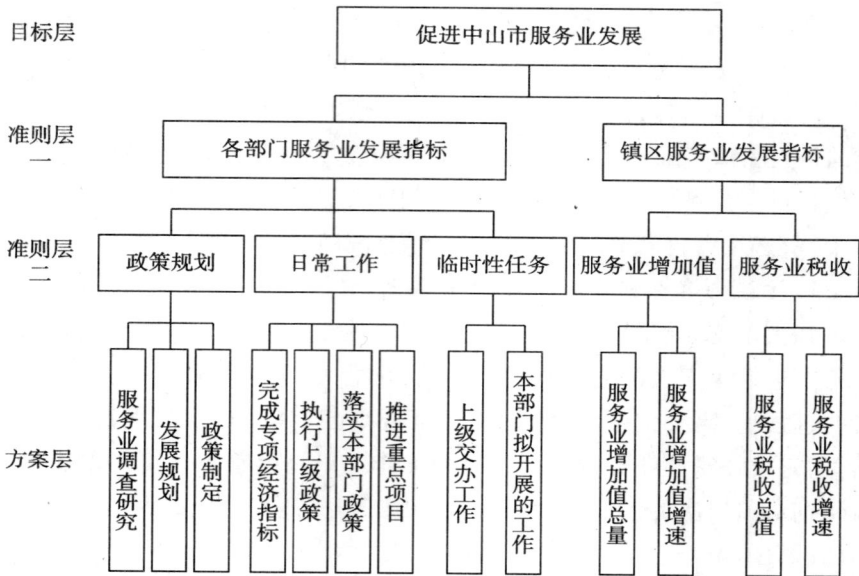

图 12-2　中山市服务业工作绩效评估的逻辑框架

表 12-3　中山市服务业工作绩效评估指标框架

评估对象①	一级指标	二级指标	三级指标②
职能部门	政策规划	服务业调查研究	
		发展规划	
		政策制定	
	日常工作	完成专项经济指标	
		执行上级政策	
		落实本部门政策	
		推进重点项目	
	临时性任务	上级交办工作	
		本部门拟开展的工作	

　　① 市直部门与镇区的工作性质和工作成果的表现形式不同,各自适用不同的评估指标体系。

　　② 由于市直部门的职能差异和对服务业发展贡献方式的不同,三级指标宜根据各个部门的实际情况具体制定。镇区则不需要设置三级指标。

续表

评估对象①	一级指标	二级指标	三级指标②
镇区	服务业增加值	服务业增加值总量	
		服务业增加值增速	
	服务业税收	服务业税收总值	
		服务业税收增速	

二、基于层次分析法的问卷调查与数据处理

（一）问卷设计及发放

在指标体系构建出来之后,确定各指标的权重就是最重要的工作。课题组与市服务业发展领导小组办公室一起,对当前各种通行的赋权方法进行了反复比较,根据科学性、合理性和实操性的原则来进行选择,最终决定采用层次分析法。

课题组严格按照层次分析法的要求进行设计,形成了一份高度结构化的调查问卷（具体问卷省略）。问卷共分为 19 个问题,针对本指标体系中各层级指标间重要性进行主观量化判断,涵盖了本次调查的所有内容。

由于本次问卷调查涉及中山市相关的职能部门和所有镇区,覆盖面广,工作量大,同时考虑到被调查者的精神集中度和时间方面的因素,在不影响问卷精确度的前提下,为了便于操作,我们根据层次分析法的原理,将问卷中对各指标之间相对重要性程度的判断划分为三个等级:二者同等重要、前者更重要、后者更重要。

本次问卷的发放与回收工作由市服务业发展领导小组办公室负责实施。共对中山市政府 18 个局、6 个区办事处、17 个镇区的单位领导、中层干部和一般干部共三个层次的公务员发放了评估问卷。

（二）问卷回收处理

1. 回收问卷,对问卷进行编码。本次调查共回收问卷 1707 份,分

布情况如表 12 - 4 所示:

表 12 - 4 第一次调查问卷分布情况

单位	回收问卷	单位	回收问卷	单位	回收问卷	单位	回收问卷
旅游局	10	地税局	197	石歧区办事处	31	东升镇	32
交通局	136	质量技术监督局	18	东区办事处	20	黄圃镇	38
教育局	28	国土资源局	183	南朗镇	46	三乡镇	47
外贸局	38	科技局	16	小榄镇	13	大涌镇	30
工商行政管理局	25	统计局	22	坦洲镇	27	三角镇	62
农业局	22	文广新局	6	横栏镇	33	东凤镇	67
体育局	12	司法局	6	沙溪镇	18	神湾镇	42
人力资源和社会保障局	52	五桂山办事处	23	港口镇	65	阜沙镇	15
卫生局	23	西区办事处	38	古镇镇	43	总计	1707
国税局	66	火炬区管委会	22	板芙镇	60		
建设局	31	南区办事处	22	民众镇	20		

2. 对问卷进行第一次有效性检验,剔除其中问卷答案不完整、一个题目出现两个答案的无效问卷共 161 份,余下 1546 份问卷通过第一次有效性检验。

3. 回原问卷信息,构造各层次的指标判断矩阵。本问卷中对指标间重要性程度的判断分为三个等级:前者比后者重要(记 2),两者一样重要(记 1),前者比后者不重要(记 1/2)。由此,每份问卷包含 5 个指标间重要性比较,构建出 4 个判断矩阵,详见表 12 - 5。

表 12－5　判断矩阵表①

父矩阵	A	B	C
A	1		
B		1	
C			1

子矩阵 A	A1	A2	A3
A1	1		
A2		1	
A3			1

子矩阵 B	B1	B2	B3	B4
B1	1			
B2		1		
B3			1	
B4				1

子矩阵 D	D1	D2	D3	D4
D1	1			
D2		1		
D3			1	
D4				1

（三）数据分析与统计结果

1. 数据分析

第一，按照有效问卷 1546 份，运用数学软件对每份问卷中的各个判断矩阵进行分析判断，得出每份问卷中各个判断矩阵的指标权重。

第二，对每份问卷中的所有判断矩阵进行一致性有效检验。由于 ABC 层次（即父矩阵）是一级指标，其一致性检验制约着其子层次指标的有效性，因此，必须首先判断第一层次 ABC 判断矩阵的一致性。经过一致性检验，剔除一致性指标 CR>0.1 的问卷 123 份，有 1423 份通过第二次有效性检验。

第三，由于通过 ABC 层次一致性检验的问卷，在其子矩阵判断中仍然可能存在无效性，因此必须对每份问卷的各个子矩阵（A、B、D）再次进行一致性检验。由于各子层次间指标在选择过程中已经通过相

---

① C 层次由于只有两个变量，因此不需要构造判断矩阵。各字母分别表示：A＝政策规划；B＝日常工作；C＝临时性任务；D＝镇区服务业绩效。A1＝服务业调查研究；A2＝发展规划；A3＝政策制定。B1＝完成专项经济指标；B2＝执行上级政策；B3＝落实本部门政策；B4＝推进重点项目。C1＝上级交办工作；C2＝本部门拟开展的工作。D1＝服务业增加值总量；D2＝服务业增加值增速；D3＝服务业税收总值；D4＝服务业税收增速。

关性检验,属于相互不相关指标,因此,我们只需剔除每份问卷中不能通过一致性检验的子层次判断矩阵,其他有效子层次矩阵可以保留(如在一份问卷中,剔除无效子矩阵 A,但仍可保留有效的子矩阵 B、D)。此为第三次问卷有效性检验,在第二次检验的基础上进行,通过检验的问卷数见表 12 - 6:

表 12 - 6　通过检验的问卷数

父矩阵有效个数	1423
子矩阵 A 有效个数	1319
子矩阵 B 有效个数	1322
子矩阵 C 有效个数	1423
子矩阵 D 有效个数	1302

第四,每一份问卷中有效矩阵计算得出的权重,就是每一个受访者对该指标评估体系中各层次和指标间重要程度的主观权重体现。综合各个有效矩阵的权重,就可得出最终反映指标权重的综合权重。我们选择的综合方法是数学平均综合,因为数学平均是针对离散型变量的最优估计量、无偏估计量和集中估计量。

2. 统计结果

根据前面步骤的计算,对所有矩阵权重进行数学平均后,可以获得各个层次指标的相对权重,最终分析结果见表 12 - 7:

表 12 - 7　矩阵统计分析结果

父矩阵有效个数	1423	子矩阵 B 有效个数	1322	子矩阵 D 有效个数	1302
指标 A 平均权重	0. 38731301	指标 B1 平均权重	0. 253133363	指标 D1 平均权重	0. 269994663
指标 B 平均权重	0. 340079855	指标 B2 平均权重	0. 258545409	指标 D2 平均权重	0. 250732483
指标 C 平均权重	0. 272607135	指标 B3 平均权重	0. 240484329	指标 D3 平均权重	0. 2463815

父矩阵 有效个数	1423	子矩阵 B 有效个数	1322	子矩阵 D 有效个数	1302
子矩阵 A 有效个数	1319	指标 B4 平均权重	0. 247836899	指标 D4 平均权重	0. 232891355
指标 A1 平均权重	0. 355868568	子矩阵 C 有效个数	1423		
指标 A2 平均权重	0. 32692106	指标 C1 平均权重	0. 630659767		
指标 A3 平均权重	0. 317210372	指标 C2 平均权重	0. 369340233		

三、服务业工作绩效评估指标体系

（一）职能部门服务业工作绩效评估指标

根据分析结果,可以明确在中山市职能部门服务业工作绩效评估指标体系中,一级指标之间的权重如图 12－3:

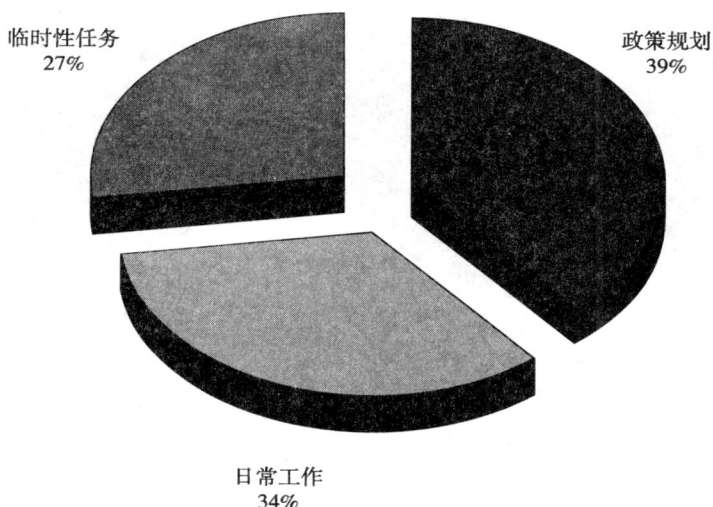

图 12－3　一级指标权重分布图

（二）镇区服务业工作绩效评估指标

根据第一次问卷调查,在中山市镇区服务业工作绩效评估指标体系中,各指标之间的权重如图 12－4、图 12－5、图 12－6:

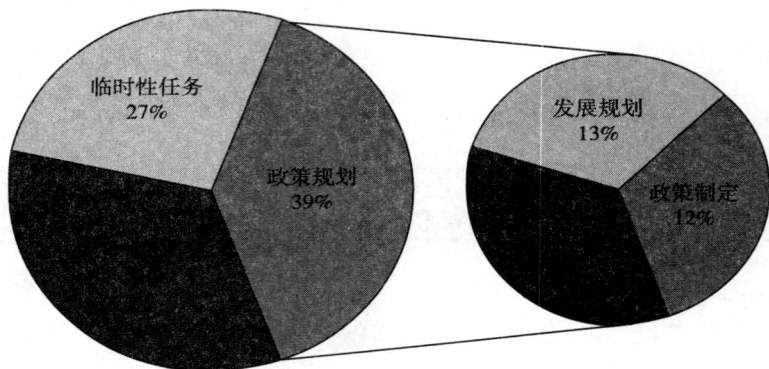

图 12－4　二级指标间权重比较

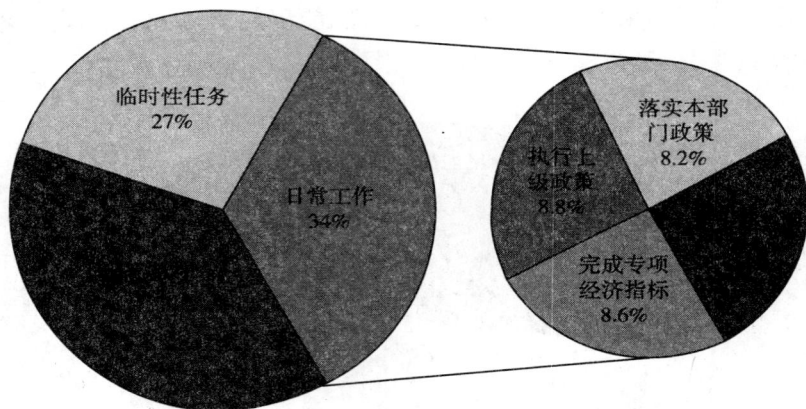

图 12－5　二级指标间权重比较

二级指标之间权重关系如图 12－7。

根据第一次问卷调查,在中山市镇区服务业工作绩效评估指标体系中,各指标之间的权重如图 12－8。

如前所述,本课题的原研究方案主要是针对市直各职能部门的,对

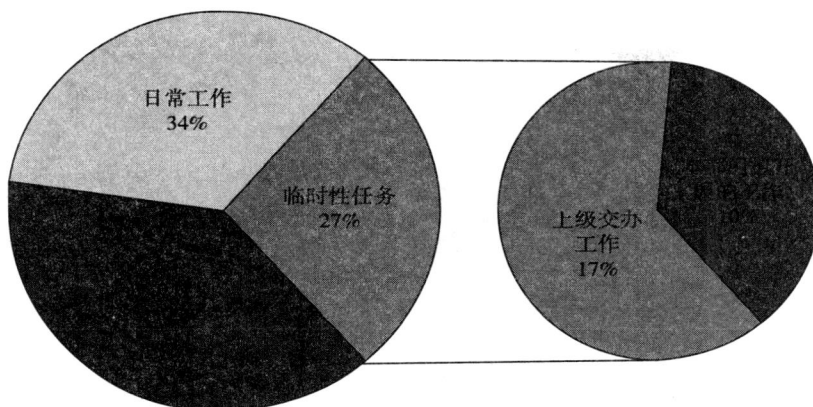

图 12－6　二级指标间权重比较

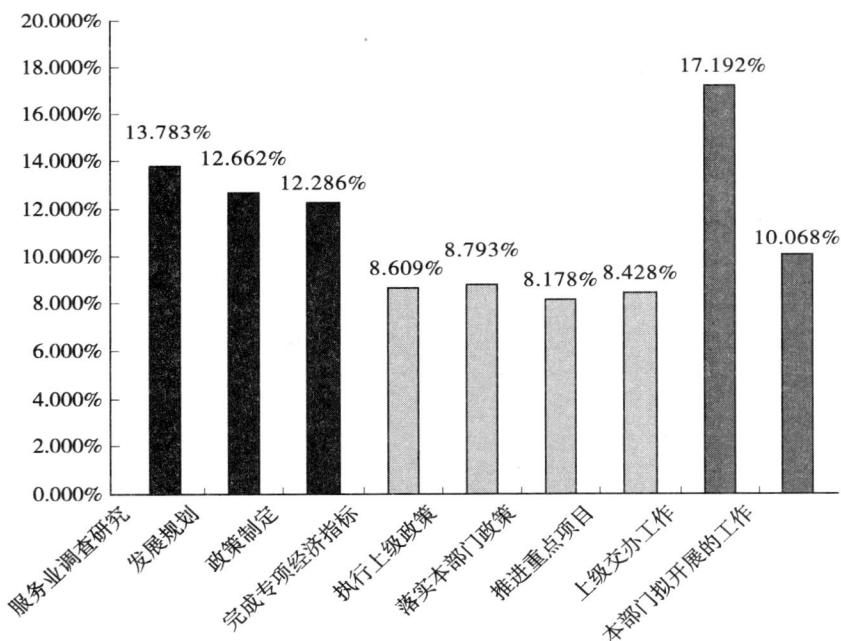

图 12－7　二级指标权重比较

镇区的评估则集中于服务业增加值与税收等专项经济指标方面。很显然,在镇区的服务业工作中,专项经济指标直接反映了其工作成效,是

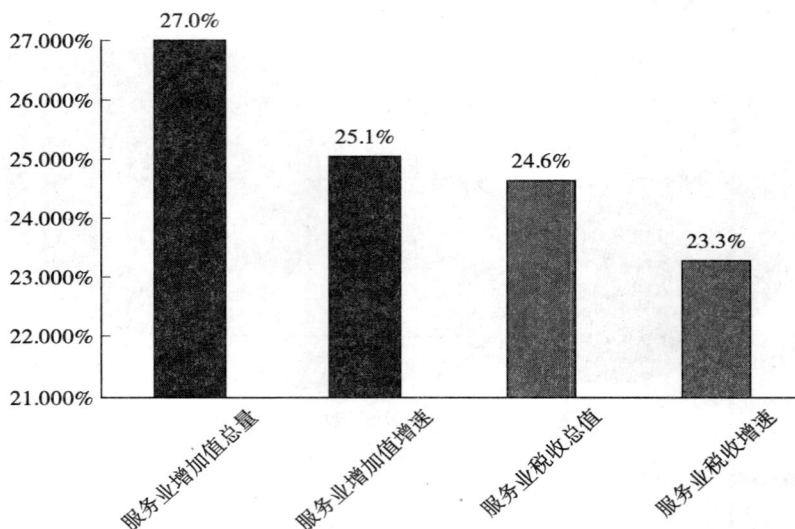

图 12－8　镇区指标分布

绩效评估的重中之重。但除了经济指标之外，组织机构和具体工作等也直接影响着最终绩效。为此，我们重新设计了中山市镇区服务业工作绩效评估方法调查问卷。

表 12－8　中山市镇区服务业工作绩效评估指标框架

维度	具体指标
组织机构指标	组织机构健全 专职工作人员到位
具体工作指标	开展服务业调查研究 编制服务业总体（或专项）发展规划 制定服务业发展政策文件
专项经济指标	服务业增加值总额 服务业增加值增长速度 服务业增加值占地区 GDP 比重 服务业税收总额 服务业税收增长速度 服务业固定资产投资总额 服务业固定资产投资增长速度 服务业固定资产投资占全社会固定资产投资的比重

　　对镇区的调查问卷采用的是李克特量表法。李克特量表是由美国社会心理学家李克特（R. A. Likert）于 1932 年在原有的指数形式的基础上改进而成的。李克特量表是由一组对某事物的态度或看法的陈述组成，并且不是简单的好或坏、赞同或反对的陈述，而是基于程度渐变基础上的一种态度陈述。如，"非常出色、出色、一般、不满意、非常不满意"等这样一组陈述组成。由于引入了表示程度的选项，因此李克特量表能够更清晰地反映受访者对某种事物的主观评价水平。在操作上，李克特量表为每一个程度指定一个固定的分值，按照程度的递增（递减）而适当增（减）分值，通过这种方法，将定性数据的处理转化成为定量数据的处理，提高了数据处理的效率和直观性。①

　　在对镇区的问卷调查中，受访者被要求对给出的十三个评估指标（如表 12－8）的重要程度进行主观评价，设"非常重要、重要、一般、不重要、非常不重要"五个评价等级。对于任意指标 I，受访者选择"非常重要"记 5 分，"重要"记 4 分，依次递减，选择"非常不重要"记 1 分；加总所有问卷，则得出对于指标 I 的最终评价得分；再对所有指标得分进行归一化处理，便可得出指标权重。

　　本次调查共回收来自十七个镇四个区的有效问卷共 675 份，具体情况见表 12－9：

表 12－9　第二次调查问卷分布情况

镇区	份数	镇区	份数
三角镇	26	南朗镇	40
黄圃镇	20	沙溪镇	20
板芙镇	50	港口镇	51
东凤镇	39	三乡镇	31
东区镇	24	阜沙镇	28
坦洲镇	34	横栏镇	26

---

　　①　黄佳圳：《我国地方政府绩效评估指标体系构建——指标选择与权重设置》，《经营管理者》2011 年第 7 期。

续表

镇区	份数	镇区	份数
小榄镇	39	东升镇	40
古镇镇	28	开发区	13
南头镇	14	西区办事处	30
钟湾镇	64	南区办事处	27
石岐区办事处	31	总计:675 份	

将各指标加总统计得分,并进行归一化处理之后,得出的权重分布见表 12 - 10、图 12 - 9:

表 12 - 10　中山市镇区服务业工作绩效评估指标权重

指标	总得分	权重(%)
组织机构健全	3015	8.14
专职工作人员到位	2972	8.02
开展服务业调查研究	2788	7.53
编制服务业总体(或专项)发展规划	2898	7.82
制定服务业发展政策文件	2841	7.67
服务业增加值总额	2878	7.77
服务业增加值增长速度	2815	7.60
服务业增加值占地区 GDP 比重	2867	7.74
服务业税收总额	2864	7.73
服务业税收增长速度	2794	7.54
服务业固定资产投资总额	2779	7.50
服务业固定资产投资增长速度	2753	7.43
服务业固定资产投资占全社会固定资产投资的比重	2784	7.51

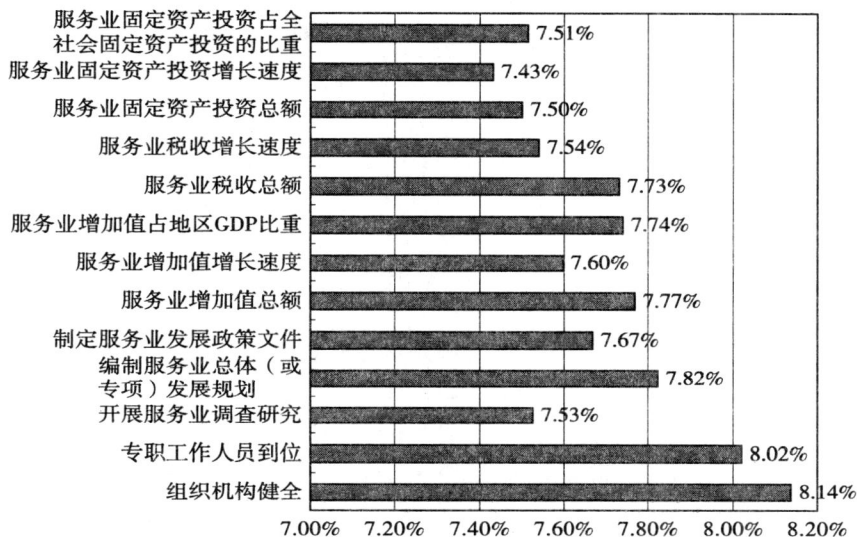

图 12－9　镇区政府服务业工作评估指标权重分布

（三）中山市服务业工作绩效评估指标与权重体系

综合上述分析结果，我们可以得出中山市服务业工作绩效评估指标与权重体系，见表 12－11：

表 12－11　中山市服务业工作绩效评估体系

评估对象	一级指标	二级指标
职能部门服务业工作绩效评估指标（100％）	政策规划（39％）	服务业调查研究（14％）
		发展规划（13％）
		政策制定（12％）
	日常工作（34％）	完成专项经济指标（9％）
		执行上级政策（9％）
		落实本部门政策（8％）
		推进重点项目（8％）
	临时性任务（34％）	上级交办工作（17％）
		本部门拟开展的工作（10％）

307

评估对象	一级指标	二级指标
镇区 服务业工作 绩效评估指标 （100%）	组织机构 （16.16%）	组织机构健全（8.14%）
		专职工作人员到位（8.02%）
	具体工作 （23.02%）	开展服务业调查研究（7.53%）
		编制服务业总体（或专项）发展规划 （7.82%）
		制定服务业发展政策文件（7.67%）
	专项经济指标 （60.82%）	服务业增加值总额（7.77%）
		服务业增加值增长速度（7.60%）
		服务业增加值占地区 GDP 比重（7.74%）
		服务业税收总额（7.73%）
		服务业税收增长速度（7.54%）
		服务业固定资产投资总额（7.50%）
		服务业固定资产投资增长速度（7.43%）
		服务业固定资产投资占全社会固定资产 投资的比重（7.51%）

四、服务业工作绩效评估的操作性方法

（一）中山市服务业工作任务与目标管理考核办法

如前所述，本课题组建立了理论假设，开展了两轮问卷调查，通过所得到的数据进行统计分析，得出中山市服务业工作绩效评估体系（见表 12-11）。然而，必须指出的是，上述研究是一种比较纯粹的理论研究，理想色彩较浓，结论可能与实际存在一定差距，实际操作性可能受到影响。而且，本研究的基础是问卷调查，由于问卷调查的对象涵盖面较广，调查对象的层次参差不齐，对服务业工作的理解不一，对调查的认真程度和配合程度不同，直接会影响到最终结果的科学性。

为了矫正以上可能存在的偏差，课题组遵循理论与实践相结合、群众路线与专家意见相结合、职能部门与主管部门相结合的方法论,以上述研究成果为基础,与中山市服务业领导小组办公室进行多轮磋商,反复征询各方面意见,根据科学性、严谨性、规范性、实操性的原则,对中山市服务业工作绩效评估体系进行了不断的微调和修正,最终形成了以下的考核办法建议稿。

1. 职能部门考核内容:服务业规划编制(重要课题研究);服务业政策文件(工作方案)制定;专项经济指标;重点项目建设;本部门开展的其他服务业工作。

2. 镇区考核内容:服务业组织机构建设;服务业规划编制(重要课题研究);服务业政策文件(工作方案)制定;重点项目建设;服务业生产总值及增速;服务业生产总值占地区生产总值的比重;服务业税收及增速;服务业固定资产投资及增速;服务业实际利用外商直接投资及增速。

3. 评分办法:各部门、镇区服务业工作任务和预期发展目标考核采取"部门(镇区)自评、专业机构评估"相结合的评分方式;部门、镇区分别按照评分标准,对上年度各项工作任务和预期发展目标逐一自评,形成书面自评报告报市服务办,市服务办组织专业机构对自评结果进行审核后确定各部门、镇区的最终考核得分。

各项经济指标完成情况以市统计局发布的数据为准;重点项目完成情况以市投资管理部门确认的数据为准。

4. 结果运用:各部门、镇区自评结果,经市服务办审核后通过中山市服务业工作任务和发展预期目标考核管理信息系统向社会公布。依据部门、镇区考核得分,对排名前1/3的参评部门、镇区分别给予5万元奖励,并授予"中山市推动服务业发展先进单位称号"。

（二）职能部门服务业工作绩效评估方法

表 12－12　部门工作任务和预期发展目标考核评分标准

序号	工作任务类别	单项工作任务基本分	评分标准①
1	服务业发展规划编制（重要课题研究）	10	（1）编制完成并通过专家评审的,得基本分;（2）已完成初稿的,得 50% 的基本分;（3）未完成初稿的,不得分。
2	服务业政策文件（工作方案）制定	10	（1）制定完成并经市政府批准的,得基本分;（2）已完成初稿的,得 50% 的基本分;（3）未完成初稿的,不得分。
3	专项经济指标	20	（1）完成预期目标的,得基本分;（2）完成预期目标 80% 以上的,按完成率计算得分;（3）完成预期目标 50%—80% 的,得 50% 基本分;（4）未完成预期目标 50% 的,不得分;（5）完成预期目标且增幅超过预期目标 2 个百分点的加 3 分,照此类推,加分最多不超过 15 分。
4	重点项目推进	20	1.续建项目:（1）按计划应竣工项目:按计划竣工的得基本分;完成年度计划 80% 以上的按完成率计算得分;完成年度计划 50%—80% 的得 50% 基本分,未达年度计划 50% 的不得分,结转至下一年度;（2）跨本年度项目:按年度计划完成投资的,得基本分,完成年度计划 50% 以上的按完成率计算得分,完成年度计划 50% 以下的不得分。 2.新开工项目:（1）按年度计划完成投资的,得基本分;（2）完成年度计划 80% 以上的按完成率计算得分,完成年度计划 50%—80% 的得 50% 的基本分,完成年度计划 50% 以下的不得分;（3）超额完成投资计划且超额幅度超过 10 个百分点的加 1 分,照此类推,加分最多不超过 5 分。 3.前期预备项目（前期工作内容包括项目可研编制、环评、规划用地、立项、落实资金来源等）:（1）按计划完成前期预备的,得基本分;未按计划完成前期预备的,不得分,结转为下一年度前期预备项目;（2）项目在本年度内提前开工,年度投资额占投资总额 10% 的加 1 分,照此类推,加分最多不超过 5 分。

① 单项工作任务基本分是各工作任务类别项下每一具体工作任务的基准分,如某部门承担 3 个服务业发展规划和重要课题研究,则每一规划（或课题研究）的基本分为 10 分,该部门服务业发展规划编制的总基本分为 30 分。

续表

序号	工作任务类别	单项工作任务基本分	评分标准①
5	本部门开展的其他服务业工作任务	10	划分为"已经完成"、"基本完成"、"完成一般"和"完成较差"四个档次,具体评价标准和得分标准是:完全达到预期目标的为"已经完成",得基本分;与预期目标比较接近的为"基本完成",得80%的基本分;离预期目标有一定距离的为"完成一般",得50%的基本分;与预期目标有较大距离的为"完成较差",不得分。

(三)镇区服务业工作绩效评估方法

表 12－13　镇区工作任务和预期发展目标考核评分标准

序号	任务类别	单项工作任务基本分	评分标准①
1	服务业组织机构建设	10	(1)成立专责机构并设立专职人员的,得基本分;(2)成立专责机构但未设立专职人员的,得50%的基本分;(3)尚未成立专责机构的,不得分。
2	服务业发展规划编制(或重要课题研究)	10	(1)编制完成(通过专家评审)的,得基本分;(2)已完成初稿的,得50%的基本分;(3)未完成初稿的,不得分。
3	服务业政策文件(或工作方案)制定	10	(1)制定完成(经市政府批准)的,得基本分;(2)已完成初稿的,得50%的基本分;(3)未完成初稿的,不得分。
4	重点项目推进	20	1.续建项目:(1)按计划应竣工项目:按计划竣工的得基本分,完成年度计划80%以上的按完成率计算得分,完成年度计划50%—80%的得50%基本分,未达年度计划50%的不得分,结转至下一年度;(2)跨本年度项目:按年度计划完成投资的,得基本分,完成年度计划50%以上的按完成率计算得分,完成年度计划50%以下的不得分。

---

① 单项工作任务基本分是各工作任务类别项下每一具体工作任务的基准分。

续表

序号	任务类别	单项工作任务基本分	评分标准①
			2. 新开工项目:(1)按年度计划完成投资的,得基本分;(2)完成年度计划 80% 以上的按完成率计算得分,完成年度计划 50%—80% 的得 50% 的基本分,完成年度计划 50% 以下的不得分;(3)超额完成投资计划且超额幅度超过 10 个百分点的加 1 分,照此类推,加分最多不超过 5 分。 3. 前期预备项目(前期工作内容包括项目可研编制、环评、规划用地许可、立项、落实资金来源等):(1)按计划完成前期预备的,得基本分,未按计划完成前期预备的,不得分,结转为下一年度前期预备项目;(2)项目在本年度内提前开工,年度投资额占总投资 10% 以上的加 1 分,照此类推,最高加分不超过 5 分。
5	服务业生产总值及增速	10	(1)完成预期目标的,得基本分;(2)完成预期目标 80% 以上的,按完成率计算得分;(3)完成预期目标 50%—80% 的,得 50% 基本分;(4)未完成预期目标 50% 的,不得分;(5)完成预期目标且增速超过全市平均水平 5 个百分点的加 1 分,照此类推,最高加分不超过 5 分。
6	服务业生产总值占地区生产总值比重及比重增幅	10	(1)比重或比重增幅达到全市平均水平的,得基本分;(2)比重、比重增幅皆未达到全市平均水平的,按(本镇区服务业比重/全市服务业比重)×基本分计算得分;(3)比重增幅超过全市平均水平的,超 0.5 个百分点加 1 分,照此类推,最高加分不超过 5 分。
7	服务业税收及增速	10	(1)完成预期目标的,得基本分;(2)完成预期目标 80% 以上的,按完成率计算得分;(3)完成预期目标 50%—80% 的,得 50% 基本分;(4)未完成预期目标 50% 的,不得分;(5)完成预期目标且增速超过全市平均水平 5 个百分点的加 1 分,照此类推,最高加分不超过 5 分。

---

① 单项工作任务基本分是各工作任务类别项下每一具体工作任务的基准分。

序号	任务类别	单项工作任务基本分	评分标准①
8	服务业固定资产投资及增速	10	(1)完成预期目标的,得基本分;(2)完成预期目标80%以上的,按完成率计算得分;(3)完成预期目标50%—80%的,得50%基本分;(4)未完成预期目标50%的,不得分;(5)完成预期目标且增速超过全市平均水平5个百分点的加1分,照此类推,最高加分不超过5分。
9	服务业实际利用外商直接投资及增速	10	(1)完成预期目标的,得基本分;(2)完成预期目标80%以上的,按完成率计算得分;(3)完成预期目标50%—80%的,得50%基本分;(4)未完成预期目标50%的,不得分;(5)完成预期目标且增幅超过全市平均水平5个百分点的加1分,照此类推,最高加分不超过5分。

第十三章　公共服务外包的
第三方绩效评估

一、第三方绩效评估的框架与过程

2009 年 1 月,受共青团广州市海珠区委的委托,中山大学行政管理研究中心以第三方的身份,独立对该区青少年事务社会工作者试点工作情况进行绩效评估。为了客观、科学、公正地开展绩效评估,中山大学行政管理研究中心组建了以倪星教授为组长的评估科研团队,在进行充分准备的基础上,制订出评估计划,并征求海珠区青少年事务社会工作试点工作领导小组同意后,认真实施评估,多方收集资料,为最终顺利完成评估目标打下了坚实基础。

(一)制订绩效评估计划

作为整个绩效评估的基础,评估科研团队开展工作的第一步即是制定绩效评估计划,对评估的原因、原则、方法、过程安排、人员组成、资料收集及分析方法等制定出路线图,通过与相关方面的沟通交流,引导评估团队按时按质完成评估任务。评估工作的开展需要和社区、街办、学校、社工站等接触,其中大量的沟通协调事务需要海珠区团委出面,同时,评估是一个历时较长的过程,不同的工作步骤需要同时展开,评估计划可以规划和控制评估进程,并不时反思评估的路径、方法和进度是否符合预定目标。

1. 绩效评估的前期准备工作

第一,收集项目的相关信息,以获得对项目运作的初步认识,为下一步施行评估工作提供线索和参考。课题组于 2008 年 12 月 12 日至 20 日,收集海珠区试行该项目的相关信息:项目实施的背景、项目实施的范围、对象、启创社会工作发展协会的组织情况、规章制度、台账、工作记录、工作总结、委托方海珠团委对服务提供方的期许、评价等。其间,在 2008 年 12 月 19 日左右,课题组与启创社会工作发展协会相关人员见面,向其通报评估的基本架构,表达望获得其配合的愿望,并向其提供评估所需的资料清单。评估科研团队确定要在 2008 年 12 月 20 日前收集齐全相关资料。

第二,初步确定评估工作的基调。从宏观经济政治社会背景看,试点工作是一项重要的民生工程,是促进社会主义和谐社会构建的重要举措。从青少年事务工作本身来看,在新的历史条件下,青少年社会事务工作具有极其重要的战略作用。从政府管理转型和创新来看,政府购买公共服务是一项重要管理创新。

2. 确定绩效评估工作的原则

评估团队在遵循绩效评估的公开、公平、公正、客观等一般性原则的前提下,结合试点工作实际,明确了以下的具体工作原则,用以指导评估工作:

第一,实事求是原则。就是在项目评估过程中,坚持一切从实际出发,坚持科学的态度,采用科学的方法,遵循科学规范的程序,进行客观公正的评估。

第二,客观公正原则。就是尊重客观实际,不主观随意和自以为是,评估立场公正,在分析和评价中独立自主,不受专业知识以外的因素干扰,既不屈从压力而违心地进行项目绩效评估,也不因私心和本位利益而放弃项目绩效评估的公正立场,坚持科学规范评估方法并恪守专业道德。

第三,成本效益原则。就是坚持全面衡量成本与效益两个方面的原则和项目效益必须大于项目成本的原则,厉行节约,尽最大可能为项目委托方创造附加价值。

第四,系统性原则。就是全面系统地评估青少年事务社会工作者试点工作的各个方面并综合评估试点各方面的情况,最终给出一个试点的周延评价。

第五,顾客导向原则。评估科研团队本着客观中立的专业精神,尊重项目委托方的利益,尽量减少成本,为委托方保守秘密,不向不相干的对象泄露项目情况。评估科研团队成员对于项目委托方和评估团队没有定夺的事情不自作主张,不擅自发表个人意见。

3.组建绩效评估工作团队

评估科研团队的人选主要包括以下四类:项目绩效评估专家、社会工作理论与实践专家、统计技术专家、相关部门领导和实际运作者。为了评估的需要,对评估科研团队进行了分工,组建了四个工作小组:(1)资料收集小组:主要收集试点工作绩效评估涉及的定性和定量资料,以及启创社会工作发展协会开展社会工作的相关制度、记录、自我评价以及服务提供台账等。(2)现场评阅小组:主要通过专家小组评议方法对启创社会发展协会制定的相关工作制度的质量和可行性以及合同补充协议书一所规定的定性指标的评估。(3)访谈、问卷调查小组:主要任务是设计访谈计划和访谈大纲,确定抽样框和设计问卷。(4)评估科研协调小组:主要是沟通协调评估团队、评估对象和评估合作者之间的衔接联络工作,并协调评估过程中可能出现的临时问题。

(二)确定绩效评估框架

一般来讲,按照评估的目的和评估的特征,像海珠区青少年事务社会工作者试点工作这类项目的绩效评估大致可以分为前摄/需要评估、过程/监督评估、赋权评估、效果/效益评估等。鉴于在本项试点工作中的政府首次外包服务、第三方组织成立时间不长和社会工作刚刚起步,以及服务购买者和服务提供者签订有服务协议等实际情况,评估科研团队决定采用过程评估与结果/效果评估相结合的模式,开展本次评估工作。

1.绩效评估指标分类

定性评估指标包括：

（1）补充协议书一所规定十项指标体系：①社团的所有社工、督导人员和管理人员的职务及责任均须有清楚的界定,具备组织架构图,明晰其整体组织架构及权责关系。②保证社团宗旨、目标、服务内容、服务形式的公开性,并制作相关资料以备公众阅取,所用文字措辞应当明白易懂。③实施公开有效的员工招募、聘用、培训、调派及奖惩守则,同时为社工提供持续性的督导及定期的工作表现考核,以鉴别社工在工作表现上需要改善的方面及开展持续培训和发展的需要。④及时、真实地保存本机构运作和活动的相关记录,定期进行总结,并对在总结过程中反映出来的问题,及时采取改善措施。⑤实行有效财务管理,具备符合法律规定的财务管理制度和会计制度。⑥建立处理投诉的制度：制定接到投诉后及时采取回应的人员、行动及时限；让服务对象知晓他们有投诉权,并让他们知晓投诉的程序和社团处理投诉的方法；所有投诉和处理投诉的行动都应该记录在案。⑦尊重服务对象所享受的服务选择权利及隐私保密权利,尊重服务对象所在单位或学校的隐私保密权利。⑧诚心热情地开展服务,制定对外服务承诺及标准,遵守基本职业道德操守,全心全意做好本职工作,在规定服务范畴内不推托、不隐瞒,并能够主动与被服务对象所在单位定期沟通协商相关服务内容及工作安排。⑨尊重员工发展需求,保证员工的合法权益。由现场评阅小组成员根据每项指标体系的评估点,在事先制定出的评价表上给出定性的评价：优、良、中、合格、不合格。⑩遵守有关的法律法规。

（2）对补充协议书二所规定的服务项目（十）中的六个方面的制度：日常管理制度、志愿者制度、社工督导制度、个案运作模式、小组运作模式,由现场评阅小组成员根据每项指标体系的评估点,在事先制定出的评价表上给出定性的评价：优、良、中、合格、不合格。

定量评估指标包括：

（1）补充协议书二所规定的服务项目（一）至（九）、（十一）、（十二）、（十四）所规定的人数/人次、数字、比率：拓展青年地带服务对象、扩展家庭参与潜能、加强学校教育合作、建立社区合作伙伴、协助志愿者服务建立、社区公民教育、青少年心理健康预防、边缘青少年介入服务、表达青少年群体需求、提升工作经费募集能力、服务对象接收服务的效果、调研刊物及学术研究成果。

（2）补充协议书二服务项目（十三）所规定的满意度指标：服务系统反馈。

2. 选择绩效评估方法

（1）现场查看。就是到启创社会工作发展协会工作所在地及其所属社区社工站和住校社工站查看相关资料、设施。了解掌握协议书相关内容的落实和完成情况。

（2）座谈会。就是到海珠区相关部门、有关协作单位如海珠区团委、学校、司法服务所、街办团工委/关工委、社区等召开座谈会。了解掌握启创社会工作发展协会提供服务的情况，服务提供的效果、问题、意见和建议等。

（3）访谈。就是选择该项目服务对象、服务对象家属、服务合作伙伴如学生、青年、家长、老师、街办工作人员、个案案主等，对其进行访谈。了解掌握启创社会工作发展协会提供服务的过程、内容和效果，以及经验、成绩、问题和建议等。

（4）问卷调查。就是针对不同的对象，向其发放满意度问卷。满意度问卷根据调查对象分为三种：服务对象满意度问卷、服务对象家属家长满意度问卷、服务合作伙伴满意度问卷。分别确定问卷调查的抽样框和样本，试调查后，分别到各个调查对象所在部门或约请调查对象，向其发放问卷，并回收。

3. 确定具体的指标评估方案

依据海珠区团委和启创社会工作发展协会签订的协议书，按照评估委托方的意图和事先确定的评估框架，评估科研团队制定了针对具体指标的评估方案和实施计划表，以指导评估的具体操作（见表13－1）。

表 13－1　协议书具体指标评估计划表

指标出处	指标内容	评估标准	评估方式
补充协议书一之一	社团的所有社工、督导人员和管理人员的职务及责任均须有清楚的界定,具备组织架构图,明晰其整体组织架构及权责关系	1. 有岗位职责制度 2. 有组织结构图	1 月 10—11 日,实地查看岗位职责规定和组织结构图; 1 月 19 日由专家评审小组评审岗位职责制度和组织结构图的质量
补充协议书一之二	保证社团宗旨、目标、服务内容、服务形式的公开性,并制作相关资料以备公众阅取,所用文字措辞应当明白易懂	1. 有公开的社团章程 2. 有社团宣传品/小册子 3. 社团宣传文字措辞是否明白易懂	1 月 10—11 日,实地查看社团章程及宣传品的准备和发放情况; 13—16 日的访谈中了解服务对象对宣传品的评价; 1 月 19 日由专家评审小组评审社团宣传文字措辞的质量
补充协议书一之三	实施公开有效的员工招募、聘用、培训、调派及奖惩守则,同时为社工提供持续性的督导及定期的工作表现考核,以鉴别社工在工作表现上需要改善的方面及开展持续培训和发展的需要	1. 社团人力资源管理制度 2. 社团员工培训记录	1 月 10—11 日,实地查看相关制度; 13—16 日的访谈中对启创员工进行访谈; 1 月 19 日由专家评审小组评审启创的人力资源管理制度
补充协议书一之四	及时、真实地保存本机构运作和活动的相关记录,定期进行总结,并对在总结过程中反映出来的问题,及时采取改善措施	1. 档案记录 2. 工作总结	1 月 10—11 日,实地查看相关资料; 1 月 19 日由专家评审小组评审其总结及措施质量
补充协议书一之五	实行有效财务管理,具备符合法律规定的财务管理制度和会计制度	1. 财务管理制度 2. 会计人员资格证书 3. 会计账簿、凭证	1 月 10—11 日,实地查看制度、证书、凭证、账簿; 1 月 19 日由专家评审小组评审财务管理制度

续表

指标出处	指标内容	评估标准	评估方式
补充协议书一之六	建立处理投诉的制度：制定接到投诉后及时采取回应的人员、行动及时限；让服务对象知晓他们有投诉权，并让他们知晓投诉的程序和社团处理投诉的方法；所有投诉和处理投诉的行动都应该记录在案	1. 处理投诉制度 2. 投诉处理记录 3. 宣传资料中对投诉程序的宣传	1月10—11日,实地查看制度、记录和宣传资料；13—16日的访谈中了解服务对象对投诉的评价；问卷调查中设计关于投诉的满意度调查问题
补充协议书一之七	尊重服务对象所享受的服务选择权利及隐私保密权利，尊重服务对象所在单位或学校的隐私保密权利	1. 有无隐私保密制度 2. 是否采取措施保护隐私	1月10—11日,实地查看制度、记录和宣传资料；13—16日的访谈中了解；问卷中设计这个问题
补充协议书一之八	诚心热情地开展服务,制定对外服务承诺及标准,遵守基本职业道德操守,全心全意做好本职工作,在规定服务范畴内不推托、不隐瞒,并能够主动与被服务对象所在单位定期沟通协商相关服务内容及工作安排	1. 有无服务承诺规定 2. 服务对象的评价	1月10—11日,实地查看制度、记录和宣传资料；13—16日的访谈中了解；问卷中设计这个问题
补充协议书一之九	尊重员工发展需求,保证员工的合法权益	1. 是否与员工签订合法的劳动用工合同	1月10—11日,实地查看合同；1月19日由专家评审合同的合法性
补充协议书一之十	遵守有关的法律法规	1. 是否与员工签订合法的劳动用工合同 2. 社区反应	13—16日的访谈中了解；1月19日由专家评审合同的合法性
补充协议书二之一(一)	拓展青年地带服务对象	1. 主动进入社工站咨询达22500人次 2. 登记为会员人数达1500人 3. 外展节数达180节 4. 外展接触人次达1600人次	1月10—11日,实地查看；13—16日的访谈中抽查核实；1月19日由专家实地评价

续表

指标出处	指标内容	评估标准	评估方式
补充协议书二之一(二)	扩展家庭参与潜能	1.访问家庭个数达500个,访问家庭次数达800次 2.举办家长工作坊或讲座35次,参加300人次 3.组织家长互助小组活动30次,参加人次250人 4.进行家庭辅导30次,辅导60人次	1月10—11日,实地查看; 13—16日的访谈中抽查核实; 1月19日由专家实地评价
补充协议书二之一(三)	加强学校教育合作	1.签订合作协议学校8个 2.开展学生/老师服务节数36节,服务360人次	1月10—11日,实地查看; 13—16日的访谈中抽查核实; 1月19日由专家实地评价
补充协议书二之一(四)	建立社区合作伙伴	1.探访区及以上层面部门及被其探访30次 2.探访街道各部门及被其探访50次 3.探访居委/村委及被其探访100次 4.探访其他合作伙伴及被其探访30次	1月10—11日,实地查看; 13—16日的访谈中抽查核实; 1月19日由专家实地评价
补充协议书二之一(五)	协助志愿者服务建立	1.志愿者登记人数300人,志愿者服务1000人次,志愿者服务节数120节 2.培训志愿者50节,900人次	1月10—11日,实地查看; 13—16日的访谈中抽查核实; 1月19日由专家实地评价
补充协议书二之一(六)	社区公民教育	1.开展宣传教育活动12次	1月10—11日,实地查看; 1月19日由专家实地评价

续表

指标出处	指标内容	评估标准	评估方式
补充协议书二之一（七）	青少年心理健康预防	1.开展青少年小组活动45节，参加360人次 2.开展群体活动45节，参加1500人次	1月10—11日，实地查看； 13—16日的访谈中抽查核实； 1月19日由专家实地评价
补充协议书二之一（八）	边缘青少年介入服务	1.个案介入性服务：接触个案400个、开启个案200个、结案个案80个、服务500人次 2.小组介入性服务：小组节数200节，服务1500人次	1月10—11日，实地查看； 13—16日的访谈中抽查核实； 1月19日由专家实地评价
补充协议书二之一（九）	表达青少年群体需求	召开青少年需求研讨会4个，参加1000人次	1月10—11日，实地查看； 13—16日的访谈中抽查核实； 1月19日由专家实地评价
补充协议书二之一（十）	制定机构合理制度	1.日常管理制度 2.会员制度 3.志愿者制度 4.社工督导制度 5.个案运作模式 6.小组程序模式	1月10—11日，实地查看； 1月19日由专家实地评价
补充协议书二之一（十一）	提升工作经费募集能力	1.社会募集经费占试点工作总经费的比例达30%	1月19日由专家实地评价
补充协议书二之二（十二）	服务对象接受服务的效果	1.就学问题者重新就学或成绩显著提高达60%或达到50人以上 2.待业青年接受一项核心服务比例达60%或达到120人；就业问题者重获就业达40%或达30人	13—16日的访谈中抽查核实； 1月19日由专家实地评价

指标出处	指标内容	评估标准	评估方式
		3.成长问题者青少年参加志愿服务达100小时以上者占75%或达到80人（解桥25人）;问题青少年个人理想、价值观有明显改观占40%或达到80人	
补充协议书二之二（十三）	服务系统反馈	1.服务对象满意度达到80% 2服务对象家属满意度达到80% 3.服务机构满意度达到80% 4.服务合作伙伴满意度达到80%	13—15日由访谈问卷人员发放满意度调查问卷（事先确定好问卷调查样本），现场回收问卷
补充协议书二之二（十四）	调研刊物及学术研究成果	1.双月度工作简报6份 2.试点宣传季刊4份 3.试点工作宣传画册1本（含试点工作报告） 4.实务研究报告1本 5.试点工作制度汇编1本	1月19日由评审专家小组现场评估

（三）绩效评估数据的收集与分析

1.现场调研

现场调研的目的是了解服务提供的机制、服务对象和服务合作单位对试点工作运作的评价和意见建议等。现场调研的对象有:主管试点工作的海珠区团委、作为服务实际提供者的启创社会工作发展协会及其所属的海幢社工站、赤岗社工站和华洲社工站、绿翠中学住校社工站、赤岗中学住校社工站以及海幢工委、赤岗街工委、赤岗街文化站、赤岗街司法所、华洲街工委、华洲街司法所、华洲街文化站。现场调研于2008 年 12 月 7 日开始,于 2008 年 12 月 14 日结束。

2. 访谈

本次评估采用半结构式半开放式访谈的方式,这样可以结合两种访谈方式的优点,而避开一些二者的各自缺点。访谈的目的是进一步深入了解掌握调研过程中反映的一些问题,并确证启创社会工作发展协会提供服务的真实情况。访谈对象为服务对象、服务对象家属、个案案主和服务合作伙伴等。

3. 问卷调查

(1)确定抽样框和抽样方法。服务对象和服务对象家属采用随机抽样的方法,抽样框经海珠区团委、启创社会工作发展协会和评估科研团队三方共同确定为青年地带会员登记表,首先在绿翠中学试抽样后,确定抽样比例为 15%。服务合作伙伴采取的是目的性抽样,因为试点工作仅有三条街,启创开展活动主要是在和学校打交道。服务合作伙伴的抽样对象有:街道团工委、关工委、文化站、海珠团委、街区学校政工主任和分管政工校领导、班主任/级长。

(2)问卷的发放和回收。春节前利用学校开家长会的时机,由课题组相关人员到学校现场发放服务对象和服务对象家属满意度问卷,并现场回收。春节后,则把样本框名册交由各校政工主任,当面说明或注明问卷调查的注意事项,请其发放,确定日期通知课题组人员回收问卷。合作伙伴问卷,则事先联系调查对象,由课题组成员前往发放问卷,并现场回收。

(3)问卷的发放与回收情况。共发放问卷 551 份,回收 318 份,回收率 57.7%;其中,服务对象发放问卷 259 份,回收 150 份,回收率 57.9%;服务对象家属发放问卷 252 份,回收 140 份,回收率 55.6%;合作伙伴发放问卷 40 份,回收 28 份,回收率 70%。服务对象问卷回收率较低的一个主要原因是,抽样框青年地带会员的信息不是很准确,服务对象家属问卷回收率也不高的主要原因是服务对象家属中相当一部分人认为自己不知道青年地带,所以拒绝填写问卷。

4. 现场察看

现场察看的目的是了解和掌握海珠区团委与启创社会工作发展协

会签订协议书有关内容的落实情况。现场察看的对象有启创社会工作发展协会总部、海幢、赤岗、华洲三条街社工站以及绿翠中学和赤岗中学两个住校社工站。

5. 专家评审

社会工作本身是一项专业性很强的工作,如果对社工专业的相关理论和实践没有深入的了解,就有可能评估不到点子上去。依靠社工专家的专业知识来独立评价启创社会工作发展协会提供的社工服务,可以提供相对科学、专业的判断,为今后继续和优化社工服务提供参考。为此,评估科研团队决定聘请广州地区高校的资深社工专家组成专家评审组,由这些专家听取启创社会工作发展协会的自我评估报告和评估科研团队的研究报告后,填写专门的评审表,就海珠区青少年事务社会工作者试点工作运行情况进行评审,提供独立的评价意见和建议,评价的内容为海珠区团委与启创社会工作发展协会双方签订的合同协议书中所规定的各项具体指标的完成情况及其总体绩效。此项活动于 2009 年 3 月 31 日开展。

6. 资料分析

(1)定性资料的分析,主要是访谈的资料。将每次的访谈记录整理归档,通过评估科研课题组成员的讨论确定其主要主旨,并做出 memo,备设计满意度问卷和撰写评估研究报告使用。

(2)定量资料的分析,主要是问卷分析。对问卷每个变量编码后,用 SPSS 进行统计学分析。

二、公共服务外包试点工作的运行效果

(一)青少年事务社会工作者试点工作的总体效果

海珠区团委通过政府购买服务的方式,由启创社会工作发展协会以"青年地带"为载体,为海幢、赤岗、华洲三条试点街的 13—30 岁青年提供相关社会服务。启创社会工作发展协会自从与政府签订合同、提供服务以来,在海珠区各级行政主管部门的大力配合下,借鉴香港成熟的社工工作模式,在社工服务组织网络、服务提供和服务效果等方面取得了不少成绩。

1. 建立社工服务组织网络

启创社会工作发展协会在赢得海珠区政府的合同后,在各个试点街和服务对象集中的单位设立社工站,积极铺开社工服务。启创社会工作发展协会建立了总部——社区社工站——住校社工站三位一体的服务网络体系。三个社工站分别为海幢街社工站、赤岗街社工站和华洲街社工站,两个住校社工站分别是位于学校比较集中的赤岗街内的绿翠中学和赤岗中学。

2. 积极开展各项专业社工服务

按照每条街青少年不同的现实状况,海珠区团委和启创共同商定了三条街的各自服务重点,海幢街是老城区,就业压力大,主要服务对象确定为待业青年;赤岗街学校集中,提供住校社工服务,在赤岗中学和绿翠中学设社工站;华洲街处于城乡结合部,二世租多,青少年缺乏上进心,中学生比较自卑,升学动机不强烈,对人生期望不高。启创社会工作发展协会根据各个街区青少年的不同特征提供了各具特色的服务。海幢街定位于预防、发展、非治疗,注重去标签化,在开展青少年活动中发现偏差行为,特别需要帮助的采取个案跟进。赤岗街结合学校活动,开展小组活动、家庭电话求助和家庭工作坊。华洲街青少年活动基础设施少,学生逃课比较严重,主要采用外展工作手法。

3. 试点工作成绩显著,具有明显的示范意义

试点一年来,启创社会工作发展协会及其所属社工站引入香港社工模式,在拓展服务对象、扩展家庭参与潜能、加强与服务合作伙伴的合作、协助服务志愿者建立、社区公民教育、青少年心理健康预防、边缘青少年介入服务等基础性社工服务方面完成了大部分和海珠区团委协定的服务提供任务。由于社工采用了与传统思想政治工作和学校教育完全不同的手法,以与服务对象平等身份进行服务提供,其手法新、服务对象广、服务内容丰富,具有明显的社会示范意义。

(二)启创社会工作发展协会提供专业服务的效果

由于启创社会工作发展协会与海珠区团委签订的协议书中规定了

具体的协议指标,因此本次绩效评估主要评价启创社会工作者发展协会完成协议指标的情况,在此基础上依据服务对象、服务对象家属、服务合作伙伴三类满意度问卷的数据,对启创社会工作发展协会提供服务的情况进行评估。评估主要依据的数据是现场察看、问卷调查和专家评审的结果。

1. 协议书指标的完成情况

对照海珠区团委和启创社会工作发展协会签订的协议书中所规定的协议指标,启创主要在边缘青少年介入服务、拓展家庭参与潜能的家长工作坊和家长互助小组、签订合作学校、试点宣传画册和制度汇编这些指标上距离协议目标存在一定差距或没有完成,其他指标都已完成或超额完成(见表13-2)。

表13-2 启创社会工作发展协会完成协议书指标的现场察看汇总表

1.1	只在赤岗社工站看到组织图,未见成文制度,其他地方都未见。总部有职责说明,未形成文字档案装订,有电子文档存根。总部有组织结构图,共三份,显示了详细的人事变动情况。
1.2	总部有社团章程;在赤岗中学社工站看到宣传品,文字较明白;在赤岗街社工站看到社团法人证书;有宣传资料,简洁明了;总部和分站都有ppt介绍,而且不断更新,季刊有派发指引和派发名单。宣传资料较为明白易懂。
1.3	只在赤岗街看到人力资源表,但是没看到培训记录;其他分部都没有看到;总部人力资源管理制度(薪酬、入职、离职等)未成文,严格按照劳动法相关规定执行,新职员入职有两个月实习期,辞退提前一个月通知,试用期结束会有考核,工作满一年会有考核。辞退之前有两次考核,第一次会对表现不好的员工有所提醒,第二次检查是否工作有所改善。请假加班等都没有成文的规定,很多都是惯例,后来会逐渐成文。 新同事入职会有迎新介绍,每季季刊和月报都有培训记录。有截止到6月份的上报给政府的培训报告,也有培训内容的简单记录。两周会有一次个案会议。体验式培训和团队讨论分享等形式多样。
1.4	只在赤岗街看到档案记录,有月报及年终报告;在总部,从香港培训回来都会有详细的培训内容报告。每个社工站每个月都有至少一次会议,全体社工每个月至少有一次会议,每次会议都会有记录。有员工评估表,用于考核员工工作情况。 有服务简报,服务月报表,半年总结,年终总结正在形成。

1.5	总部有财务管理规定(草稿),内容包括岗位设置与规定;有财务总账表;青年地带工作人员报销指引表、赤岗每月财政报告表、补贴引领表;青少年服务费用报销登记表。 会计人员有资格证书。 账簿未见,凭证未见。
1.6—1.9	未成文。
1.10	已签订劳动合同 15 人,助理 5 人。
2.1.1	咨询登记人数: 海幢 6700 人次,赤岗 13380 人次,华洲 6328 人次,总 26408 人次。
2.1.2	会员登记人数: 海幢 380 人,赤岗 861 人,华洲 184 人,总 1425 人。
2.1.3	外展节数: 海幢 2 次,赤岗 0 次,华洲 211 次,总 213 次。
2.1.4	外展接触人次: 海幢 4 人次,赤岗 504 人次,华洲 2262 人次,总 2770 人次。
2.2.1	访问家庭个数 1213 个: 海幢 1172 个,赤岗 15 个,华洲 26 个; 访问家庭次数 1253 次: 海幢 1197 次,赤岗 25 次,华洲 31 次。
2.2.2	举办家长工作坊或讲座共 11 次: 赤岗站 7 次,海幢站 0 次,华洲站 4 次; 参加人次共 106 人次: 赤岗站 43 人次,海幢站 0 人次,华洲站 63 人次。
2.2.3	组织家长互助小组活动共 7 次: 赤岗站 3 次,海幢站 4 次,华洲站 0 次; 参加人次共 30 人次: 赤岗站 18 人次,海幢站 12 人次,华洲站 0 人次。
2.2.4	进行家庭辅导共 37 次: 赤岗站 9 次,海幢站 24 次,华洲站 4 次; 辅导人次共 82 人次: 赤岗站 22 人次,海幢站 51 人次,华洲站 9 人次。
2.3.1	赤岗站、海幢站、华洲站均没有签约合作学校(均有来往,但未签约)。
2.3.2	赤岗站和华洲站没有开展学生/老师服务;海幢站开展学生/老师服务的活动共 7 项,节数为 15 节,服务人次为 186 人次。

2.4.1	探访区及以上层面部门及被其探访次数共 38 次： 赤岗站 7 次,海幢站 16 次,华洲站 15 次。
2.4.2	探访街道各部门及被其探访次数共 47 次： 赤岗站 9 次,海幢站 17 次,华洲站 21 次。
2.4.3	探访居委/村委及被其探访次数共 21 次： 赤岗站 6 次,海幢站 15 次,华洲站 0 次。
2.4.4	探访其他合作伙伴及被其探访次数共 56 次： 赤岗站 17 次,海幢站 18 次,华洲站 21 次。
2.5.1	有志愿者登记表共 452 份： 赤岗站 130 份,海幢站 248 份,华洲站 74 份； 登记人数共 452 人： 赤岗站 130 人,海幢站 248 人,华洲站 74 人； 服务人次共 2486 人次： 赤岗站 748 人次,海幢站 1521 人次,华洲站 217 人次； 志愿服务节数共 1009 节： 赤岗站 451 节,海幢站 211 节,华洲站 347 节。
2.5.2	培训志愿者共 58 节:赤岗站 17 节,海幢站 22 节,华洲站 19 节； 培训志愿者共 409 人次： 赤岗站 240 人次,海幢站 104 人次,华洲站 65 人次。
2.6	社区公民教育:华洲,13 节;海幢,22 节;赤岗,18 节(11 月份为止)； 总 53 节。
2.7.1	开展青少年小组活动:华洲,109 节,737 人次;海幢,59 节,428 人次； 赤岗,53 节,459 人次(11 月份为止)； 总 221 节,1624 人次。
2.7.2	开展群体活动:华洲,123 节,2329 人次;海幢,164 节,1261 人次;赤 岗,119 节,8521 人次;总 406 节,12111 人次(11 月份为止)。
2.8.1	个案介入性服务： 接触个案:华洲,60 个;海幢,28 个;赤岗,63 个;总 151 个。 开启个案:华洲,30 个;海幢,25 个;赤岗,48 个;总 103 个。 结案个案:华洲,2 个;海幢,14 个;赤岗,22 个;总 36 个。 服务人次:华洲,64 人次;海幢,183 人次;赤岗,132 人次;总 379 人 次(11 月份为止)。
2.8.2	小组介入性服务： 小组节数:华洲,120 节;海幢,4 节;赤岗,12 节;总 136 节。 服务人次:华洲,737 人次;海幢,18 人次;赤岗,77 人次;总 832 人次 (11 月份为止)。

2.9	召开青少年研讨会:没有系统整理; 广州、香港两地青少年上网接触色情咨讯及性骚扰概况比较研究报告(2008—3—9); 反校园暴力项目——广州初中校园欺凌调查报告(2008 年 5 月至 6 月); 赤岗:家庭教育需要调查(2008—11—21); 海幢:青少年就业需求调查(进行中)。
2.10.1	日常管理制度,未成文。
2.10.2	会员制度,未成文:各个社工站有自己的规定,会员证统一,会员入会会有统一的制度学习。
2.10.3	志愿者制度,未成文:有见义工工作简介表,服务协议书,义工值班表,签到表,绿翠"Y 助理工作指南"。
2.10.4	社工督导制度,未成文:至少一个月一次,新同事半个月一次,工作熟练后两个月一次。
2.10.5	个案运作模式(社工的专业基础知识),未成文:个案接案表,个案活动记录表,个案过程记录,个案结案/转介报告,机构转介个案信息表。
2.10.6	小组程序模式,未成文:每个社工站有小组策划,项目及活动计划表,项目及活动报告表。

2.社工专家的评价情况

在总体绩效评价上,5 名评审专家有 4 人给出优的评价,1 人给出良的评价,可见专家们对启创社会工作发展协会提供青少年事务社会工作服务的总体评价是很高的。在具体指标的评价上,专家们的评价都在中以上,大多在良以上。评价得分为中的主要是财务管理、服务承诺中的"能够主动与被服务对象所在单位定期沟通协商相关服务内容及工作安排"评价项。其中由于对启创的财务管理情况掌握不甚具体,有一位专家没有给财务管理评价项评分。

表 13－3　社工专家对启创社会工作发展协会完成协议书指标的评价结果

完成协议书的 总体评价	优	良	中	合格	不合格
	4	1	0	0	0

表 13 - 4　社工专家对启创社会工作发展协会完成协议书指标的分项评价结果

序号	协议指标	指标内容	评估标准	评审结果				
				优	良	中	合格	不合格
1.1	岗位职责与组织架构	社团的所有社工、督导人员和管理人员的职务及责任均须有清楚的界定,具备组织架构图,明晰其整体组织架构及权责关系	1. 社团的所有社工、督导人员和管理人员的职务及责任均须有清楚的界定	4	1			
			2. 具备组织架构图	3	2			
			3. 整体组织架构及权责关系明晰	2	3			
1.2	社团宗旨	保证社团宗旨、目标、服务内容、服务形式的公开性,并制作相关资料以备公众阅取,所用文字措辞应当明白易懂	1. 公开社团宗旨、目标、服务内容、服务形式	4		1		
			2. 制作相关资料以备公众阅取	3		2		
			3. 所用文字措辞明白易懂	4	1			
1.3	人事管理与员工发展	实施公开有效的员工招募、聘用、培训、调派及奖惩守则,同时为社工提供持续性的督导及定期的工作表现考核,以鉴别社工在工作表现上需要改善的方面及开展持续培训和发展的需要	1. 实施公开有效的员工招募、聘用、培训、调派及奖惩守则	4	1			
			2. 为社工提供持续性的督导及定期的工作表现考核,以鉴别社工在工作表现上需要改善的方面及开展持续培训和发展的需要	4	1			
1.4	工作总结与改进	及时、真实地保存本机构运作和活动的相关记录,定期进行总结,并对在总结过程中反映出来的问题,及时采取改善措施	1. 及时、真实地保存本机构运作和活动的相关记录	3	2			
			2. 定期进行总结,并对在总结过程中反映出来的问题,及时采取改善措施	3	2			

续表

序号	协议指标	指标内容	评估标准	评审结果				
				优	良	中	合格	不合格
1.5	财务管理	实行有效财务管理,具备符合法律规定的财务管理制度和会计制度	1. 财务管理制度	1	1	2		
			2. 会计制度		2	2		
1.6	投诉处理	建立处理投诉的制度:制定接到投诉后及时采取回应的人员、行动及时限;让服务对象知晓他们有投诉权,并让他们知晓投诉的程序和社团处理投诉的方法;所有投诉和处理投诉的行动都应该记录在案	1. 建立处理投诉的制度,制定接到投诉后及时采取回应的人员、行动及时限	1	3	1		
			2. 让服务对象知晓他们有投诉权,并让他们知晓投诉的程序和社团处理投诉的方法	3	1	1		
			3. 所有投诉和处理投诉的行动都应该记录在案	1	3	1		
1.7	隐私保密	尊重服务对象所享受的服务选择权利及隐私保密权利,尊重服务对象所在单位或学校的隐私保密权利	1. 尊重服务对象所享受的服务选择权利及隐私保密权利	4	1			
			2. 尊重服务对象所在单位或学校的隐私保密权利	4	1			
1.8	服务承诺	诚心热情地开展服务,制定对外服务承诺及标准,遵守基本职业道德操守,全心全意做好本职工作,在规定服务范畴内不推托、不隐瞒,并能够主动与被服务对象所在单位定期沟通协商相关服务内容及工作安排	1. 诚心热情地开展服务,制定对外服务承诺及标准	4	1			
			2. 遵守基本职业道德操守,全心全意做好本职工作,在规定服务范畴内不推托、不隐瞒	4	1			
			3. 能够主动与被服务对象所在单位定期沟通协商相关服务内容及工作安排	1	1	3		

续表

序号	协议指标	指标内容	评估标准	评审结果				
				优	良	中	合格	不合格
1.9	员工权益	尊重员工发展需求,保证员工的合法权益	1. 尊重员工发展需求	2	3			
			2. 保证员工的合法权益	2	3			
1.10	合规行为	遵守有关的法律法规	遵守有关的法律法规	4	1			
2.1.10	管理制度	制定机构合理制度	1. 建立日常管理制度	4		1		
			2. 建立会员制度	4	1			
			3. 建立志愿者制度	3	2			
			4. 建立社工督导制度	3	2			
			5. 建立个案运作模式	3	2			
			6. 建立小组程序模式	3	2			

专家们的建议主要有三个方面,一是关于启创内部管理方面的,二是关于沟通合作方面的,三是关于服务效果评价方面的。专家对内部管理的建议是:"作为民营机构、经费来源使用要做到公开、透明、'干干净净'才有社会公信力,财务情况要向社会公开,如办公设备投入与维护、人员招聘的待遇及经费比例、日常经费使用、在总经费中各占比例,真正体现公益性、非营利性。"关于沟通合作的建议是:"建立多方沟通合作的机制,使接受服务方更了解社会工作性质、作用、获得更大的空间;项目要有周—月—季—年计划与总结,对目标达成可控制和监督,从评估情况看有些指标没有达成,如果从计划与监控阶段跟进,就不会产生众多指标未完成。"关于服务评价方面的建议是:"在服务数量方面的评估较容易进行,希望今后加强对服务质量评估的探讨。"

3.满意度问卷调查结果

(1)受访对象的基本信息。本次满意度问卷受访对象分三类人员:服务对象、服务对象家属和服务合作伙伴。服务对象为青少年,服务对象家属为青少年的家属,服务合作伙伴为分管青少年事务的海珠区团委、街办工委/关工委、司法所、文化站以及学校政工老师和分管政工的校领导、年级级长和班主任。三类受访者的基本信息分别见表13－5、表13－6、表13－7:

表13－5　受访服务对象基本信息

变量	指标	频数	频率(%)	样本数	缺失值
年龄	13	13	9.63	135	0
	14	38	28.15		
	15	39	28.89		
	16	15	11.11		
	17	21	15.56		
	18	5	3.7		
	19	3	2.22		
	50	1	0.74		
性别	男	57	42.22	135	0
	女	78	57.78		
身份	高中生二年级	25	18.52	135	0
	高中生三年级	4	2.96		
	初中生一年级	14	10.37		
	初中生二年级	49	36.3		
	初中生三年级	42	31.11		
	其他　待业	1	0.74		
参加活动次数	0	16	11.85	135	0
	1～3(含3次)	53	39.26		
	3～10(含10次)	25	18.52		

表 13 - 6　受访服务对象家属基本信息

变量	指标		频数	频率(%)	样本数	缺失值
年龄	20~30(含 30 岁)		2	21.5	93	0
	30~40(含 40 岁)		36	38.71		
	40~50(含 50 岁)		47	50.54		
	50~60(含 60 岁)		7	75.27		
	60 以上		1	1.08		
性别	男		31	33.33	93	0
	女		62	66.67		
身份	国有企业		6	6.45	93	0
	民营私营企业		21	22.58		
	股份制企业		3	3.23		
	外资企业		4	4.3		
	事业单位		17	18.28		
	国家机关		1	1.08		
	社会团体		6	6.45		
	其他	失业	19	37.63		
		建筑工人	1			
		部队工作	1			
		无注明	14			
参加活动次数	0		47	50.54	93	0
	1~3(含 3 次)		35	37.63		
	3~10(含 10 次)		7	7.53		
	10 次以上		4	4.3		

表 13 - 7　受访服务合作伙伴基本信息

变量	指标	频数	频率(%)	样本数	缺失值
年龄	20~30(含 30 岁)	8	28.57	28	0
	30~40(含 40 岁)	18	64.29		
	40~50(含 50 岁)	2	7.14		

续表

变量	指标	频数	频率(%)	样本数	缺失值
性别	男	12	42.86	28	0
	女	16	57.14		
工作单位	赤岗中学	8	28.57	28	0
	绿翠中学	7	25		
	南武中学	1	3.57		
	华洲司法所	1	3.57		
	华洲街道办事处	2	7.14		
	海幢街道办事处	1	3.57		
	赤岗街道办事处	2	7.14		
	区团委	6	21.43		
行政级别	处级	3	10.71	28	
	科级	8	28.57		
	科员及以下	17	60.72		
参加活动次数	0	5	17.86	28	0
	1~3(含3次)	8	28.57		
	3~10(含10次)	11	39.29		
	10次以上	4	14.28		

(2)受访对象对满意度备选答案的选择结果

三类受访对象对"很满意"的选择所占比例由高到低分别为服务对象、服务对象家属、合作伙伴;对"满意"选择的比例由高到低分别为合作伙伴、服务对象家属、服务对象。服务对象、服务对象家属、服务合作伙伴选择"很满意"和"满意"的比例分别为85.93%、77.42%、67.86%。具体结果可参见表13-8、图13-1。如果将很满意、满意、一般、不满意、很不满意分别赋值5、4、3、2、1后,服务对象、服务对象家属、合作伙伴三类受访对象的总体满意度结果评分为4.20、3.98、3.61。具体结果见表13-9。

表 13 - 8　三类受访对象对满意度备选答案选择频数的统计结果①

问卷类别	总体满意度										样本数
	5		4		3		2		1		
	频数	频率（%）	频数	频率（%）	频数	频率（%）	频数	频率（%）	频数	频率（%）	
服务对象	49	36.3	67	49.63	17	12.59	2	1.48	0	0	135
服务对象家属	22	23.66	50	53.76	18	19.35	3	3.23	0	0	93
合作伙伴	1	3.57	18	64.29	6	21.43	3	10.71	0	0	28

表 13 - 9　总体满意度结果

受访对象	总体满意度评分
服务对象	4.20
服务对象家属	3.98
合作伙伴	3.61

（3）三类受访对象的满意度结果

将三类受访对象满意度问卷满意度维度归类为：硬件设施、沟通合作、服务提供、内部管理、员工素质、服务成效等结构维度之后，服务对象满意度指标、满意度维度，服务对象家属满意度指标、满意度维度，合作伙伴满意度指标、满意度维度的结果，三类受访对象满意度指标和满意度维度对比结果如下：

---

① 5 ="很满意"；4 ="满意"；3 ="一般"；2 ="不满意"；1 ="很不满意"，下同。

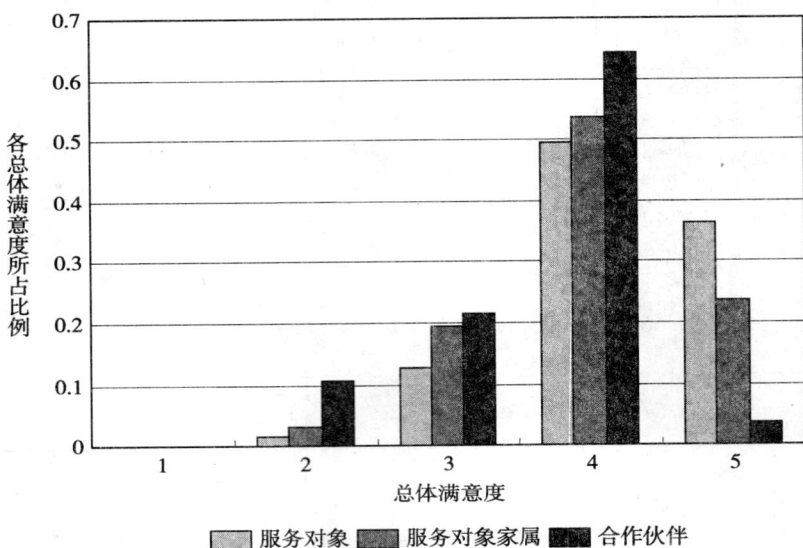

图13－1　三类受访对象的总体满意度

表13－10　服务对象满意度评分结果

问题维度	问题	单项平均分	各维度平均分	总分
1. 硬件设施	1. 青年地带的交通便利情况	3.93		
	2. 青年地带的活动空间	3.72		
	3. 青年地带的环境舒适程度	4	3.85	
	4. 青年地带的活动设施	3.77		
	5. 青年地带开放时间的安排	3.84		
2. 服务提供	6. 青年地带提供服务的种类	4.07		
	7. 参加青年地带活动的方便程度	3.91		
	8. 获取青年地带活动信息的及时性	3.93	3.98	
	9. 青年地带宣传资料的种类和数量	3.96		
	10. 宣传资料对您了解青年地带服务的帮助作用	4.01		

续表

问题维度	问题	单项平均分	各维度平均分	总分
3. 内部管理	11. 青年地带工作人员重视您的意见和要求	4.13	4.11	4.38
	12. 对青年地带的投诉渠道通畅性	3.96		
	13. 您的投诉得到解决的结果	4.02		
	14. 青年地带对于您家庭信息的保密情况	4.37		
4. 员工素质	15. 青年地带工作人员热爱自己的工作	4.41	4.33	
	16. 青年地带工作人员乐意向您提供帮助	4.39		
	17. 青年地带工作人员值得您信任	4.34		
	18. 青年地带工作人员提供服务的速度	4.17		
5. 服务成效	19. 青年地带能够起到老师和家长所不能起到的作用	4.13	4.09	
	20. 青年地带活动的吸引力	4.08		
	21. 青年地带活动的新意	4.07		
	22. 青年地带培养您的自信心	4.07		
	23. 青年地带缓解您的心理压力	4.10		
	24. 青年地带帮助您结交朋友	4.16		
	25. 青年地带帮助您获取新知识	4.19		
	26. 青年地带帮助您学习（或事业）进步	3.96		
6. 总体评价	27. 您对青年地带提供服务的总体评价	4.20	4.20	4.20

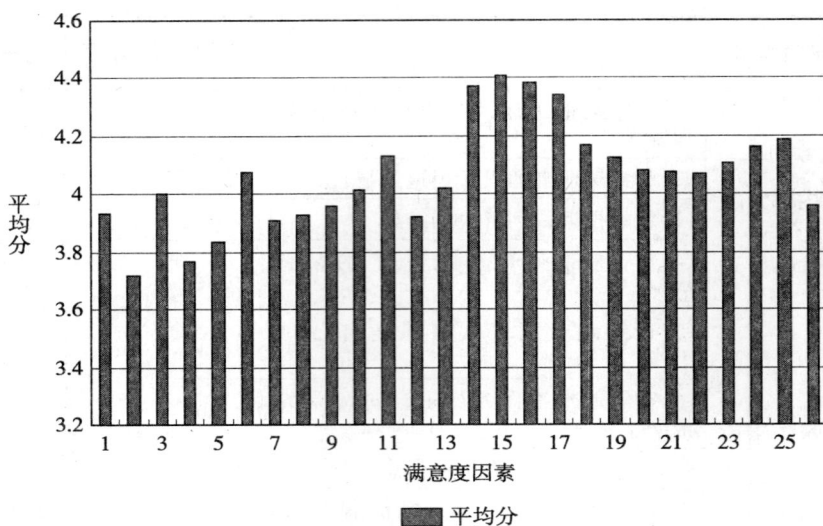

图 13 - 2　服务对象满意度指标统计结果

表 13 - 11　服务对象家属满意度评分结果

问题维度	问题	单项平均分	各维度平均分	总分
1. 沟通合作	1. 青年地带与您的合作	3.94	3.77	
	2. 青年地带主动了解您的需要	3.62		
	3. 您与青年地带沟通的便利程度	3.63		
	4. 青年地带及时告知您孩子有关情况的进展	3.74		
	5. 青年地带持续关注您的孩子	3.90		
2. 服务提供	6. 青年地带提供服务的种类	3.90	3.87	
	7. 参加青年地带活动的方便程度	3.78		
	8. 获取青年地带活动信息的及时性	3.88		
	9. 青年地带宣传资料的种类和数量	3.84		
	10. 宣传资料对您了解青年地带服务的帮助作用	3.94		

续表

问题维度	问题	单项平均分	各维度平均分	总分
3.内部管理	11.青年地带工作人员重视您的意见和要求	3.90	3.94	
	12.对青年地带的投诉渠道通畅性	3.81		
	13.您的投诉得到解决的结果	3.75		
	14.青年地带对于您家庭信息的保密情况	4.31		
4.员工素质	15.青年地带工作人员热爱自己的工作	4.19	4.10	3.92
	16.青年地带工作人员乐意向您提供帮助	4.10		
	17.青年地带工作人员值得您信任	4.15		
	18.青年地带工作人员提供服务的速度	3.96		
5.服务成效	19.青年地带能够起到老师和家长所不能起到的作用	3.88	3.96	
	20.青年地带活动的吸引力	3.98		
	21.青年地带活动的新意	4.02		
	22.青年地带培养孩子的自信心	3.99		
	23.青年地带缓解孩子的心理压力	4		
	24.青年地带帮助孩子结交朋友	3.89		
	25.青年地带帮助孩子获取新知识	3.97		
	26.青年地带能够帮助孩子学习(或事业)进步	3.94		
6.总体评价	27.您对青年地带提供服务的总体评价	3.98	3.98	3.98

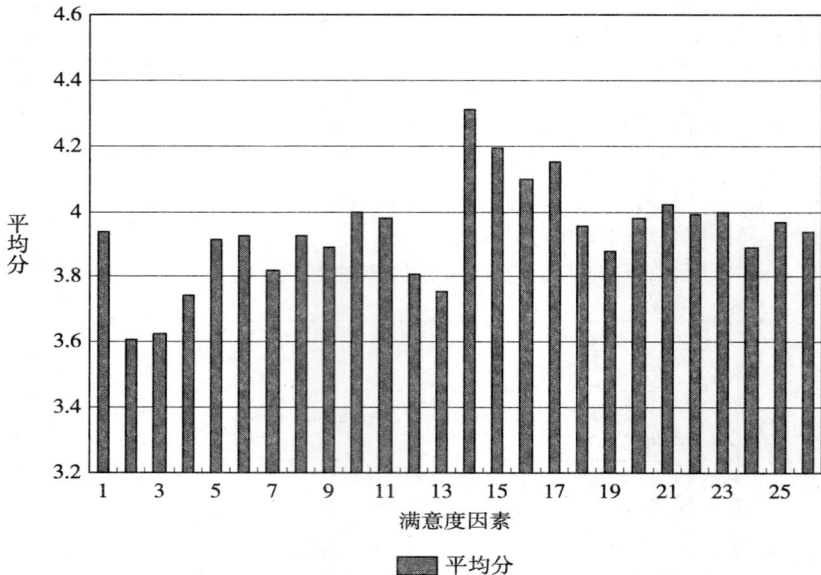

图 13－3 服务对象家属满意度指标统计结果

表 13－12 合作伙伴满意度评分结果

问题维度	问题	单项平均分	各维度平均分	总分
1.沟通合作	1.青年地带主动了解贵单位的需要	3.75	3.61	
	2.青年地带及时通报活动计划	3.57		
	3.青年地带主动邀请贵单位参加活动	3.61		
	4.贵单位与青年地带沟通的便利程度	3.61		
	5.青年地带及时反馈活动的进展与结果	3.39		
	6.青年地带听取贵单位的意见和建议	3.68		
	7.青年地带与贵单位的合作关系	3.64		
2.服务提供	8.青年地带提供服务的种类	3.64	3.41	
	9.青年地带提供服务的方便程度	3.68		
	10.青年地带的硬件设施	3.29		
	11.青年地带用于工作的经费安排	3.18		
	12.青年地带的自身管理	3.21		
	13.青年地带的业务拓展	3.25		
	14.青年地带与社区的关系	3.64		

问题维度	问题	单项平均分	各维度平均分	总分
3. 员工素质	15. 青年地带工作人员的配备情况	3.29	3.64	
	16. 青年地带工作人员的专业素质	3.68		
	17. 青年地带工作人员热爱自己的工作	3.93		
	18. 青年地带工作人员的工作能力	3.68		
4. 服务成效	19. 青年地带能够起到老师和家长所不能起到的作用	3.39	3.60	3.56
	20. 青年地带活动的吸引力	3.71		
	21. 青年地带活动的新意	3.89		
	22. 青年地带对贵单位解决所关心问题的帮助程度	3.50		
	23. 青年地带缓解青少年的心理问题	3.50		
	24. 青年地带帮助青少年结交朋友	3.64		
	25. 青年地带帮助青少年获取新知识	3.61		
	26. 青年地带帮助青少年学习（或事业）进步	3.57		
5. 总体评价	27. 您对青年地带提供服务的总体评价	3.61	3.61	3.61

在服务对象满意度纬度评分中,员工素质评分最高,为4.33分,硬件设施得分最低,为3.85分。服务对象对服务满意度指标评价得分最高的前三项为:青年地带工作人员热爱自己的工作4.41分,青年地带工作人乐意提供帮助4.39分,青年地带工作人员对家庭信息的保密4.37分,其中两项归类为员工素质;得分最低的三项为:青年地带的活动空间3.72分,青年地带的活动设施3.77分,青年地带开放时间的安排3.84分,全部归类为硬件设施。

在服务对象家属满意度维度评分中,员工素质得分最高,为4.10分,沟通合作得分最低,为3.77分。服务对象家属对服务满意度指标评价最高的前三项是:青年地带对家庭信息的保密4.31分,青年地带工作人员热爱自己的工作4.19分,青年地带工作人员乐意提供帮助4.15分,其中两项归类为员工素质;服务对象家属评价最低的三项是:

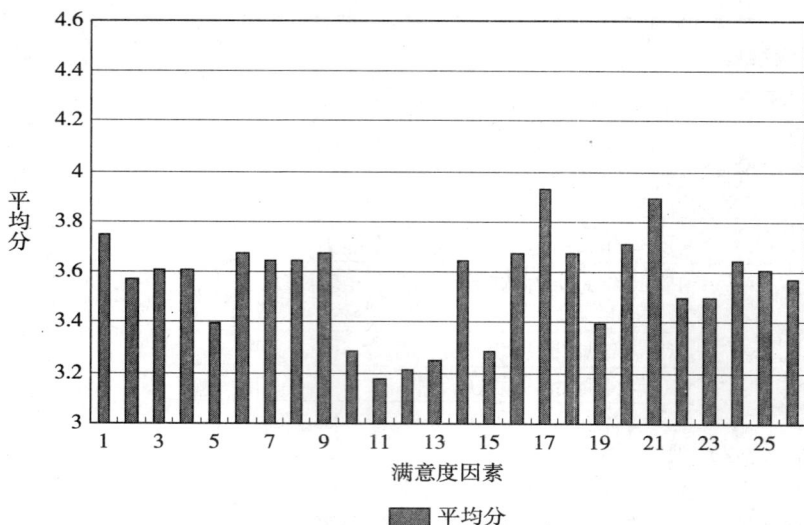

图 13-4　合作伙伴满意度统计结果

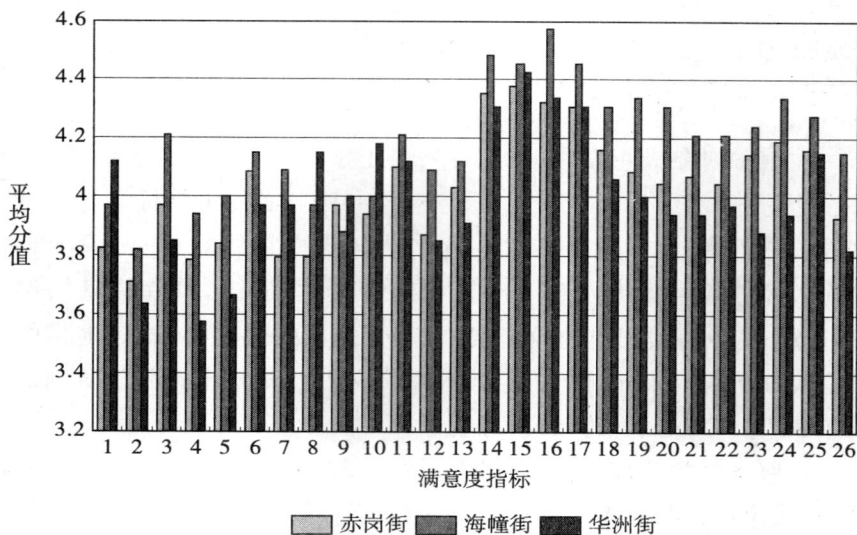

图 13-5　服务对象满意度指标对比

青年地带主动了解家属需要 3.62 分,家属与青年地带沟通的便利程度

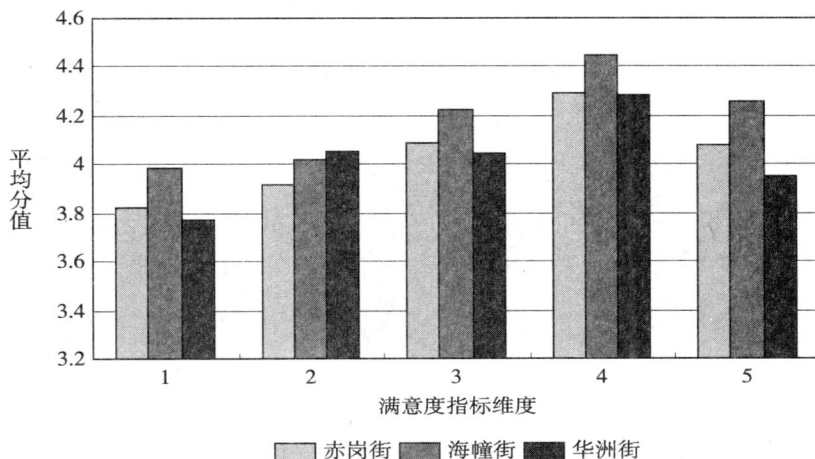

图 13－6　服务对象满意度指标维度对比

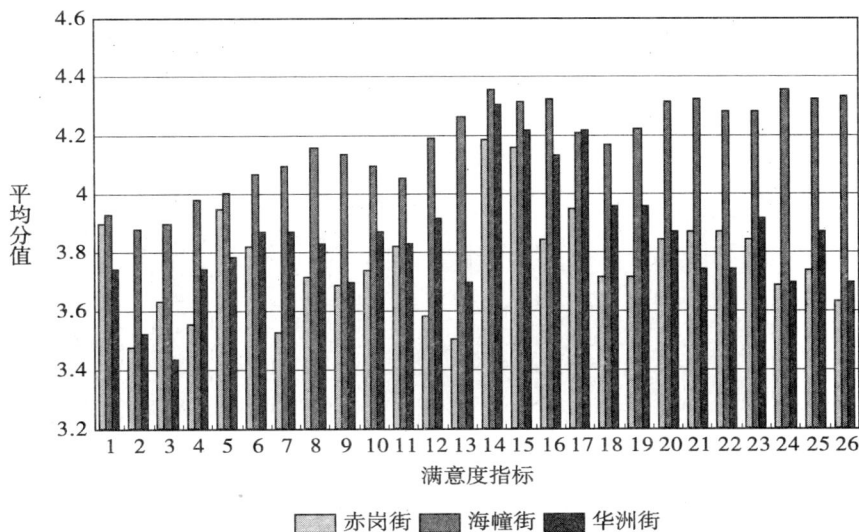

图 13－7　服务对象家属满意度指标对比

3.63 分,青年地带及时告知孩子有关情况的进展 3.74 分,全部归类为沟通合作。

在合作伙伴满意度维度评分中,员工素质得分最高,为 3.64 分,服

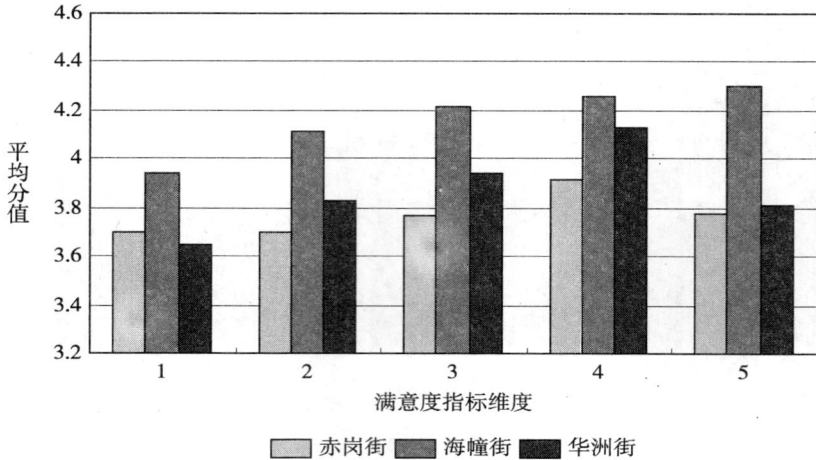

图 13 - 8　服务对象建设满意度指标维度对比

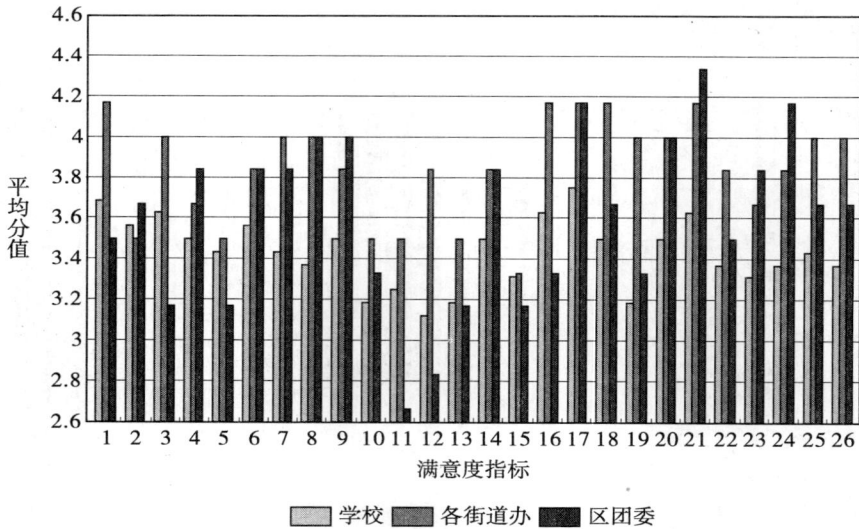

图 13 - 9　合作伙伴满意度指标对比

务提供得分最低,为 3.42 分。合作伙伴对服务满意度指标评价最高的前三项为:青年地带工作人员热爱自己的工作 3.93 分,青年地带活动的新意 3.89 分,青年地带主动了解单位的需要 3.75 分,分别归类为服

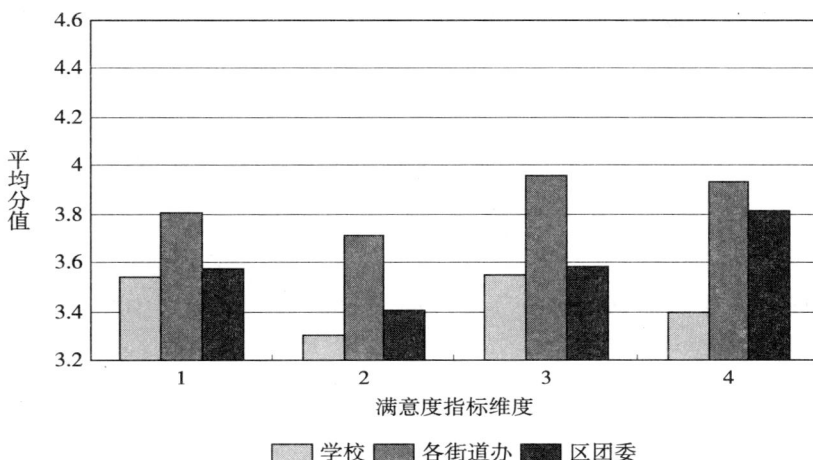

图 13 - 10　合作伙伴满意度指标纬度对比

务成效、员工素质和沟通合作；合作伙伴评价最低的三项是：青年地带用于工作的经费安排 3. 18 分，青年地带自身的管理 3. 21 分，青年地带的业务拓展 3. 25 分。

综合而言，受访对象比较一致的看法是青年地带员工素质较高，在其他方面则由于各自关注的重点不同，差异性较大。服务对象更加看重的是硬件设施，家属更加看重的是沟通合作，合作伙伴更加看重的是服务提供。不同地域服务对象对满意度指标的评价基本上海幢街最高，赤岗街最低。从满意度维度对比上来看，硬件设施维度上，海幢街评价最高，华洲街评价最低；服务提供上，华洲评价最高，赤岗评价最低；内部管理上，海幢评价最高，华洲评价最低；员工素质上，海幢评价最高，华洲和赤岗评价差不多；服务成效上，海幢评价最高，华洲评价最低。不同地域服务对象家属满意度指标的评价上，海幢最高，赤岗最低。从满意度维度来看，在沟通合作、服务提供、内部管理、员工素质、服务成效五个方面，都是海幢评价最高，除沟通合作方面赤岗评价比华洲高外，其余维度都是华洲排第二，赤岗排最后。不同类别合作伙伴对满意度指标的评价上，区团委和街区比学校要高，看来学校对住校社工的服务是不大满意的；在沟通合作、服务提供、员工素质和服务成效维度上,都是街区评价最高,学校评价最低,所以作为合作伙伴的学校对社工的工作沟通协作还有很大的提升空间。

(三)启创社会工作发展协会服务绩效的综合评估

综合评估是指在社工专业服务理念的指导下,对于某一具体的服务组织在对外服务提供、服务对象评价、内部管理、学习与成长等方面的整体表现进行评估。由于服务对象评价已经在上文中有了详细的描述,这里主要对启创在其他三个方面的表现进行进一步分析。

1. 对外服务提供

这里以海珠区团委和启创双方签订的协议为线索,整理出启创开展试点工作一年来所提供的服务产出。具体情况见表 13-13。

表 13-13 　启创社会工作发展协会 2008 年提供服务产出一览表

类别	序号	服务项目	项目分类	评估指标	协议指标	现场查看结果	启创自评结果
一、服务产出量指标	(一)	拓展青年地带服务对象	青年地带内服务对象	主动进入社工站咨询人次	22500 人次	26408 人次	24499 人次
				登记为会员数目	1500 人	1425 人次	1467 人次
			青年地带外服务对象	外展节数	180 节	213 节	223 节
				外展接触数目	1600 人次	2770 人次	2883 人次
	(二)	扩展家庭参与潜能	家庭访问	家庭个数	500 个	1211 个	955 个
				访问次数	800 次	1253 次	1313 次
			家长工作坊或讲座	活动次数	35 次	11 次	13 次
				服务人次	300 人次	106 人次	120 人次
			家长互助小组	小组次数	30 次	7 次	7 次
				服务人次	250 人次	30 人次	27 次
			家庭辅导	辅导次数	30 次	37 次	50 次
				辅导人次	60 人次	82 人次	116 人次
	(三)	加强学校教育合作	签订合作协议学校	学校个数	8 个	未见签约	5 个
			学校项目服务	项目节数	36 节	15 节	25 节
				服务人次	360 人次	186 人次	480 人次

续表

类别	序号	服务项目	项目分类	评估指标	协议指标	现场查看结果	启创自评结果
（四）		建立社区合作伙伴	区及以上层面部门	探访及被探访次数	30 次	38 次	41 次
			街道各部门	探访及被探访次数	50 次	47 次	67 次
			居委/村委	探访及被探访次数	100 次	21 次	52 次
			其他	探访及被探访次数	30 次	56 次	75 次
（五）		协助志愿者服务建立	志愿服务	志愿者登记人数	300 人	452 人	499 人次
				志愿者服务人次	1000 人次	2486 人次	8989 人次
				志愿服务节数	120 节	1009 节	1090 节
			志愿者培训	培训节数	50 节	58 节	81 节
				接受培训人次	900 人次	409 人次	595 人次
（六）		社区公民教育	宣传教育活动	活动次数	12 次	53 节	47 节
（七）		青少年心理健康预防	小组活动	活动节数	45 节	221 节	256 节
				活动人次	360 人次	1624 人次	1818 人次
			群体活动	活动节数	45 节	406 节	473 节
				活动人次	1500 人次	12111 人次	13350 人次
（八）		边缘青少年介入服务	个案介入性服务	接触个案	400 个	151 个	180 个
				开启个案	200 个	103 个	110 个
				结案个案	80 个	36 个	41 个
				个案服务人次	500 人次	379 人次	476 人次
			小组介入性服务	小组节数	200 节	136 节	137 节
				小组服务人次	1500 人次	832 人次	840 人次
（九）		表达青少年群体需求	青少年需求研讨会	研讨会数目	4 个	已进行 3 个，第 4 个正在进行	4 个
				参与人次	1000 人次	暂无统计	680 人次
（十一）		提升工作经费募集能力	社会募集	募集经费占试点工作总经费的比例	30%	财务事项另外专门审计	未报告

续表

类别	序号	服务项目	项目分类	评估指标	协议指标	现场查看结果	启创自评结果
二、服务效果指标	（十二）	服务对象接受服务的效果	就学及学习动机支援	经评估为就学问题者重新就学或成绩显著提高	60%（或至少达到50人）	未统计	78.95%
			就业及职业规划支援	待业失业青年中接受其中一项核心服务（就业培训、个人能力提升、个人辅导、小组辅导四项）比例	60%（或至少达到120人）	未统计	100%
				经评估为就业问题者重获就业	40%（或至少达到30人）	未统计	75%
			社会矫正对象（青少年）及问题青少年回归社会	经评估为成长问题者参与志愿服务达100小时以上者	75%（或至少达到80人，其中，解矫青少年占25人）	未统计	75%
				个人理想、价值取向有明显改观	40%（或至少达到80人）	未统计	
	（十三）	服务系统反馈	服务对象	满意度	80%	见满意度分析	93.25%
			服务对象家属	满意度	80%	见满意度分析	90.58%
			服务机构	满意度	80%	见满意度分析（合并为合作伙伴满意度）	82%
			服务合作伙伴	满意度	80%	见满意度分析	82%
	（十四）	调研刊物及学术研究成果	双月度工作简报	刊数	6份	未统计	6份服务简报
			试点宣传季刊	份数	4份	未统计	4份
			试点工作宣传画册（含试点工作报告）	本数	1本	未统计	0本
			实务研究报告汇编	本数	1本	未统计	1本
			试点工作制度汇编	本数	1本	未统计	0本

2. 内部管理

作为新生的提供青少年事务社会工作服务的专业机构,自身也有成长成熟的过程。因此,海珠区团委要求启创社会工作发展协会重点在保护员工合法权益、给员工提供学习提高的机会、建立健全内部规章制度等方面有所作为。启创在内部管理上从无到有地建立了机构六大管理制度:日常管理制度、会员制度、志愿者制度、社工督导制度、个案运作模式、小组程序模式。明晰了社团岗位职责和组织架构,把社团的宗旨对外宣传,人力资源管理上与 14 人正式签订了劳动合同,并规定了员工的职业生涯晋升通道,特别优秀的员工还能到英国、香港培训进修,保存了工作记录,并有工作计划和总结,特别注重服务对象的隐私保密工作。正是这些规章制度的支撑作用,使启创一年来能取得有目共睹的成就。

3. 学习与成长

启创社会工作发展协会充分认识到社会服务中人力资本的重要性,将相当的资源用于员工的培训提高上,一年来该组织共向员工提供了 AVP 培训、危机介入技巧与方法、社区外展个案服务、体验学习法、价值观工作坊、个案辅导工作坊、个案分享会等 26 次不同内容的培训。完成了 6 份服务工作简报和 4 份试点宣传季刊的编写,编辑了 1 份实务研究报告,召开了 4 次青少年需求研讨会。如今,启创内部刚从广州区域内大学毕业的年轻社工服务的经验正逐步增加,组织融入社会不断加深,组织文化正在生成。

三、公共服务外包试点工作中
存在的问题及原因分析

(一)青少年事务社会工作者试点工作中存在的主要问题

1. 资源配置存在偏差

从前面的满意度分析可以看出,接受服务者以及合作伙伴对服务提供的评价方面,在街区分布上海幢评价最高,赤岗评价最低;服务对象评价最低的是硬件设施;合作伙伴和专家都特别关注启创社会工作发展协会的财务管理工作。这些都影响到了服务绩效。通过绩效评估,科研团队发现青少年事务社会工作者试点工作在资源配置上存在以下偏差,从而影响了试点项目的整体运作绩效。

一是资源投入与服务对象的总体要求有差距,这是资源投入总量上的偏差。海珠区三条试点街,海幢和赤岗人口稠密,华洲地域相对要广,目前政府投入资金只有200万,启创能够配置到一线的社工人员只有12人左右。三条街的社工人员都存在一人身兼多职和分身多处的情况。社工站的设施也有限,基本上除办公必需设备外,就是少量的文字读物,活动空间也狭小,接待室、个案工作室、小组活动室不能分开,个案案主在这样的环境下难以有安全感。生于经济发达地区的广州青少年很阳光,也很时尚,这样的地方难以对他们有足够的吸引力。这在访谈和问卷调查中都得到反映。

二是在资源配置上没能充分发挥现有资源的最优效能,这是资源配置结构上的偏差。启创内部有在香港从事多年的资深社工,但他们很少能深入一线,直接提供服务。青少年事务社会工作涉及服务对象也较复杂,既有青少年,也有青少年的家属和合作伙伴,和这些服务对象打交道既需要专业知识,更需要社会交往能力乃至时间和精力。但是启创一线员工基本上是刚刚从大学校门走上社会的大学生,他们在年龄和经历上更接近青少年,而和青少年以外的对象交往能力可能不足。从完成绩效合同目标也可以明显看出,家长工作坊、家长互助组、签订合作学校、探访及被探访、边缘青少年介入服务、个案结案这些指标没有能够达标。

三是在资源调配上也存在偏差。住校社工不仅是和青少年学生打交道,还得与学校教师和管理者打交道。在社工明显不能与学校方面有效协调时,启创也没能及时调配合适人员,这直接使得合作伙伴中学校对服务满意度的评价最低。

2. 制度不够完善

尽管海珠区团委和启创签订有服务提供协议书,启创也按照协议书从无到有地建立健全了日常管理制度和一些必要的社工服务提供专业制度,但是在评估中可以发现,无论是政府监管制度还是启创自身运作制度方面都存在不完善的地方。

首先,政府对启创的监管制度不完善。政府外包服务的本来原因是因为政府自身人力、精力和专业知识有限,但是政府外包能成功的一个重要条件就是政府有有效的监管能力,而这些要靠制度来完善。目前政府方面未能就监管落实到专门的岗位、职责和奖惩措施,而是不系统地进行监管,其效果大打折扣。特别是在和启创就有关沟通和监管的制度建设上未能重点把持,启创的沟通和内部管理就不能到位。例如,启创的月报制度没有坚持下来,启创的财务管理制度既不完善,也缺乏平时监督,以至于绩效科研评估团队和专家小组评审时都无法正常进行。其次,即使协议书中规定要建立的制度,启创也都未能全部按要求建立,导致其内部管理不是很顺畅。最后,启创社会工作发展协会关于社工服务的一套专业操作规程只是在习惯上和口头上存在和强调,这与大陆地区新生长出来的组织、新毕业的社工员工的成长不是很适应。

3. 服务能力有待进一步提升

按照最初的设计,三条试点街的服务提供将各具特色,分别针对的重点不同。赤岗街学校集中,设立学校社工站。在实际运作过程中,赤岗中学的社工更换了4次之多,有学生提建议社工不要经常更换。绿翠中学的社工难以得到学校方的认可,在访谈中,有老师认为本来计划组织学生和家长一起参加的大会,要社工上台开讲半个小时,以建立社工的威信和形象,但害怕社工撑不住,就取消了。华洲地处城乡结合部,青少年中二世祖多,不求上进,中学生升学动机不强烈、期望不高,主要对象是这些青少年。海幢是老城区,就业是主要问题,主要服务对象为待业青年。但是在评估过程中发现,一是社工服务站没有能够掌握服务对象的人口学信息,二是在服务提供上明显侧重的是在校青少年学生。由于一线社工多为刚从大学毕业的学生,与学生家属明显缺乏足够的沟通,家长工作坊指标没有完成甚至差距巨大,很多家长对青少年地带甚至不知道。

4.沟通协调明显不足

社会工作主要通过社工专业介入,解决或减轻政府、家庭、学校所不能独立解决的社会问题,以增进社会福利,但是社工也不是万能的,沟通协调对社工的成就和取得更大成功至关重要。启创社会工作发展协会适用的是香港模式,过于强调社工的专业特性和社工服务提供的独立性,对大陆政府部门的监管方式不太习惯,和服务合作伙伴的沟通也明显不足,服务合作伙伴在沟通合作方面的满意度评价较低。实际上,香港的社工运作模式经历了一个较长的发展阶段,中间也经过了不同的模式,只是到今天才发展成现在这个样子,而且香港的模式也只是适用香港社会的。大陆的社会文化政治环境与香港有很大的不同,香港的模式不一定完全适应大陆,照搬其模式可能会水土不服。

在访谈中,有学校政工主任尖锐地指出:"校方很想进行反馈,想知道这些个案都包括哪些人员,进展到什么情况,从而可以减少老师在这些学生身上花费的时间,节省人力资源的浪费,但这个数据也不能告诉校方。因此校方对社工真正的工作情况一无所知。"有街办工委领导也提出:"工作没有及时汇报给我们,我们街道团工委的作用就是信息平台,希望能了解社工站平时的情况。因为社工站运行的方式和街道办等政府部门严谨的工作方式不同,我们的领导又不了解,因而会有所质疑。因此我们希望他们以后能提供相应的工作进程和工作汇报供我们了解。"在个案案主访谈中,评估科研团队也遇到了这样一个案例,有一位领取政府社会救济的中年妇女,丈夫已经去世,有一个25岁的儿子也失业了,这位妇女自身很要强,可能力有限,老是怀疑街坊邻居看不起自己。社工把她纳入个案服务对象,半年多的时间来,这位妇女经常找社工人员倾诉,社工也经常上门和她聊天。可是这位妇女自己说:"她们很愿意听我倾诉,可是倾诉完了我的烦恼又来了。"这个案主的问题仅靠社工是解决不了的,而社工既没有向街区反映,也未向区政府反映。本案例告诉我们:社工服务仅有爱心是不够的,还必须熟练了解政府相关政策,帮助被服务对象争取现有政府资源的支持。

5.竞争性需要加强

当代中外政府改革理论和实践中逐渐形成了一个共识:竞争出效

率。竞争不仅促使服务提供者增加资源投入、改善管理、提高技术品质,而且促使服务提供者更加注重顾客导向,以顾客满意为己任。但是,在海珠区青少年事务社会工作者试点工作的运作中,由于发展阶段和主客观条件所限,不管是内部还是外部都缺乏竞争。首先是政府购买服务上缺乏竞争,三条试点街的服务提供都是由启创一家承担,服务提供方的竞争明显不够。当然,目前这种状态是有客观理由的:一是缺乏有工作经验的社工组织。社会工作在大陆还是一个新鲜事物,社工组织和人才极度匮乏,大学培养的社工刚刚毕业,无论直接提供服务,还是参与管理,经验都相当缺乏,这给管理和发展带来很大的挑战。二是一些社工组织还缺乏清晰的服务意识、服务方向和工作方法,以招投标的方式向其购买服务,也会存在很大的风险。三是政府经费有限,招投标本身是有成本的。由于缺乏竞争,使得启创一旦和海珠区签订合同后,就在谈判上居于优势,以致政府在监管中有力不从心和被动之感。其次,由于目前有经验的社工人才供应不足,社工本身也需要培养,在社工组织的内部管理中,目前尚不能实行绩效工资制,内部员工之间也缺乏竞争,干好干坏一个样。最后,由于政府经费投入有限,加之社会融资渠道有限,启创给员工提供的待遇也缺乏外部横向竞争性,对社工队伍的稳定和长期进步不利。

(二)青少年事务社会工作者试点工作问题的原因分析

1. 社会对新生事物的认识需要一个过程

政府外包服务对地方政府来讲是一个新事物,虽然顺应了公共管理的新潮流,但地方政府承担了来自政府内外的压力,一方面,政府领导会问责公共资金的使用情况,另一方面,社会也会关注公共服务外包的效果和效益,在这些压力下,政府就会特别关注服务提供者的产出,在协议条款中就可以明显看到这一点。引入社会工作者以解决传统上政府、家庭和社会难以解决的一些问题,其专业知识和手法也是一个新事物,社会各方对社工需要一个长期的潜移默化的过程才能显现效果的特征不一定了解。政府特别关注产出,学校为了应付应试教育模式希望社工能解决不爱学习或学习成绩不好学生的问题,学生家属则希望社工能传授孩子学习知识和社交知识,以便能考上好学校,将来找到好工作,青少年则希望活动多一些、更加丰富一些。政府、学校、社区、青少年及其家属的目标可能会存在冲突,从而使社工无所适从。如前所述,社工的能力和资源投入是有限的,如果各方对社工的包容心不够,就有可能影响社工事业的发展。

2. 政府监管能力面临挑战

政府购买服务属于新公共管理范畴,这种政府管理创新本身面临很多约束,也存在很多争议。新公共管理比较成功的领域是在商业领域,在这个领域有明显的公认判断标准,而在服务这类涉及价值判断的领域,就很麻烦。此外,政府外包服务的成功还取决于政府的监管能力,因为任何协议都是不完善的,且不说协议书制定的质量了。政府监管能力体现在谈判能力、制定合同、获取信息、合同执行这些环环相扣的活动链上,既需要专业知识和监督投入,也需要建立信任机制。海珠区政府通过签订合同购买启创的专业社工服务,需要相当的资源和人力投入监督活动,才能保证政府目标的实现。而启创也是刚成立的组织,其服务能力、管理能力以及信誉等信息都是未知的,这给政府的监督活动带来了更大的困难。加上政府购买的是公共服务,不是商业产品,其效果和效益的判断更加复杂。政府现有的监督能力毕竟是有限的。

3. 资源投入渠道有限

目前的试点工作在资金投入上完全依赖的是政府公共资金的补助,筹资渠道单一。在场地、设施上,基本上依赖的是青年地带,没有充分有效利用社区现有资源。在人力投入上,一线服务人员只有12人,分布于3个街区,服务覆盖率有限,主要面临的是在校学生,对社会青年和待业青年的服务有限,此外,华洲社区的服务也只在土华一带,龙潭地域尚未覆盖。这就涉及公共服务的公平问题,本来公共服务的投入只涉及辖区13个社区中的3个,而在同一个社区也存在很多空白点,主要是因为资源投入有限。启创作为一个新成立的第三部门组织,其社会影响力有限,自我筹资能力很小,试点期间未能从社会其他渠道筹集到资金,影响了自身的服务能力。

4.服务提供方尚未形成多元竞争的格局

在竞争政府外包服务项目的组织数量、社工专业服务领域、提供服务组织内部都缺乏有效的竞争,政府的选择有限,获得信息也有限。从而使政府的监督能力、社工专业组织提高服务和管理能力的动力减小,影响了社工服务的效率效果。甚至很难判断启创的服务效果到底怎么样,因为没有比较和参考的标杆。从纵向上看,也不能进行历时比较。提供服务上,住校社工服务和非住校社工服务、咨询、探访、教育、辅导和个案服务等都由启创一家提供,难以比较,服务对象也没有更多的选择。内外压力缺乏的结果可能使社工服务品质的提高打折扣。

四、完善公共服务外包试点工作的政策建议

(一)强化社会共识,完善合作机制

1.强化社会共识的重要性

强化社会对青少年事务社会工作的共识,对于专业社工组织卓有成效地实现服务目标非常重要,这种重要性集中体现在以下几个方面:

(1)汲取社会资源。强化社会对青少年事务社会工作的认识的重要性首先体现在,它能够帮助负责组织和指导青少年事务社会工作的基层政府和具体提供青少年社会服务的专业社工组织汲取社会资源。基层政府能够提供的资源和预算是有限的,因此,专业社工组织需要直接汲取一定的社会资源才能满足开展青少年事务社会工作对服务资源的需求。解决由家庭和社会原因导致的困扰青少年健康成长和顺利融入社会生活的疑难问题往往需要专业社工组织投入大量的人力和物力,但是专业社工组织能够从基层政府获取的项目经费往往难以提供足够的支持。

(2)争取社会合作。青少年事务社务工作是一项细致入微的工作,需要专业社工组织深入社会的方方面面,需要专业社工组织取得服务对象及其家属和服务合作伙伴的合作。否则,专业社工组织将无法获取必要的服务信息,无法有针对性地为服务对象排忧解难,无法深入

开展个案工作,也就无法解决困扰青少年的疑难问题和悬而未决的难题,只能开展一些普及性和缺乏针对性的粗浅层次的工作。

(3)提高工作成效。青少年事务社会工作涉及面广,专业社工组织在开展工作过程中往往需要得到街道的各个职能部门、社区和学校的配合才能顺利进行。及时有效的沟通和充分共享有关服务对象和工作进度的信息有助于提高专业社工组织的工作成效,避免开展简单性和重复性工作,有助于提高服务的水平和质量。

2. 强化社会共识的主要措施

(1)融入社区生活。社区是开展社会工作的基本平台,更是专业社工组织的基本依托,离开社区开展社会工作将事倍功半,因为社区是青少年的基本活动场所,集中了大部分社会问题。

作为专业社工组织的"启创"应主动融入社区生活,主动接触社区工作机构,从而获取社会工作信息、获取服务对象的认同。

通过电子邮件、网站等途径向服务对象及其家属、社区管理机构及时提供准确的活动信息,为服务对象及其家属参加相关互动提供更多便利。

(2)巩固伙伴关系。与服务合作伙伴建立长期而稳定的伙伴关系对于"启创"可持续地开展社会工作非常重要,建立伙伴关系可以帮助"启创"获取重要的工作信息、拓展服务对象、汲取社会资源,得到自身并不擅长的其他领域的专业知识。

建议"启创"形成与服务合作伙伴保持及时和深度沟通的联系机制,建立"事前沟通、适时通报、事后反馈"的信息交流机制。

建议"启创"就重要项目和工作规划召开相应规模的联席会议,与合作伙伴共享服务信息和资源,以节约不必要的服务成本。

(3)强化宣传力度。为了强化社会对青少年事务社会工作的认识,建议"启创"进一步强化宣传力度,在社区、学校、购物中心和青少年的聚集地以生动形象的方式宣传"青年地带"的服务宗旨、服务项目以及获取服务的方式等核心信息。在直接对服务对象宣传服务信息之外,还需要强化对服务对象的相关群体的宣传。进一步完善"家长工作坊"等项目,深化服务对象家属对社会服务工作的认识,并借助服务对象家属扩大自身的社会影响力。

（二）加强政府监管，改进监管目标和途径

1. 明确政府监管的目标

政府监管的理论和实践表明，政府通过服务外包的形式提供公共服务时应该确定不同于政府通过亲自生产的形式提供公共服务的监管目标，对于海珠区团委而言，在委托"启创"提供青少年事务社会服务的过程中应确立的两大监管目标是：保障财政资金使用的安全和效率，保证实现社工服务的目标和水平。

（1）保障财政资金使用的安全和效率

随着公共财政制度建设的日益完善，保障财政资金使用的安全和效率成为政府履行职责的重要途径和基本要求。海珠区团委以财政资金委托"启创"开展青少年事务社会试点工作，体现了基层政府的管理创新精神，为了有效履行监管责任需要切实保障财政资金使用的安全和效率，绩效评估团队提出如下建议：

建议作为委托方的海珠区团委借助财政资金审计确保代理方坚持"专款专用"的原则，通过提高资源配置效率保障财政资金的使用效率。

建议"启创"进一步完善账册，运用复式计账法规范地记录资金使用情况，清楚地标明财务支出结构，根据相关财务法规附录票据。

建议海珠区团委借助财政或审计部门每季度检查一次"启创"的账册，并核实相关票据。

（2）保证实现社工服务的目标

现代化的政府管理严格坚持目标导向，通过保证服务水平向公众负责，为此，绩效评估团队提出如下建议：

建议海珠区团委紧紧围绕需要实现的社工服务目标履行监管责任，在科学界定社工服务目标和水平的基础上，建立"目标—项目—预算—指标"体系，尽量强化评估指标的量化与可比性。

为了克服信息不对称问题，建议海珠区团委邀请其他专业社工组织或专家筛选评估指标，可以通过前后对比以及与周边城市的专业社

工组织的服务绩效评估指标进行对比,以制定出能够准确测量服务绩效的评估指标体系。

建议海珠区团委严格根据商定的服务目标和水平监管代理方的重大决策和管理行为,建立预警机制,完善奖惩措施。

建议"启创"根据绩效评估的要求改进会员和项目管理信息系统,提高相关信息的准确性,为后续绩效评估工作提供信息基础,尤其是为问卷调查、个案访谈提供便利,便于绩效评估团队实施满意度调查和前后对比分析。

2. 改进政府监管的途径

工商企业和国外新公共管理的实践证明,一个组织监管另外一个组织的核心是财务审计,手段是结果导向,途径是信息系统。

(1)完善财务审计。财务支出的结构或者去向及其额度是监管方监管代理方的核心,财务支出的结构及其额度反映了一个组织"做了什么"、"优先关注的是什么",能够直接明了地反映代理方的行为与其宣称要实现的目标是否一致。因此,作为委托方的海珠区团委应借助财务审计监管作为代理方的"启创"的重大决策和基本管理行为。

(2)强化结果导向。过于严格的决策监管和财务审计会削弱代理方的决策自主性和管理灵活性,但是,强化结果导向能够最终反映代理方的活动效果。因此,结果导向与财务审计是相配套的监管手段,两者的配套使用可以实现目标—过程—结果的一致。

(3)建立信息系统。对于一项需要持续进行的公共项目,委托方需要建立反映代理方的投入、产出和结果的信息系统,通过建立完善的信息系统,有助于委托方借助统计分析综合评价代理方的努力程度、行为和目标的一致性以及最终的工作效果,帮助代理方优化资源配置和管理决策,并优化监管对策。

(三)优化专业社工组织的资源配置

1. 社工组织资源配置中存在的问题

作为海珠区青少年事务社会工作的代理方,"启创"在资源配置方面存在着如下问题。

（1）人力资源短缺。通过对五个社区工作站（点）的实地调研以及对服务合作伙伴的访谈后，评估团队发现，"启创"存在着人力资源短缺的问题。五个社区工作站（点）的同时在岗人数维持在8—9人，其中，日常高级社工仅有1人。与此相对应的是，"启创"的《自评报告》中提供的统计数据表明，"启创"在需要投入较多社工人数的工作项目上的任务完成率偏低，如"家长工作坊"、"家长互助小组"、"接触个案数"和"小组介入性服务次数"。

（2）一线人力资源流动比率较大。通过对五个社区工作站（点）的实地调研以及对服务合作伙伴的访谈后，评估团队发现，"启创"的一线人力资源流动比率较大：有两位高级社工出国进修，一位高级社工需要在两个街道的社工站之间流转，一个街道的社工站竟然长期没有日常高级社工，赤岗街道社工站驻赤岗中学的社工流动过于频繁。

（3）人力资源结构与工作任务不匹配。总体来看，"启创"安排在社会工作第一线的人员数量偏少，每个社工站平均仅有3人左右，尤其需要指出的是，没有安排足够的高级社工。因此，这样的人力资源结构制约了社工站的工作能力和决策自主性，容易贻误工作机会并导致服务合作伙伴的不满，最终无法与工作任务相匹配。

（4）工作场所建设滞后。服务对象及其家属的建议表明，现有的"青年地带"的服务设施距离他们的要求还有一定差距，为服务对象及其家属接受服务和参与项目带来了不便。主要问题是，硬件设施不够配套，交通不够便利，活动空间比较狭小。

2. 优化资源配置的主要策略

评估团队在实地调研和对"启创"的服务合作伙伴的访谈结果进行分析的基础上建议，应从内部和外部两个方面入手优化资源配置。

（1）增加一线人手，提高服务能力。青少年事务社会工作直接面向众多服务对象，要处理的事务纷繁复杂，绩效评估团队据此提出的建议是：增加处于社会工作第一线的人手，提高直接提供社工服务的社工站（点）的人手，尤其要保证高级社工的数量。如果高级社工的数量不能得到保证，将会降低社工站（点）的服务能力，导致这些站（点）无法持续地提供高水平的社工服务，只能选择性地提供难度较低的社工服务、解决一般性的社会问题。

（2）动员和利用社会力量。具体思路如下：评估团队之所以建议"启创"要保证足够数量的高级社工，是因为高级社工可以在社会工作的第一线发挥监督协调职能。相反，一般社工和助理社工难以开展监督协调工作，高级社工的缺乏将加重"启创"总部的工作负担，容易僵化组织结构。在高级社工的数量能够得到保证后，各个社工站（点）就可以充分利用街道团工委组织发动的青年志愿者这支重要的生力军，并且能够与社区管理机构开展合作以利用社会力量。

（3）增加固定资产投入。从绩效评估团队了解的情况来看，"启创"对固定资产的投入比较少，支付给一线工作人员的薪酬也偏低。建议增加固定资产投入，完善工作场所建设，通过增加一线工作人员的薪酬提升服务能力，适当控制人员出国经费，更多地立足本土研究问题、解决问题。

（四）适度引入竞争机制，提升服务质量

1. 引入竞争机制的必要性

市场体制之所以被认为是一种比计划体制更为有效的配置资源的体制，其根本原因就在于竞争机制的存在，竞争保证了资源配置的效率，在青少年事务社会工作领域中引入竞争机制的必要性体现在如下几个方面：

（1）提高财政资金使用效率。竞争机制会淘汰使用资源的效率低下的市场主体，同理，对于掌握着特定份额的财政资金的支配权的海珠区团委而言，需要通过引入多个专业社工机构竞争提供服务的机会以提高财政资金的使用效率，在相同的服务水平和目标的前提下将服务外包给出价最低的专业社工组织。否则，信息不对称和监管成本等因素会导致财政资金使用效率低下。

（2）促进社工组织的发育。通过在提供青少年事务社会工作领域建立竞争机制，可以为更多的专业社工组织提供实践机会，通过竞争机制促进各个专业社工组织努力提高服务能力，改进服务方式和内部管理以及制度建设，从而实现促进社工组织发育的目标，为繁荣社会工作

提供组织保障。

（3）降低评估成本。在缺乏竞争机制的条件下，作为委托方的海珠区团委只能借助于专业的绩效评估团队评估作为代理方的"启创"的服务成效。开展绩效评估工作需要付出一定的成本：海珠区团委要花费人力和物力寻找合格的绩效评估团队并通过协商达成合作协议并协调绩效评估团队和"启创"之间的关系，专业性绩效评估团队又需要组织人力和物力开展绩效评估工作，"启创"及其服务合作伙伴和服务对象也要腾出人力、物力配合绩效评估团队的工作。但是，如果引入了竞争机制，就可以通过"无形之手"大幅度地降低评估成本，通过专业社工组织之间的竞争节约监管成本和评估成本。

2. 把握竞争机制的平衡点

任何决策方案都面临着机会成本和两难选择，作为委托方的海珠区团委在引入竞争机制时需要把握平衡点。

（1）政府的机会成本和决策风险。当委托方发现代理方的重大决策、基本管理行为出现偏差以及无法实现商定的服务水平和服务目标时，委托方需要根据竞争机制更替代理方，否则，委托方会承受较高的机会成本。但是，委托方也面临着一定的决策风险，因为委托方并不清楚可替代的代理人未来的工作成效，在缺乏可比性的前提下更换代理方面临着决策风险。

（2）专业社工组织的沉淀成本和"短期行为"。对于作为代理方的社工组织而言，它承接政府的服务外包，需要付出一定的沉淀成本，如员工培训、购置物资设备、建立社会关系等。如果它无法确定可以承接下一轮的服务外包合同，它将面临无法收回沉淀成本的经营风险，以及无法维持人力资源存量而带来的人力资源重置成本。因此，在无法拥有稳定的服务预期的情况下，代理方会采取"自保行为"，会选择性地开展不会带来较多沉淀成本的服务，增加对自身的长远发展有利的事项的支出，增加有利于自有资产的投资（培训员工的掌握长期竞争力的一般性技能、无法即时运用的技能），甚至直接转移资金，破坏合同中规定的"专款专用"的财政资金使用原则。

（3）把握引入竞争机制的平衡点。对于作为委托方的海珠区团委

而言,应牢牢把握引入竞争机制的平衡点,需要采取的措施是:

区分固定资产和流动资产投资的主体,固定资产由委托方直接投资,流动资产由代理方投资,降低委托方的决策风险,降低代理方的风险预期。

强化服务目标的同质性和可操作性,通过增强可测量性和可重复性增强进入竞争机制的可能性,追求"铁打的营盘、流水的兵"的管理效果。

严格执行财务审计制度,严防代理方挪用财政资金。

需要特别指出的是,在目前的条件下,我国的青少年事务社会工作具有投入大、见效慢的特点,换言之,这项工作存在投入周期长、长期边际成本低的特点。因此,绩效评估团队建议海珠区团委在慎重选择代理方之后,通过建立激励相容机制培育长期合作关系,同时大力培育具有可替代性的专业社工组织的发展;否则,代理方会采取更为严重的"短期行为"。

(五)改善社工组织的内部管理

1. 完善制度建设

绩效评估团队通过实地调研和访谈发现,"启创"需要完善制度建设,因为它的一些制度建设存在空白,或者没有实现本土化,也没有系统地贯彻到基层。

(1)规范人力资源管理制度。需要完善的制度建设的重点是人事管理制度,应进一步规范员工培训制度和工作派遣制度,保证为各个社工站(点)配备足够的人力资源,降低工作派遣的随意性。逐步形成重视一线工作人员的福利保障的氛围,以切实提高服务能力。

(2)提高财务管理透明度。提高财务管理透明度是管理者承担管理责任的首要条件,也是委托方监管代理方的基本途径。为了调动"启创"基本组织和一般员工的积极性,培育互信合作的管理文化,建议"启创"在允许的范围内提高财务管理透明度,明确财务支出结构,进一步赢取组织内外部人员的信任。

2. 推动管理重心下移

推动管理重心下移是服务型组织的普遍做法,因为只有实现管理重心下移才能保证组织切实实现服务目标,围绕服务对象的需要配置人力资源和物资,及时回应服务对象和基层组织的需要。绩效评估团队的建议是:

"启创"应为面向社会工作服务的一线组织配备足够的人力资源,尤其是保证高级社工的配置数量。

"启创"应在资金使用、物资分配和决策自主权等领域向第一线组织倾斜,进一步提升一线工作人员的社交能力,强化与合作伙伴的协作意识。

3. 聚焦服务目标

通过实地调研、个案访谈以及文本分析,绩效评估团队发现由于受人力资源和资金配置的限制,"启创"没有完全聚焦于服务目标开展活动,没有围绕一些解决难度大的问题配备足够的人力资源并开展相应的服务工作,没有围绕各个社工站的定位培育服务特色,开展的一般性服务工作多、深入而持续的服务工作少。因此,绩效评估团队建议"启创"为服务对象表达有关服务需求和服务建议等信息提供反馈渠道,动态地把握服务效果和面临的服务需求,避免以自我为中心。

参考文献

包国宪:《绩效评价:推动地方政府职能转变的科学工具——甘肃省政府绩效评价活动的实践与理论思考》,《中国行政管理》2005年第7期。

财政部财政科学研究所《绩效管理》课题组:《美国政府绩效评价体系》,经济管理出版社2004年版。

蔡立辉:《西方国家政府绩效评估的理念及其启示》,《清华大学学报》2003年第1期。

陈天祥:《政府绩效合同的设计与实施:交易费用理论的视角——来自广东省J市的调研》,《公共行政评论》2008年第3期。

陈振明、陈炳辉:《政治学——概念、理论和方法》,中国社会科学出版社2004年版。

陈振明等:《公共服务绩效评价的指标体系建构与应用分析》,《理论探讨》2009年第1期。

范柏乃:《政府绩效评估理论与实务》,人民出版社2005年版。

范柏乃、朱华:《我国地方政府绩效评价体系的构建和实际测度》,《政治学研究》2005年第1期。

冯银庚:《论政府绩效的公民评议》,《湖南农业大学学报(社会科学版)》2004年第6期。

付景涛、倪星:《地方政府绩效评估的政治理性和技术理性——以珠海市万人评议政府为例》,《甘肃行政学院学报》2008年第6期。

付景涛、倪星:《论地方政府在绩效评估中的理性选择:以珠海市为例》,《岭南学刊》2009年第2期。

付景涛、曾莉:《对主观型政府绩效评估结果的统计分析——以珠海市"万人评议政府"为个案》,《学术论坛》2010年第1期。

高佃正:《发案率指标与社会治安》,《山东公安专科学校学报》2001年第1期。

郭济:《绩效政府——理论与实践创新》,清华大学出版社2005年版。

何艳玲:《问题与方法:近十年来中国行政学研究评估(1995—2005)》,《政治学研究》2007年第1期。

黄佳圳:《我国地方政府绩效评估指标体系构建——指标选择与权重设置》,《经营管理者》2011年第7期。

贾中海:《法与社会分配正义》,《当代法学》2002年第3期。

蓝志勇、胡税根:《中国政府绩效评估:理论与实践》,《政治学研究》2008年第3期。

龙太江、王邦佐:《经济增长与合法性的"政绩困局"——兼论中国的政治合法性基础》,《复旦学报》2005年第3期。

李大琨:《中国社会行政管理》,中国国际广播出版社1998年版。

李冰霜:《科技投入与使用分析》,《自然辩证法通讯》1994年第2期。

李海、张德、魏东:《基于BSC改进的KPI设定方法及案例》,《管理现代化》2007年第1期。

廖逊:《政绩评价中的成本意识》,《天涯》2001年第3期。

林聚任、刘玉安:《社会科学研究方法》,山东人民出版社2008年版。

刘旭涛:《政府绩效管理:制度、战略与方法》,机械工业出版社2003年版。

马宝成:《试论政府绩效评估的价值取向》,《中国行政管理》2001年第5期。

马宝成:《有效性:现代政治合法性的政绩基础》,《天津社会科学》2002年第5期。

马骏:《中国公共行政学研究的反思:面对问题的勇气》,《中山大学学报》2006 年第 5 期。

孟华：《论美国政府绩效评估中的公众意志表达——以三项调查为基础》，《北京行政学院学报》2004 年第 6 期。

倪星：《论民主政治中的委托—代理关系》，《武汉大学学报》2002 年第 11 期。

倪星、余凯：《试论中国政府绩效评估制度的创新》，《政治学研究》2004 年第 3 期。

倪星、李晓庆：《试论政府绩效评估的价值标准与指标体系》，《科技进步与对策》2004 年第 9 期。

倪星、王敏：《绩效评估：西方国家政府改革的重要措施》，《学习月刊》2005 年第 2 期。

倪星：《政府合法性基础的现代转型与政绩追求》，《中山大学学报》2006 年第 4 期。

倪星：《地方政府绩效评估指标的设计与筛选》，《武汉大学学报》2007 年第 2 期。

倪星、付亚东：《政府绩效评估亟待加强实证研究》，《学习与实践》2007 年第 12 期。

倪星：《中国地方政府治理绩效评估研究的发展方向》，《政治学研究》2007 年第 4 期。

倪星、付亚东：《中国政府绩效评估研究进展》，《行政论坛》2008 年第 3 期。

倪星：《反思中国政府绩效评估实践》，《中山大学学报》2008 年第 3 期。

倪星、余琴：《地方政府绩效指标体系构建研究》，《武汉大学学报》2009 年第 5 期。

倪星、李佳源：《政府绩效的公众主观评价模式：有效，抑或无效？》，《中国人民大学学报》2010 年第 4 期。

倪星、史永跃：《民主评议政风行风的学理逻辑：代议制的视角》，《深圳大学学报》2010 年第 5 期。

牛美丽：《新公共行政（NPA）评论》，《中山大学研究生学刊（社会科学版)》2006 年第 1 期。

彭国甫:《地方政府公共事业管理绩效评价研究》,湖南人民出版社 2004 年版。

彭国甫:《地方政府绩效评估研究》,湖南人民出版社 2005 年版。

彭国甫、盛明科、刘期达:《基于平衡计分卡的地方政府绩效评估》,《湖南社会科学》2004 年第 5 期。

彭国甫等:《应用层次分析法确定政府绩效评估指标权重研究》,《中国软科学》2004 年第 6 期。

彭国甫:《地方政府公共事业管理绩效评价指标体系研究》,《湘潭大学学报》2005 年第 5 期。

彭国甫:《中国绩效评估研究的现状及展望》,《中国行政管理》2006 年第 11 期。

彭国甫、盛明科:《政府绩效评估指标体系三维立体逻辑框架的结构与运用研究》,《兰州大学学报》2007 年第 1 期。

彭国甫、谭建员、刘佛强:《政绩合法性与政府绩效评估创新》,《湘潭大学学报》2008 年第 1 期。

荣敬本等:《关于县乡两级政治体制改革的比较研究》,《经济社会体制比较》2000 年第 4 期。

沙勇忠等:《政府绩效管理研究的知识图谱与热点主题》,《公共管理学报》2009 年第 3 期。

唐任伍、唐天伟:《2002 年中国省级地方政府效率测度》,《中国行政管理》2004 年第 6 期。

唐铁汉:《加强政府绩效管理　深化行政管理体制改革》,《中国行政管理》2006 年第 3 期。

王重鸣:《心理学研究方法》,人民教育出版社 2001 年版。

王鲁捷、陈龙、崔蕾:《市级政府绩效评价研究》,《中国行政管理》2005 年第 8 期。

王绍光:《安邦之道:国家转型的目标与途径》,三联书店 2007 年版。

汪天德:《提倡一点实证主义》,《云南民族大学学报》2006 年第

1 期。

吴建南、常伟:《基于逻辑模型的地方政府绩效评价指标设计》,《绩效政府理论与实践创新》,清华大学出版社 2005 年版。

吴建南:《探索政府管理的"黑箱":管理能力对政府绩效的影响分析》,《湘潭大学学报》2006 年第 2 期。

吴建南等:《谁是"最佳"的价值判断者:区县政府绩效评价机制的利益相关主体分析》,《管理评论》2006 年第 4 期。

吴建南、高小平:《行风评议:公众参与的政府绩效评价研究进展与未来框架》,《中国行政管理》2006 年第 4 期。

徐大同:《现代西方政治思想》,人民出版社 2003 年版。

虞维华、张洪根:《社会转型时期的合法性研究》,中国科学技术大学出版社 2004 年版。

杨丹:《我国政府公共支出绩效评估》,《时代经贸》2006 年第 3 期。

于涛、粟方忠:《社会经济统计学原理》,武汉大学出版社 1996 年版。

袁方、王汉生:《社会研究方法教程》,北京大学出版社 2005 年版。

赵秀丽:《我国城乡居民消费结构分析》,《天津商学院学报》2000 年第 1 期。

张瑞端:《从治安决策和警察管理角度看发案率和破案率》,《山东公安专科学校学报》2001 年第 1 期。

张理海:《社会评价论》,武汉大学出版社 1999 年版。

曾明、张光:《政府绩效评估指标体系中文文献评述——基于"3Es"的逻辑框架》,《统计与决策》2007 年第 9 期。

朱立言、张强:《美国政府绩效评估的历史演变》,《湘潭大学学报》2005 年第 1 期。

周雪光:《"逆向软预算约束":一个政府行为的组织分析》,《中国社会科学》2005 年第 3 期。

周志忍:《公共组织绩效评估——英国的实践及其对我们的启示》,《新视野》1995 年第 5 期。

周志忍:《行政效率研究的三个发展趋势》,《中国行政管理》2000年第 1 期。

卓越:《公共部门绩效评估》,中国人民大学出版社 2004 年版。

卓越:《政府绩效评估的模式建构》,《政治学研究》2005 年第2 期。

中国行政管理学会联合课题组:《关于政府机关工作效率标准的研究报告》,《中国行政管理》2003 年第 3 期。

[德]哈贝马斯著,张博树译:《交往与社会进化》,重庆出版社1989 年版。

[德]哈贝马斯著,刘北成、曹卫东译:《合法化危机》,上海人民出版社 2001 年版。

[德]马克斯·韦伯著,林荣远译:《经济与社会》,商务印书馆1997 年版。

[法]卢梭著,何兆武译:《社会契约论》,商务印书馆 1996 年版。

[英]胡德著,彭勃、邵春霞译:《国家的艺术:文化、修辞与公共管理》,上海人民出版社 2009 年版。

[英]帕特里克·敦利威、布伦登·奥利里著,欧阳景根等译:《国家理论:自由民主的政治学》,浙江人民出版社 2007 年版。

[美]罗伯特·B.登哈特著,扶松茂等译:《公共组织理论》(第三版),中国人民大学出版社 2003 年版。

[美]珍妮特·V.登哈特、罗伯特·B.登哈特著,丁煌译:《新公共服务:服务,而不是掌舵》,中国人民大学出版社 2004 年版

[美]亨廷顿著,刘军宁译:《第三波:20 世纪后期民主化浪潮》,上海三联书店 1998 年版。

[美]D.伊斯顿著,王浦劬译:《政治生活的系统分析》,华夏出版社 1989 年版。

[美]利普塞特著,刘刚敏等译:《政治人:政治的社会基础》,商务印书馆 1993 年版。

[美]斯蒂格利茨著,郑秉文译:《政府为什么干预经济:政府在市场经济中的角色》,中国物资出版社 1998 年版。

[美]哈罗德·D.拉斯韦尔著,杨昌裕译:《政治学》,商务印书馆1992年版。

[美]凯瑟琳·纽科默著,张梦中译:《迎接业绩导向政府的挑战》,中山大学出版社2003年版。

[美]科恩著,聂崇信、朱秀贤译:《论民主》,商务印书馆1988年版。

[美]罗伯特·达尔著,李柏光、林猛译:《论民主》,商务印书馆1999年版。

[美]文森特·奥斯特罗姆著,毛寿龙译:《美国公共行政的思想危机》,上海三联书店1999年版。

[美]彼得斯著,吴爱民等译:《政府未来的治理模式》,中国人民大学出版社2001年版。

[美]查尔斯·J.福克斯、休·T.米勒著,楚艳红等译:《后现代公共行政》,中国人民大学出版社2002年版。

[美]R.科斯等著,胡庄君等译:《财产权利与制度变迁》,上海人民出版社2002年版。

[美]萨蒂著,许树柏等译:《层次分析法:在资源分配、管理和冲突分析中的应用》,煤炭工业出版社1988年版。

A. Gore. *From red tape to results: creating a government that works better and costs less: The report of the National Performance Review*, Three Rivers Press, 1993.

A. R. Oquendo, "Deliberative Democracy in Habermas and Nino", *Oxford Journal of Legal Studies*, 22 (2002), 2.

Brown, K & Coulter, P. B., "Subjective and Objective Measures of Police Service Delivery", *Public Administration Review*, 43 (1983).

Brudney, J. L. & England, R. E., "Urban Policy Making and Subjective Service Evaluations: Are They Compatible?", *Public Administration Review*. 42 (1982).

Colleen M. G., "Deliberative Democracy in Theory and Practice: Connecticut's Medicaid Managed Care Council". *State Politics & Policy*, 5

(2005).

Daneke,G. A. & Klobus-Edwards,P. , "Survey Research for Public Administrators" , *Public Administration Review* ,39(1979).

D. Osborne & T. Gaebler, *Reinventing Government*: *How the Entrepreneurial Spirit Is Transforming The Public Sector*, Addison-Wesley Publishing Company, Inc. 1992.

Eric Montpetit, etc. , "The Paradox of Deliberative Democracy: The National Action Committee on the Status of Women and Canada's Policy on Reproductive Technology". *Policy Sciences*, 37(2004).

Fayol, H. , *Administration industrielle et générale*. Dunod. Paris,1918.

H. George Frederickson,*New Public Administration*, University of Alabama Press, 1980.

Gulick, L. ,"Notes of the Theory of Organization". In L. Gulick & L. Urwick (Eds.), *Papers on the Science of Administration* (pp. 3 – 13). New York: Institute of Public Administration,1937.

Kaplan,R. S. &Norton,D. P. , " Transforming the Balanced Scorecard from Performance Measurement to Strategic Management" ,*Accounting Horizon*. 15(2001).

K. D. Bailey, *Methods of social research*, New York: The Free Press,1987.

Max Weber,*Essays in Sociology*, Oxford University Press, 1946.

M. Mintrom. "Market Organizations and Deliberative Democracy: Choice and voice in public service delivery", *Administration&Society*, 35(2003).

Parks, R. B. , "Linking Objective and Subjective Measures of Performance", *Public Administration Review* 44(1984).

Percy, S. L. , "In Defense of Citizen Evaluations as Performance Measures", *Urban Affairs Review*, 22(1986).

Rosentraub, M. S & Karen H. , Lyke T. , "In Defense of Surveys as a Reliable Source of Evaluation Data", *Public Administration Review*, 39

(1979).

S. Wheatley. "Deliberative Democracy and Minorities", *European Journal of Law*, 14 (2003).

Stipak, B., " Citizen Satisfaction with Urban Services: Potential Misuse as a Performance Indicator", *Public Administration Review* , 39 (1979).

Stipak, B., "Are There Sensible Ways to Analyze and Use Subjective Indicators of Urban Service Quality", *Social Indicators Research*, 6 (1979).

Taylor, F. W. , *Scientific Management: Comprising Shop Management, The Principles of Scientific Management, Testimony Before the Special House Committee*. New York: Harper & Brothers, 1947.

Theodore H. Poister. *Measuring performance in public and nonprofit organizations*, San Francisco: Jossey-Bass, 2003.

Theodore H. Poister & Streib, G. , "Performance Measurement in Municipal Government: Assessing the State of the Practice", *Public Administration Review*, 59(1999).

William, J. B. , "Listening to the City and the Goals of Deliberative Democracy", *Group Facilitation*, 4(2004).

Wong, Kwan Yiu, "China's Special Economic Zone Experiment: An Appraisal ", *Geografiska Annaler. Series B*, Human Geography. Stockholm: Swedish Society for Anthropology and Geography, 69(1987).

W. Wilson, "The Study of Administration", *Political Science Quarterly*, 2(1887).

X. Wang, "Assessing Public Participation in U. S. Cities", *Public Performance Management Review*, 24(2001).

X. Wang. & Gianakis, G. A. , "Public Officials' Attitudes toward Subjective Performance Measures", *Public Productivity & Management Review*, 22(1999).

后　　记

　　沐浴着 21 世纪的曙光，人类社会正在快速步入后工业化和信息化时代。计算机技术的进步与互联网的普及使得跨国界的信息流动日益便捷，激烈的国际竞争促使各国竞相采取了门户开放政策。伴随着资本、信息、技术和人才在世界范围内的自由流动，经济全球化的进程汹涌澎湃，"地球村"成为各国人民生活境况的真实写照，政治民主化和管理科学化成为不可逆转的趋势。国际国内环境的深刻变化，给各主权国家的政治、经济、社会活动带来了前所未有的机遇和挑战。作为对这一趋势的回应，进行公共管理创新、提升公共服务水平、提高国家竞争力、增强政府回应性、更有效率地满足公众需求，成为各国政府的必然选择。

　　当今中国也正在经历着复杂而深刻的社会转型过程。在经济总量快速增长的同时，收入差距不断扩大，资源、环境与社会风险也在不断积累，这一切都对我国的公共管理实践提出了前所未有的挑战。与此相适应，我国政府管理、社会治理的模式和方法必须相应地作出调整，由统治型、管理型向服务型政府的转变实属必然。在全球化和信息化产生深刻影响的当下社会，随着国际竞争的日益加剧，以及公民权利意识的增强，如何进一步发挥公共组织在我国经济与社会建设中的作用，提高公共服务的质量和效率，实现公共管理的现代化，这是摆在国人面前的现实而又紧迫的问题。

　　从 20 世纪末期开始，针对原有政府管理模式面临新环境新挑战所导致的诸多危机，西方一些发达国家率先掀起了以市场化、社会化为取向的改革浪潮，一场声势浩大的新公共管理改革运动迅速席卷了各大洲。在新公共管理改革实践中，政府绩效评估发挥着指向标的作用，是优化公共管理过程、提升公共服务质量的重要战略工具，切实推动着政府部门的关注重心从繁文缛节、内部控制转向结果导向和外部公众满意。正是在这一意义上，有学者认为 21 世纪的国家治理正在出现"评估国"的趋势。

本人对政府绩效评估的研究兴趣始于 1998 年。过去本人一直长期专注于市场经济条件下政府职能配置与机构设置以及腐败与反腐败领域的研究，后来逐渐意识到，虽然各国各地政府的职能配置与机构设置模式千变万化，但其最终判断标准乃是管理的实际效果。同样，反腐败的最终目的也是建立一个廉洁、高效、人民满意的政府。所有这些领域的问题，都可概括为公共治理及其质量问题，最终转为对政府绩效的重视。

本人的研究工作于 2004 年获国家社会科学基金青年项目"政府绩效评估体系研究"（批准号：04CZZ010）资助，2006 年获教育部人文社会科学重点研究基地重大项目"中国地方政府治理绩效评估研究"（批准号：06JJD630021）资助，2010 年获国家社会科学基金一般项目"政府绩效评估与公众参与研究"（批准号：10BGL078）资助，以及中山大学"985 工程"、"211 工程"建设项目资助。同时，项目调研得到中共广东省委组织部、中共广东省纪委、佛山市人民政府、珠海市委组织部、珠海市人力资源与社会保障局、珠海市公安局、中山市发展与改革局、广州市海珠区团委、深圳市市场监督管理局、深圳市盐田区人民检察院、深圳市出入境检验检疫局、海南省海洋与渔业厅等单位的大力帮助。相关前期成果也以不同形式先后发表在《政治学研究》、《中国行政管理》、《中国人民大学学报》、《中山大学学报》、《武汉大学学报》等学术期刊上，在此特表感谢。

我的学生付景涛、史永跃、杨君、曾莉、陈兆仓、黄佳圳、付亚东、程宇、林蓉蓉、曹志鹏、林忻、余琴、程志强、郜琳、涂钰、李佳源、马靖、原超、郑婷茹、花立琦、朱奕弘、李晓庆、陶军、杨芳等参加了项目调研工作。在研究过程中，与同学们一起分享各种经验，看着他们逐渐成长起来，最令人欣慰，这也是我选择坚守在大学教授岗位上的最大价值所在。在浮躁的当下社会中,我所供职的中山大学中国公共管理研究中心和政务学院提供了一个难得的自由宽松的学术氛围,因为弥足珍贵,所以一直感念在心。

"以一流的教育质量和科研成果服务于中国社会转型",这是政务学院的建院宗旨,也是我对自己的职业期许。前路漫漫,幸而有三五知己相伴,自当埋下头来,毅然前行。

倪　星

2012 年 2 月 2 日于广州

责任编辑:陈光耀

图书在版编目(CIP)数据

中国地方政府绩效评估创新研究/倪星 著. —北京:人民出版社,2013.1
ISBN 978 - 7 - 01 - 011541 - 2

Ⅰ.①中…　Ⅱ.①倪…　Ⅲ.①地方政府-行政管理 -评价-研究-中国
Ⅳ.①D625

中国版本图书馆 CIP 数据核字(2012)第 295373 号

中国地方政府绩效评估创新研究
ZHONGGUO DIFANG ZHENGFU JIXIAO PINGGU CHUANGXIN YANJIU

倪　星 著

人民出版社 出版发行
(100706　北京市东城区隆福寺街 99 号)

北京龙之冉印务有限公司印刷　新华书店经销

2013 年 1 月第 1 版　2013 年 1 月北京第 1 次印刷
开本:710 毫米×1000 毫米 1/16　印张:24
字数:362 千字

ISBN 978 - 7 - 01 - 011541 - 2　定价:48.00 元

邮购地址 100706　北京市东城区隆福寺街 99 号
人民东方图书销售中心　电话 (010)65250042　65289539

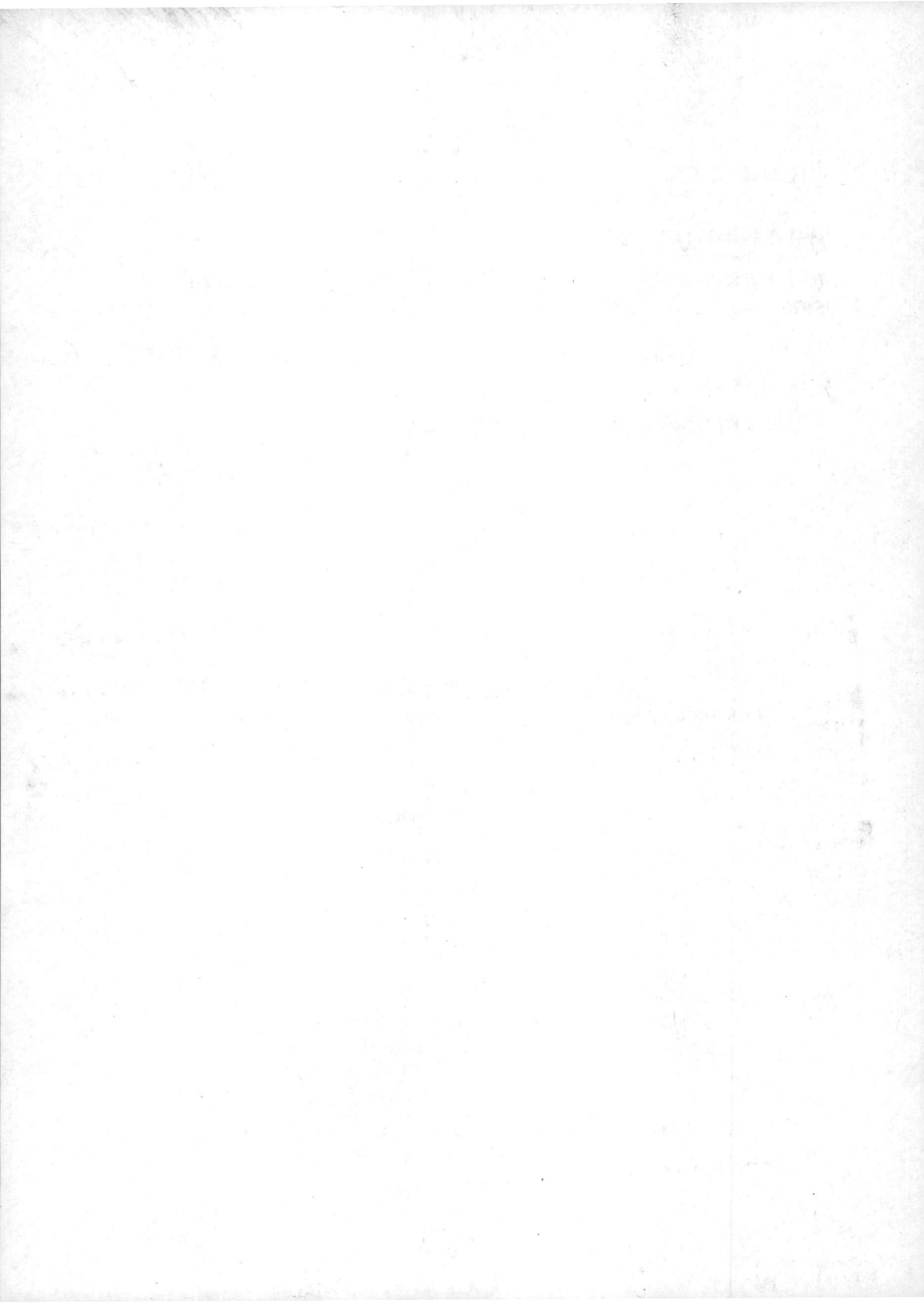